职业院校

汽车类"十二五"规划教材

浙江省"十二五"

重点教材建设项目

汽车机械基础

Mechanical Basis of Automobile

◎ 巫少龙 主编

◎ 罗方赞 赵志刚 杨帆 林钰珍 副主编

人民邮电出版社

北京

图书在版编目（C I P）数据

汽车机械基础 / 巫少龙主编. -- 北京 : 人民邮电出版社，2014.8
职业院校汽车类“十二五”规划教材
ISBN 978-7-115-35406-8

Ⅰ. ①汽… Ⅱ. ①巫… Ⅲ. ①汽车－机械学－高等职业教育－教材 Ⅳ. ①U463

中国版本图书馆CIP数据核字(2014)第106073号

内 容 提 要

本书是根据高等职业院校机械工程类专业为社会培养应用型人才的改革要求而编写的。本书将传统学科型教材：工程力学、汽车工程材料、机械原理与机械零件、液压传动、汽车工量具使用等依照“管用、够用、适用”的原则归纳融合而成，是面向21世纪的课程教材。

全书共分5个模块，主要内容包括力学知识、汽车常用金属材料和非金属材料、常用机械和机构、汽车液压传动与装置和汽车维修常用工具。

本书可作为高等职业技术院校汽车类各专业的必修课教材，也可作为成人高校、中职学校汽车类各专业的教材，还可供电大、职大、函大等同类专业选用。此外，也可作为相关教学改革试点专业的参考书，还可作为相关从业人员的参考用书。

◆ 主　　编　巫少龙
副 主 编　罗方赞　赵志刚　杨　帆　林钰珍
责任编辑　刘盛平
责任印制　焦志炜

◆ 人民邮电出版社出版发行　　北京市丰台区成寿寺路11号
邮编　100164　　电子邮件　315@ptpress.com.cn
网址　http://www.ptpress.com.cn
北京艺辉印刷有限公司印刷

◆ 开本：787×1092　1/16
印张：15.5　　2014年8月第1版
字数：369千字　　2014年8月北京第1次印刷

定价：34.00元

读者服务热线：(010)81055256　印装质量热线：(010)81055316
反盗版热线：(010)81055315

Forward

前 言

本书是根据高等职业院校机械工程类专业为社会培养应用型人才的要求而编写的。本书遵循以行动能力培养为目标，坚持项目引领、任务驱动的教学思想，将传统学科型教材：工程力学、汽车工程材料、机械原理与机械零件、液压传动、汽车工量具使用等依照“管用、够用、适用”的原则归纳融合而成。

本书以实用性、科学性、针对性和趣味性为特色，以能力培养为主线，突出了技能型教材的特点。本书在编写过程中，力求简洁明了，并结合汽车产业的实际，以实用性为标准，注重理论联系实际，简化理论性较强的内容，突出各种知识在实际中的应用，并适度拓宽知识面，重点培养学生分析和解决问题的能力，充分体现了教育部确定的高职高专教育改革方向。本书计划课时数为90课时。本书在编写中采用了最新的国家相关标准。

本书内容共分5个模块：模块一为力学知识；模块二为汽车常用金属材料和非金属材料；模块三为常用机械和机构；模块四为汽车液压传动与装置；模块五为汽车维修常用工具。每个模块分为若干个任务，选取汽车工程中的大量实例，将基础课程和汽车专业课程进行有机结合，有助于培养学生分析问题和解决问题的能力。

本书由衢州职业技术学院教授巫少龙任主编，罗方赞、赵志刚、杨帆和林钰珍任副主编。其中，巫少龙编写了模块一和模块三的任务1～任务7，赵志刚编写了模块二和模块五，罗方赞编写了模块三的任务8～任务14，杨帆编写了模块四。全书由巫少龙负责组稿和定稿，张玉贤教授审阅了全书，并提出了宝贵的意见和建议。在整个编写过程中，我们参阅了各种版本的同类教材及有关资料、技术标准等，在此恕不一一列举，谨致以衷心的谢意。

由于编者水平有限，书中难免有些疏漏和不足之处，恳请各教学单位和读者在使用本书时多提宝贵意见和建议。

编　者

2014 年 2 月

Content

目 录

绪论

任务描述

通过本课程的学习，对汽车机械基础有一个初步的认识。

学习目标

通过学习，掌握机械、机构、机器、零件、构件的基本概念，初步认识到本课程的性质、学习内容和任务，为后续的学习作好准备。

一、概述

机械是机器与机构的总称。机器是用来变换或传递运动、能量、物料和信息，能减轻或替代人类劳动的工具，是人类在长期生产实践中为满足自身生活需要而创造出来的。汽车、电动车、自行车、机床、食品加工机等都是机器。

从制造的角度来看，机器是由若干个零件装配而成的。零件是机器中不可拆卸的制造单元。图 1-1 所示为典型的轿车总体构造。一般汽车由发动机、底盘、车身和电器四大部分组成，这 4 大部分是由几万个零件组成的。汽车是一个机械系统，通过这 4 大部件实现汽车安全行驶功能，使人类以车代步。

从运动角度看，机器是由若干个运动的单元所组成的，这种运动单元称为构件。构件可以是一个零件，也可以是若干个零件的刚性组合体。各构件之间是有联系的，是靠运动副联系起来的。构件与构件直接接触所形成的可动连接称为运动副。用运动副将若干个构件连接起来以传递运动和力的系统称之为机构，其中有一个相对静止的构件是机架。常用机构有齿轮机构、连杆机构、凸轮机构等。

很显然，机器和机构最明显的区别是：机器能作有用功，而机构不能，机构仅能实现预期的机械运动。两者之间也有联系，即机器是由几个机构组成的系统，最简单的机器只有一个机构。机构与机器统称为机械。

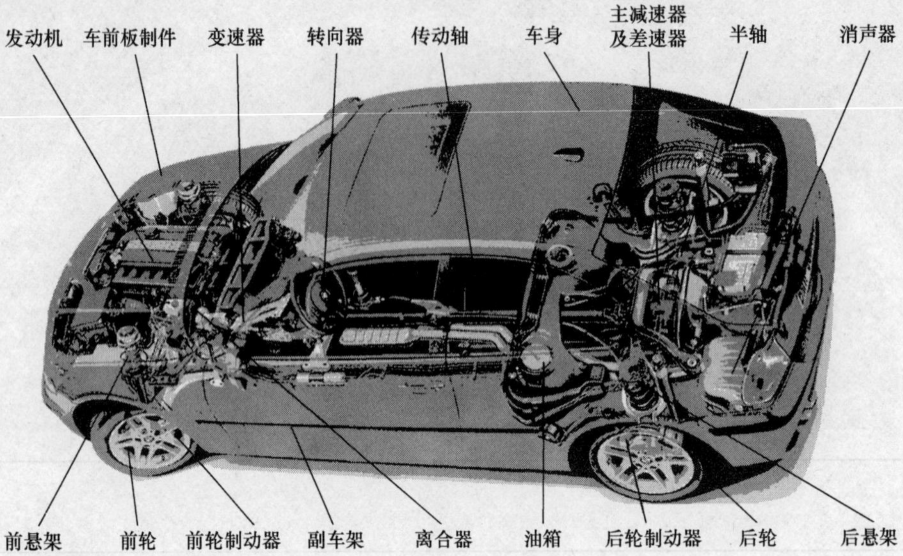

图 1-1 轿车总体构造

二、本课程研究的对象

本课程研究的对象是汽车机械。汽车属于机械范畴，汽车工业是机械工业的重要组成部分，是我国的支柱产业，近年来国内汽车行业呈现出强劲的发展势头，已成为新的经济增长点。

汽车是一个机械系统，其传动原理及各零部件设计运用与维护，都属机械基础理论技术。本课程研究机械中的共性问题，是汽车类各专业课程的技术基础课，通过本课程的学习，能够对汽车有更深更全面的了解。因此，本课程务求为同学们打下一个基础的平台。

三、本课程研究的内容

力学知识——基本掌握机械力学知识，会进行一般力学问题分析与简单计算。

汽车常用金属材料和非金属材料——主要介绍机械工程材料，也就是制造机械零部件的材料，包括金属材料和非金属材料。介绍金属材料的力学性质、金属热处理的基本知识和金属材料的种类，非金属材料种类、性能等。

常用机械和机构——主要介绍常用机构、齿轮传动、齿轮系与减速器、带传动与链传动等。

汽车液压传动与装置——介绍液压传动的基本原理与基本知识、主要元件、基本回路，应用在汽车机械上典型液压系统分析等。

汽车维修常用工具——介绍并正确使用发动机常用拆装工具及专用工具；认识并正确使用测量工具；掌握发动机的拆装工艺。

四、本课程的性质和任务

1. 性质

本课程为汽车相关专业基础课，是机械工程技术人员必须掌握的机械基础知识。本课程培养学生具有一定机械设计的能力，学会基本设计方法，为了解本专业所用机械的传动原理、运行维护、改造、维修等方面获得必要的基本知识及技能。

2. 任务

（1）知识学习目标。

① 掌握常用的机械工程材料类型、牌号和力学性能。

② 掌握常用量具的正确使用。

③ 理解常用机构的工作原理、结构特点，通用机械零件的结构参数。

④ 掌握力学基本知识。

⑤ 掌握液压传动知识。

（2）能力培养目标。

① 具有查阅、检索相关技术资料的能力，掌握相关的技术标准。

② 掌握正确判断工程材料和选择工程材料的能力。

③ 掌握正确使用量具与量仪进行技术测量的能力。

④ 能正确识别机械零件及常用机构。

⑤ 能对常用机构进行工作原理和结构分析。

⑥ 能识别常用的液压与气动元件并对简单液压与气动系统进行正确分析。

⑦ 运用和维护机械、传动装置的能力。

Chapter 1

模块一

力学知识

模块描述

要使汽车行驶，必须对其施加一个足以克服各种阻力的驱动力；汽车的驾驶与维修操作，都与受力相关。掌握必须的力学基础知识，认识汽车上主要构件的受力情况，是保证安全行车、正确诊断和科学维修的重要依据。

学习目标

通过本模块的学习，学生能够理解静力学的基本概念；理解平面汇交力系的基本概念；理解力偶矩与力偶的基本概念；能够对平面汇交力系、平面平行力系及平面任意力系作用的机件进行受力分析；掌握扭力扳手的使用方法；掌握车轮与飞轮转速、线速度、角速度和转矩的测定；了解滑动摩擦和滚动摩擦的相关概念；了解刚体定轴转动的相关概念。

任务1 平面汇交力系作用下构件的分析

任务描述

曲柄连杆机构是往复活塞式内燃机将热能转变为机械能、将活塞的往复运动转变成曲轴的旋转运动的主要机构，发动机做功时曲柄连杆机构主要受气体作用力、运动构件质量惯性力、运动构件表面间摩擦力及外界阻力等的作用。通过对曲柄连杆机构的受力分析，了解平面汇交力系的相关知识。

任务要求

（1）摇转曲轴，观察活塞的运动过程。

（2）拆卸第一缸活塞连杆组，认识活塞、连杆、轴瓦等零部件名称。

（3）用量缸表测量第一缸上部、中部、下部的横向与纵向气缸直径，并对比分析为什么横向直径大于纵向直径。

（4）根据活塞的运动情况进行受力分析。

技能训练

1. 所需器材

发动机附件，桑塔纳 AFE 发动机，发动机翻转架，量缸表，75～100mm 外径千分尺，世达 120 件套常用工具一套，橡胶锤一个，活塞环安装工具。

2. 操作步骤

（1）将发动机机体安装在发动机翻转架上，用工具摇转曲轴，观察活塞的运动情况。

（2）拆卸旋松第一个气缸的连杆螺母，取下连杆盖，检查连杆盖朝前方向，并将连杆瓦盖连到连杆盖放好；用橡胶锤柄推出活塞，检查朝前方向，并将连杆瓦盖连到连杆放好。

（3）校准量缸表，用量缸表测量第一缸上部、中部、下部的横向与纵向气缸直径，如图 1-1-1 所示，并将测量得到的数据记入表 1-1-1 中。

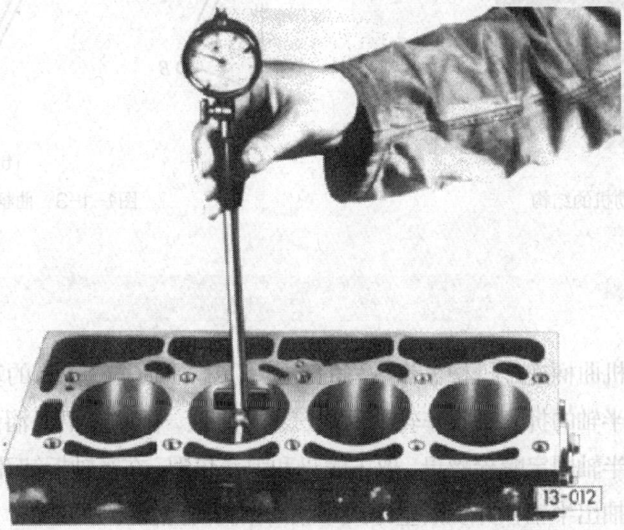

图 1-1-1 量缸表测量气缸直径

表 1-1-1 气缸直径

位置	横向	纵向
上部		
中部		
下部		

（4）确认活塞朝前方向，用活塞装配夹具夹住活塞，用橡胶锤将活塞推进气缸到位。确认连杆瓦盖方向，装上连杆瓦盖，分几次拧紧连杆螺母，M8×1mm 连杆螺母的，用 30N·m 力紧固，再转动 180°（接着再转动半圈），M9×1mm 连杆螺母的，用 45N·m 力紧固。

汽车发动机的结构如图 1-1-2 所示。工作时，其曲柄连杆机构受力情况如图 1-1-3 所示。连杆 *BC* 在活塞对它的约束力 $\boldsymbol{F}_C$ 和曲轴对它的约束力 $\boldsymbol{F}_B$ 两个力的作用下处于平衡状态，即为二力平衡。活塞除受到原动力 $\boldsymbol{F}$（燃气压力）作用外，还受到缸体和连杆对它的约束力（$\boldsymbol{F}_N$ 和 $\boldsymbol{F}_C'$）作用，在 3 个力的作用下，活塞处于平衡状态，即三力的合力为零。在解决实际问题时，要用到力学知识。

图1-1-2 发动机的结构

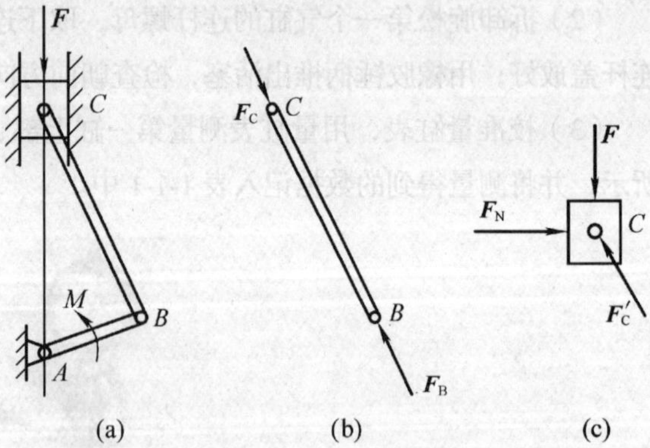

图1-1-3 曲柄连杆机构

基本活动

（1）通过对发动机曲柄连杆机构工作过程的观察，了解平面汇交力系的基本概念。

（2）进行全浮式半轴的拆装，将车轮前后用三角木垫住，防止车辆滑溜，如图 1-1-4 所示。用套筒和扭力扳手拧松半轴固定螺栓螺母，取下螺母和弹簧垫圈，在半轴拆卸孔中拧入两个修理螺栓。将半轴顶出，小心地抽出半轴，并观察全浮式半轴的结构特点。

（3）感兴趣的同学，可以在老师的指导下进一步观察并分析汽车悬梁、车桥、车架的受力情况。

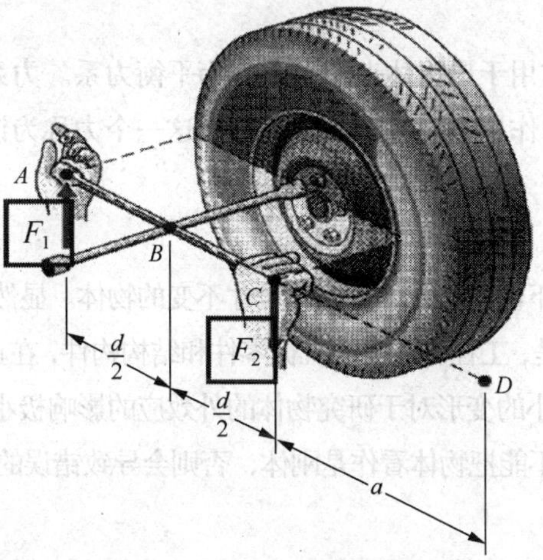

图1-1-4　全浮式半轴的拆装

相关知识链接

一、静力学的基本概念

1. 力的概念

力的概念产生于人类从事的生产劳动当中。当人们用手握、拉、掷及举起物体时，由于肌肉紧张而感受到力的作用，这种作用广泛存在于人与物及物与物之间。例如，奔腾的水流能推动水轮机旋转，锤子的敲打会使烧红的铁块变形等。

（1）力的定义。力是物体之间相互的机械作用，这种作用将使物体的机械运动状态发生变化，或者使物体产生变形。前者称为力的外效应，后者称为力的内效应。

（2）力的三要素。实践证明，力对物体的作用效应，决定于力的大小、方向（包括方位和指向）和作用点的位置，这 3 个因素就称为力的三要素。在这 3 个要素中，如果改变其中任何一个，也就改变了力对物体的作用效应。例如，用扳手拧螺母时，作用在扳手上的力，因大小不同，或方向不同，或作用点不同，它们产生的效果就不同［见图 1-1-5（a）］。

（3）力是矢量。力是一个既有大小又有方向的量，而且又满足矢量的运算法则，因此力是矢量（或称向量）。

矢量常用一个带箭头的有向线段来表示［见图 1-1-5（b）］，线段长度 AB 按一定比例代表力的大小，线段的方位和箭头表示力的方向，其起点或终点表示力的作用点。此线段的延伸称为力的作用线。

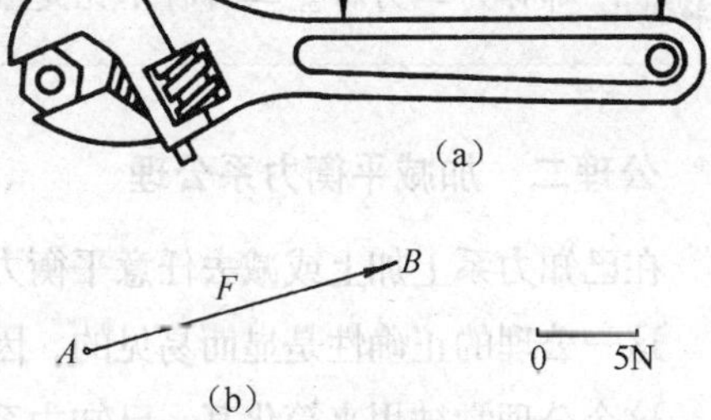

图1-1-5　扳手拧螺母

（4）力的单位。力的国际制单位是牛顿或千牛，其符号为 N 或 kN。

2. 力系的有关概念

物体处于平衡状态时，作用于该物体上的力系称为平衡力系。力系平衡所满足的条件称为平衡条件。当一个力系与一个力的作用效应完全相同时，把这一个力称为该力系的合力，而该力系中的每一个力称为合力的分力。

3. 刚体的概念

所谓刚体是指在受力状态下保持其几何形状和尺寸不变的物体。显然，这是一个理想化的模型，实际上并不存在这样的物体。但是，工程实际中的机械零件和结构构件，在正常工作情况下所产生的变形，一般都是非常微小的。这样微小的变形对于研究物体的外效应的影响极小，是可以忽略不计的。当然，在研究物体的变形问题时，就不能把物体看作是刚体，否则会导致错误的结果，甚至无法进行研究。

4. 平衡的概念

平衡是指物体相对于地球保持静止或作匀速直线运动的状态。例如，桥梁、建筑物和作匀速直线运动的火车等，都是处于平衡状态的物体。平衡状态是物体运动的一种特殊形式，作用在物体上使物体处于平衡状态的力系，称为平衡力系。

5. 静力学公理

人们在长期的生活和生产实践中，发现和总结出一些最基本的力学规律，又经过实践的反复检验，证明是符合客观实际的普遍规律，于是就把这些规律作为力学研究的基本出发点。这些规律称为静力学公理。

公理一　二力平衡公理

作用在刚体上的两个力，使刚体处于平衡的充要条件是：这两个力的大小相等，方向相反，且作用在同一直线上。二力平衡公理如图 1-1-6 所示。

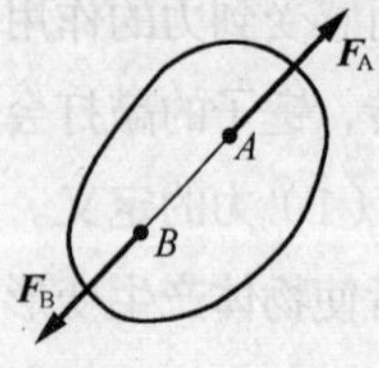

图1-1-6　二力平衡公理

凡只受两个力作用而处于平衡状态的构件称为二力构件。其特征是：它所受的两个力必定处在两力作用点的连线上，且等值、反向（见图 1-1-3），若不计自重，曲柄滑块机构的连杆 *BC* 即为二力杆。

> 小贴士　二力杆不一定是直杆，可以是形状弯曲的构件，但只要符合二力杆的基本条件，都称为二力杆。二力杆不论是直杆还是弯杆，其力必定都处于二力作用的连线上。

公理二　加减平衡力系公理

在已知力系上加上或减去任意平衡力系，并不改变原力系对刚体的作用效果。

这一公理的正确性是显而易见的，因为一个平衡力系是不会改变物体的原有状态的。

这个公理常被用来简化某一已知力系。依据这一公理，可以得出以下重要推论。

推论一　力的可传递性

作用在刚体上某点的力，可以沿着它的作用线移动到刚体内任意一点，并不改变该力对刚体的作用。力的可传递性如图 1-1-7 所示。

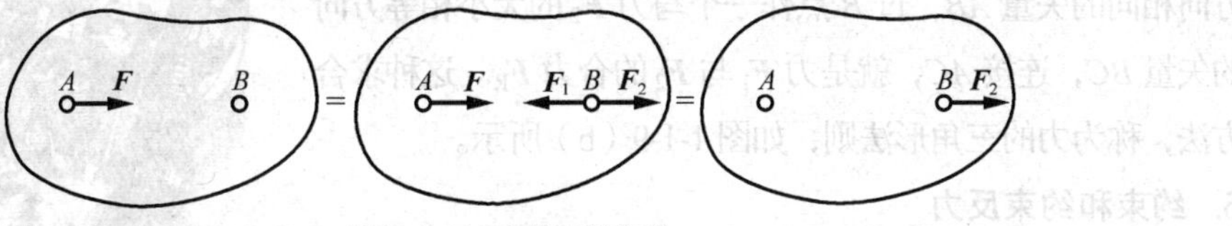

图1-1-7　力的可传递性

推论二　三力平衡汇交定理

刚体受 3 个共面但不平行的力作用而平衡时，此 3 力必汇交于一点。三力平衡汇交定理如图 1-1-8 所示。

公理三　作用力与反作用力公理

两个物体间的作用力与反作用力总是同时存在，且大小相等、方向相反、沿同一直线（简称等值、反向、共线）分别作用在两个物体上。

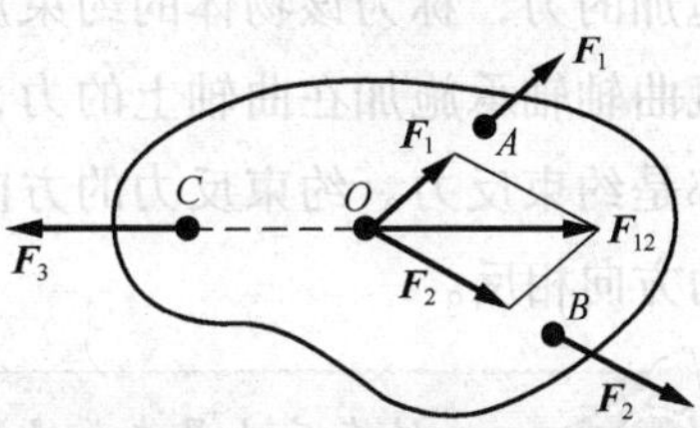

图1-1-8　三力平衡汇交定理

> 小贴士　作用力与反作用力公理指出，力总是成对出现，有作用力必定存在一个反作用力，这是分析物体之间相互作用力的一条重要规律。

二力平衡条件和作用力与反作用力是两个截然不同的概念，二者之间的区别是：前者是指两个力作用在同一物体上而使物体处于平衡；后者则是指两个物体间的相互作用力，是分别作用在两个物体上的。

公理四　力的平行四边形公理

作用于物体上同一点的两个力的合力也作用于该点，合力的大小与方向是以这两个力为边所形成的平行四边形的对角线来确定的。力的平行四边形公理如图 1-1-9（a）所示。

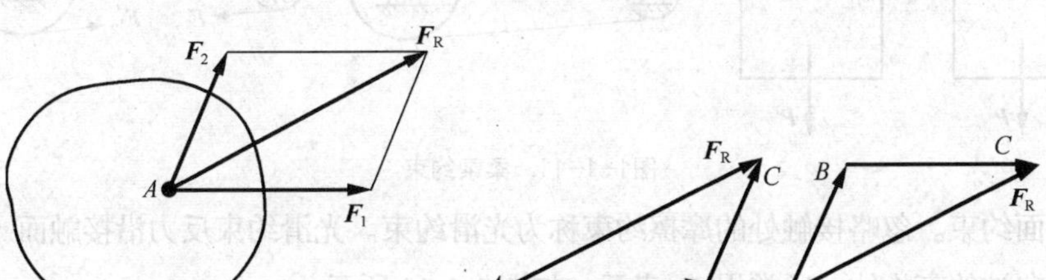

图1-1-9　力的平行四边形公理

这个公理也称为平行四边形法则。根据这个公理作出的平行四边形，称为力平行四边形。

这种求合力的方法，称为矢量加法，合力矢等于原来两力的矢量和（几何和），可用公式表示为

$$\boldsymbol{F}_R = \boldsymbol{F}_1 + \boldsymbol{F}_2$$

应当注意，上式是矢量等式，它与代数等式 $F_R = F_1 + F_2$ 的意义完全不同。用平行四边形法则求合

力时，可以不画出整个平行四边形，而是过 A 点作一个与 $\boldsymbol{F}_1$ 大小相等方向相同的矢量 AB，过 B 点作一个与力 $\boldsymbol{F}_2$ 的大小相等方向相同的矢量 BC，连接 AC，就是力 $\boldsymbol{F}_1$ 与 $\boldsymbol{F}_2$ 的合力 $\boldsymbol{F}_R$。这种求合力的方法，称为力的三角形法则，如图 1-1-9（b）所示。

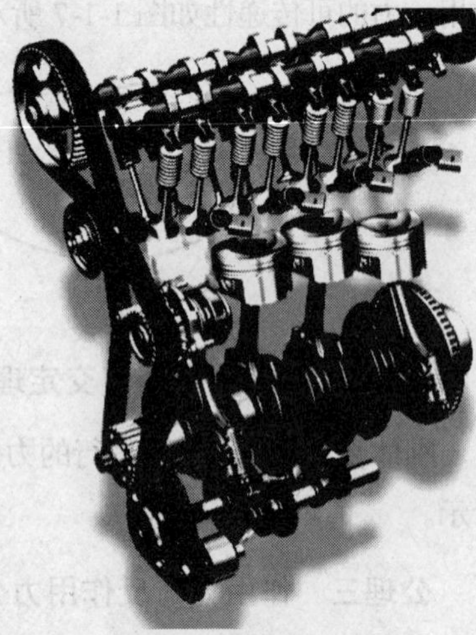

图1-1-10 带传动

6. 约束和约束反力

空间位移不受限制的物体称为自由体，反之，位移受到限制的物体称为非自由体。周围物体对非自由体的某些位移起限制作用，这种限制称为约束。为约束物体运动所施加的力，称为该物体的约束反力或约束力。例如，发动机曲轴轴承施加在曲轴上的力，柔索施加在重物上的力等都是约束反力。约束反力的方向必定与该约束所阻碍的运动方向相反。

> **小贴士** 约束反力是未知力，属于被动力。一般情况下根据约束的性质只能判断约束反力的作用点和作用方向。它和物体受到的重力、气体压力等其他主动力构成平衡力系，因此，可通过物体的运动状态和平衡条件求出约束反力的大小，而约束反力的方向始终与该约束所限制的运动趋势方向相反。

（1）柔索约束。工程上常见的钢丝绳、传动带、链条等都可简化为柔索，柔索只能承受拉力，称为柔索约束。发动机曲轴旋转的皮带传动就是柔索约束应用实例，如图 1-1-10 所示。

用钢丝绳吊起重物也是柔索约束应用实例，如图 1-1-11 所示。柔索对物体的约束反力的作用点在接触处，方向沿柔索背离物体，约束反力用 $\boldsymbol{F}_T$ 表示。

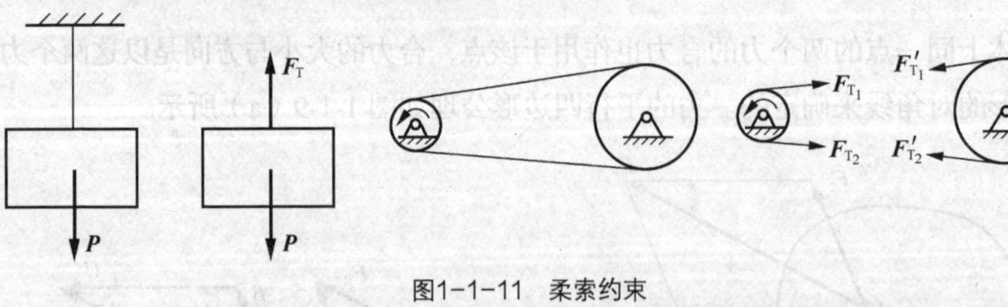

图1-1-11 柔索约束

（2）光滑面约束。忽略接触处的摩擦约束称为光滑约束。光滑约束反力沿接触面（线、点）的法线方向并指向被约束物体，通常用 $\boldsymbol{F}_N$ 表示，如图 1-1-12 所示。

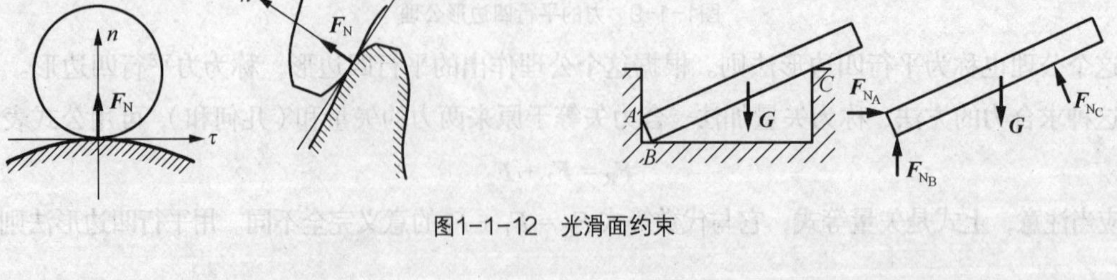

图1-1-12 光滑面约束

（3）铰链约束。两个带有圆柱孔的物体通过圆柱销连接，形成一种两连接物体间只能绕轴或销转动的约束称为铰链约束，如图 1-1-13 所示。活塞与连杆用活塞销连接就是铰链约束实例。

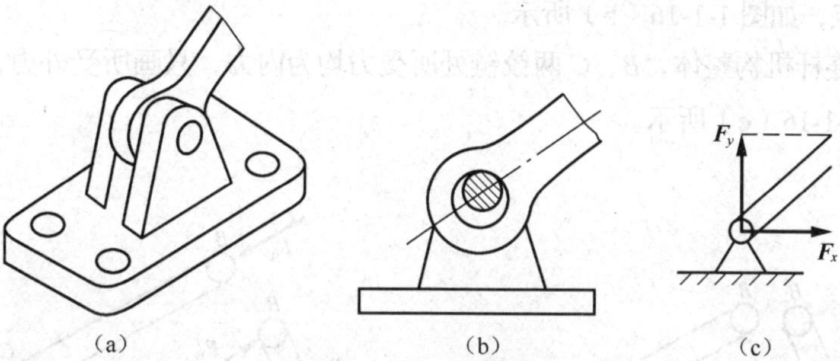

图1-1-13 固定铰链约束

铰链约束分固定铰链约束和活动铰链约束两种，其形式及约束反力分别如图 1-1-13 和图 1-1-14 所示。

7. 物体的受力图

要研究力系的简化和力系的平衡条件，就必须先研究分析物体的受力情况并画出受力图。解除所研究物体的全部约束，把它从周围的物体中分离出来，此时的物体称为分离体或研究对象。在分离体上画出它所受的全部主动力和约束反力，就称为该构件的受力图。画物体受力图的步骤如下。

（1）明确研究对象，画出分离体简图。

（2）在分离体简图上画出所有主动力。

（3）在分离体简图上画出相应的约束反力。

下面通过实例说明受力图的画法。

例 1-1-1 内燃机的曲柄连杆机构如图 1-1-15 所示，曲柄 AB 的自重为 $\boldsymbol{G}$，连杆 BC 不计自重，活塞 C 受的作用力为 $\boldsymbol{F}$，系统平衡。试画该机构各零件分离体简图、各构件受力图和机构整体受力图。

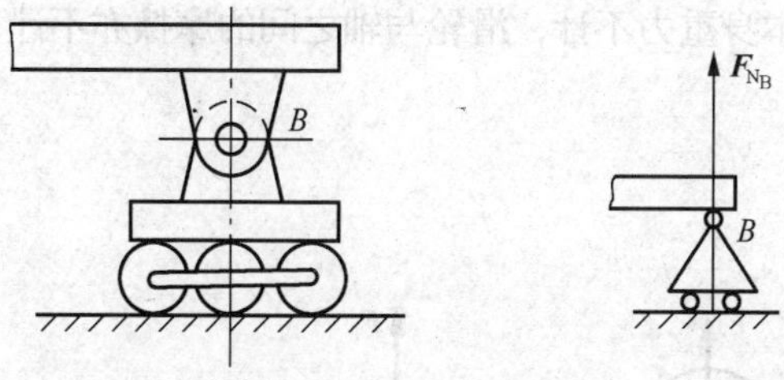

图1-1-14 活动铰链约束

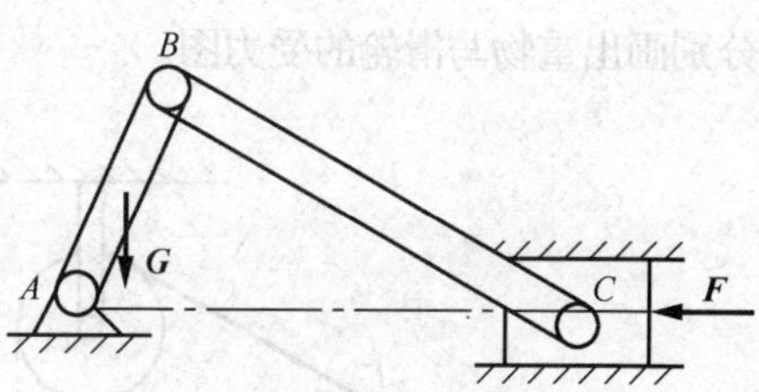

图1-1-15 内燃机曲柄连杆机构简图

解：① 分别取曲柄 AB、连杆 BC、活塞 C 为分离体，画出各分离体简图，如图 1-1-16（a）所示。

② 连杆 BC 因不计自重，故为二力杆，其约束反力沿两铰链 B、C 中心连线，且 $F_B=-F_C$ 设为压力，如图 1-1-16（b）所示。

③ 活塞 C 除受主动力 $\boldsymbol{F}$ 外，还受到气缸的约束，设定其法向反力 F_{N_C} 向上，而连杆对活塞的约束力，依作用与反作用定律有 $F'_C=-F_C$，如图 1-1-16（b）所示。

④ 曲柄 AB 的自重为 $\boldsymbol{G}$，不是二力杆，B 处受连杆约束，依作用与反作用定律有 $F_B' = -F_B$，A 处的铰链约束反力为 $\boldsymbol{F}_{A_x}$ 和 $\boldsymbol{F}_{A_y}$。根据三力汇交定理，A 处的约束反力即 $\boldsymbol{F}_{A_x}$ 与 $\boldsymbol{F}_{A_y}$ 的合力 $\boldsymbol{F}_{R_A}$ 必定通过力 G 与 F 的交点，如图 1-1-16（b）所示。

⑤ 对于曲柄连杆机构整体，B、C 两铰链处所受力均为内力，只画所受外力，则曲柄连杆机构整体受力图如图 1-1-16（c）所示。

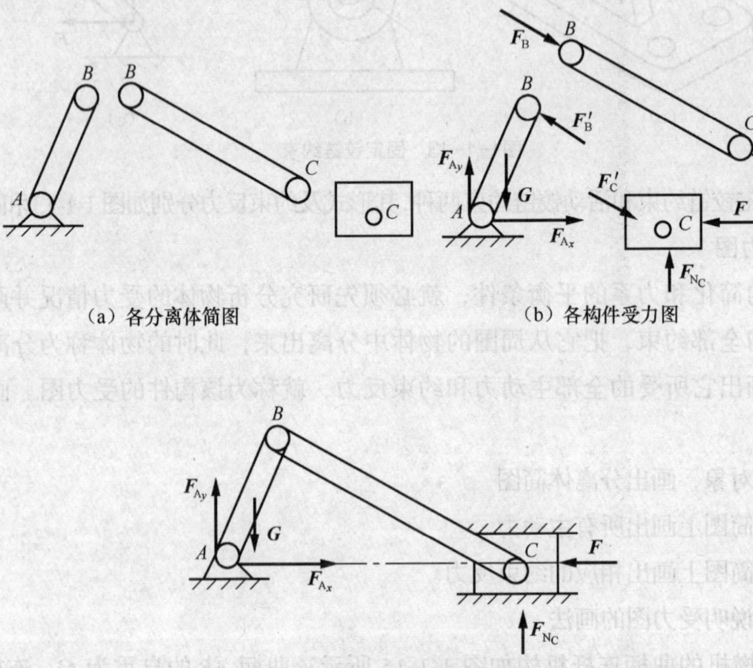

（a）各分离体简图 （b）各构件受力图

（c）曲柄连杆机构整体受力图

图1–1–16 分离体及整体受力简图

例 1-1-2 在图 1-1-17（a）所示的定滑轮系中，定滑轮在轮心处受到平面铰链约束，在绳子的一端施加力 $\boldsymbol{F}$，将重力为 $\boldsymbol{G}$ 的物体匀速吊起。设滑轮本身重力不计，滑轮与轴之间的摩擦亦不计，试分别画出重物与滑轮的受力图。

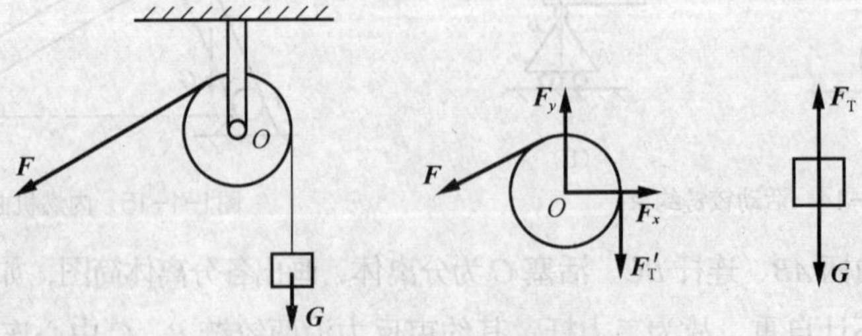

(a) (b) (c)

图1–1–17 定滑轮系

解：① 将滑轮约束解除画出分离体，作用于其上的力有主动力 $\boldsymbol{F}$ 和绳子的拉力 $\boldsymbol{F}_T$，以及铰链 O 的约束反力 F_x 和 F_y，其中，$\boldsymbol{F}_T$ 和 $\boldsymbol{F}_T'$ 为作用力与反作用力关系，如图 1-1-17（b）所示。

② 将重物约束解除并画出分离体，它受到的主动力是重力 G、约束反力是绳子的拉力 $\boldsymbol{F}_T$ 的作用，如图 1-1-17（c）所示。

二、平面汇交力系

作用在物体上的一组力称为力系，各力作用线均在同一平面内的力系称为平面力系。在平面力系中，若各力的作用线全部交汇于一点，则称为平面汇交力系。

1. 力的合成

(1) 汇交二力合成的平行四边形法则和三角形法则。作用在物体上同一点的两个力 $\boldsymbol{F}_1$、$\boldsymbol{F}_2$ 均可以合成为一个合力 $\boldsymbol{F}_R$。合力的作用点仍在该点，合力的大小和方向由这两个力为边构成的平行四边形的对角线确定，如图 1-1-18（a）所示。这种求合力的方法，称为力的平行四边形法则。

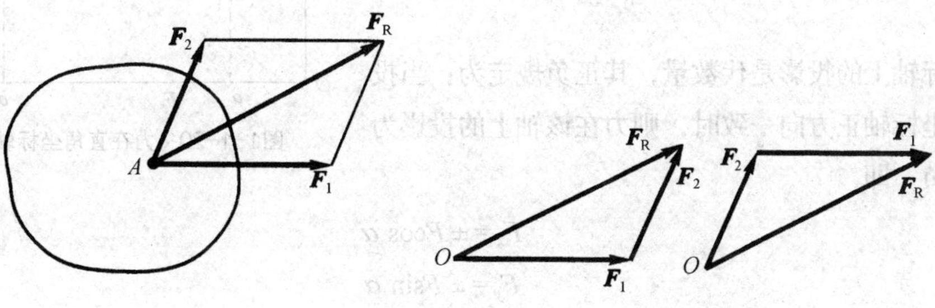

图1-1-18　汇交二力合成的平行四边形法则和三角形法则

也可直接将 $\boldsymbol{F}_2$ 平移到 $\boldsymbol{F}_1$ 的末端，求得合力 $\boldsymbol{F}_R$，如图 1-1-18（b）所示，这种求合力的方法，称为力的三角形法则。

(2) 多个汇交力合成的力多边形法则。如图 1-1-19（a）所示，设有平面汇交力系 $\boldsymbol{F}_1$、$\boldsymbol{F}_2$、$\boldsymbol{F}_3$、$\boldsymbol{F}_4$ 共同作用于 A 点。根据力的三角形法则，将各力依次合成多边形 $abcde$，称为平面汇交力系的力多边形，如图 1-1-19（b）所示。从汇交点 a 指向 e 点的封闭边 ae，即此平面汇交力系的合力，由 $\boldsymbol{F}_R$ 表示合力的大小和方向。这种求合力的方法，称为力的多边形法则。

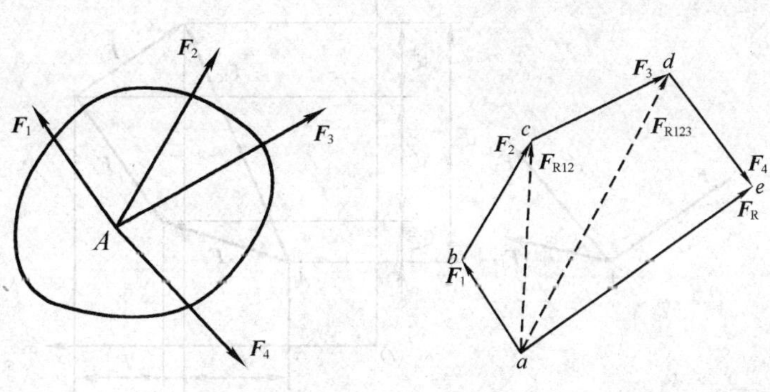

图1-1-19　平面汇交力系的合成

推广到 n 个任意汇交力，其合力可表示为

$$F_R=F_1+F_2+F_3+F_4+\cdots+F_n=\sum F_i \qquad (1\text{-}1\text{-}1)$$

小贴士 多边形法则求合力时，只要将各分力首尾相接，连成折线，起点到终点的方向就是合力的方向，连线便是合力的大小，合力的大小和方向与各力相加次序无关。

2. 力在直角坐标轴上的投影

设在物体点 A 上作用一个力 $\boldsymbol{F}$,它与 x 轴的夹角为 α，如图 1-1-20 所示。从力 $\boldsymbol{F}$ 的两端 A、B 分别向 x 轴和 y 轴作垂线，得到线段 ab 和 $a'b'$，其中 ab 为力 $\boldsymbol{F}$ 在 x 轴上的投影，以 $\boldsymbol{F}_x$ 表示；$a'b'$ 为力 $\boldsymbol{F}$ 在 y 轴上的投影，以 $\boldsymbol{F}_y$ 表示。

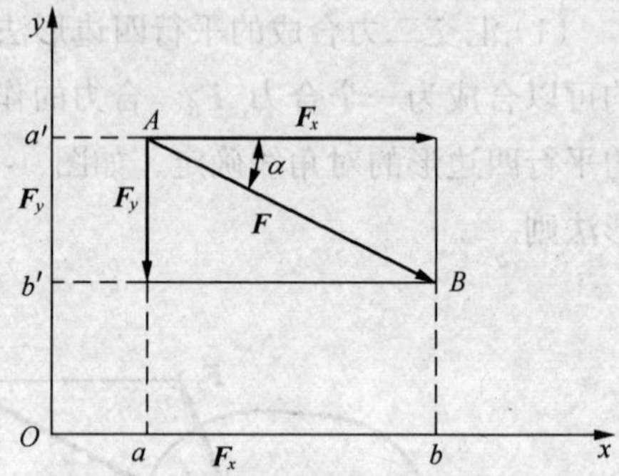

图1-1-20 力在直角坐标轴上的投影

力在坐标轴上的投影是代数量，其正负规定为：当投影的指向与坐标轴正方向一致时，则力在该轴上的投影为正，反之为负，即

$$F_x=\pm F\cos\alpha$$
$$F_y=\pm F\sin\alpha$$

如果已知力 $\boldsymbol{F}$ 投影 $\boldsymbol{F}_x$ 和 $\boldsymbol{F}_y$，则力 $\boldsymbol{F}$ 的大小和它与 x 轴所来的锐角又可按下式计算

$$\left.\begin{aligned}F&=\sqrt{F_x^2+F_y^2}\\ \tan\alpha&=\left|F_y/F_x\right|\end{aligned}\right\} \qquad (1\text{-}1\text{-}2)$$

3. 合力投影定理

合力投影定理表达了合力投影与分力投影之间的关系。如图 1-1-21 所示，在由 $\boldsymbol{F}_1$、$\boldsymbol{F}_2$、$\boldsymbol{F}_3$ 组成平面汇交力系的多边形中，$\boldsymbol{F}_R$ 是合力，将各力向 x 轴投影，得到

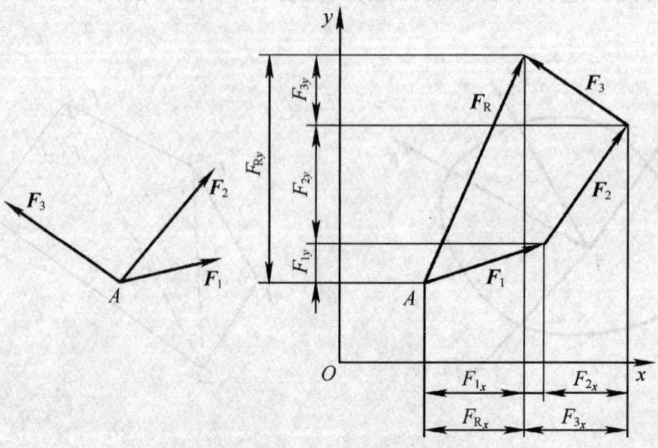

图1-1-21 合力投影定理

$$F_x = F_{1_x} + F_{2_x} + F_{3_x} \quad (1\text{-}1\text{-}3)$$

同理可得

$$F_y = F_{1_y} + F_{2_y} + F_{3_y}$$

上式可推广到任意多个力的情况，即

$$F_x = F_{1_x} + F_{2_x} + F_{3_x} + F_{4_x} + \cdots + F_{n_x} = \sum F_{i_x} \quad (1\text{-}1\text{-}4)$$

$$F_y = F_{1_y} + F_{2_y} + F_{3_y} + F_{4_y} + \cdots + F_{n_y} = \sum F_{i_y}$$

其合力的大小和方向为

$$\left.\begin{aligned} F_{\mathrm{R}} &= \sqrt{(\sum F_x)^2 + (\sum F_y)^2} \\ \tan\alpha &= \left|\sum F_y / \sum F_x\right| \end{aligned}\right\} \quad (1\text{-}1\text{-}5)$$

4. 平面汇交力系的平衡条件

平面汇交力系可由其合力来表示，由此得出平面汇交力系平衡的充要条件是该力系的合力等于零，即

$$\left.\begin{aligned} \sum F_x &= 0 \\ \sum F_y &= 0 \end{aligned}\right. \quad (1\text{-}1\text{-}6)$$

小贴士

平面汇交力系平衡的充要条件是各力在两个坐标轴上投影的代数和分别为零。

任务归纳

（1）通过观察发动机曲柄连杆机构的工作过程演示，理解静力学中力、刚体和平衡等基本概念。

（2）熟悉静力学中二力平衡定律、加减平衡力系原理及其推论、作用与反作用定律，掌握约束与反约束的概念，学会对物体的受力进行分析。

（3）掌握平面汇交力系的基本概念，了解力的合成法则、力在直角坐标轴上的投影原理与合力投影定理、平面汇交力系的平衡条件等。

思考与练习

一、填空题

（1）工程中遇到的物体，大部分是非自由体，那些限制或阻碍非自由体运动的物体称为________。

（2）由链条、带、钢丝绳等构成的约束称为柔体约束，这种约束的特点：只能承受________不能承受________，约束力的方向沿________的方向。

二、简答题

（1）如何定义静力学的力、刚体和平衡这 3 个基本概念?

（2）什么是力的三要素?如何理解力是矢量?

（3）什么是二力平衡定律、加减平衡力系原理及其推论、作用与反作用定律?什么是约束与反约束?

（4）什么是平面汇交力系和平面汇交力系的平衡条件?

（5）什么是力的合成法则?有哪几种合成方法，如何应用它们对物体的受力进行分析?

（6）什么是力的投影定理?

任务测评表

<table>
<tr><td>班级</td><td></td><td>姓名</td><td></td><td>日期</td><td></td><td>自评</td><td>互评</td><td>备注</td></tr>
<tr><td colspan="6">（1）知道什么是力、刚体、平衡力系吗?知道它们相互之间有什么联系吗?</td><td></td><td></td><td></td></tr>
<tr><td colspan="6">（2）知道什么是力的合成法则，有哪几种合成法则吗?</td><td></td><td></td><td></td></tr>
<tr><td colspan="6">（3）知道什么是力的三要素吗，知道为什么说力是矢量吗?</td><td></td><td></td><td></td></tr>
<tr><td colspan="6">（4）知道什么是二力平衡定律、加减平衡力系原理、作用力与反作用力定律、约束与约束反力吗?</td><td></td><td></td><td></td></tr>
<tr><td colspan="6">（5）知道什么是平面汇交力系和平面汇交力系的平衡条件吗?</td><td></td><td></td><td></td></tr>
<tr><td colspan="6">（6）掌握了力在直角坐标轴上的投影原理和合力投影定理吗?</td><td></td><td></td><td></td></tr>
<tr><td colspan="6">（7）通过对曲柄连杆机构的演示和压缩机皮带传动的观察，了解了约束的种类和特点吗?</td><td></td><td></td><td></td></tr>
<tr><td colspan="6">（8）在进行全浮式半轴拆装过程中，能做到安全文明实训吗?</td><td></td><td></td><td></td></tr>
<tr><td colspan="9">个人总结：</td></tr>
<tr><td colspan="6">总体评价</td><td>教师签名</td><td colspan="2"></td></tr>
</table>

任务2 扭力扳手的使用和悬架、车桥、车架的受力分析

任务描述

汽车的车架、车桥、悬架等受力复杂，有许多零件是采用螺纹连接的。通过扭力扳手或定力偶矩扳手对连接螺纹施加一定的预紧力（即俗称上扭矩），保证螺纹连接牢固可靠。通过本任务的学习，可以进一步了解力和力偶矩的相关知识。

任务要求

（1）了解汽车悬架、车桥、车架的工作情况，进行受力分析。

（2）掌握扭力扳手等维修工具的正确使用方法。

技能训练

1. 所需器材

桑塔纳 AFE 发动机（已拆除发动机附件、油底壳、气门室盖、正时皮带），发动机翻转架，世达 120 件套常用工具一套，世达扭力扳手等。

2. 操作步骤

（1）从两端至中间分二次均匀旋松凸轮轴支撑盖螺母，取下支撑盖，按顺序排放好，拆下凸轮轴（带正时齿），如图 1-2-1 所示。

（2）旋松气缸盖螺栓时按旋紧的逆顺序进行对称均匀旋松气缸盖螺栓（见图 1-2-2），拆下气缸盖（见图 1-2-3），检查气缸垫（见图 1-2-4）。

（3）确认气缸垫的上下面，放到气缸体上，装上气缸盖，从中间至两端对角交替分 4 次拧紧缸盖螺栓，第一次 40N · m、第二次 60N · m、第三次 75N · m、第四次连续用扭力扳手拧 1/4 圈（折转 90°）。

（4）凸轮轴及支承盖清洁、加油；安装凸轮轴，凸轮轴第 1 气缸凸轮必须位于朝上位置，从中间至两边，先对角交替拧紧 2、5 轴承盖，紧固扭矩 20N · m；后装上第 1、3 轴承盖，螺母紧固扭矩 20N · m；装上气门室盖。

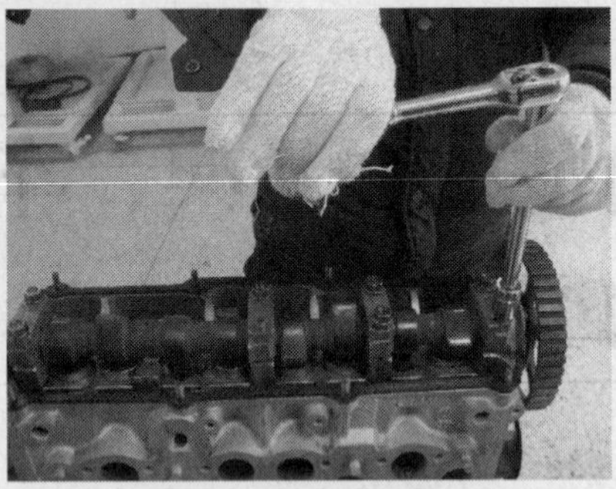

图1-2-1 取下支撑盖

图1-2-2 旋松气缸盖螺栓

图1-2-3 拆下气缸盖

图1-2-4 检查气缸垫

相关知识链接

一、力偶矩与平面力偶系

1. 力矩

用扳手拧螺母时（见图 1-2-5），螺母的转动效应除与力 $\boldsymbol{F}$ 的大小和方向有关外，还与点 O 到力作用线的距离 h 有关。距离 h 越大，转动的效果就越好，且越省力，反之则越差。显然，当力的作用线通过螺母的转动中心时，则无法使螺母转动。

可以用力对点的矩这样一个物理量来描述力使物体转动的效果。

其定义为：力 $\boldsymbol{F}$ 对某点 O 的矩等于力的大小与点 O 到力的作用线距离 h 的乘积。记作

$$M_O(\boldsymbol{F}) = \pm Fh \tag{1-2-1}$$

式中，O 为力矩中心，简称矩心；h_1 为力臂；正负号表示力偶矩在平面内的转向，一般规定逆时针转动为正，反之为负。力矩的单位为 N · m（牛顿 · 米）。

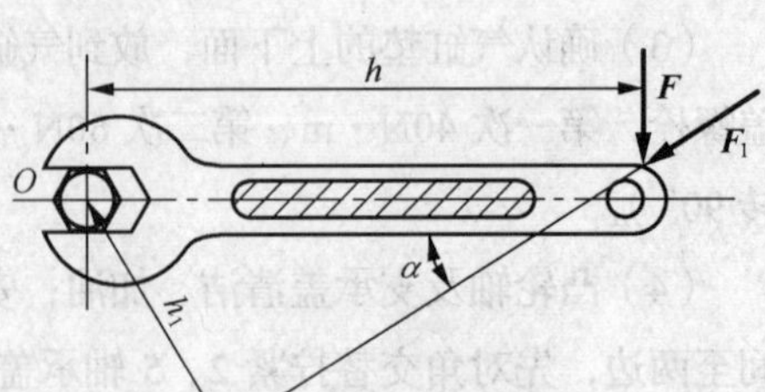

图1-2-5 扳手拧螺母

公式表明，当力 $\boldsymbol{F}$ 为零或力臂为零（即力的作用线通过矩心时）时，力矩为零。

2. 合力矩定理

在计算力系的合力对某点的矩时，除根据力矩的定

义计算外，还常用到合力矩定理，即：平面汇交力系的合力对平面上任一点之矩，等于所有各分力对同一点力矩的代数和。记作

$$M_O(\boldsymbol{F}_R)=\sum M_O(\boldsymbol{F}) \tag{1-2-2}$$

3. 力偶和力偶矩

（1）力偶。一对大小相等、方向相反且作用线不在同一直线上的平行力系称为力偶。驾驶员操纵转向盘，如图 1-2-6（a）所示，钳工对丝锥的操作，如图 1-2-6（b）所示，都是力偶的应用。

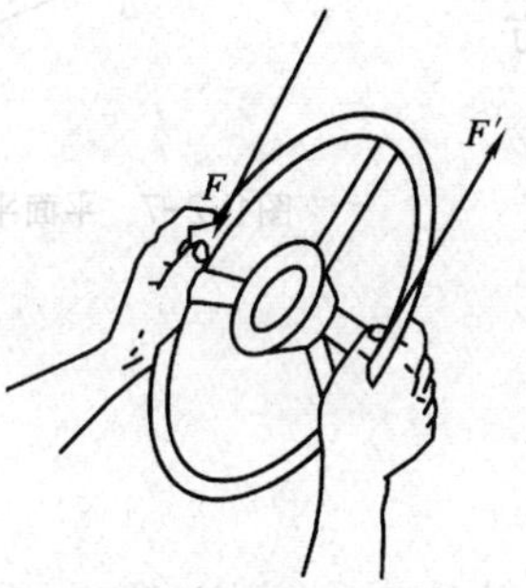

（a）转动转向盘

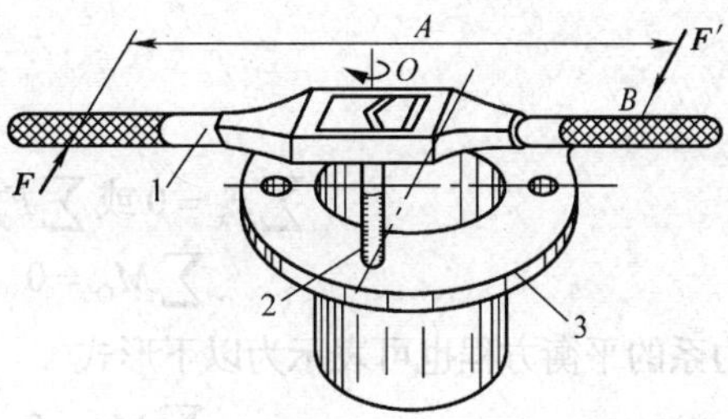

（b）拉螺纹

图1-2-6 力偶

（2）力偶的三要素。在力学上，以 F 与力偶臂 d 的乘积作为量度力偶在其作用面内对物体转动效应的物理量，称为力偶矩，并记作 $M(\boldsymbol{F},\boldsymbol{F}')$ 或 M，即

$$M(\boldsymbol{F},\boldsymbol{F}')=M=\pm Fd \tag{1-2-3}$$

一般规定，逆时针转动的力偶矩取正值，顺时针取负值。

力偶矩的单位为 N · m 或 N · mm。

力偶对物体的转动效应取决于下列三要素。

（1）力偶矩的大小。

（2）力偶的转向。

（3）力偶作用面的方位。

小贴士

（1）力偶是大小相等、方向相反且共线的两个力所组成的最简单、最基本的力系。

（2）力偶对物体的作用效果是改变物体的转动状态。

（3）力偶的性质。

① 力偶不能简化为一个合力，也不能和一个力平衡，只能和力偶平衡。

② 力偶在其作用面内，对任意点之矩恒等于力偶矩，为一常数，与矩心位置无关。

③ 只要保持力偶矩的大小和转向不变，力偶可以在其作用平面内任意移动，而不改变它对物体的作用效果。

④ 只要保持力偶矩的大小和转向不变，可以同时改变力偶中力和力偶臂的大小，而不改变它对物体的作用效果。

（4）两力偶等效的条件为：力偶矩大小相等；力偶作用面平行；力偶转向相同。符合以上 3 个条件的力偶称为等效力偶，这 3 个条件也就是力偶的三要素，即力偶矩大小、力偶作用面和力偶的转向，力偶对物体的转动效应取决于力偶的三要素。

二、平面平行力系

平面平行力系是指各力作用线在同一平面内并相互平行的力系，如图 1-2-7 所示。例如，汽车起重机、桥梁等结构所受的力构成的力系，都可简化为平面平行力系。

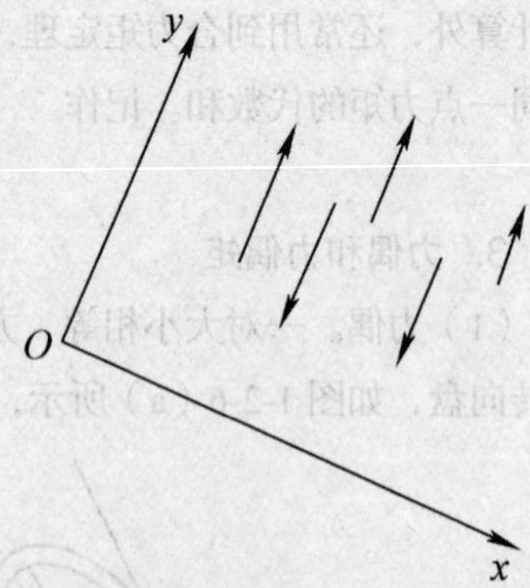

图1-2-7　平面平行力系

1. 平面平行力系的平衡条件与平衡方程

平面平行力系可以看成是平面一般力系的特殊情形。它的平衡方程比平面一般力系简单，只有两个独立的平衡方程，即

$$\sum F_x = 0 \text{ 或 } \sum F_y = 0 \qquad (1\text{-}2\text{-}4)$$
$$\sum M_O = 0$$

平面平行力系的平衡方程也可表示为以下形式

$$\sum M_A = 0 \qquad (1\text{-}2\text{-}5)$$
$$\sum M_B = 0$$

注意　力系中各力对平面内任意两点的合力矩均等于零，但 AB 的连线不能与各力平行。

2. 平面平行力系平衡方程的应用

现以汽车起重机起吊重物为例，说明平面平行力系平衡方程的应用。

例 1-2-1　汽车起重机的车重 G=20kN，起重机座部分重 W_1=30kN，W_1 正好通过车轮 B 的中心。起重臂重 W_2=4kN，设起重臂在起重机对称平面内，并在最低起吊位置，如图 1-2-8 所示。求:①该起重机的最大起重量 W_3；②起重机在最大起重条件下，车轮 A, B 对地面的压力是多大?

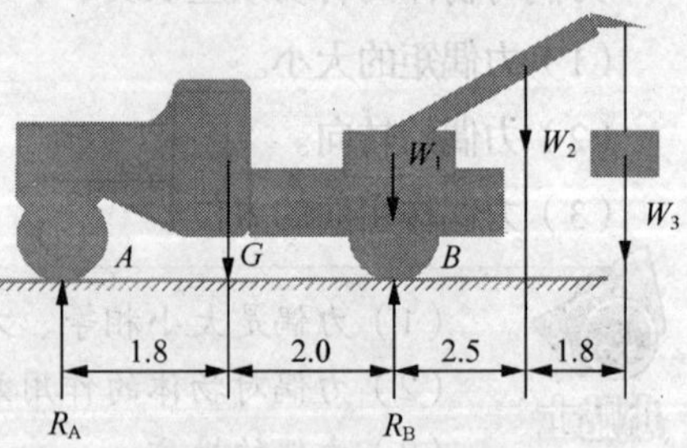

图1-2-8　汽车起重机吊重物

解：①选整台起重机为研究对象，在其工作时，受到的作用力为 G、W_1、W_2、W_3、R_A 和 R_B，这些力组成平面力系。根据平衡条件 $\sum M_B(F)=0$，则有

$$R_A \times (1.8+2) - G \times 2 + W_2 \times 2.5 + W_3 \times (2.5+1.8) = 0$$

为保证起吊重量 W_3 最大时，起重机不发生纵向倾翻，必须使 R_A 大于或等于 0，所以

$$R_A = 2G - 2.5W_2 - 4.3W_3 = 0$$

故最大起吊重量 W_{3max}=6.98（kN）。

② 对于后轮支座反力，又有 $\sum F_y = 0$，则有

$$R_A + R_B - G - W_1 - W_2 - W_3 = 0$$

且
$$R_A = 0$$
所以
$$R_B = G + W_1 + W_2 + W_3 = 60.98(\text{kN})$$

故车轮 *A* 对地面的压力（与 $\boldsymbol{R}_A$ 方向相反）为零，车轮 *B* 对地面的压力（与 $\boldsymbol{R}_B$ 方向相反）为 60.98kN。

三、平面任意力系的平衡条件和平衡方程

物体上各力的作用线在同一平面内任意分布的力系，称为平面任意力系。如图 1-2-9 所示，汽车在行驶中所受到的载荷有空气阻力 $\boldsymbol{F}$、前后轮的约束反力 $\boldsymbol{N}_1$ 和 $\boldsymbol{N}_2$，我们把它们简化为在汽车对称平面中的平面任意力系。

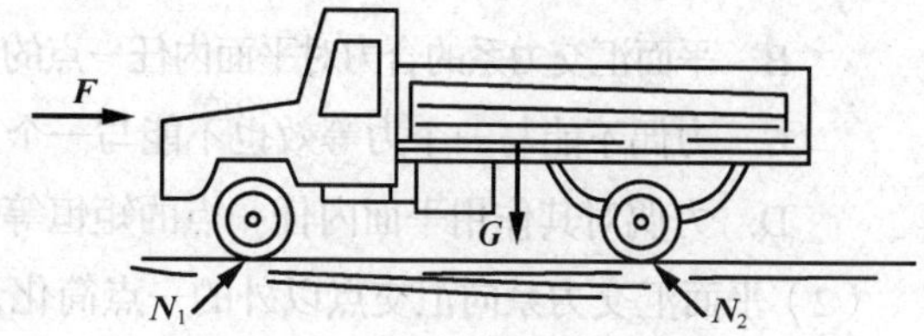

图1-2-9　汽车行驶中的受力情况

平面任意力系的平衡条件为力系中各力在每个坐标轴上投影的代数和都等于零，各力对任一点力矩的代数和也等于零。

所以平面任意力系的平衡方程为

$$\left.\begin{aligned}\sum F_x = 0\\ \sum F_y = 0\\ \sum M_O(\boldsymbol{F}) = 0\end{aligned}\right\} \quad (1\text{-}2\text{-}6)$$

同时，平面任意力系的平衡方程还可以表示成二矩式，即

$$\left.\begin{aligned}\sum F_x = 0\\ \sum M_A(\boldsymbol{F}) = 0\\ \sum M_B(\boldsymbol{F}) = 0\end{aligned}\right\} \quad (1\text{-}2\text{-}7)$$

平面任意力系的平衡方程也可以表示成三矩式，即

$$\left.\begin{aligned}\sum M_A(\boldsymbol{F}) = 0\\ \sum M_B(\boldsymbol{F}) = 0\\ \sum M_C(\boldsymbol{F}) = 0\end{aligned}\right\} \quad (1\text{-}2\text{-}8)$$

注意　应用二矩式方程时，*A*、*B* 两点的连线不能与投影方程所选坐标轴垂直。应用三矩式方程式，所选择矩心 *A*、*B*、*C* 三点不能在同一条直线上。

任务归纳

（1）通过发动机气缸盖安装，了解力偶矩与平面力偶系的基本概念和特性，以及合力偶矩定理。

（2）通过发动机气缸盖安装，掌握扭力扳手等维修工具的使用。

（3）通过发动机气缸盖安装，了解平面平行力系和平面任意力系的基本概念。

（4）观察悬架、车桥、车架的工作过程演示，了解平面平行力系的平衡条件与平衡方程，以及平面平行力系平衡方程的应用。

思考与练习

一、选择题

（1）下列说法中不正确的是（　　）。

A. 力使物体绕矩心逆时针旋转为负

B. 平面汇交力系的合力对平面内任一点的力矩等于力系中各力对同一点的力矩的代数和

C. 力偶不能与一个力等效也不能与一个力平衡

D. 力偶对其作用平面内任一点的矩恒等于力偶矩，而与矩心无关

（2）平面汇交力系向汇交点以外的一点简化，其结果可能是（　　）。

A. 一个力　　B. 一个力和一个力偶

C. 一个合力偶　　D. 一个力矩

（3）杆件变形的基本形式是（　　）。

A. 拉伸与压缩　　B. 剪切　　C. 扭转　　D. 平面弯曲

二、简答题

（1）发动机机体组的基本组成是什么？其装配关系如何？

（2）什么是力偶矩与平面力偶系、平面平行力系和平面任意力系？

任务测评表

班级		姓名		日期		自评	互评	备注
（1）知道什么是力偶和平面力偶系吗？								
（2）知道什么是平面平行力系吗？								
（3）知道什么是平面任意力系吗？								
（4）通过观察悬架、车桥、车架的工作过程，了解平面平行力系的平衡条件了吗？								
（5）了解平面平行力系的平衡条件与平衡方程，以及平面平行力系平衡方程的应用了吗？								
（6）掌握发动机气缸盖的安装技能了吗？能正确使用扭力扳手等维修工具并独立完成安装了吗？								

续表

班级		姓名		日期		自评	互评	备注
（7）在发动机气缸盖安装任务中，按照操作规程做到安全文明操作了吗？								
个人总结：								
总体评价						教师签名		

任务3 汽车运动构件的摩擦分析

任务描述

汽车行驶的基本原理是将发动机发出的动力传递给驱动轮，使其与地面之间产生驱动力，实质上驱动力就是一种摩擦力。摩擦式离合器是汽车的一个重要部件，用来切断或传递发动机动力。摩擦力具有使汽车平稳起步、换挡平稳及防止传动系统过载等功用。但是，摩擦也造成了机件磨损加快、发热、功率损耗等不利影响。

任务要求

（1）了解摩擦的简单原理。

（2）掌握滑动摩擦和滚动摩擦的有关概念。

（3）掌握汽车车轮滚动摩擦的基本原理。

技能训练

桑塔纳 2000 摩擦式离合器总成拆装所需器材和操作步骤如下。

1. 所需器材

离合器总成拆装架，世达组合工具、T 形套筒扳手、手锤、离合器拆装专用工具等。离合器总成拆装工具如图 1-3-1 所示。

2. 操作步骤

（1）拆下变速器，均匀逐步地旋松螺栓，取下（离合器）压盘和离合器盘。

（2）观察离合器各零件间的关系。

（3）用专用工具 10-201 将飞轮固定，用专用工具 10-213 将变速器盘定位于飞轮和压板中心，装上紧固螺栓，并用 25N · m 的扭矩旋紧（见图 1-3-2）。

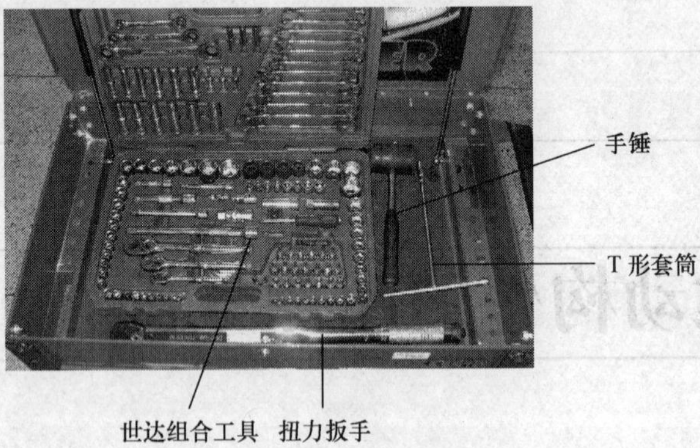

图1-3-1 离合器总成拆装工具

图1-3-2 专用工具

基本活动

1. 摩擦式离合器的组成

摩擦式离合器一般由飞轮、离合器压盘总成、离合器从动盘、离合器压盘总成固定螺栓等组成，如图 1-3-3 所示。

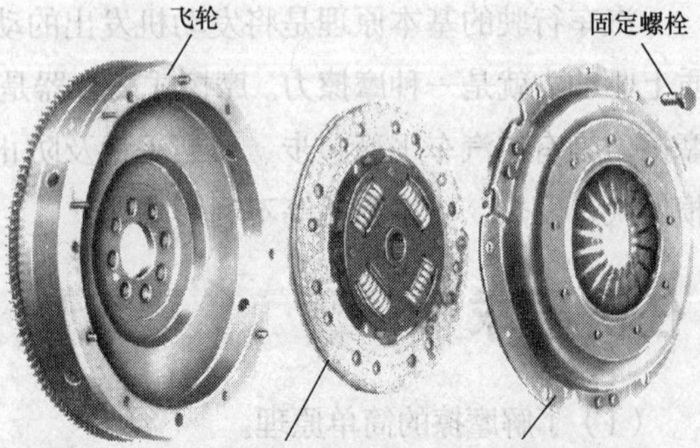

图1-3-3 摩擦式离合器的组成

2. 摩擦式离合器工作过程演示

（1）通过对摩擦式离合器台架的演示，观察摩擦式离合器各构件间的相互连接关系。

（2）观察摩擦式离合器的工作过程。

（3）通过拆装摩擦式离合器，了解摩擦的简单机理。

相关知识链接

摩擦是物体间普遍存在的一种现象。根据接触物体之间运动状况的不同，摩擦分为滑动摩擦和滚动摩擦两种。

一、滑动摩擦

两个相互接触的物体，如果有相对滑动或相对滑动趋势，那么在接触面间就会产生彼此阻碍滑动的力，这种现象称为滑动摩擦，该阻力称为滑动摩擦力。滑动摩擦根据其运动形式的不同又可分为静滑动摩擦和动滑动摩擦。

1. 静滑动摩擦

在水平面上放置一个重量为G的物体平衡时，物体受到重力$\boldsymbol{G}$和约束反力$\boldsymbol{F}_\mathrm{N}$两个力是一对平衡力［见图 1-3-4（a）］。用一根不计重量的细绳系在物体上，细绳另一端系在一个放砝码的悬挂平盘上。细绳跨过一个定滑轮，从而避免与水平面直接接触，当物体平衡时，物体所受的拉力 $\boldsymbol{F}_\mathrm{P}$ 等于平盘和砝码的重量［见图 1-3-4（b）］，当$\boldsymbol{F}_\mathrm{N}$逐渐增大且还未超过一定限度时，物体仍保持平衡。这时平面对物体除作用有法向反力 $\boldsymbol{F}_\mathrm{N}$ 外，还作用有一个与力$\boldsymbol{F}_\mathrm{P}$方向相反的水平力，称为静滑动摩擦力，简称静摩擦力，用$\boldsymbol{F}_\mathrm{f}$表示。此时该物体处于平衡状态，因此有

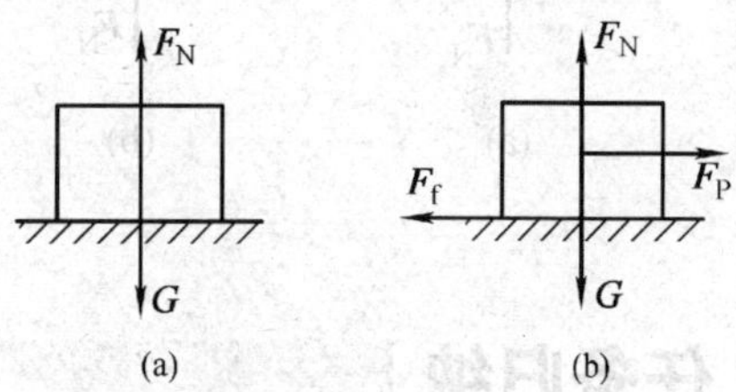

图1-3-4　静摩擦力

$$\sum F_x = 0 \Rightarrow F_\mathrm{p} - F_\mathrm{f} = 0$$

所以

$$F_\mathrm{f} = F_\mathrm{p}$$

由此可知，最大静滑动摩擦力的大小随水平力$\boldsymbol{F}_\mathrm{P}$的增大而增大，但$\boldsymbol{F}_\mathrm{P}$不能无限增大，当$\boldsymbol{F}_\mathrm{P}$超过某一值时，物体将开始滑动。可见当物体处于要滑动而未滑动的临界状态时，摩擦力达到最大值，称为最大静滑动摩擦力，简称最大静摩擦力，用$\boldsymbol{F}_{\mathrm{f}_\mathrm{max}}$ 表示。

实验证明，最大静摩擦力的方向与相对滑动趋势相反，其大小与两物体间的正压力成正比，即$F_{\mathrm{f}_\mathrm{max}} = f \cdot F_\mathrm{N}$ 称为最大静滑动摩擦力定律。其中，比例常数 f 称为静滑动摩擦系数，它的大小与接触物体的材料和表面情况有关，与接触面的面积无关。

2. 动滑动摩擦

两接触物体接触面之间存在相对滑动时，沿接触面相互产生的切向阻力，称为动滑动摩擦力，简称动摩擦力，用$\boldsymbol{F}'$表示。

实验证明：

（1）动摩擦力与接触面正压力成正比，即$F' = f'N$。其中，比例常数 f' 称为动滑动摩擦系数，它除与接触物体的材料和表面情况有关外，还与物体的相对滑动速度有关。

（2）一般动滑动摩擦系数均小于静摩擦系数，即 $f' < f$。

二、滚动摩擦

两个相互接触的物体，如果有相对滚动或相对滚动趋势，在接触面间就会产生彼此阻碍滚动的

力。这种现象称为滚动摩擦，该阻力称为滚动摩擦力。

在水平面上放置一个重量为G、半径为r的滚子，滚子中心作用一水平力$\boldsymbol{F}_p$，如图1-3-5所示。当$\boldsymbol{F}_T$较小时，滚子保持静止，此时，滚子受主动力$\boldsymbol{F}_p$、重力$\boldsymbol{G}$、法向反力$\boldsymbol{F}_N$及静摩擦力$\boldsymbol{F}_f$的作用。其中，重力$\boldsymbol{G}$和法向反力$\boldsymbol{F}_N$是一对平衡力，而主动力$\boldsymbol{F}_T$和静摩擦力$\boldsymbol{F}_f$则组成一力偶。由于滚子保持静止，所以还应有一力偶与力偶（$\boldsymbol{F}_p$、$\boldsymbol{F}_f$）平衡，该力偶称为滚动阻力偶，用M_f表示。滚动阻力偶的最大值M_{max}与滚子的半径r无关，而与法向反力$\boldsymbol{F}_N$的大小成正比，即$M_f=\delta F_N$。其中，δ是滚动摩擦系数，它与两个接触物体的硬度及表面状况有关。

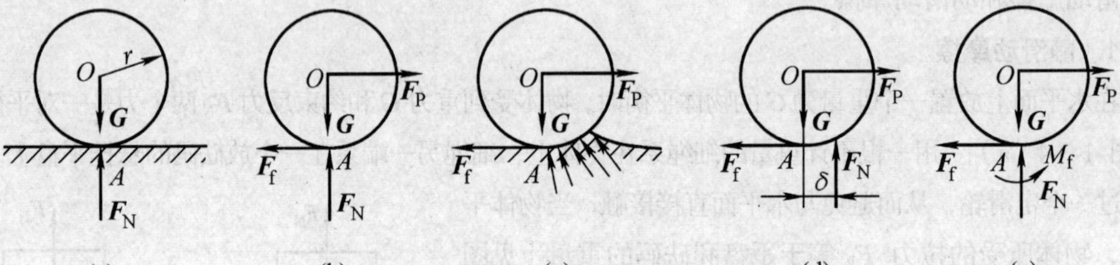

图1-3-5 滚动摩擦力

任务归纳

（1）通过拆装摩擦式离合器，了解摩擦的基本概念、种类和摩擦的简单机理。

（2）通过拆装摩擦式离合器，了解摩擦式离合器各构件间的相互关系。

（3）观察摩擦式离合器的工作过程演示，了解静滑动摩擦和动滑动摩擦的区别。

（4）了解滚动摩擦的基本概念和机理。

思考与练习

（1）了解摩擦式离合器的基本组成和各构件间的相互装配关系。

（2）什么是摩擦的基本概念？了解摩擦的简单机理。

（3）了解摩擦的种类，掌握静滑动摩擦和动滑动摩擦的区别。

（4）了解滚动摩擦的基本概念和工作机理。

（5）一重量为G的物体放置在倾角为α的斜面上，物体处于静止状态，如图1-3-6所示。

试求该物体所受到的支承反力$\boldsymbol{N}$及摩擦力$\boldsymbol{F}_f$。

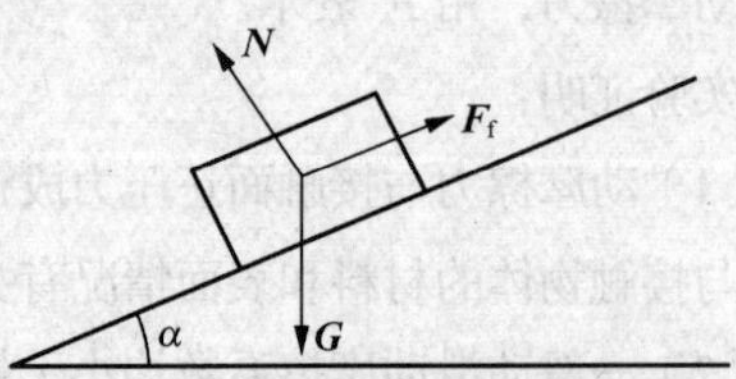

图1-3-6 思考与练习（5）的图

（6）某物体重G，与水平面之间的摩擦系数为f，使用推力或拉力作用在该物体上。力的作用角为α，如图1-3-7所示。若使该物体向右移动，两种方法哪种省力，为什么？

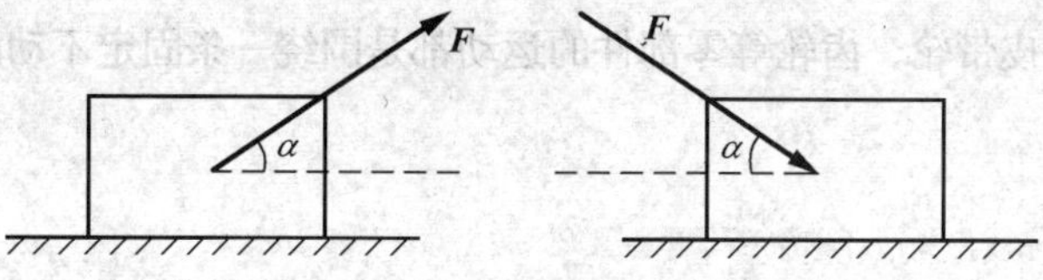

图1-3-7　思考与练习（6）的图

任务测评表

班级		姓名		日期		自评	互评	备注
（1）知道什么是摩擦吗？了解摩擦的简单机理吗？								
（2）知道什么是静滑动摩擦、动滑动摩擦吗？知道二者有什么特点和区别吗？								
（3）了解滚动摩擦的基本概念和机理吗？								
（4）通过拆装摩擦式离合器了解摩擦式离合器各构件之间的联系吗？								
（5）掌握摩擦式离合器的拆装技能了吗？能独立完成拆卸和装配吗？								
（6）在拆装摩擦式离合器任务中，按照操作规程做到安全文明操作了吗？								
个人总结：								
总体评价						教师签名		

任务4　车轮转速、线速度、角速度和转矩的测定

任务描述

汽车行驶过程中，驾驶员根据道路情况，不断地改变车轮的转动速度，以适应道路状况的变化。

汽车上的车轮、飞轮、皮带轮、齿轮等零部件的运动都是围绕一条固定不动的直线转动，与转速、转矩和功率有关。

任务要求

（1）了解刚体的定轴转动概念。

（2）了解刚体定轴转动的转速、线速度、角速度、转矩的基本概念和相互关系。

（3）掌握车轮与飞轮的转速、线速度、角速度和转矩的测定。

技能训练

进行发动机转速的测定。

1. 所需器材

桑塔纳发动机拆装台架、实训车、组合工具、扭力扳手、记号笔、示波器等。发动机转速测定所用工具如图 1-4-1 所示。

2. 操作步骤

（1）观察曲轴旋转传动过程。桑塔纳 AFE 发动机曲轴与凸轮轴之间的连接关系如图 1-4-2 所示，顺时针摇转曲轴观察其传动过程。

图1-4-1 发动机转速测定所用工具

图1-4-2 连接关系

（2）发动机曲轴转速测定。

① 将示波器探针与实训车的凸轮轴位置传感器信号线相连接，起动发动机至正常工作温度，打开示波器开关，如图 1-4-3 所示。

② 按向下键选择简易示波器功能，然后按确定键，如图 1-4-4 所示。

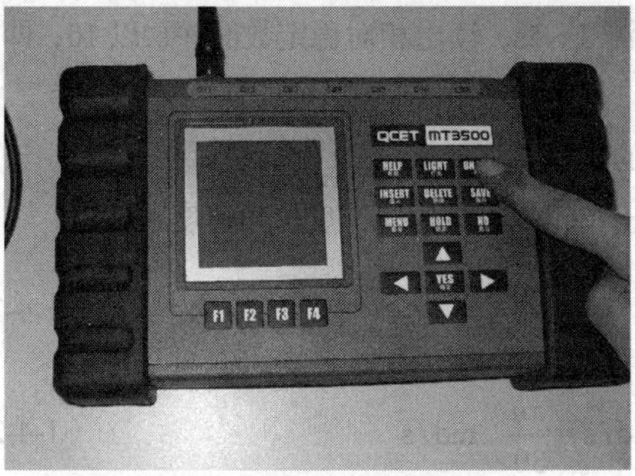

图1-4-3 打开示波器开关

图1-4-4 选择示波器功能

③ 选择相应的通道，调整好电压、时间，测量凸轮轴位置传感器波形，将其锁定，如图 1-4-5 所示。

④ 按 F4 键进行分析测量结果，移动游标 A 和游标 B 至图 1-4-6 所示位置。

⑤ 显示检测结果，如图 1-4-7 所示。此次测量的结果是游标 A 和游标 B 之间的时间（为 144.00ms），即周期为 144ms，由此可计算发动机转速为：60 ÷ 0.144 × 2r/min=833r/min。

图 1-4-5 测量凸轮轴位置传感器波形

图1-4-6 移动游标A和游标B

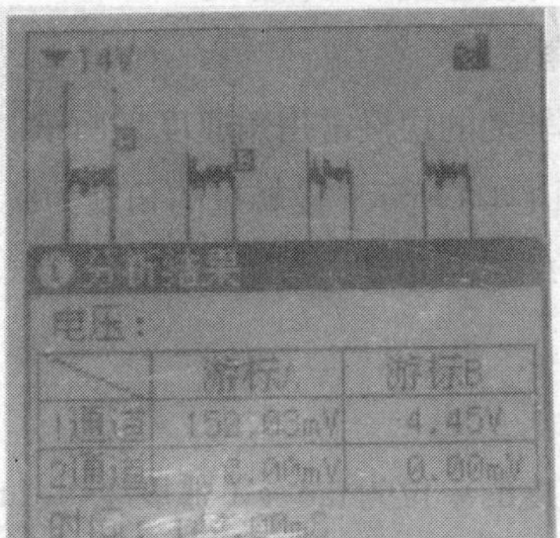

图1-4-7 测量的结果

基本活动

1. 速度检测

（1）用测速表检测发动机转速（以 QZH-2 型汽车发动机转速表为例）。

① 起动发动机。

② 选择检测挡位（四缸或六缸发动机），抽出伸缩天线，对准被测发动机火花塞。

③ 在怠速和最高转速的 2/3 两转速工况下，各检测 3～5s，读出相对稳定数值并乘以 10，即为发动机转速。

（2）测量车轮或飞轮半径。用尺量出车轮或飞轮的半径。

（3）验算车轮或飞轮速度。通过下列公式分别算出车轮或飞轮的线速度、角速度和转矩。

线速度
$$v = \frac{s}{t} = \omega r \tag{1-4-1}$$

角速度
$$\omega = 2\pi n \ \ \text{rad/min} = \frac{2\pi n}{60} \ \ \text{rad/s} = \frac{\pi n}{30} \ \ \text{rad/s} \tag{1-4-2}$$

转矩
$$M_O = \frac{30P \times 1000}{\pi n} \approx 9550\frac{P}{n} \tag{1-4-3}$$

2. 扭力扳手拧紧螺栓

在实训室，用扭力扳手，根据规定力偶矩拧紧轮胎螺栓、气缸盖螺栓或其他有拧紧力偶矩规定的螺栓。

相关知识链接

汽车上的飞轮、皮带轮、齿轮及发电机转子等零部件的运动都具有一个特点，就是在运动过程中，零部件都绕其体内的一条固定不动的直线作圆周运动。具有这种特点的运动，称为刚体绕固定轴的转动，简称转动。

一、角速度和线速度

1. 角速度

物体转动的快慢常用角速度来衡量。一个转动的物体，其上的点 a 在时间 t 内绕轴 O 转动到点 a'，如图 1-4-8 所示，设转过的角度为φ。转动的角度与所用时间的比值，称为角速度，即单位时间内物体所转过的角度，常用 ω 表示，有

$$\omega = \frac{\varphi}{t} \tag{1-4-4}$$

角速度的单位为 rad/s（弧度/秒），1rad 等于弧长与半径相等的圆弧所对应的圆心角，每一圈为 360°，亦即 2π 弧度。由数学知识可知，物体旋转一圈为转过 2π 弧度，即

$$1\text{rad} = \frac{360°}{2\pi} = 57.3°$$

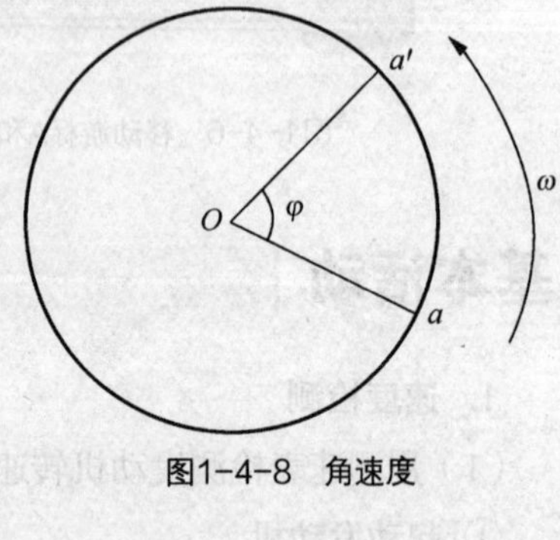

图1-4-8 角速度

工程上习惯用每分钟的转数来表示物体转动的快慢程度，即转速。转速用字母 n 表示，单位为 rad/min（转/分）。转速与角速度的关系为

$$\omega = 2\pi n \ \ \text{rad/min} = \frac{2\pi n}{60} \ \ \text{rad/s} = \frac{\pi n}{30} \ \text{rad/s} \tag{1-4-5}$$

2. 线速度

设传输带带轮的转速为 ω，如图 1-4-9 所示，传输的速度 v 就是指线速度，用来表示单位时间内物体的位移。

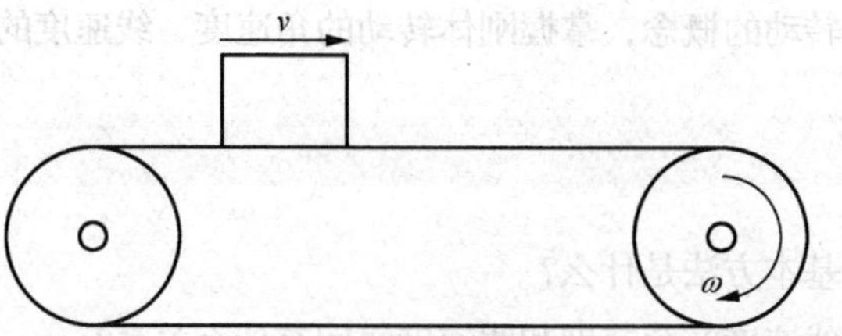

图1-4-9　线速度

$$v = \frac{s}{t} \tag{1-4-6}$$

式中，s 为位移，单位为 m（米）；t 为时间，单位为 s（秒）；v 为线速度，单位为 m/s（米/秒）。

如果转动物体上某点的转动半径为 r，在单位时间内转过的角度为 φ，则通过的路程 $s = \omega r$ 。

$$v = \frac{s}{t} = \frac{\varphi r}{t} = \omega r \tag{1-4-7}$$

由式（1-4-7）可知，绕定轴转动的刚体上任一点的线速度，等于角速度 ω 与该点到转轴距离 r 的乘积，其方向沿圆周的切线并与刚体转动的方向一致。

二、功率、转矩与转速的关系

如图 1-4-8 所示，轮子在点 a 受 Oa 与到垂直的力 $\boldsymbol{F}$ 的作用，以转速 n 绕轴心 O 转动，点 a 的线速度为 v，此时功率 P 可用公式 $P = Fv$ 来计算。又由前面有关公式可得:

$$P = F_t \frac{\pi n}{30} \tag{1-4-8}$$

式中，F_t 为力 $\boldsymbol{F}$ 对点 O 的力偶矩，称为转矩，用 M_O 表示。因此，式（1-4-8） 可表示为

$$P = M_O \frac{\pi n}{30} \tag{1-4-9}$$

该式表达了功率、转矩与转速之间的关系。工程上，功率的常用单位是 kW，转矩与功率和转速又可表示为

$$M_O = \frac{30P \times 1000}{\pi n} \approx 9550 \frac{P}{n} \tag{1-4-10}$$

式中，M_O 为转矩，单位是 N·m（牛顿·米）；P 为功率，单位是 kW（千瓦）；n 为转速，单位是 r/min（转/分）。

由式（1-4-10） 可知，转矩与功率成正比，与转速成反比。如驾驶汽车爬坡时，通过降低转速来增大转矩的方式，能够提高爬坡能力。

任务归纳

（1）通过曲轴转速测定，了解角速度、线速度和转速的基本概念。

（2）通过曲轴转速测定，了解功率、转矩与转速的基本概念。

（3）观察曲轴的工作过程演示，了解功率、转矩与转速的关系。

（4）掌握刚体和刚体转动的概念，掌握刚体转动的角速度、线速度的测定方法。

思考与练习

（1）曲轴转速测定的基本方法是什么？

（2）什么是角速度和线速度？角速度和线速度之间有什么关系？

（3）什么是功率、转矩与转速？它们之间有什么关系？

（4）什么是刚体和刚体转动的角速度、线速度？它们的测定方法是什么？

（5）转动半径与角速度、线速度有什么关系？在相同转速条件下，不同转动半径对线速度有什么影响？

（6）汽车发动机的额定功率 P=100kW，当传动轴的转速 n=1200r/min 时，其输出的转矩为多少？当转速调为 n=600r/min 时，传动轴输出的转矩又是多少？

任务测评表

班级		姓名		日期		自评	互评	备注
（1）知道什么是角速度和线速度吗？了解角速度和线速度之间的关系吗？								
（2）知道什么是功率、转矩与转速吗？了解它们之间的关系吗？								
（3）知道刚体和刚体转动的基本概念吗？掌握刚体转动的角速度、线速度的测定方法吗？								
（4）了解曲轴转速的测定方法吗？								
（5）掌握曲轴转速测定技能了吗？能独立完成拆卸和装配吗？								
（6）在曲轴转速测定任务中，按照操作规程做到安全文明操作了吗？								
个人总结：								
总体评价						教师签名		

任务5 汽车构件的强度分析

5.1 拉伸与压缩时的强度分析

任务描述

图 1-5-1 所示为一拖车挂钩的钢拉杆，拉杆受力 F=40kN，若拉杆材料的许用应力等于 100MPa，横截面为矩形，且 $b=3a$，a=20mm，试校核钢拉杆的强度。

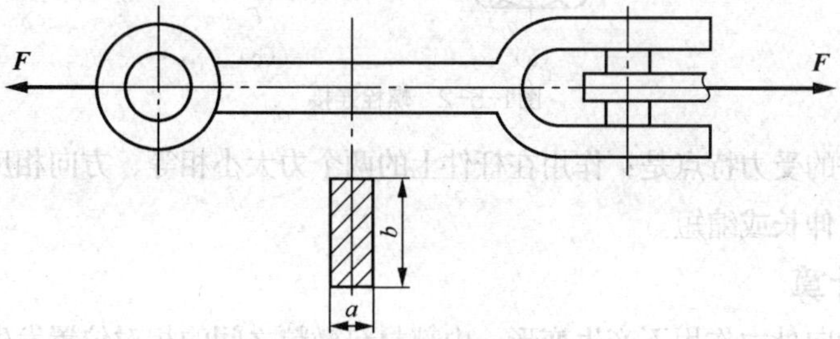

图1-5-1 拖车钢拉杆

任务分析

对钢拉杆进行强度校核，要运用静力学知识计算其所受外力大小，再用截面法求出杆件横截面上的轴力，但只求出轴力还不足以分析钢拉杆的强度，应求出杆件横截面上的应力来校核其强度。

技能训练

1. 确定拉杆内力

由截面法可知，钢拉杆的内力 $F_N=F$=40000（N）。

2. 确定拉杆横截面面积 A

$$A=ab=20\times60=1200\ (\text{mm}^2)$$

3. 计算拉杆的工作应力

$$\sigma=\frac{F_N}{A}=\frac{40000}{1200}=33.33\ (\text{MPa})$$

4. 校核拉杆强度

因为 $\sigma<[\sigma]$，所以拉杆的强度足够。

相关知识链接

一、拉伸与压缩的含义

在汽车上，发生轴向拉伸与压缩的构件很多，承受拉伸与压缩变形的杆件称为拉杆或压杆，如内燃机中的连杆，压缩机中的活塞杆等。如图 1-5-2 所示的螺栓连接，螺栓承受沿轴线方向作用的拉力，杆件沿轴向方向产生伸长变形，这种变形称为轴向拉伸，反之称为轴向压缩。

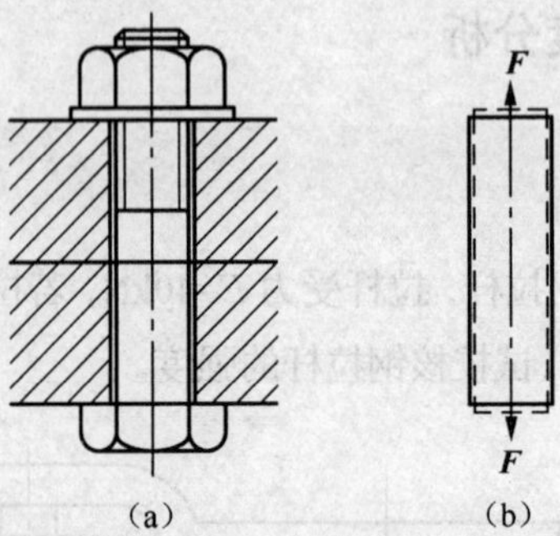

图1-5-2 螺栓连接

拉伸与压缩杆件的受力特点是：作用在杆件上的两个力大小相等、方向相反。杆件的变形特点是：杆件沿轴线方向伸长或缩短。

二、内力的计算

拉（压）杆在轴向外力作用下产生变形，内部材料微粒之间的相对位置发生了改变，其相互作用力也发生了改变。这种由外力引起的杆件内部相互作用力的改变量，称为内力。内力随着外力的增大而增大，当内力到达一定限度时，杆件就会发生破坏。

求内力的基本方法是截面法，如图 1-5-3 所示。为求得杆件任一截面 M—M 上的内力，可用一平面假想沿截面 M—M 将杆件截成Ⅰ、Ⅱ两段，然后任取一段进行研究。杆件断开之后，内力就显现出来，内力的合力用 $\boldsymbol{F}_N$ 表示。针对Ⅰ段，根据平衡条件可得 $F_N=F$，由于内力作用线必沿杆件轴线方向，故称内力 $\boldsymbol{F}_N$ 为轴力。轴力的符号可根据杆件的变形情况来规定：当杆件受拉伸而伸长时，轴力的方向离开截面，其轴力为正；反之，轴力为负。按此规定，无论取杆件Ⅰ段还是Ⅱ段为研究对象，所求得的轴力不仅数值相等，而且符号也相同。

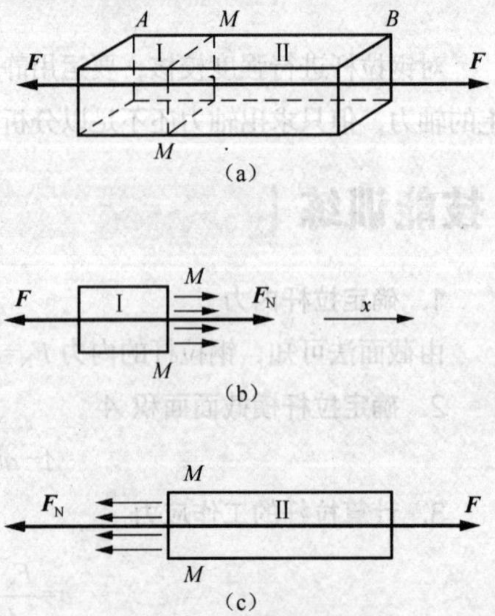

图1-5-3 截面法求内力

当轴向外力较多时，内力可按圣文南原理计算，即任意截面的内力等于该截面一侧所有外力的代数和，其计算公式为

$$F_N=\sum F\text{（一侧）}$$

式中，F_N为横截面上的内力，单位为N；F（一侧）为该截面一侧的外力，单位为N。

三、轴力图

工程上受拉、受压的杆件往往同时受多个外力作用，成为多力杆。这时，杆上不同轴段的轴力将不同，为了清楚地表达轴力随截面位置变化的情况，可用轴力图来表达。轴力图的画法如下：

用平行于杆件轴线的坐标表示杆件截面的位置，用垂直于杆件轴线的另一坐标表示轴力数值的大小，正轴力画在坐标轴正向，反之画在负向。

下面以例子来说明杆件内力的分析计算及轴力图的画法。

例 1-5-1 汽车上某液压缸活塞杆受力如图 1-5-4 所示，设 $F>F_1>F_2$，试求截面 1—1、2—2 的轴力并画轴力图。

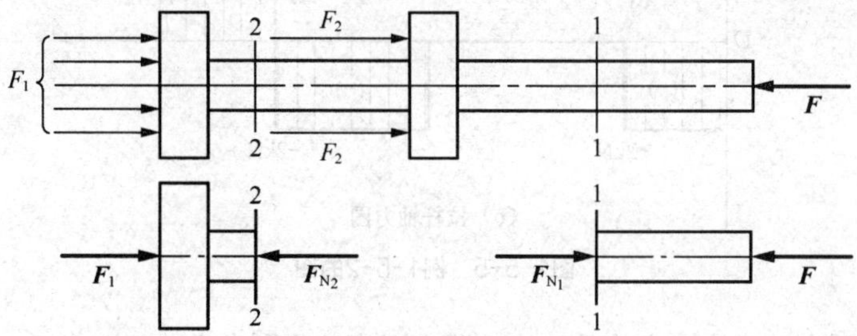

（a）活塞杆受力图

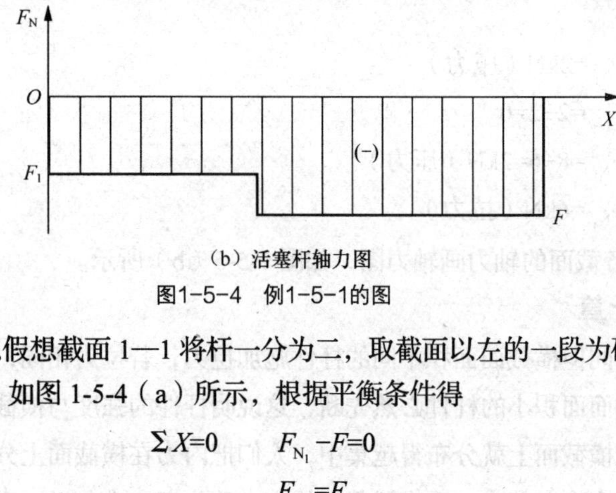

（b）活塞杆轴力图

图1-5-4 例1-5-1的图

解：① 在活塞杆上以假想截面 1—1 将杆一分为二，取截面以左的一段为研究对象，并画其受力图，截面上轴力为F_{N_1}，如图 1-5-4（a）所示，根据平衡条件得

$$\Sigma X=0 \qquad F_{N_1}-F=0$$

$$F_{N_1}=F$$

② 在杆上取截面 2—2，以截面左边的一段为研究对象，画其受力图如图 1-5-4（a）所示，根据静力平衡条件得

$$\Sigma X=0 \qquad F_{N_2}-F=0$$

$$F_{N_2}=F$$

以 x 轴表示杆上截面的位置，以纵轴表示轴力大小，F_{N_1}，F_{N_2} 均为压力，画在坐标轴负向，如图 1-5-4（b）所示。

例 1-5-2 汽车上某拉杆经简化后，受力及其大小分别如图 1-5-5（a）所示，试作此杆轴力图。

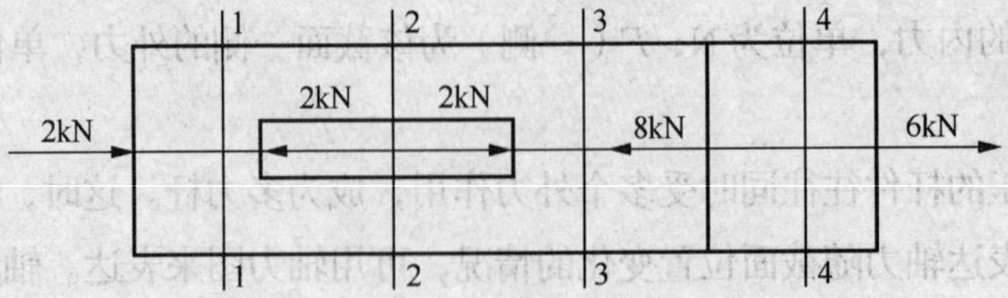

（a）拉杆受力图

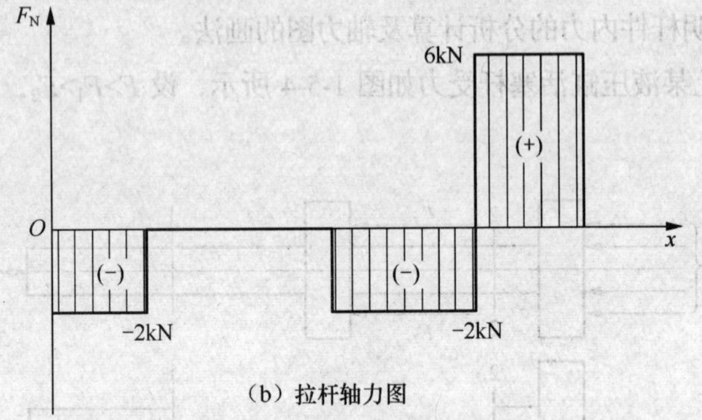

（b）拉杆轴力图

图1-5-5 例1-5-2的图

解：① 杆上作用有 5 个力，应将其分为 4 段来考虑，分别求出 1—1、2—2、3—3 和 4—4 截面的轴力如下：

1—1 截面　　F_{N_1}=2kN（压力）

2—2 截面　　F_{N_2}=2−2=0

3—3 截面　　F_{N_3}=8−6=2kN（压力）

4—4 截面　　F_{N_4}=6kN（拉力）

② 根据求出的各截面的轴力画轴力图，如图 1-5-5（b）所示。

四、应力的计算

针对两根材料相同但横截面面积不同的杆件施加拉力，若拉力相同，则两杆轴力相同，但随着拉力不断增加，横截面面积小的杆件必然先断，这说明杆件的强度与横截面面积的大小有关，横截面面积越小，轴力在横截面上就分布得越集中，人们把内力在横截面上分布的密集度，即横截面单位面积上的内力称为应力。其中，垂直于截面的应力称为正应力，以 σ 表示，平行于截面的应力称为剪应力，以 τ 表示。

在拉（压）杆中，横截面上的应力为正应力，横截面上各点的应力大小相等，其计算公式为

$$\sigma=\frac{F_N}{A}$$

式中，σ 为横截面上的正应力，单位为 MPa；F_N 为横截面上的轴力，单位为 N；A 为横截面的面积，单位为 mm^2。

正应力的符号与轴力符号一致，即拉应力为正，压应力为负。

五、拉伸（压缩）时的强度计算

工程中对各种材料都规定了其所能承担的最大应力值，称为材料的许用应力，用符号[σ]表示。为保证构件具有足够的强度，必须使构件的最大工作应力不超过材料的许用应力，即

$$\sigma_{max}=\frac{F_N}{A}\leqslant[\sigma] \qquad (1\text{-}5\text{-}1)$$

式（1-5-1）称为拉伸（压缩）时的强度条件。

例 1-5-3　如图 1-5-6（a）所示的圆截面杆件 AC，已知 d_1=20mm，d_2=30mm，F_1=20kN，F_2=50kN，试画出轴力图并计算 AB、BC 段杆件截面上的应力。

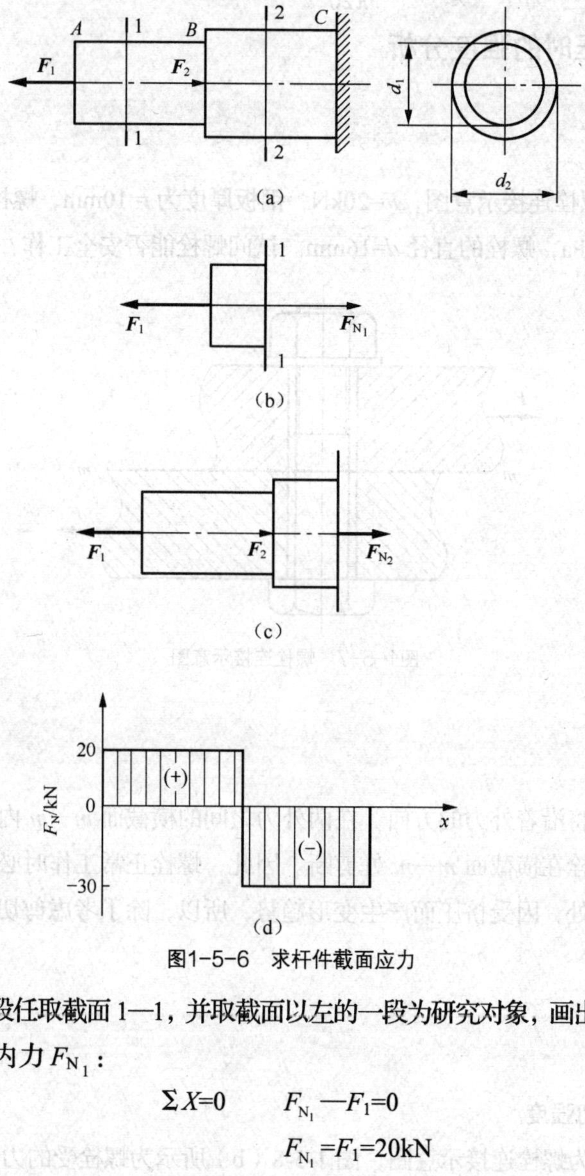

图1-5-6　求杆件截面应力

解：① 在杆件 AB 段任取截面 1—1，并取截面以左的一段为研究对象，画出受力图，如图 1-5-6（b）所示，根据平衡条件求内力 F_{N_1}：

$$\Sigma X=0 \qquad F_{N_1}-F_1=0$$

$$F_{N_1}=F_1=20\text{kN}$$

② 在杆件 BC 段取截面 2—2，并取截面以左的一段为研究对象，画出受力图如图 1-5-6（c）所

示，根据平衡条件求内力 F_{N_2}：

$$\Sigma X=0 \qquad F_{N_2}+F_2-F_1=0$$

$$F_{N_2}=F_1-F_2=(20-50)\text{ kN}=-30\text{kN}$$

③ 画轴力图如图 1-5-6（d）所示。

④ 计算各段应力：

AB 段应力 $$\sigma_1=\frac{F_{N_1}}{A_1}=\frac{20\times10^3\times4}{\pi20^2}\text{MPa}=63.7\text{MPa}$$

BC 段应力 $$\sigma_2=\frac{F_{N_2}}{A_2}=\frac{-30\times10^3\times4}{\pi20^2}\text{MPa}=-42.4\text{MPa}$$

5.2 剪切与挤压时的强度分析

任务描述

如图 1-5-7 所示的螺栓连接示意图，F=20kN，钢板厚度为 t=10mm，螺栓许用[τ]=200MPa，许用挤压应力[σ_{jy}]= 200MPa，螺栓的直径 d=16mm。试问螺栓能否安全工作？

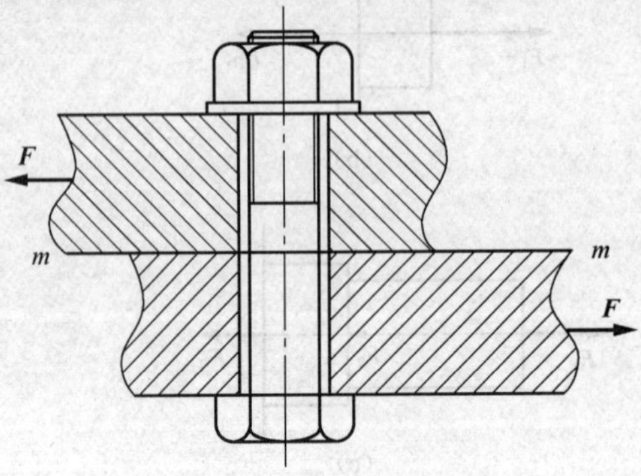

图1-5-7 螺栓连接示意图

任务分析

螺栓的上下两部分将沿着外力的方向，在两外力之间的横截面 *m*—*m* 内产生相对错动趋势。当外力足够大时，将使螺栓在横截面 *m*—*m* 处剪断。因此，螺栓正常工作时必须进行剪切强度计算。同时，螺栓与钢板接触处，因受挤压而产生变形趋势，所以，除了考虑剪切强度之外，还必须考虑挤压强度。

任务实施

1. 校核螺栓的剪切强度

图 1-5-8（a）所示为螺栓连接示意图，图 1-5-8（b）所示为螺栓受的力分析图。

（1）计算螺栓的剪力 F_Q 如图 1-5-8（c）所示，$F=F_Q$=20kN。

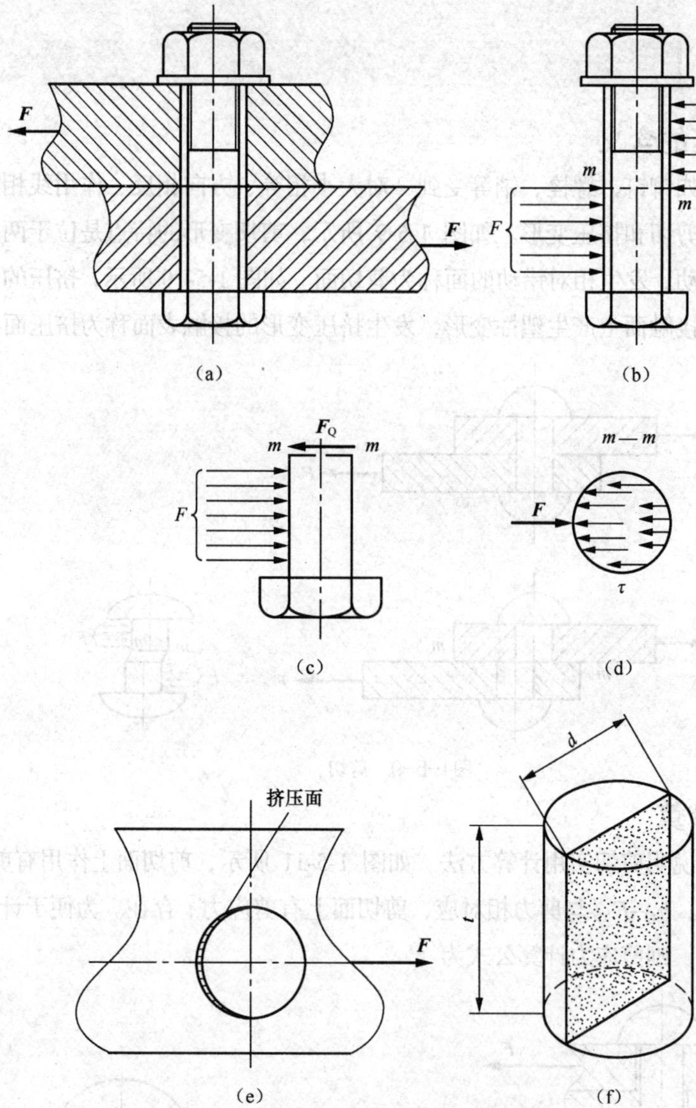

图1-5-8　校核螺栓的剪切强度

（2）计算螺栓的剪应力如图 1-5-8（d）所示，根据式（1-5-2）可得螺栓的剪应力，即

$$\tau=\frac{F_Q}{A}=\frac{4F_Q}{\pi d^2}=\frac{4\times 20\times 10^3}{3.14\times 16^2}\approx 99.5(\mathrm{MPa})$$

因为$\tau<[\tau]$，所以螺栓满足剪切强度条件。

2. 校核螺栓的挤压强度

（1）计算螺栓所受挤压力 F_{jy}，如图 1-5-8（e）所示，$F_{jy}=F=20\mathrm{kN}$。

（2）计算螺栓挤压应力σ_{jy}如图 1-5-8（f）所示，根据式（1-5-4）可得螺栓的挤压应力，即

$$\sigma_{jy}=\frac{F_{jy}}{A_{jy}}=\frac{F}{td}=\frac{20\times 10^3}{10\times 16}=125(\mathrm{MPa})$$

因为$\sigma_{jy}<[\sigma_{jy}]$，所以螺栓满足挤压强度要求，能安全工作。

相关知识链接

一、剪切与挤压的含义

汽车上常会有构件如铆钉、螺栓、销等受到一对大小相等、方向相反、作用线相距很近的外力作用，这时构件将产生剪切和挤压变形。如图 1-5-9 所示，剪切变形的特点是位于两作用力之间的构件横截面发生相对错动，发生相对错动的面称为剪切面。如图 1-5-10 所示，挤压的变形特点是两构件在相互传递压力的接触面上产生塑性变形，发生挤压变形的接触表面称为挤压面。

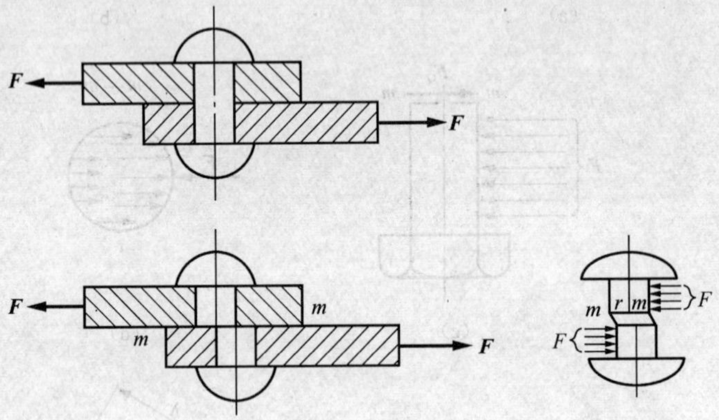

图1-5-9 剪切

二、剪切实用计算

现以铆钉受剪为例说明剪切实用计算方法。如图 1-5-11 所示，剪切面上作用有剪力 $\boldsymbol{F}_Q$，根据截面法和平衡条件可知：F_Q=F。与剪力相对应，剪切面上有剪应力 τ 存在。为便于计算，假设剪应力在剪切面上均匀分布，则剪应力计算公式为

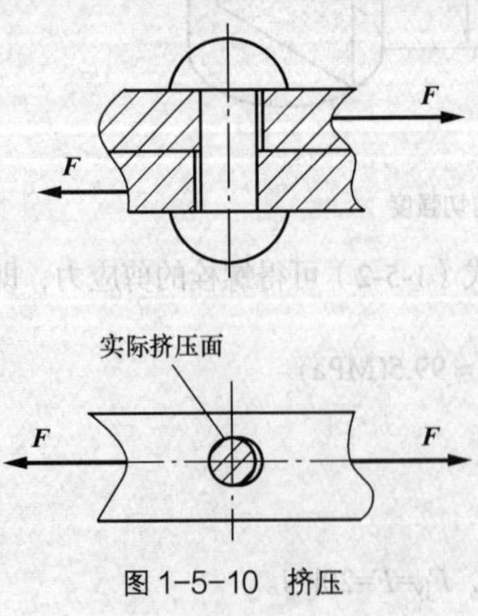

图 1-5-10 挤压

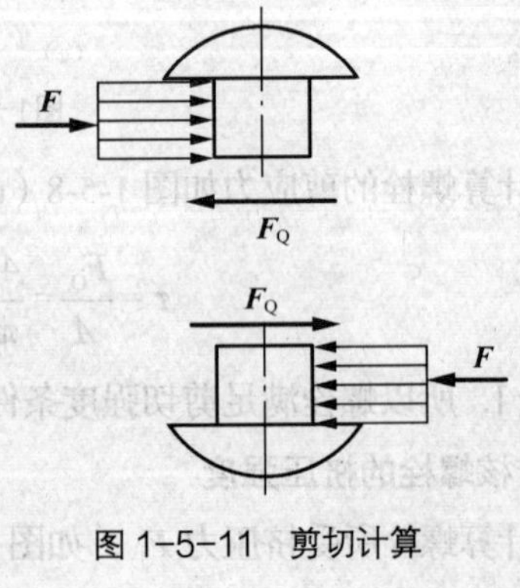

图 1-5-11 剪切计算

$$\tau = \frac{F_Q}{A} \tag{1-5-2}$$

式中，τ 为平均剪应力，单位为 MPa；F_Q 为作用到剪切面上的剪力，单位为 N；A 为剪切面面积，单位为 mm^2。

为保证受剪构件安全可靠地工作，要求工作剪应力不超过材料的许用剪应力。所以，剪切强度条件为

$$\tau=\frac{F_Q}{A}\leqslant[\tau] \tag{1-5-3}$$

式中，$[\tau]$为材料的许用剪应力，单位为 MPa。

三、挤压实用计算

如图 1-5-12 所示，挤压面上的压力称为挤压力，用 $\boldsymbol{F}_{jy}$ 表示，相应的应力称为挤压应力，用 σ_{jy} 表示，假定挤压应力在挤压面上均匀分布，则挤压应力计算公式为

$$\sigma_{jy}=\frac{F_{jy}}{A_{jy}} \tag{1-5-4}$$

式中，σ_{jy} 为平均挤压应力，单位为 MPa；F_{jy} 为作用到挤压面上的挤压力，单位为 N；A_{jy} 为有效挤压面面积，单位为 mm^2。

当接触面为平面时，有效挤压面积即为接触面面积，当挤压面为圆柱面时，有效挤压面积为实际接触面积在垂直于挤压力的平面上的投影面积（见图 1-5-8（f））。

为了保证受挤压构件不致因挤压而失效的强度条件为

$$\sigma_{jy}=\frac{F_{jy}}{A_{jy}}\leqslant[\sigma_{jy}] \tag{1-5-5}$$

式中，$[\sigma_{jy}]$为材料的许用挤压应力，单位为 MPa。

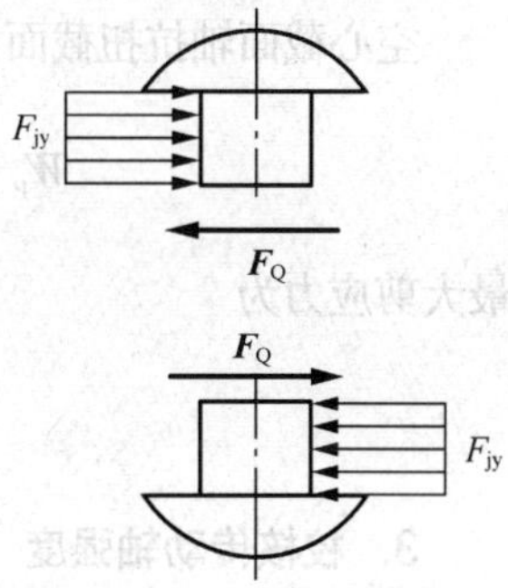

图1-5-12　挤压实用计算

5.3　轴扭转时的强度分析

任务描述

如图 1-5-13 所示的汽车传动轴 *AB* 由无缝钢管制成，外径 D=100mm，壁厚 δ =2.5mm，传递的最大转矩为 M=1. 5kN · m，材料的许用剪应力$[\tau]$ =90MPa，试校核该轴的强度。

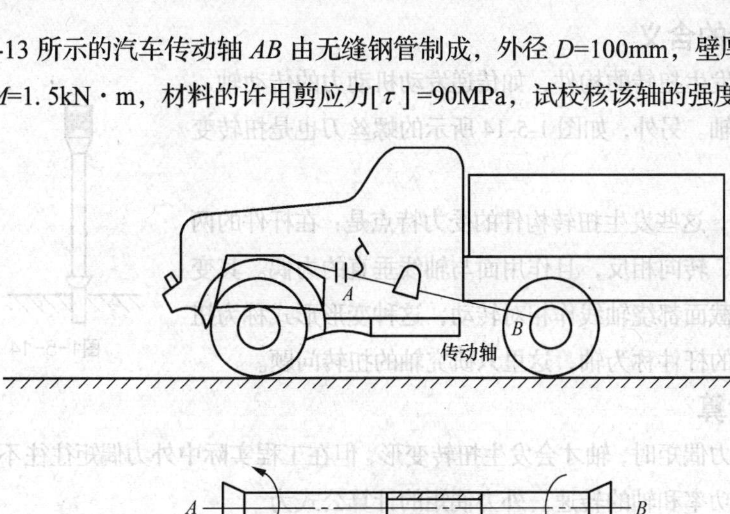

图1-5-13　汽车传动轴扭转变形

任务分析

汽车传动轴左端受到主动力偶作用，右端受到阻抗力偶作用，两力偶转向相反。由于受到这两个力偶的作用，传动轴将产生扭转变形，并在其横截面上产生抵抗扭转变形的内力。在此基础上，分析应力分布规律，建立扭转强度条件，并对传动轴进行强度校核。

任务实施

1. 计算传动轴的内力

传动轴上各截面最大扭矩等于外力偶矩，即 $M_{max}=M=1500\text{N}\cdot\text{m}$。

2. 计算其最大剪应力

空心截面轴抗扭截面系数为

$$W_P=\frac{\pi D^3}{16}(1-a^4)=0.2\times100^3\times[1-(\frac{95}{100})^4]=37098\text{ mm}^3$$

最大剪应力为

$$\tau_{max}=\frac{M_{T\max}}{W_P}=\frac{1500\times10^3}{37\,098}=40.4\text{MPa}$$

3. 校核传动轴强度

$$\tau_{max}=40.4\text{MPa}<[\tau]$$

所以传动轴 *AB* 的强度足够。

相关知识链接

一、圆轴扭转的含义

在汽车上有很多发生扭转的构件，如传递发动机动力的传动轴，传递转向扭矩的转向轴。另外，如图 1-5-14 所示的螺丝刀也是扭转变形实例。

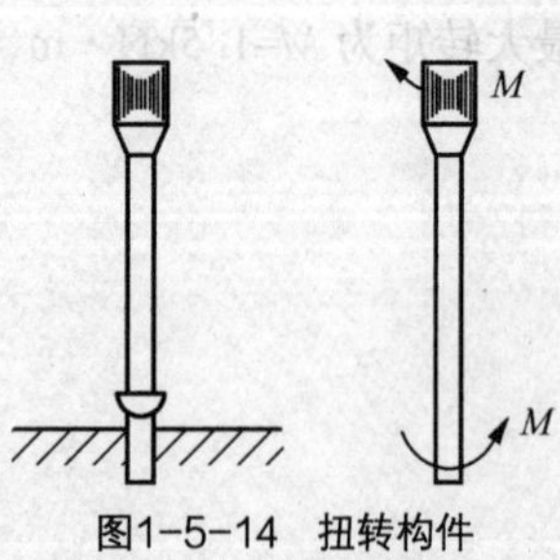

图1-5-14 扭转构件

如图 1-5-15 所示，这些发生扭转构件的受力特点是：在杆件的两端作用两个大小相等、转向相反，且作用面与轴线垂直的力偶。其变形特点是：杆件各横截面都绕轴线作相对转动，这种变形形式称为扭转。可以把发生扭转的杆件称为轴，这里只研究轴的扭转问题。

二、扭矩的计算

当轴上作用有外力偶矩时，轴才会发生扭转变形，但在工程实际中外力偶矩往往不会直接给出，而是给出轴所传递的功率和轴的转速。外力偶矩的计算公式为

$$M_e=9550P/n \tag{1-5-6}$$

式中，M_e为外力偶矩，单位为 N · m；*P* 为轴所传递的功率，单位为 kW；*n* 为一轴的转速，单位为 r/min。

如图 1-5-16 所示，轴扭转时，称任一截面上的内力偶矩 M_T 为扭矩，其大小等于截面一侧所有外力偶矩的代数和，计算公式为：

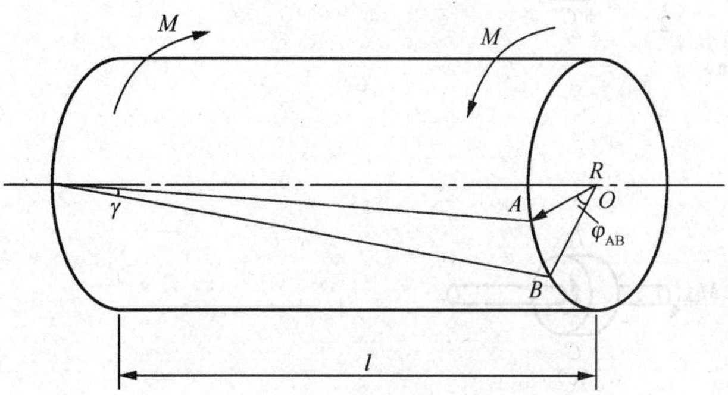

图1–5–15　轴的扭转特点

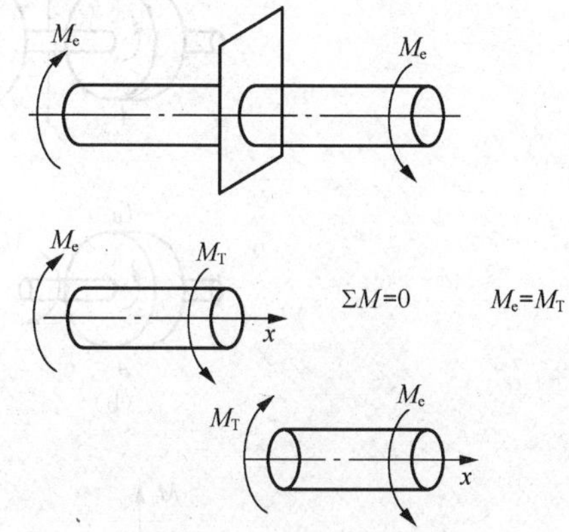

图1–5–16　扭矩的计算

$$M_T=\sum M_e（一侧）\qquad(1\text{-}5\text{-}7)$$

式中，M_T 为横截面上的内力偶矩，单位为 N · m；M_e（一侧）为该截面一侧的外力偶矩，单位为 N · m。

符号由右手螺旋法则判定：以四指握向表示旋向，拇指指向背离截面为正，指向截面为负。

三、扭矩图

当轴上作用有两个以上外力偶时，则轴上各段扭矩 M_n 的大小和方向有所不同。为了形象地表达轴上各截面扭矩大小和符号的变化情况，可用扭矩图来表示，如图 1-5-17 所示。在扭矩图上，以横轴表示轴上截面的位置，纵轴表示扭矩的大小；正扭矩画在纵轴正向，负扭矩画在负向。根据扭矩图可清楚地看出轴上扭矩随截面的变化规律，便于分析轴上的危险截面，以便进行强度计算。

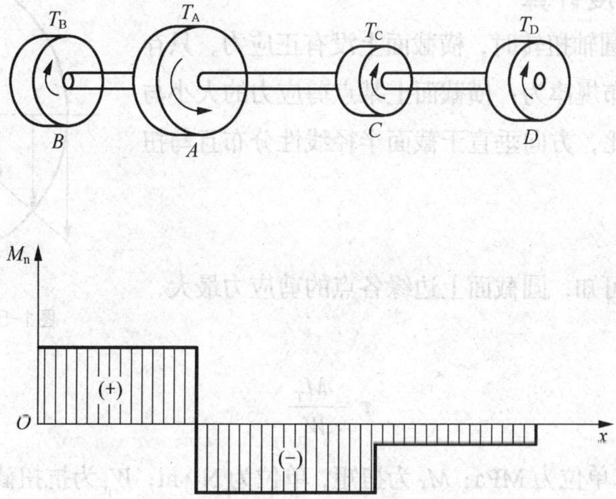

图1–5–17　传动轴一

例 1-5-4　如图 1-5-18（a）所示，传动轴 *ABC* 上装有 3 个轮子。已知主动轮 *B* 上的外力偶矩 T_B= 6kN · m，从动轮上的外力偶矩为 T_A= 4kN · m、T_C=2kN · m，试求 1—1，2—2 截面的内力，并

画出扭矩图。

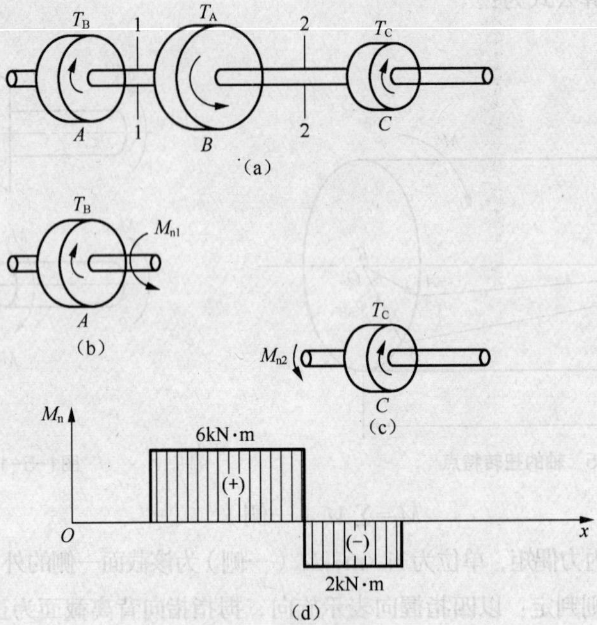

图1-5-18 传动轴二

解：① 取 1—1 截面，以左轴段为研究对象，画出受力图如图 1-5-18（b）所示。由平衡条件得

$$\sum M_x=0 \quad M_{n1}=T_B=6\text{kN}\cdot\text{m}$$

② 取 2—2 截面，以右轴段为研究对象，并画出受力图如图 1-5-18（c）所示，由平衡条件得

$$\sum M_x=0 \quad M_{n2}=T_C=2\text{kN}\cdot\text{m}$$

③ 根据计算结果画出扭矩图，如图 1-5-18（d）所示。

四、圆轴扭转强度计算

如图 1-5-19 所示，圆轴扭转时，横截面上没有正应力，只存在剪应力，剪应力的分布规律为：横截面上某点剪应力的大小与该点至圆心的距离成正比，方向垂直于截面半径线性分布且与扭矩 M_T 转向一致。

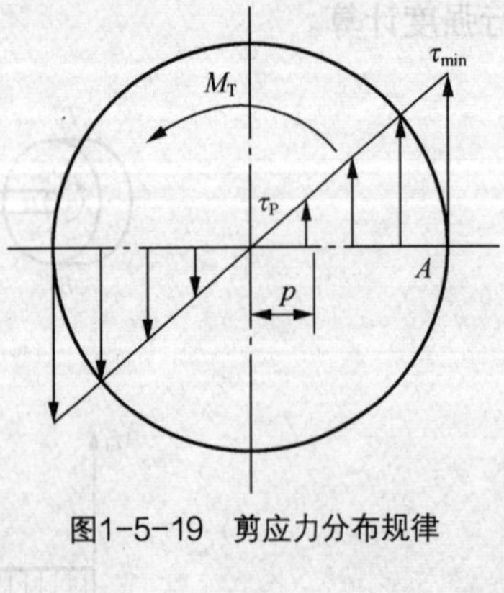

图1-5-19 剪应力分布规律

由剪应力分布规律可知，圆截面上边缘各点的剪应力最大，其计算公式为

$$\tau=\frac{M_T}{W_p} \qquad (1\text{-}5\text{-}8)$$

式中，τ 为最大剪应力，单位为 MPa；M_T 为扭矩，单位为 N·m；W_p 为抗扭截面系数，单位为 mm^3，$W_p=\frac{\pi D^3}{16}$，D 为实心圆轴截面直径，对于空心轴而言，$W_p=\frac{\pi D^3}{16(1-a^4)}$，$a$ 为空心轴内外径之比。圆轴扭转时，为保证正常工作，最大工作剪应力不能超过材料的许用剪应力，所以圆轴扭转的强度条

件为

$$\tau = \frac{M_T}{W_p} \leqslant [\tau] \tag{1-5-9}$$

式中，$[\tau]$为许用剪应力，单位为 MPa。

例 1-5-5　图 1-5-20 所示为汽车传动轴（图中 AB 轴），它由 45 钢无缝管制成，其外径 D=90mm，内径 d=85mm，材质的许用切应力$[\tau]$=60MPa，工作时最大扭矩 M_n=1.5×10³ N·m。①试校核轴的强度；②若将传动轴 AB 改为实心轴，且其强度相同，试确定轴的直径 D'，并比较空心轴和实心轴的重量。

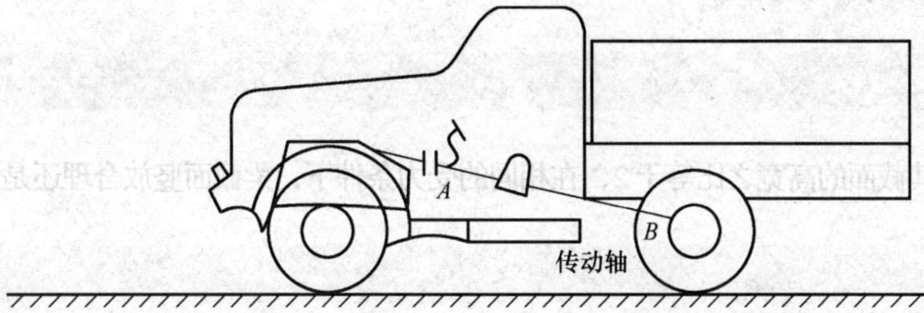

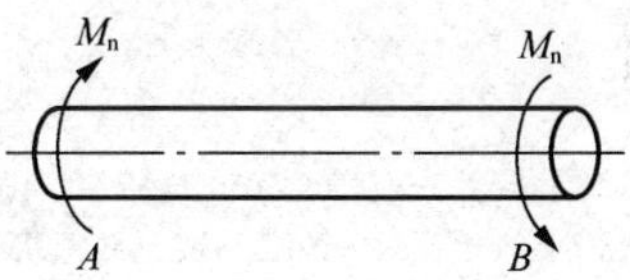

图1-5-20　汽车传动轴

解：① 校核轴的强度。

$$a = \frac{d}{D} = \frac{85}{90} = 0.944$$

抗扭截面系数为

$$W_p = \frac{\pi D^3}{16(1-a^4)} = \frac{\pi(90\times10^{-3})^3}{16(1-0.944^4)} = 29.4\times10^{-6}\,\mathrm{m}^3$$

最大切应力为

$$\tau_{max} = \frac{M_n}{W_p} = \frac{1.5\times10^3}{29.4\times10^{-6}}\,\mathrm{Pa} = 51\mathrm{MPa}$$

由于$\tau_{max} = 51\mathrm{MPa} < [\tau]$，所以强度足够。

② AB 轴改为实心轴后确定 D'。

因要求实心轴与空心轴强度相同，故有

$$\tau'_{max} = \frac{M_n}{W_p} = 51\mathrm{MPa}$$

$$W'_p = \frac{\pi D^3}{16} = \frac{M_n}{51} = \frac{1.5\times10^3}{51\times10^6}\,\mathrm{m}^3$$

$$D' = \sqrt[3]{\frac{16\times1.5\times10^3}{\pi\times51\times10^6}}\text{m} = 0.053\text{m} = 53\text{mm}$$

在两轴材料相同、长度相等的情况下，其重量之比应等于横截面面积之比，于是有

$$\frac{Q_s}{Q_k} = \frac{A_s}{A_k} = \frac{\pi D^2 / 4}{\pi(D^2-d^2) / 4} = \frac{53^2}{90^2-85^2} = 3.2$$

也就是说，改为实心轴后，其重量是空心轴的 3.2 倍。可见，在其他条件相同的情况下，采用空心轴可减少重量及材料消耗。在工程上，空心轴有着广泛的应用。

5.4 梁弯曲时的强度分析

任务描述

一矩形截面梁，其截面的高宽之比等于 2，在相同的受力条件下，梁截面竖放合理还是平放合理?

任务分析

此题主要考查梁在不同放置方式下的抗弯曲能力，即梁在不同的放置形式下，其横截面上的最大弯曲应力值越小，抗弯曲能力越强。

任务实施

虽然题目没有给出具体的数据，但可以通过两种不同放置方式下最大弯曲应力的比值来求解。利用式（1-5-9）可得

$$\frac{\sigma_{竖放}}{\sigma_{平放}} = \frac{M/W_{z竖}}{M/W_{z平}} = \frac{W_{z平}}{W_{z竖}} = \frac{hb^2/6}{bh^2/6} = \frac{b}{h} = \frac{1}{2}$$

可见，在相同弯矩、相同材料许用弯曲应力情况下，竖放时横截面上的弯曲应力是平放时的一半，所以竖放的抗弯能力强，竖放合理。

相关知识链接

一、直梁弯曲的含义

实际工程中常遇到发生弯曲变形的构件，如图 1-5-21 所示的行车大梁和车削中的工件。

如图 1-5-22 所示，发生弯曲构件的受力和变形特点是：在构件轴线平面内受力偶作用或受垂直于轴线方向的力作用，使构件的轴线弯曲成曲线，这种变形称为平面弯曲。可以把以弯曲为主要变形的杆件称为梁。

二、弯矩的计算

如图 1-5-23 所示，梁在弯曲变形时，使梁的轴线发生弯曲的内力偶矩 M 称为弯矩。任一截面的弯矩等于该截面一侧所有外力对该截面形心力矩的代数和。截面左侧外力对截面形心之矩顺时针转

向为正，反之为负；截面右侧外力对截面形心之矩逆时针转向为正，反之为负。

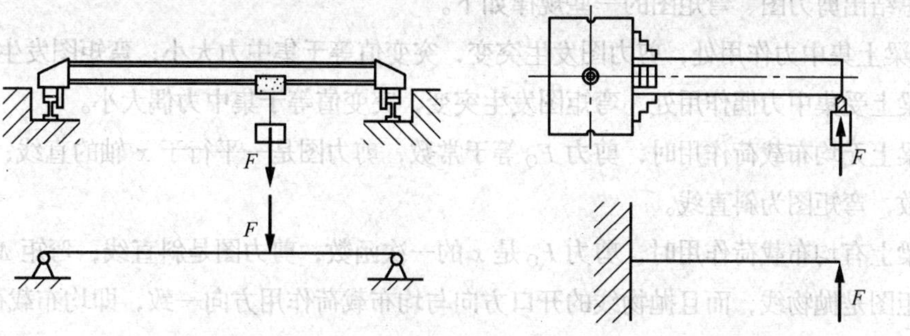

图1-5-21　弯曲变形的构件

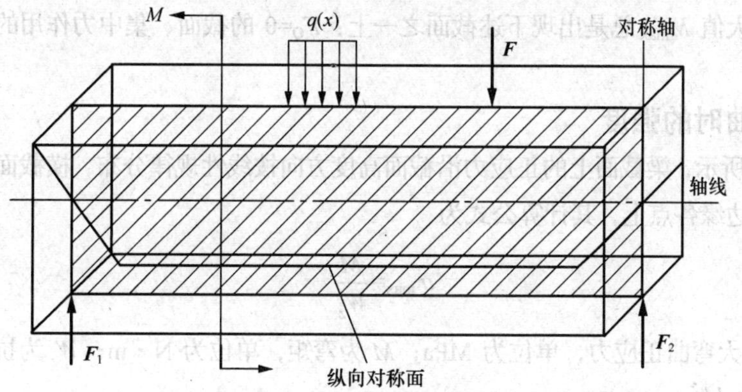

图1-5-22　梁的弯曲特点

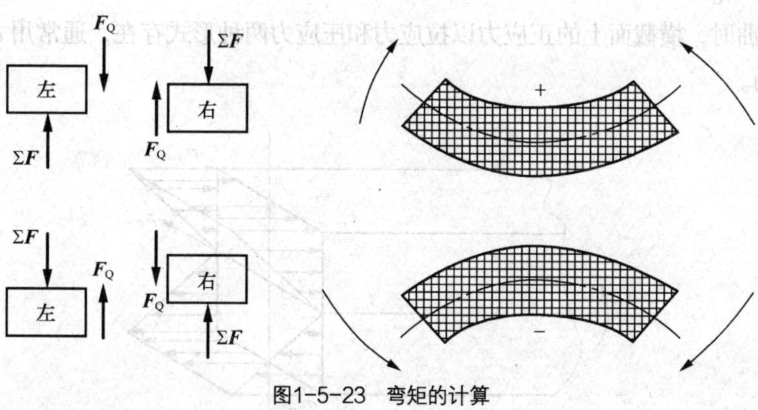

图1-5-23　弯矩的计算

三、剪力图和弯矩图

根据剪力方程和弯矩方程，在建立的直角坐标系 F_Q—x 和 M—x 中，可用图线表示剪力和弯矩随轴线的变化规律，分别称为剪力图和弯矩图，可以找出梁内最大剪力和最大弯矩及其发生的位置。

画剪力图和弯矩图的方法是：首先建立 F_Q—x 和 M—x 坐标，平行于梁轴线的 x 轴表示梁截面的位置，另一坐标轴则表示剪力或弯矩的大小；然后确定各分段点处梁截面的剪力和弯矩数值大小及正负号，并将这些数值标在 F_Q—x 和 M—x 坐标中相应的位置；最后在这些分段点之间，按剪力方程和弯矩方程画出二者的图形，并在图上标出 F_{Qmax} 和 M_{max} 的数值和位置。

归纳总结出剪力图、弯矩图的一些规律如下。

（1） 梁上集中力作用处，剪力图发生突变，突变值等于集中力大小；弯矩图发生转折。

（2）梁上受集中力偶作用处，弯矩图发生突变，突变值等于集中力偶大小。

（3）梁上无均布载荷作用时，剪力 F_Q 等于常数，剪力图是一平行于 x 轴的直线；弯矩 M 是 x 的一次函数，弯矩图为斜直线。

（4）梁上有均布载荷作用时，剪力 F_Q 是 x 的一次函数，剪力图是斜直线；弯矩 M 是 x 的二次函数，弯矩图是抛物线，而且抛物线的开口方向与均布载荷作用方向一致，即均布载荷向下，抛物线上凸；反之，抛物线下凹。

（5）梁的端点若无集中力偶作用，则弯矩为 0。

（6）弯矩最大值 M_{max} 总是出现下述截面之一上：$F_Q=0$ 的截面、集中力作用的截面和集中力偶作用的截面。

四、梁弯曲时的强度

如图 1-5-24 所示，梁截面上的正应力沿截面高度方向按线性规律分布，横截面上的最大弯曲正应力发生在上下边缘各点上，其计算公式为

$$\sigma_{max}=\frac{M}{W_z} \tag{1-5-10}$$

式中，σ_{max} 为最大弯曲正应力，单位为 MPa；M 为弯矩，单位为 N · m；W_z 为抗弯截面系数，单位为 mm³ ，$W_z=\frac{bh^2}{6}$，b、h 分别为梁横截面的宽度和高度。

当梁发生弯曲时，横截面上的正应力以拉应力和压应力两种形式存在，通常用 σ_c 表示压应力，用 σ_t 表示拉应力。

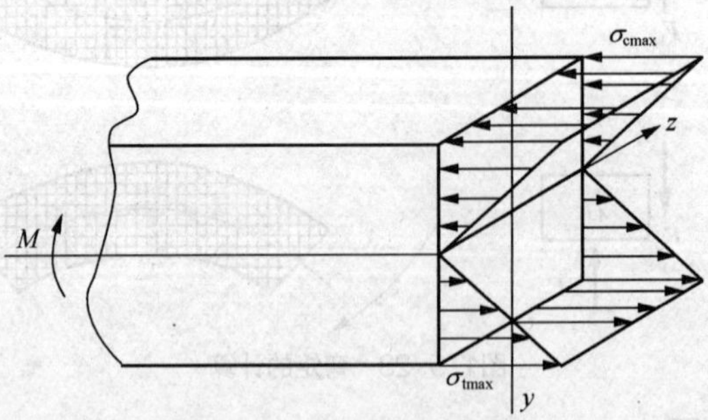

图1-5-24　弯曲正应力分布规律

梁弯曲时，为保证正常工作，最大弯曲正应力不能超过材料的许用弯曲应力，所以梁弯曲的强度条件为

$$\sigma_{max}=\frac{M}{W_z}\leqslant[\sigma_w]$$

式中，$[\sigma_w]$为许用弯曲应力，单位为 MPa。

常用截面几何性质计算公式如表 1-5-1 所示。

表 1-5-1 常用截面几何性质计算公式

截面类型	截面图形	形心轴惯性矩	抗弯截面系数
空心矩形	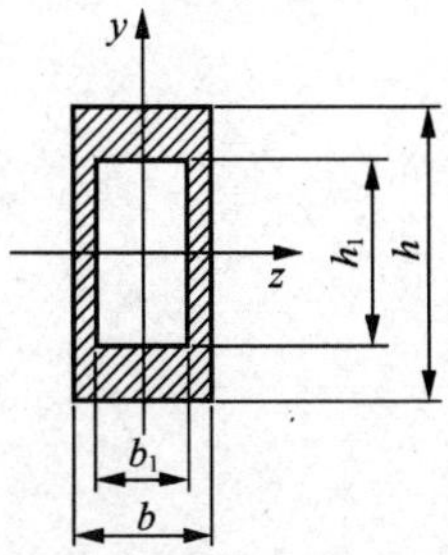	$I_z=\dfrac{bh^3-b_1h_1^3}{12}$ $I_y=\dfrac{hb^3-h_1b_1^3}{12}$	$W_z=\dfrac{bh^3-b_1h_1^3}{6h}$ $W_y=\dfrac{hb^3-h_1b_1^3}{6b}$
圆形	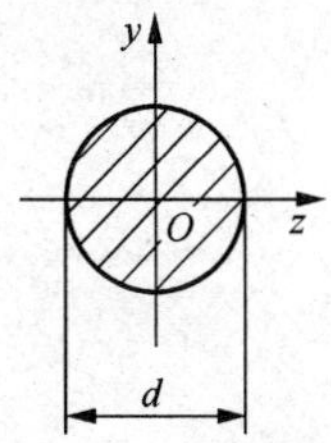	$I_z=I_y=\dfrac{\pi d^4}{64}$	$W_z=W_y=\dfrac{\pi d^3}{32}$
空心圆形	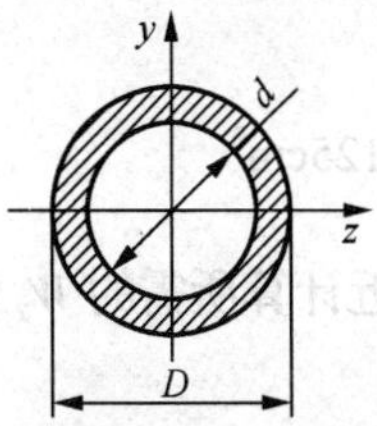	$I_z=I_y=\dfrac{\pi(D^4-d^4)}{64}$ $=\dfrac{\pi D^4}{64}(1-a^4)$ 式中，$a=\dfrac{d}{D}$	$W_z=W_y$ $=\dfrac{\pi D^3}{32}(1-a^4)$ 式中，$a=\dfrac{d}{D}$

例 1-5-6 图 1-5-25 所示为简支梁，已知梁上作用的均布载荷为 q=10kN·m，材料的许用应力 $[\tau]$= 160MPa，试设计梁的截面尺寸：

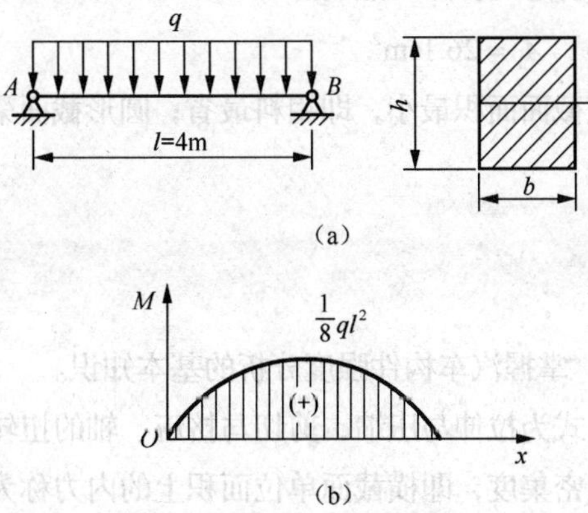

图1-5-25 简支梁

① 若梁为圆形截面时，求截面直径 d 的大小；

② 若梁为矩形截面，且 $b:h=1:2$ 时，求 b、h 的值；

③ 若改用工字钢，试选择其号码，并说明哪种截面最省材料？

解：① 画梁的弯矩图如图 1-5-25（b）所示，最大弯矩为

$$M_{\max}=\frac{ql^2}{8}=\frac{10\times4^2}{8}=20\text{kN}\cdot\text{m}$$

② 设计圆截面直径 d。由强度条件得

$$W_z=\frac{\pi d^3}{32}\geqslant\frac{M_{\max}}{[\sigma]}$$

经计算得 d=108mm。

③ 设计矩形截面尺寸。由强度条件得

$$W_z=\frac{bh^2}{6}\geqslant\frac{M_{\max}}{[\sigma]}$$

将 $b:h=1:2$，即 $h=2b$ 代入公式计算得

$$b=57.2\text{mm}$$

$$h=114.4\text{mm}$$

④ 选择工字钢型号。由强度条件得

$$W_z\geqslant\frac{M_{\max}}{[\sigma]}=\frac{20\times10^6}{160}\text{mm}^3=125000\text{mm}^3=125\text{cm}^3$$

查型钢表中的工字钢可知：16 号工字钢 $W_x=141\text{cm}^3$，较接近计算所需的 W_z 值，故选 16 号工字钢。

以上 3 种不同截面梁由于材料、长度相同，只需比较横截面面积即可知所用材料之比：

圆形截面面积 $A_1=\frac{\pi d^2}{4}=\frac{\pi\times10.8^2}{4}=91.6\text{cm}^2$

矩形截面面积 $A_2=b\times h=5.72\times11.44=65.4\text{cm}^2$

工字钢横截面面积经查表得 $A_3=26.1\text{cm}^2$

三者比较可知，工字钢梁横截面面积最小，即用料最省；圆形截面梁横截面积最大，故用料最多；矩形截面次之。

任务归纳

1. 通过任务的分析和实施，掌握汽车构件强度分析的基本知识。

（1）构件的 4 种基本变形形式为拉伸与压缩、剪切与挤压、轴的扭转和梁的弯曲。

（2）内力在横截面上分布的密集度，即横截面单位面积上的内力称为应力。

（3）为保证构件具有足够的强度，必须使构件的最大工作应力不超过材料的许用应力。

（4）拉伸与压缩时的强度条件为 $\sigma_{\max}=\frac{F_n}{A}\leqslant[\sigma]$。

（5）剪切强度条件为 $\tau=\frac{M_t}{W_p}\leqslant[\tau]$，挤压强度条件为 $\sigma_{jy}=\frac{F_{jy}}{A_{jy}}\leqslant[\sigma_{jy}]$。

（6）圆轴扭转的强度条件为 $\tau_{max}=\frac{M_n}{W_p}\leqslant[\tau]$。

（7）梁弯曲的强度条件为 $\sigma_{max}=\frac{M}{W_z}\leqslant[\sigma_w]$。

2. 掌握利用汽车常见构件的强度条件对其进行强度校核、尺寸确定、抗破坏性能等方面的分析能力。

任务测评表

<table>
<tr><th>技能目标</th><th>自评</th><th>互评</th><th>备注</th></tr>
<tr><td>（1）了解轴向拉伸或压缩杆件的受力和变形特点吗?</td><td></td><td></td><td></td></tr>
<tr><td>（2）能列举几个汽车上受剪力的构件吗?</td><td></td><td></td><td></td></tr>
<tr><td>（3）汽车传动轴一般是实心的还是空心的?</td><td></td><td></td><td></td></tr>
<tr><td>（4）能列举几个汽车上受弯曲的杆件吗?</td><td></td><td></td><td></td></tr>
<tr><td>（5）会进行各种变形的强度分析吗?</td><td></td><td></td><td></td></tr>
<tr><td colspan="4">个人小结：</td></tr>
<tr><td>教师评价：</td><td colspan="2">教师签名</td><td></td></tr>
</table>

思考与练习

一、选择题

（1）单位面积上的内力称为（ ）。

A. 外力 B. 内力 C. 应力 D. 强度

（2）以扭转为主要变形的杆件称为（ ）。

A. 梁 B. 轴 C. 杆 D. 构件

（3）弯曲最大应力发生在（ ）。

A. 最小弯矩截面的轴线上 B. 最大弯矩截面的轴线上

C. 最大弯矩截面的上下边缘 D. 最小弯矩截面的上下边缘

（4）长度和截面面积相同的两杆，一个是钢杆，另一个是铜杆，若受同样大小的拉力作用，则此两杆的内力（ ），应力（ ），变形（ ），许用应力（ ）。

A. 相同　　B. 不同　　C. 无法比较　　D. 很难比较

（5）在校核材料的剪切和挤压强度时，当其中有一个超过许用值时，强度（　　）。

A. 不够　　B. 足够　　C. 无法判断　　D. 很难比较

二、简答题

（1）简述各种变形的受力和变形特点。

（2）汽车上发生各种变形的构件分别有哪些?

（3）梁弯曲时的内力只有弯矩吗？为什么?

三、计算题

（1）某一汽车传动轴传递的功率 P=80kW，转速 n=580r/min，材料的许用剪应力$[\tau]$=160MPa，试确定该轴满足传动要求的最小直径。

（2）如图 1-5-26 所示，用钢索起吊一钢管，钢索的直径 d= 40mm，许用应力$[\tau]$=10MPa，试确定用该钢索按图示吊装方式的最大起重量是多少?

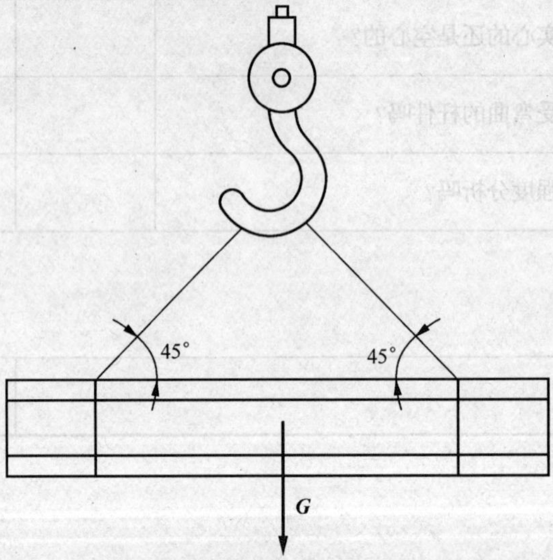

图1-5-26

Chapter 2

模块二

汽车常用金属材料和非金属材料

模块描述

通过对本模块的学习，了解汽车主要零部件制造材料铝合金、钢、铸铁、塑料等。通过对汽车部分零部件的拆装，分析其制造材料，掌握汽车典型零部件的制造材料。

学习目标

（1）分析发动机气门室罩盖材料。

（2）分析保险杠制造材料。

（3）分析发动机曲轴制造材料。

任务1 铝合金在汽车上的应用

任务描述

铝合金价格便宜、铸造性能优良、强度较高，但抗蚀性差、热裂倾向大，常用于制造汽车发动机零件。例如，风扇、离合器壳体、气缸盖、气缸盖盖罩、发动机活塞等都是用铝合金制造的。

任务要求

打开发动机舱盖，找出发动机气门室罩盖，分析其组成材料。

技能训练

1. 所需器材

汽车整车2辆，发动机气门室罩盖拆装工具2套。

2. 操作步骤

（1）打开车门，拉开位于驾驶室内的发动机舱盖开关，如图2-1-1所示。

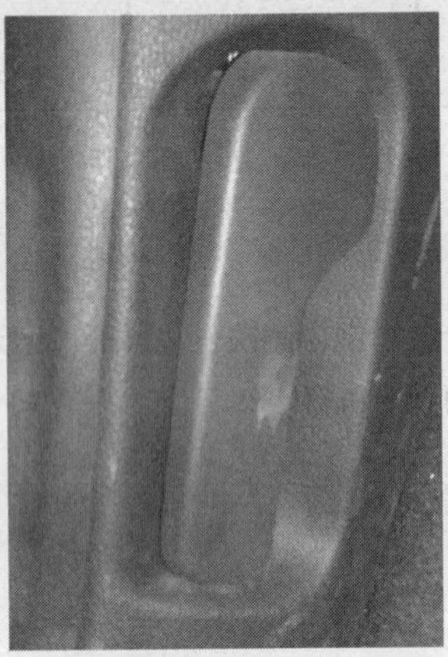

图2-1-1 发动机舱盖打开开关

图2-1-2 发动机舱

（2）打开发动机舱盖（见图2-1-2），拆下动机汽缸盖盖罩（见图2-1-3）。

图2-1-3 发动机体气门室罩盖

小贴士

发动机体气缸盖盖罩是由铝合金制成的。

相关知识链接

铝含量不低于 99.00%时为纯铝。工业纯铝中含有 Fe、Si、Zn 等杂质，使其性能略微降低。铝中所含杂质数量越多，其导电性、导热性、抗大气腐蚀性以及塑性就越低。

一、常用铝合金

1. 防锈铝合金

这类合金主要是 Al-Mn 合金和 Al-Mg 合金。它的抗腐蚀性能好，塑性好，强度低，压力加工性好，但不能热处理，只能用加工硬化来提高强度。防锈铝合金主要用于载荷不大的压延、焊接或耐蚀结构件，如油箱、导管、线材、轻载荷骨架以及各种生活器具等。

2. 硬铝合金

硬铝合金又称杜拉铝，基本上是 Al-Cu-Mg 合金，还含有少量的 Mn。硬铝合金强度高，且可以进行时效强化，耐热性较好；但抗蚀性差，常在其表面包一层纯铝以改善其抗蚀性。

3. 超硬铝合金

超硬铝合金是 Al-Cu-Mg-Zn 合金。这类合金是目前强度最高的铝合金，故称超硬铝。其缺点是高温强度、冲压性较差，抗蚀性很差，可采取提高人工时效温度或包铝的方法来改善。超硬铝合金主要用作制造飞机结构中的重要材料。

4. 锻铝合金

锻铝合金主要是 Al-Cu-Mg-Si 系合金，合金元素的种类多，每种元素的含量较少，具有良好的热塑性及耐蚀性。

5. 铝硅合金

铝硅合金是应用最广的铸造铝合金，约占铸造铝合金总产量的 50%以上，它主要加入的元素是硅，此外还有镁、铜、镍等。

6. 铝铜合金

铝铜合金的强度较高，耐热性较好，但铸造性和耐蚀性较差。

7. 铝镁合金

铝镁合金强度高、比重小，有良好的耐蚀性，但铸造性能不好，多用于制造承受冲击载荷、在腐蚀性介质中工作、外形简单的零件，如舰船配件、氨用泵体等。

8. 铝锌合金

铝锌合金价格便宜、铸造性能优良、强度较高，但抗蚀性差、热裂倾向大，常用于制造汽车、拖拉机发动机零件及形状复杂的仪器元件，也可用于制造日用品。

二、铸造铝合金在汽车上的应用

铸造铝合金主要包括铝硅合金、铝铜合金、铝镁合金和铝锌合金。铸造铝合金在汽车上的应用如表 2-1-1 所示。

表 2-1-1 铸造铝合金在汽车上的应用

牌号	典型零部件名称
ZL103	风扇、离合器壳体
ZL104	气缸盖、气门室罩盖
ZL108	发动机活塞

发动机气门室罩盖拆装技能训练考核如表 2-1-2 所示。

表 2-1-2 技能训练考核

学生姓名				
项目名称	发动机气门室罩盖拆装			
步骤 1				
步骤 2				
步骤 3				
步骤 4				
分析其组成材料				
规范使用工具	占比	自评得分	互评得分	教师评价得分
考勤	20%			
规范使用工具	20%			
拆装步骤	40%			
清理	20%			
总得分：				

思考与练习

（1）下列铝合金牌号属于中国牌号的是（　　）。

A. A356　　B. AC4B　　C. ZL101　　D. ADC12

（2）下列元素不能对铝合金起变质作用的是（　　）。

A. Si　　B. Sb　　C. P　　D. Cd

（3）油类着火禁止用（　　）扑救。

A. 沙子　　B. 灭火器　　C. 水　　D. 尘土

（4）下面的操作方式对产品的烧损没有影响的是（　　）。

A. 合金化温度较高　　B. 加热时间较长

C. 浇铸温度较低　　D. 除渣剂用量较少

（5）以下对鼓入熔体中气泡的描述中，对除气越有利的有（　　）。

A. 数量越多　　B. 体积越大　　C. 越均匀分散

D. 与铝液接触面积越大.　　E. 在铝液中停留时间越长。

任务测评表

班级		姓名		日期		自评	互评	备注
（1）知道什么是合金吗？								
（2）知道常见的铝合金吗？有哪些吗？								
（3）知道汽车零部件中哪些是铝合金制造的吗？								
（4）了解发动机体气缸盖盖罩的拆装方法了吗？								
（5）掌握发动机体气缸盖盖罩拆装技能了吗？能独立完成拆卸和装配吗？								
（6）在发动机体气缸盖盖罩拆装任务中，按照操作规程做到安全文明操作了吗？								
个人总结：								
总体评价						教师签名		

任务2 非金属材料及复合材料在汽车上的应用

任务描述

非金属材料及复合材料在汽车上的应用非常广泛，如橡胶、塑料、尼龙、玻璃等，具有成本低、质量轻、经济效益好、安全性高、噪声低等优点，是很多金属材料所不及的。

任务要求

拆下保险杠，分析其组成材料。

技能训练

1. 所需器材

汽车整车2辆，汽车保险杠拆装工具2套。

2. 前保险杠操作步骤

（1）拆下下导流板。拆下销型固定器如图2-2-1所示。

（2）拆下前保险杠罩下销型固定器，如图2-2-2所示。

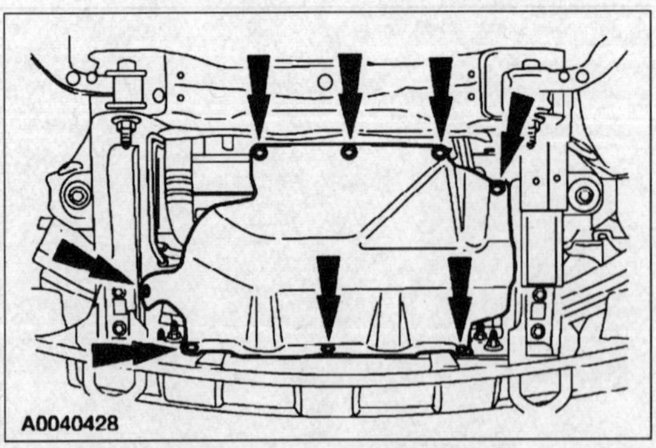

图2-2-1 拆下销型固定器

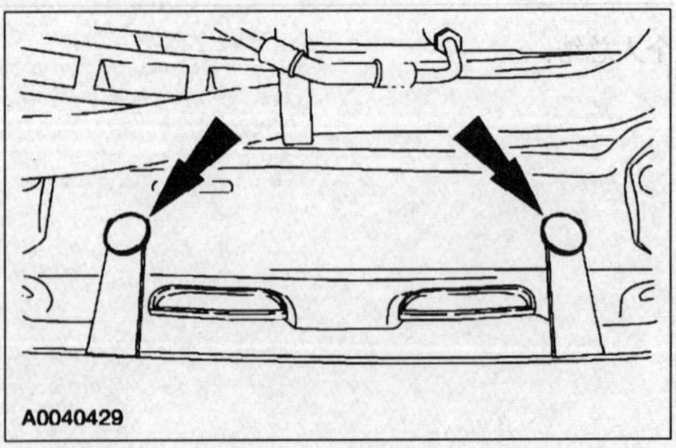

图2-2-2 拆下前保险杠罩下销型固定器

（3）拆下前翼子板挡泥板螺钉，如图2-2-3所示。

（4）拆下前翼子板至前保险罩螺栓，如图2-2-4所示。

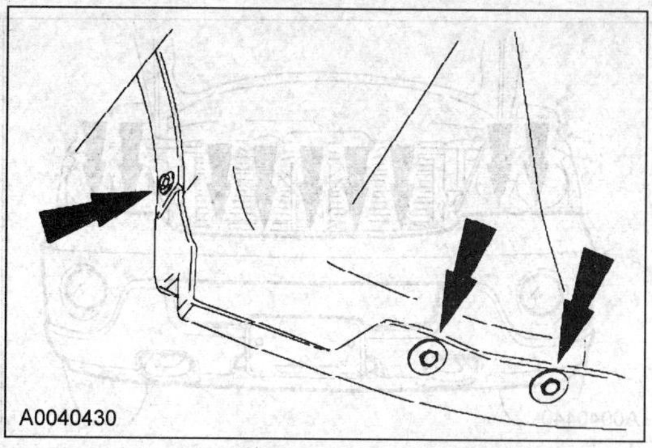

图2-2-3 拆下前翼子板挡泥板螺钉

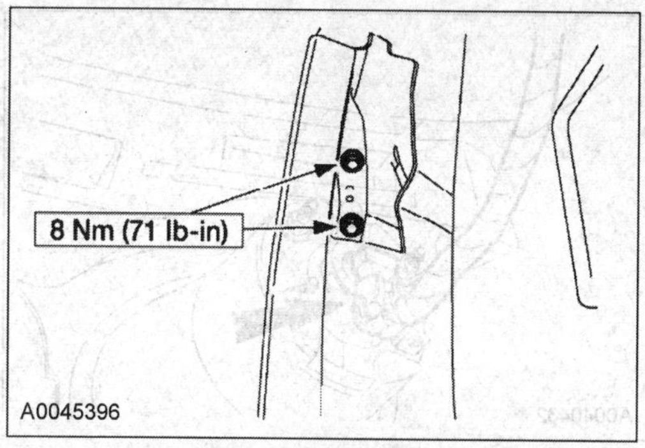

图2-2-4 拆下螺栓

（5）断开雾灯电路接头，如图 2-2-5 所示。

（6）拆下上导流板，如图 2-2-6 所示。

拆下销型固定器，如图 2-2-6 中所示的①。

拆下上导流板，如图 2-2-6 中所示的②。

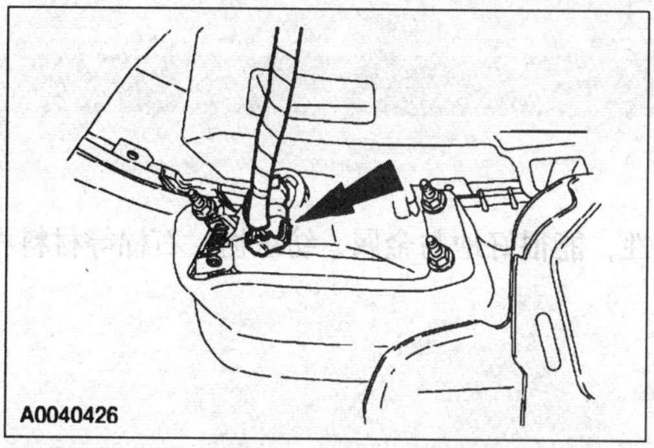

图2-2-5 断开雾灯电路接头

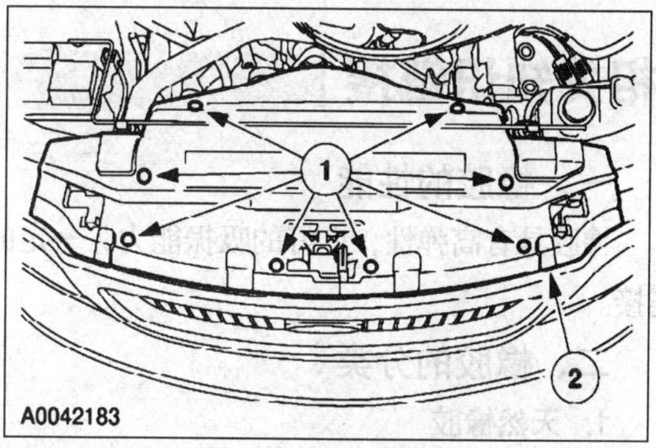

图2-2-6 拆下上导流板

（7）拆下 2 个梅花螺栓，如图 2-2-7 所示。

（8）松开前保险杠罩卡子并拆下前保险杠罩，如图 2-2-8 所示。

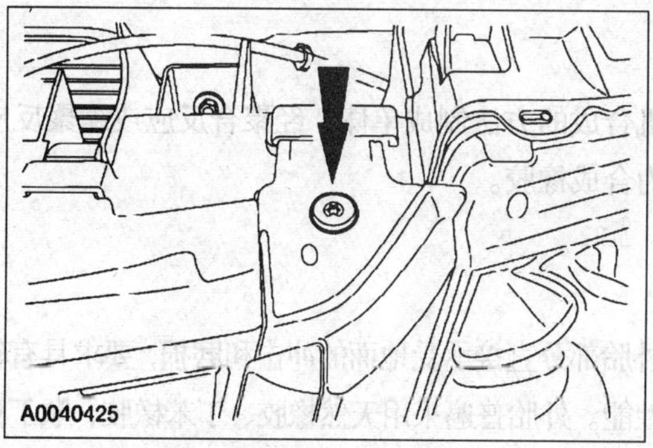

图2-2-7 拆下梅花螺栓

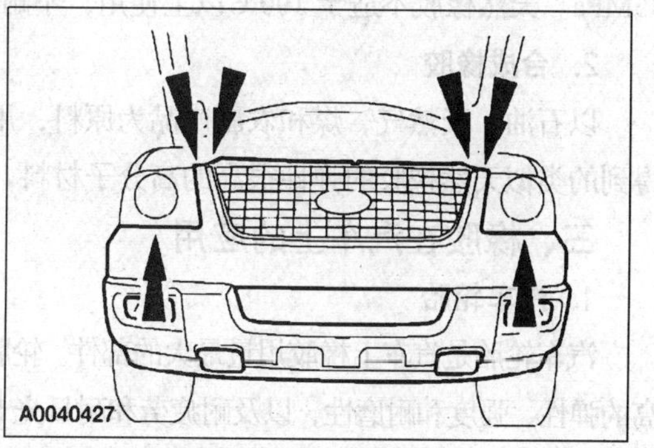

图2-2-8 拆下前保险杠罩

（9）断开雾灯电路接头，如图 2-2-9 所示。

（10）松开前保险杠罩卡子并拆下前保险杠，如图 2-2-10 所示。

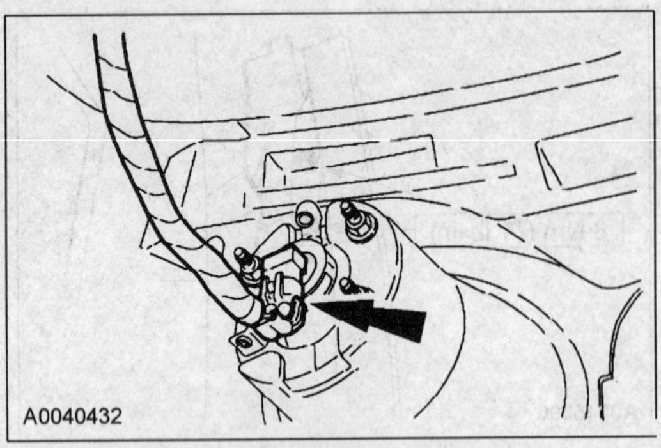

图2-2-9 断开雾灯电路接头

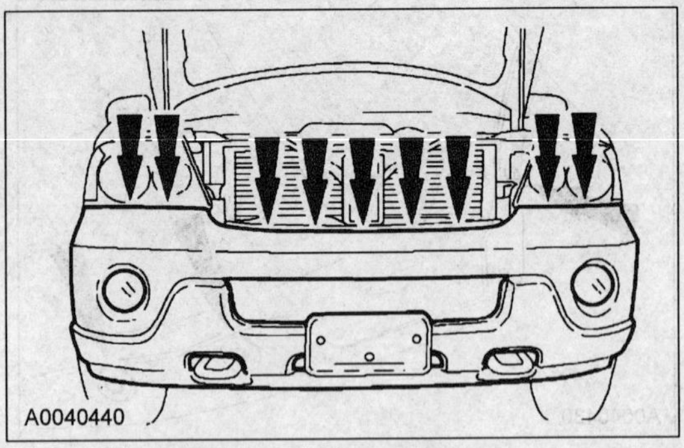

图2-2-10 拆下前保险杠

（11）按拆卸相反步骤进行安装。

小贴士

汽车前保险杠是PP加三元乙丙橡胶制成的。

相关知识链接

一、橡胶的性能

橡胶具有高弹性，良好的吸振能力，一定的耐蚀性，能很好地与金属、纺织物、石棉等材料相连接。

二、橡胶的分类

1. 天然橡胶

天然橡胶是由橡胶树或橡胶草的浆液经去杂质和分离水分等加工程序而提炼制成的片状生胶，其主要成分 90%以上是天然的聚异戊二烯。它具有较高的弹性，伸长率约为 700%，但强度、硬度并不高。将天然橡胶进行硫化处理可改善其性能，如抗拉强度可达 29MPa，用炭黑增强后可达 35MPa。天然橡胶不适于 100℃以上使用，不耐油。

2. 合成橡胶

以石油、天然气、煤和农副产品为原料，用有机合成的方法制成单体，经聚合反应或缩聚反应得到的类似天然橡胶的弹性很高的高分子材料，称为合成橡胶。

三、橡胶在汽车上的应用

1. 汽车轮胎

汽车轮胎是汽车上橡胶用量最大的部件。轮胎的外胎部分直接承受地面的冲击和磨损，要求具有较高的弹性、强度和耐磨性，以及耐疲劳和耐日光老化性能。外胎普遍采用天然橡胶、丁苯橡胶、顺丁橡胶等。轮胎的内胎起着充气并维持轮胎一定压力的作用，要求它的气密性好，一般使用丁基橡胶。

2. 密封件

油封：油封和 O 形圈是汽车上应用品种、数量最多，也是最重要的密封件。

密封条：密封条在汽车上的用量很大，全车有十几种，如车门缓冲密封条、车顶密封条、行李箱密封条、前后风窗密封条、门玻璃密封条、门框密封条、发动机盖密封条等。

皮碗：皮碗主要用在往复轴和缸的密封中，形状有V形、U形和Y形，近年来普遍采用Y形。

防尘罩：防尘罩的使用条件较温和，但也要求防热、防寒、防油、防老化等条件。

3. 胶管

耐油软管：主要有汽油软管、柴油软管、润滑油软管等。

水箱连接软管：这种胶管属于一般的低压软管，工作温度也不算高，以前大量使用天然橡胶配合填充料、软化剂、炭黑等制造，现已被耐液性、耐候性、耐老化性和耐寒性好的三元乙丙橡胶所代替。

制动软管：这种胶管属于耐高压软管，所受压力最高可达10MPa，胶管的内层胶为丁腈橡胶，外层胶是氯丁橡胶或三元乙丙橡胶，增强层采用氯磺化聚乙烯橡胶。

空调管：空调管的主要特点是能有效地防止制冷剂的渗透，分为高压管、低压管。

4. 车用胶带

车用胶带主要是V形带，有包布V形带、切割V形带和多楔V形带3种，以切割V形带为多。常用的胶种为NBR、CR等。

5. 减震块

汽车上的减震块有几十种，主要用在发动机、底盘的部件上，起到吸收或降低行驶中震动和噪声的作用。一辆车上的减震块用量最多可达15kg左右，使用的材料以天然橡胶为主，并向多元化、高功能化方向发展。国外新开发的VA-MAC丙烯酸酯橡胶弹性体，高温下的耐热性和阻尼性良好。

四、塑料的性能

1. 密度小

不加填料的塑料的密度为 0.85～2.2g/cm^3，是钢铁的 1/8～1/4；泡沫塑料的密度只有 0.02～0.2g/cm^3。

2. 良好的电绝缘性

塑料一般有良好的电绝缘性，介电损耗小，广泛用于制造电器、电子仪表、通信器材的零部件。

3. 优良的耐腐蚀性

大多数塑料的化学稳定性好，对酸、碱、盐具有很强的抗腐蚀能力。

4. 消音和隔热性好

泡沫塑料可以用作隔音保温材料，用塑料制作的机械零件可以减小噪声，提高运转速度。

5. 优良的耐磨和减摩性

大部分塑料摩擦系数小，并具有自润滑能力，可以在湿摩擦甚至干摩擦条件下有效工作。

6. 成型工艺简单

塑料制品一般都可以用普通机加工方法加工，也可用挤压、注射、胶粘等方法成型，工艺简单，生产效率高。

汽车用塑料的种类及主要应用范围如表2-2-1所示。

表 2-2-1 汽车用塑料的种类及主要应用范围

树脂	应用范围
PP	保险杠、蓄电池壳、仪表壳、挡泥板、座椅、仪表板、车内地板、遮阳板、减震器、护板、防撞条、收音机壳、油箱、行李箱
PUR	
ABS	
PE	

五、塑料制品材料在汽车内饰上的应用

1. 仪表板

目前汽车仪表板主要有硬质仪表板和软质仪表板两种。

2. 座椅

座椅的骨架采用金属材料，座椅的缓冲材料一般采用软质高弹性聚氨酯泡沫塑料。

3. 车门内板

车门内板由骨架、发泡材料和表皮构成。

4. 顶棚

顶棚的种类有成形顶棚、粘贴顶棚和吊装顶棚，其中成形顶棚占 70%以上，货车和面包车的顶棚常使用粘贴型。

5. 地毯

地毯材料大都采用带有橡胶基的合成纤维针刺毡或 PVC 低发泡体组成，具有挺括、隔声、舒适、不松弛、不褶皱等特点。

6. 其他

其他应用，如门立柱盖板、杂物箱、杂物斗、空调有关的壳体和各种导管以及导风格栅，大都采用 ABS 及聚烯烃塑料材料。

六、塑料制品材料在汽车外装上的应用

1. 保险杠

在汽车外装件塑料化中，保险杠是最成功的零件之一。

2. 散热器格栅

散热器格栅应用的材料有 ABS、PC、PP、PET，从电镀和涂装方面考虑，采用 ABS 以利于轿车具有光泽和立体感，也可使用 PP 材料。

3. 车轮罩

塑料车轮罩所采用的材料一般是 ABS、PA、PC、PPO/PA 等。

4. 翼板衬里

轿车翼板衬里一般采用耐低温、高韧性的聚丙烯来制造。

5. 车门把手

车门把手一般使用 POM，电镀件使用 PC/ABS。

七、其他结构件、功能件

1. 气门室罩盖

传统的钢板冲压和铝压铸气门室罩盖正在被质量轻、噪声低的塑料罩盖取代，在欧洲和日本一般选择纤维增强尼龙，美国倾向于热固性塑料，其他可选择的材料还有PPS、BMC、SMC、酚醛塑料等。

2. 冷却风扇、护风圈

这两种构件在大多数车型上采用聚丙烯材料制成。

3. 油箱

采用超高分子量聚乙烯材料的塑料油箱，与传统的金属油箱相比，具有成本低、质量轻、经济效益好，安全性高的优点。

4. 散热器水室

近年来，散热器水室向易结合的塑料转化。

5. 水泵、油泵壳体

采用酚醛树脂材料的发动机水泵和油泵壳体，在发动机高温、高负荷下，能保持良好的尺寸稳定性，质量小、噪声低、成本低。

部分轿车塑料的用量如表2-2-2所示。

表2-2-2 部分轿车上塑料的用量（kg/辆）

塑料品种	红旗轿车	桑塔纳	日系轿车（平均）
PVC	21.34	11.773	12.1
ABS	13.56	10.553	6.6
PP	16.86	18.785	30.8
PE	4.13	6.15	4.4
PMMA	1.8	1.892	/
POM	0.16	0.22	14.3
PA	2.4	2.869	/
FRP（玻璃钢）	10.56	0.336	/
PF （酚醛树脂）	/	0.353	1.1
PUR（聚氨酯泡沫塑料）	9.7	9.98	9.9
其他	7.84	4.217	3.3
整车质量/%	7.54	6.52	7.5

拓展知识

一、玻璃的性能特点

玻璃是指由熔融物通过一定方式冷却后，因黏度增加而具有固定的力学性能与一定结构特征的非晶形物体。但并不是所有的熔融物在冷却时会形成玻璃态，只有某些物质，特别是硅酸盐类物质，在冷却时才容易过冷而形成玻璃态。因此，人们常把玻璃看作硅酸盐类材料中的一种。

二、汽车用玻璃

1. 汽车用玻璃的要求及发展概况

汽车自生产之日起，就离不开车用玻璃。汽车玻璃不仅要起到抵御风寒、雨水、尘土的作用，而且要在汽车行驶中给乘员提供良好的视野，在遇到突发事故时不会伤害驾驶者及乘客，并要求其轻量化及多功能化。

汽车玻璃经历了平板型向曲面型、普通型向强化型、全钢化向局部钢化、钢化玻璃向夹层玻璃转化，以及三夹层向多层夹层转化的发展过程。

2. 汽车用玻璃的特点

（1）钢化玻璃和区域钢化玻璃。钢化玻璃是采用千板玻璃或浮法玻璃经过二次加工而成的一种高强度玻璃。

（2）夹层安全玻璃。汽车用夹层玻璃通常由 3 层组成，即玻璃、中间的强膜和玻璃。

（3）特种玻璃。所谓特种玻璃就是具有一定独特功能的玻璃。

（4）防爆、防弹玻璃。这是一种特制玻璃，具有较大的抗冲击强度及透光性好、耐热、耐寒等特点，当遇到爆炸或弹击时，轻者玻璃可以完好无损，重者即使玻璃破裂，子弹亦不易穿透玻璃，玻璃碎片不会脱落伤人。

（5）中空玻璃。这是用胶粘法将双层或多层千板玻璃粘接在一起，使玻璃之间形成中空的一种特殊玻璃。

（6）防水玻璃。最近国内外开发了一种防水汽车玻璃，这种玻璃的表面上涂覆了一层化学耐久性优异的含氟薄膜。

（7）特种挡风玻璃。近年来，许多高档轿车采用热反射膜玻璃作为挡风玻璃，这种玻璃表面涂有金属氧化物层，可以防止车内的热量向车外传递，保持车内温度。

3. 新型汽车用玻璃材料

（1）天线夹层玻璃。一些轿车外面设有拉杆天线供车载电话、电视、收音机使用，而在夹层玻璃中嵌入无线电电路或在玻璃表面镀一层透明导电膜，就能起到天线的作用，同时又可去掉车外容易摆动的拉杆天线，消除因风吹动天线而造成的噪声干扰，车辆外形也变得美观流畅，清洗车身更加方便。

（2）除霜玻璃。采用网板印刷法将导电胶印刷在玻璃上，而后在玻璃加热成形时粘附，这种印刷电路可加热玻璃起到除霜的作用。

（3）热线反射玻璃。夏天为了控制车厢内的温度，减少空调负荷，采用热线反射玻璃是有效的对策。

汽车保险杠拆装技能训练考核如表 2-2-3 所示。

表 2-2-3　　技能训练考核

学生姓名				
项目名称	汽车保险杠拆装			
步骤 1				
步骤 2				
步骤 3				
步骤 4				
步骤 5				
步骤 6				
步骤 7				
步骤 8				
步骤 9				
步骤 10				
步骤 11				
分析其组成材料				
规范使用工具	占比	自评得分	互评得分	教师评价得分
考勤	20%			
规范使用工具	20%			
拆装步骤	40%			
清理	20%			
总得分:				

思考与练习

一、选择题

（1）轮胎 185/70 R 13 86 T 中的 R 表示（　　）。

A. 负荷能力　　B. 速度标志　　C. 子午线轮胎　　D. 无内胎轮胎

（2）使用子午线轮胎的轿车，在进行轮胎换位时，可采用（　　）。

A. 循环换位　　B. 单边换位　　C. 交叉换位　　D. 同轴换位

（3）用来制造汽车保险杠的塑料是（　　）。

A. ABS 塑料　　B. PE 塑料　　C. PP 塑料　　D. PMMA 塑料

（4）安全性最好的汽车玻璃是（　　）。

A. 钢化玻璃　　B. 区域钢化玻璃　　C. 夹层玻璃　　D. 防水玻璃

二、判断题

（1）天然橡胶是由橡胶树上流出的胶乳制成，因而不适宜制作轮胎。（ ）

（2）子午线轮胎用钢丝或纤维织物作帘布层。（ ）

（3）轮胎的维护分为日常维护、一级维护、二级维护和三级维护。（ ）

（4）碳纤维和环氧树脂组成的复合材料的比强度和比模量优于钢。（ ）

（5）复合材料的特点是断裂伸长率较小，抗冲击性低。（ ）

任务测评表

<table>
<tr><td>班级</td><td></td><td>姓名</td><td></td><td>日期</td><td></td><td>自评</td><td>互评</td><td>备注</td></tr>
<tr><td colspan="6">（1）知道什么是非金属材料吗？</td><td></td><td></td><td></td></tr>
<tr><td colspan="6">（2）知道常见的非金属材料有哪些吗？</td><td></td><td></td><td></td></tr>
<tr><td colspan="6">（3）知道汽车零部件中哪些是非金属材料吗？</td><td></td><td></td><td></td></tr>
<tr><td colspan="6">（4）了解汽车保险杠的拆装方法吗？</td><td></td><td></td><td></td></tr>
<tr><td colspan="6">（5）掌握汽车保险杠拆装技能了吗？能独立完成拆卸和装配吗？</td><td></td><td></td><td></td></tr>
<tr><td colspan="6">（6）在汽车保险杠拆装任务中，按照操作规程做到安全文明操作了吗？</td><td></td><td></td><td></td></tr>
<tr><td colspan="9">个人总结：</td></tr>
<tr><td colspan="6">总体评价</td><td colspan="2">教师签名</td><td></td></tr>
</table>

任务3 金属材料在汽车上的应用

任务描述

金属材料是现代社会的物质基础，本任务将介绍金属材料的种类、性能、热处理及在汽车上的应用，如汽车水箱固定架底板、风扇叶片、横梁、后桥减速器齿轮、活塞销、气门弹簧座、气门挺杆及调整螺钉、半轴等。

任务要求

将发动机解体，拆下曲轴，分析其制造材料。

技能训练

1. 所需器材

桑塔纳 AFE 发动机台架 6 台，发动机拆装工具 6 套。

2. 操作步骤

发动机曲轴如图 2-3-1 所示，拆卸曲轴时，应先将发动机外部机件拆卸，如分电器，发电机及 V 带、水泵、化油器、汽油泵、起动机和机油滤清器等。对于 AFE 电控汽油喷射发动机应拆卸节气门体、怠速稳定阀及燃油分配器等。然后分解正时齿形带机构，先拆下齿形带护罩，转动曲轴使第一缸活塞处于压宿行程上止点，检查正时记号，凸轮轴正时齿形皮带轮上标记须与气门罩盖平面对齐。最后拆张紧装置，拆下齿形带。

图2-3-1　发动机曲轴

（1）拆下气缸盖。

① 旋出气门罩盖的螺栓取下气门罩盖和挡油罩。

② 松开张紧轮螺母，取下张紧轮。

③ 拆下进、排气歧管。

④ 按要求顺序旋松气缸盖螺栓，并取下气缸盖和气缸盖衬垫。

⑤ 拆下火花塞。

（2）拆下并分解曲轴连杆机构。

① 拆下油底壳、机油滤网、浮子和机油泵。

② 拆下曲轴带轮。

③ 拧下曲轴正时齿带轮固定螺栓，取下曲轴正时齿带轮。

④ 拧下中间轴齿带轮的固定螺栓，取下中间齿带轮；拆卸密封凸缘，取出中间轴。

⑤ 拆卸前油封和前油封凸缘。

⑥ 拆卸离合器压盘总成及飞轮总成，为保证其动平衡，应在飞轮与离合器壳上作配记号。

⑦ 拆下活塞连杆组件。

拆下活塞连杆组件前，应检查连杆大端的轴向间隙，该车极限间隙值为 0.37mm，大于此值应更换连杆。拆下连杆轴承盖，将活塞连杆组从气缸中抽出。

拆下活塞连杆组后，注意连杆与连杆大头盖和活塞上的记号应与气缸的序号一致，如无记号，则应重新打印。

⑧ 检查曲轴轴向间隙，极限轴向间隙为 0.25mm，超过此值，应更换推力垫圈。

⑨ 按规定顺序松开主轴承盖螺栓，拆下主轴承盖，取下曲轴。

相关知识链接

一、钢和合金钢在汽车上的应用

钢是对含碳量介于 0.02%～2.04%的铁合金的统称。钢的化学成分可以有很大变化，只含碳元素的钢称为碳素钢（碳钢）或普通钢；在实际生产中，钢往往根据用途的不同含有不同的合金元素，如锰、镍、钒等。钢以其低廉的价格、可靠的性能成为世界上使用最多的材料之一，是建筑业、制造业和人们日常生活中不可或缺的成分。

钢里除铁、碳外，加入其他的元素，就叫作合金钢。 在普通碳素钢基础上添加适量的一种或多种合金元素而构成铁碳合金钢。根据添加元素的不同，并采取适当的加工工艺，可获得高强度、高韧性、耐磨、耐腐蚀、耐低温、耐高温、无磁性等特殊性能。常用的合金结构钢有低合金结构钢、合金渗碳钢、合金调质钢、合金弹簧钢和滚动轴承钢 5 种。

合金是指由两种或两种以上的金属元素，或金属元素与非金属元素，经熔炼、烧结或其他方法组合而成，并有金属特征的物质。

相是指合金系统中具有相同的化学成分、相同的晶体机构和相同的物理或化学性能，并与该系统的其余部分以界面分开的部分。

钢在汽车上的应用如表 2-3-1 所示。

表 2-3-1 钢在汽车上的应用

钢的种类	汽车上应用范围
低碳钢	水箱固定架底板、风扇叶片、横梁、纵梁前加强板、保险杠、横梁、角撑、汽油箱托架、车架横梁
合金渗碳钢	变速器齿轮、变速器轴、后桥减速器齿轮、活塞销、气门弹簧座、气门挺杆及调整螺钉、差速器十字轴、万向节十字轴
合金调质钢	零部件固定螺栓、半轴、半轴套管、离合器从动盘、水泵轴
合金弹簧钢	各种弹簧

注：不同车型选用的材料也有所不同，有些金属元件正在被非金属材料所代替。

二、铸铁在汽车上的应用

铸铁是主要由铁、碳和硅组成的合金的总称。在这些合金中，含碳量超过在共晶温度时能保留在奥氏体固溶体中的量。

铸铁是含碳量较高的铁，质脆，不能锻压，用来炼钢或铸造器物含碳量在2%以上的铁碳合金。工业用铸铁一般含碳量为2%～4%。碳在铸铁中多以石墨形态存在，有时也以渗碳体形态存在。除碳外，铸铁中还含有1%～3%的硅，以及锰、磷、硫等元素。合金铸铁还含有镍、铬、钼、铝、铜、硼、钒等元素。碳、硅是影响铸铁显微组织和性能的主要元素。

铸铁的分类如下。

（1）灰口铸铁：含碳量较高（2.7%～4.0%），碳主要以片状石墨形态存在，断口呈灰色，简称灰铁。其熔点低（1145℃～1250℃），凝固时收缩量小，抗压强度和硬度接近碳素钢，减震性好。用于制造机床床身、气缸、箱体等结构件。

（2）白口铸铁：碳、硅含量较低，碳主要以渗碳体形态存在，断口呈银白色。凝固时收缩大，易产生缩孔、裂纹。其硬度高，脆性大，不能承受冲击载荷。多用作可锻铸铁的坯件和制作耐磨损的零部件。

（3）可锻铸铁：由白口铸铁退火处理后获得，石墨呈团絮状分布，简称韧铁。其组织性能均匀，耐磨损，有良好的塑性和韧性。用于制造形状复杂、能承受强动载荷的零件。

（4）球墨铸铁：将灰口铸铁铁水经球化处理后获得，析出的石墨呈球状，简称球铁。它比普通灰口铸铁有较高的强度、较好的韧性和塑性。用于制造内燃机、汽车零部件及农机具等。

（5）蠕墨铸铁：将灰口铸铁铁水经蠕化处理后获得，析出的石墨呈蠕虫状。其力学性能与球墨铸铁相近，铸造性能介于灰口铸铁与球墨铸铁之间。用于制造汽车的零部件。

（6）合金铸铁：普通铸铁加入适量合金元素（如硅、锰、磷、镍、铬、钼、铜、铝、硼、钒、锡等）获得。合金元素使铸铁的基体组织发生变化，从而具有相应的耐热、耐磨、耐蚀、耐低温或无磁等特性。用于制造矿山、化工机械和仪器、仪表等的零部件。

常用铸铁在汽车上的应用如表2-3-2所示。

表2-3-2　常用铸铁在汽车上的应用

牌号	零件名称
灰口铸铁	进排气支管、变速器壳体、水泵叶轮、凸轮轴正时齿轮、飞轮壳、变速器壳体、气缸体制动鼓、气缸体、飞轮、曲轴传动带轮
球墨铸铁	曲轴、前后轮毂、制动蹄、摇臂
可锻铸铁	后桥壳、差速器壳、减速器壳、驻车制动蹄片

拓展知识

钢的热处理

1. 退火

退火是一种金属热处理工艺，指的是将金属缓慢加热到一定温度，保持足够时间，然后以适宜速度冷却。目的是降低硬度，改善切削加工性；消除残余应力，稳定尺寸，减少变形与裂纹倾向；细化晶粒，调整组织，消除组织缺陷。

在生产中，退火工艺应用很广泛。根据工件要求退火的目的不同，退火的工艺规范有多种，常用的有完全退火、球化退火、去应力退火等。

完全退火是将钢件加热到 Ac3 以上 30℃～50℃，经完全奥氏体化后进行随炉缓慢冷却的热处理工艺。完全退火的目的是细化晶粒、消除内应力、降低硬度、改善切削加工性能。完全退火主要用于亚共析钢铸件、锻件和轧件。

球化退火是将钢件加热到 Ac1 以上 20℃～30℃，较长时间保温后随炉缓慢冷却的热处理工艺。球化退火所得组织为球状珠光体。其目的是降低硬度、改善切削加工性能，为淬火做组织准备。球化退火主要适用于共析钢或过共析钢，如工具钢和滚动轴承钢等。

去应力退火是将钢件加热到 Ac1 以下某一温度（500℃～650℃），保温后随炉缓慢冷却的热处理工艺。去应力退火目的是消除铸件、锻件、焊接件等的残余内应力，稳定工件尺寸，减小变形。

2. 正火

正火是将工件加热至 Ac3 或 Accm 以上 30℃～50℃，保温一段时间后，从炉中取出在空气中或喷水、喷雾或吹风冷却的金属热处理工艺。其目的在于使晶粒细化和碳化物分布均匀化。正火与退火的不同点是正火冷却速度比退火冷却速度稍快，因而正火组织要比退火组织更细一些，其机械性能也有所提高。另外，正火炉外冷却不占用设备，生产率较高，因此生产中尽可能采用正火来代替退火。

3. 淬火

钢的淬火是将钢加热到临界温度 Ac3（亚共析钢）或 Ac1（过共析钢）以上某一温度，保温一段时间，使之全部或部分奥氏体化，然后以大于临界冷却速度的冷速快冷到 Ms 以下（或 Ms 附近等温）进行马氏体（或贝氏体）转变的热处理工艺。通常也将铝合金、铜合金、钛合金、钢化玻璃等材料的固溶处理或带有快速冷却过程的热处理工艺称为淬火。

淬火的目的是使过冷奥氏体进行马氏体或贝氏体转变，得到马氏体或下贝氏体组织，然后配合以不同温度的回火，以大幅提高钢的强度、硬度、耐磨性、疲劳强度以及韧性等，从而满足各种机械零件和工具的不同使用要求。也可以通过淬火满足某些特种钢材的铁磁性、耐蚀性等特殊的物理、化学性能。

淬火工艺在现代机械制造工业得到广泛的应用。机械中重要零件，尤其在汽车、飞机、火箭中应用的钢件几乎都经过淬火处理。为满足各种零件千差万别的技术要求，发展了各种淬火工艺。例如，按接受处理的部位，有整体淬火、局部淬火和表面淬火；按加热时相变是否完全，有完全淬火和不完全淬火（对于亚共析钢，该法又称亚临界淬火）；按冷却时相变的内容，有分级淬火、等温淬火和欠速淬火等。

小贴士

含铬、镍、锰等元素的合金钢淬火后在 500℃～650℃回火，缓冷易产生可逆回火脆性，为防止它，小零件可采用回火时快冷；大零件可选用含钨或钼的合金钢。

4. 调质

淬火后高温回火的热处理方法称为调质处理。高温回火是指在 500℃～650℃进行回火。调质可以使钢的性能、材质得到很大程度的调整，其强度、塑性和韧性都较好，具有良好的综合机械性能。

5. 回火

钢的回火是工件淬硬后加热到 Ac1 以下的某一温度，保温一定时间，然后冷却到室温的热处理工艺。

回火一般紧接着淬火进行，其目的是：

（1）消除工件淬火时产生的残留应力，防止变形和开裂；

（2）调整工件的硬度、强度、塑性和韧性，达到使用性能要求；

（3）稳定组织与尺寸，保证精度；

（4）改善和提高加工性能。

因此，回火是工件获得所需性能的最后一道重要工序。

按回火温度范围，回火可分为低温回火、中温回火和高温回火。

汽车发动机的曲轴拆装技能训练考核如表 2-3-3 所示。

表 2-3-3 技能训练考核表

学生姓名				
项目名称	汽车发动机曲轴拆装			
步骤 1				
步骤 2				
步骤 3				
步骤 4				
步骤 5				
步骤 6				
步骤 7				
步骤 8				
步骤 9				
分析其组成材料				
规范使用工具	占比	自评得分	互评得分	教师评价得分
考勤	20%			
规范使用工具	20%			
拆装步骤	40%			
清理	20%			
总得分：				

思考与练习

（1）金属材料是汽车用材的主体，仅以质量而言，金属材料就占到全车的________。

（2）钢铁材料是金属材料中应用范围最为广泛的一种，钢铁材料主要有________、________和________。

（3）碳钢通常指碳的质量分数小于________的铁碳合金。

（4）碳钢按用途分为________和________。

（5）含碳量低的钢加入铬能提高________和________。铝能提高钢的________性能。铝与氮形成化合物，能提高钢的________和________。

（6）合金渗碳钢中碳的质量分数为________。合金渗碳钢是在渗碳钢的基础上，加入一定量的________而形成的。

（7）QT500-5 牌号中，QT 表示________，数字 500 表示________，数字 5 表示________。

任务测评表

班级		姓名		日期		自评	互评	备注
（1）知道什么是金属材料吗？								
（2）知道常见的金属材料有哪些吗？								
（3）知道汽车零部件中哪些是金属材料吗？								
（4）了解汽车发动机曲轴拆装的方法吗？								
（5）掌握汽车发动机曲轴拆装技能了吗？能独立完成拆卸和装配吗？								
（6）在汽车发动机曲轴拆装任务中，按照操作规程做到安全文明操作了吗？								
个人总结：								
总体评价						教师签名		

Chapter 3

模块三

常用机械和机构

模块描述

任何机器都是人为实物的组合体。组成机器的各部分（实物）之间，有确定的相对运动，并能做有效的机械功和进行能量转换。汽车就是一台由多种机构组成的能做有效机械功和进行能量转换的机器。在本模块中，我们结合一些汽车上的常用机构来认识机器、机构、构件、零件、运动副、平面连杆机构等一些基本机械概念和组成汽车的机构的工作原理，以及拆装步骤。

学习目标

通过本模块的学习，学生能够掌握汽车常用机构的知识：齿轮系统的分解和装配，发动机维修设备和工具的使用，带传动、链传动的应用和安装技能，键与销的正确选用，螺纹连接件的正确选用，轴与轴承类型的识别和更换。

任务1 常用铰链四杆机构的拆装

任务描述

汽车是由许多相对独立的机构所组成的，其中刮水器就是汽车上必不可少的一个相对独立的辅助机构（装置），一旦出现刮水器不能正常工作或卡死等故障，将影响安全行车。本任务通过对汽车电动刮水器的拆装，观察刮水器的工作过程，了解铰链四杆机构的相关知识。

任务要求

（1）观察电动刮水器总成的基本组成。

（2）观察电动刮水器各构件之间的相互装配关系。

（3）观察电动刮水器工作过程演示，了解转矩传递方式。

（4）通过电动刮水器，进一步了解“铰链四杆机构”和“运动副”的种类和特点。

技能训练

1. 所需器材

桑塔纳汽车一辆，一字螺丝刀、十字螺丝刀，组合工具一套，如图 3-1-1 所示。

2. 操作步骤

小贴士

拆卸雨刮器摇臂之前，要确保雨刮器电动机处于起始位置，只有这样，安装时才能调整雨刮器摇臂的极限位置。

（1）雨刮器摇臂的拆卸。用螺丝刀撬开如图 3-1-2 所示雨刮器摇臂轴上的罩盖，旋松箭头所示的六角螺母（无须完全旋出），摇动雨刮器摇臂，直至松动为止，旋出六角螺母，取出雨刮器摇臂（见图 3-1-3）。

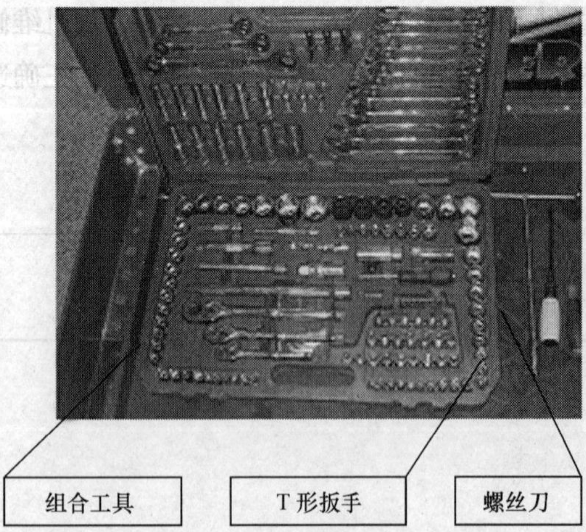

图3-1-1 雨刮器拆装组合工具

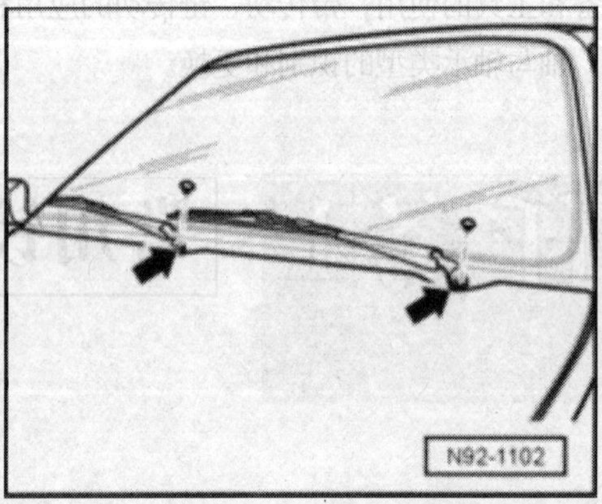

图3-1-2 拆卸雨刮器摇臂

（2）雨刮器电动机及框架的拆卸。打开发动机舱盖，用支撑杆将发动机舱盖支撑住，拔出图中上方箭头所示雨刮器电动机插头——箭头 A，旋出箭头所示的螺栓——箭头 B，取出雨刮器电动机及框架（见图 3-1-4）。

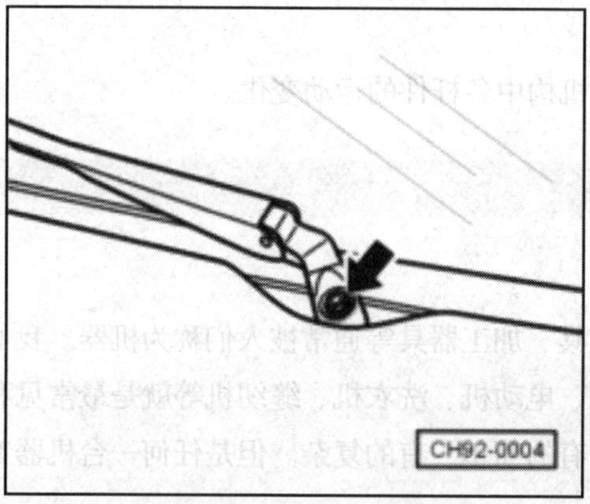

图3-1-3　取出雨刮器摇臂

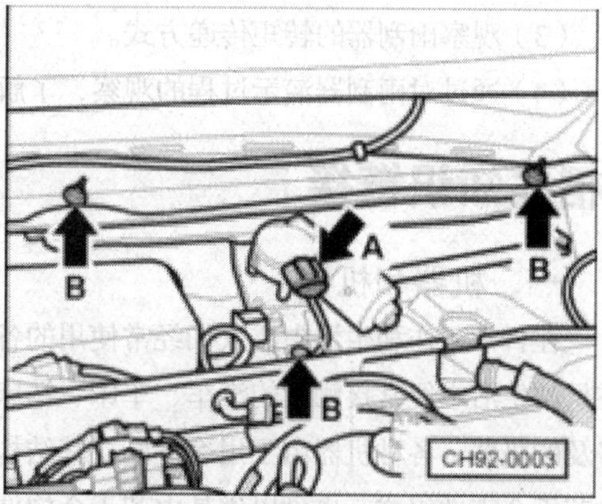

图3-1-4　拆卸雨刮器电动机及框架

（3）观察机构运动情况。将雨刮器电动机插头插上，打开点火开关，将雨刮器开关打开至慢速挡，观察各机构的运动情况。

（4）安装雨刮器。按照拆卸相反的顺序安装好雨刮器总成，在安装雨刮器总成时，要注意将车身上的摇臂轴橡胶防护垫安装到位。

基本活动

1. 了解雨刮器总成的组成

雨刮器一般由电动机总成、拉杆、摇臂、雨刮臂、刮水片等组成，如图 3-1-5 所示。

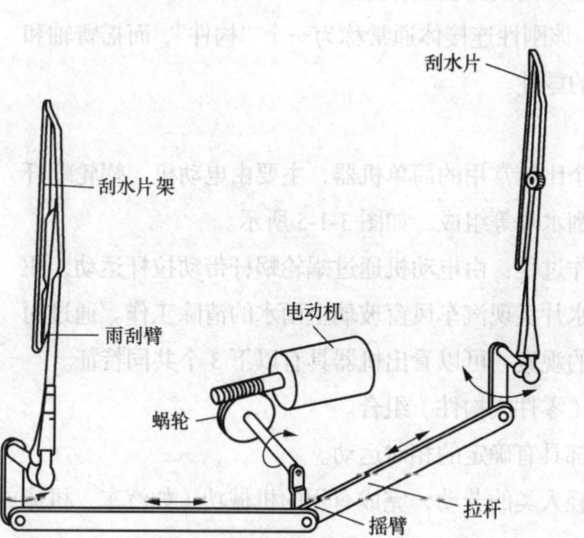

图3-1-5　电动雨刮器组成

2. 刮水过程演示

（1）观察雨刮器演示板上电动雨刮器总成各构件间的相互连接关系。

（2）将雨刮器演示板上的电动机总成接通 12V 直流电源，打开雨刮器电源开关，观察雨刮器的工作过程。

（3）观察雨刮器的转矩传递方式。

（4）通过对雨刮器演示过程的观察，了解铰链四杆机构中各杆件的运动变化。

相关知识链接

一、机器和机构

在日常工作和生活中，人们经常使用的各种生产工具、加工器具等通常被人们称为机器。我们在日常生活中经常接触到的汽车、车床、钻床、砂轮机、电动机、洗衣机、缝纫机等就是最常见和普及的机器。各种机器由于用途不同，其结构也不同，有的简单，有的复杂。但是任何一台机器都由若干个零件组成，也可以说是由若干个构件组成。

1. 零件

从制造角度看，机器是由若干个零件组成的，零件是机器组成中不可再拆的最小单元件，因此，零件是机器的制造单元。零件按其使用性能不同可以分为通用零件和专用零件两大类，固定雨刮器用的螺栓属于通用零件，而雨刮臂及刮水片等都属于专用零件。

2. 构件

从运动角度看，机器又是由若干个构件组成的。构件是机器组成中最基本的运动单元，其运动形状和尺寸主要取决于运动性质，因此，构件是机器的运动单元。

雨刮器连动机构中摇臂轴摆杆组件，分别由摇臂轴和摆杆通过焊接而成，如图 3-1-6 所示，雨刮器在工作过程中与摇臂轴摆杆组件具有确定的相对运动。因此，该刚性连接体通常称为一个“构件”，而摇臂轴和摆杆是该构件上不同的零件。

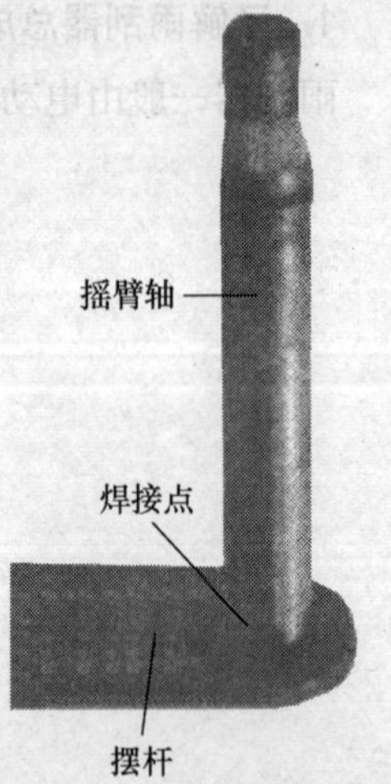

图3-1-6 摇臂轴摆杆组件

3. 机械

汽车雨刮器是一个比较常用的简单机器，主要由电动机、蜗轮蜗杆机构、拉杆、摆臂、刮水片等组成，如图 3-1-5 所示。

汽车雨刮器的工作过程：由电动机通过蜗轮蜗杆带动拉杆运动，驱动摆臂的摆动，由刮水片实现汽车风窗玻璃上雨水的清除工作。通过对汽车雨刮器工作过程的观察，可以看出机器具有以下 3 个共同特征。

（1）人为的实物（零件或构件）组合。

（2）各部分之间都具有确定的相对运动。

（3）能代替或减轻人类的劳动，完成有用的机械功（如汽车、机床或洗衣机）或实现能量转换（如内燃机、发电机）。

机构仅有机器的前两个特征，即机构也是人为的实物组合，并且各实物之间具有确定的相对运动。如果将汽车雨刮器的电动机拆除，这样汽车雨刮器就无法实现摆臂的摆动，只有蜗轮蜗杆、拉杆、摆臂等组成的“曲柄摇杆机构”，只具备了机器 3 个特征中的前两个特征。人们习惯把机器和机构统称为“机械”。

从上述分析可知，机器是由多个机构以一定的方式连接而成的；机构又是由多个构件以一定的方式连接而成的；而构件又是由多个零件以一定的方式连接而成的。从制造角度看，零件是机器组成中不可再拆的最小单元，是机器的制造单元。从运动角度看，可以认为机器是由若干构件组成的，各构件之间具有确定的相对运动，其形状和尺寸主要取决于运动性质，所以构件是机器的运动单元。从装配角度看，可以认为较复杂的机器是由若干部件组成的，部件是机器的装配单元，如汽车的变速器、驱动桥等。

二、平面运动副

按照连接的方式不同，连接一般分为以下 3 种。

（1）刚性连接，如铆接、焊接，如图 3-1-7 和图 3-1-8 所示。

图3-1-7　7种常用的铆接形式

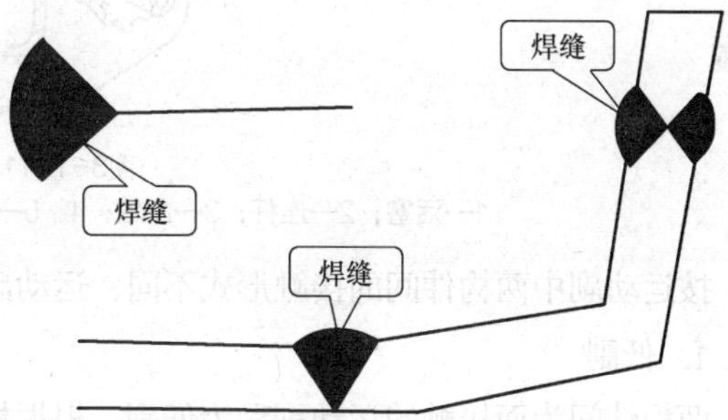

图3-1-8 焊接

（2）固定连接，如螺栓连接，如图 3-1-9 所示。

（3）可动连接，如转动连接、移动连接，如图 3-1-10 和图 3-1-11 所示。在图 3-1-11 中，活塞在气缸内运动。

图3-1-9　螺栓连接

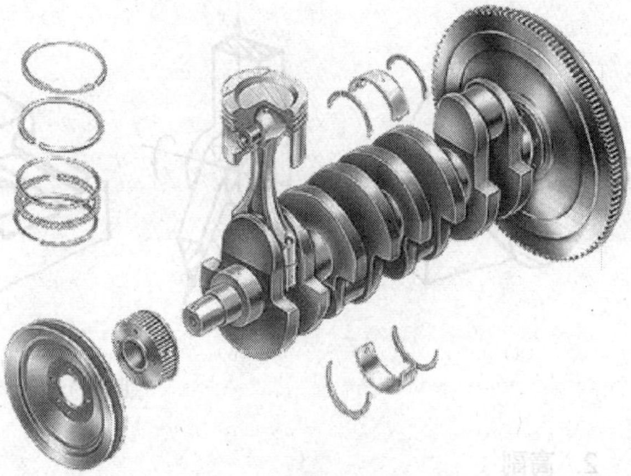

图3-1-10　转动连接

由两个构件直接接触并产生一定相对运动的连接，称为运动副。例如，汽车电动雨刮器中蜗轮与拉杆、拉杆与摆杆之间的连接都具有相对运动，因此这些连接都可称为运动副。

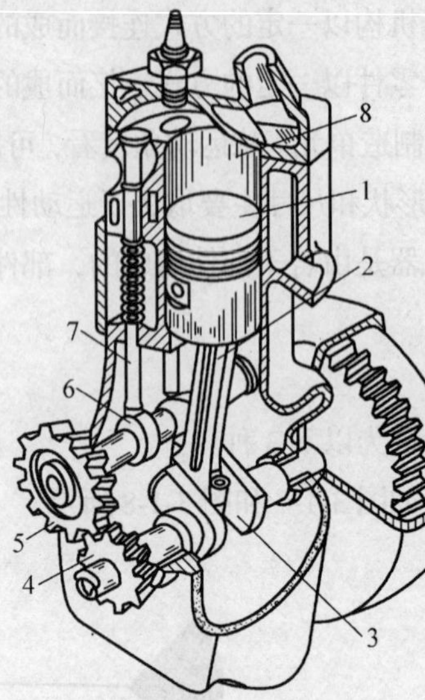

图3-1-11 移动连接

1—活塞；2—连杆；3—曲轴；4、5—齿轮；6—凸轮；7—顶杆；8—气缸体

按运动副中两构件间的接触形式不同，运动副又分为低副和高副两类。

1. 低副

两构件间为面接触的运动副称为低副。根据构成低副的两构件间的相对运动特点，又分为转动副和移动副。

两构件只能作相对转动的运动副为转动副如图 3-1-12（a）、（b）中轴承与轴颈的连接、铰链连接等都属于转动副。

移动副是两构件只能沿某一轴线相对移动的运动副，如图 3-1-12（c）、（d）所示。

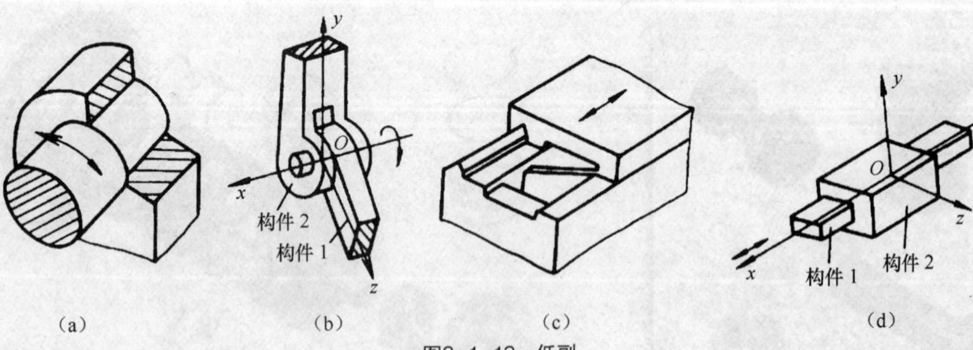

图3-1-12 低副

2. 高副

两构件间为点、线接触的运动副称为高副，如图 3-1-13 所示的车轮与钢轨、凸轮与从动件、齿轮啮合等均为高副。

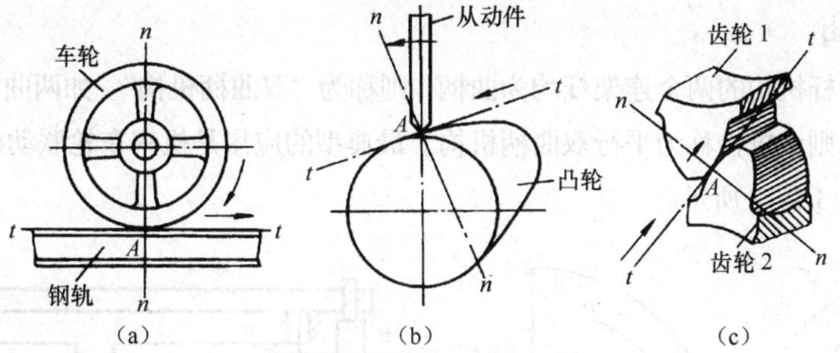

图3-1-13　高副

三、平面连杆机构

平面连杆机构是指机构内各构件的相对运动都在同一平面内或相互平行的两个平面内。平面连杆机构是由若干个构件用低副（转动副或移动副）连接组成的机构，各构件间的相对运动都处在同一平面或平行平面内。

平面连杆机构的种类和形式很多，但最常见的是由 4 个构件组成的铰链四杆机构。根据各个构件的工作过程不同，铰链四杆机构又可分为曲柄摇杆机构、双曲柄机构、双摇杆机构这 3 种典型形式及其演化机构。

构件间的运动副均为转动副连接的四杆机构，是四杆机构的基本形式，称为铰链四杆机构，如图 3-1-14 所示。由 3 个活动构件和一个固定构件（即机架）组成。其中，*AD* 杆是机架，与机架相对的杆（*BC* 杆）称为连杆，与机架相联的构件（*AB* 杆和 *CD* 杆）称为连架杆，能绕机架作 360° 回转的连架杆称为曲柄，只能在小于 360° 范围内摆动的连架杆称为摇杆。

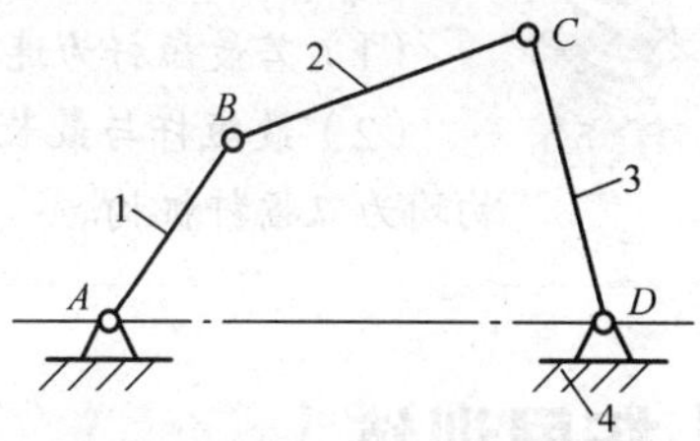
图3-1-14　铰链四杆机构的组成

1. 曲柄摇杆机构

若组成铰链四杆机构的两个连架杆中，一个是曲柄，另一个是摇杆，这样的铰链四杆机构称为“曲柄摇杆机构”，如图 3-1-15 所示。

曲柄摇杆机构通常在应用中是将曲柄的整周运动转变为摇杆的往复摆动，或者将摇杆的往复摆动转变为曲柄的旋转运动。例如，汽车雨刮器，如图 3-1-16 所示，是由两个四杆机构组成，一个是曲柄摇杆机构（实线部分），另一个是双摇杆机构（虚线部分）。

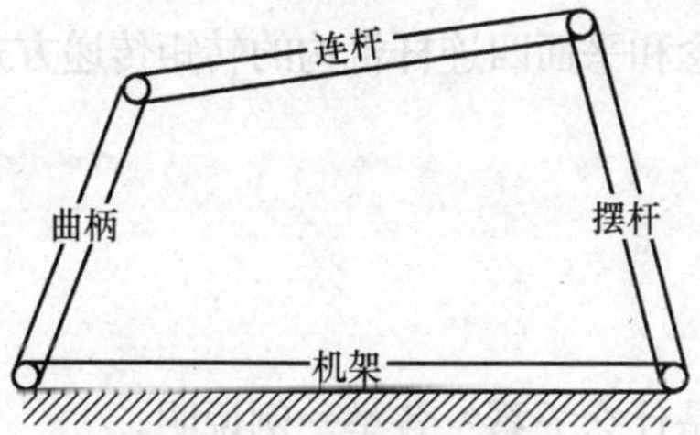

图3-1-15　曲柄摇杆机构

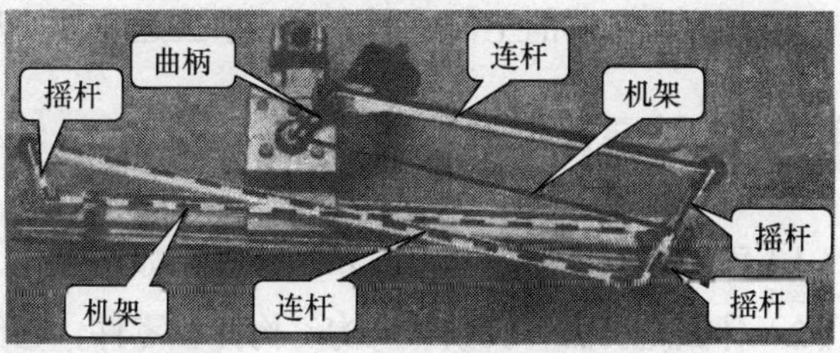

图3-1-16　汽车电动风窗刮水器

曲柄摇杆机构中曲柄存在的条件有两个：第一，连架杆和机架中必有一个杆件是最短杆；第二，最短杆与最长杆杆长之和小于或等于其他两杆杆长之和。

2. 双曲柄机构

若组成铰链四杆机构的两个连架杆均为曲柄，则称为“双曲柄机构”。如两曲柄等长，连杆与机架的长度也相等，则该机构称为平行双曲柄机构。最典型的应用是机车车轮联动机构、公共汽车车门启闭机构，如图 3-1-17 所示。

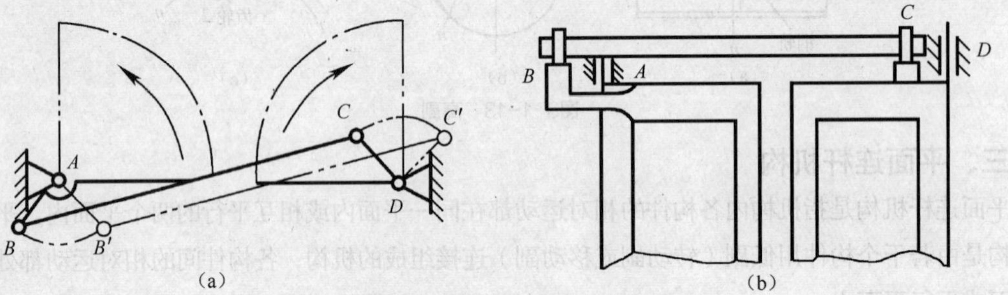

图3-1-17 车门启闭机构

3. 双摇杆机构

若组成铰链四杆机构的两个连架杆均为摇杆，则称为“双摇杆机构”。

注意

（1）若最短杆为连杆，机构为双摇杆机构；

（2）最短杆与最长杆长度之和大于其余两杆长度之和时，不论取何杆为机架，机构均为双摇杆机构。

拓展训练

（1）请学生在汽车中找出另外一些常用的铰链四杆机构，如曲柄滑块机构。

（2）请学生在汽车中找出一些常用的运动副，并说明哪些是高副、哪些是低副，如凸轮机构。

任务归纳

（1）通过拆装雨刮器总成，了解机械、机器、机构、构件、零件所表述的含义和相互间的关系。

（2）通过拆装雨刮器总成，了解平面四连杆机构的种类以及各杆件的名称、相互关系。

（3）观察雨刮器的工作过程演示，掌握运动副的基本概念和平面四连杆机构的转矩传递方式。

思考与练习

（1）雨刮器总成的基本组成和装配关系如何？

（2）什么是机器、机械、机构、构件和零件，它们相互是什么关系？各举一例说明。

（3）机器和机构各有什么基本特征？有什么共同点和不同点？

（4）什么是运动副？运动副如何分类？什么是高副、低副、移动副和转动副？各举一例说明。

（5）什么是连接？连接又分为哪几种？各举一例说明。

（6）什么是平面连杆机构？平面连杆机构又分为哪几种常用机构？通过观察，在汽车上找出双摇杆机构、双曲柄机构、曲柄摇杆机构。

任务测评表

<table>
<tr><td>班级</td><td></td><td>姓名</td><td></td><td>日期</td><td></td><td>自评</td><td>互评</td><td>备注</td></tr>
<tr><td colspan="6">（1）知道什么是机器、机械、机构、构件、零件吗？它们相互有什么联系和区别？</td><td></td><td></td><td></td></tr>
<tr><td colspan="6">（2）知道什么是运动副吗？各种运动副相互之间有什么联系和区别吗？</td><td></td><td></td><td></td></tr>
<tr><td colspan="6">（3）知道什么是连接吗？各种连接相互之间有什么联系和区别吗？</td><td></td><td></td><td></td></tr>
<tr><td colspan="6">（4）知道平面连杆机构分为哪几种常用机构吗？常见形式有哪几种？</td><td></td><td></td><td></td></tr>
<tr><td colspan="6">（5）能在汽车上找出双摇杆机构、双曲柄机构、曲柄摇杆机构吗？</td><td></td><td></td><td></td></tr>
<tr><td colspan="6">（6）了解雨刮器总成的基本组成和装配关系吗？</td><td></td><td></td><td></td></tr>
<tr><td colspan="6">（7）掌握雨刮器总成的拆装技能吗？能独立完成拆装吗？</td><td></td><td></td><td></td></tr>
<tr><td colspan="6">（8）在拆装雨刮器的任务中，按照操作规程做到安全文明操作了吗？</td><td></td><td></td><td></td></tr>
<tr><td colspan="9">个人总结：</td></tr>
<tr><td colspan="6">总体评价</td><td>教师签名</td><td colspan="2"></td></tr>
</table>

任务2　活塞连杆组的拆卸

任务描述

活塞连杆组是发动机（见图 3-2-1）中的一个重要机构，其工作条件非常复杂，一旦发生故障，发动机将无法正常工作。本任务通过对活塞连杆组的拆装和对活塞连杆组的工作过程的观察，进一步了解曲柄滑块机构的相关知识。

图3-2-1 发动机

任务要求

（1）观察活塞连杆组的基本组成。

（2）观察活塞连杆组各构件之间的相互装配关系。

（3）观察活塞连杆组的工作过程演示，了解转矩传递方式。

（4）通过活塞连杆组进一步了解曲柄滑块机构的种类和特点。

技能训练

1. 所需器材

发动机拆装翻转架，桑塔纳 AFE 发动机（已拆除发动机附件、油底壳、气缸盖），组合工具、扭力扳手、橡胶锤、铜棒、活塞环安装工具、T 形扳手等（见图 3-2-2）。

图3-2-2 活塞连杆组拆装工具

2. 操作步骤

（1）将发动机安装在发动机拆装翻转架上，摇转发动机拆装翻转架手柄，将拆装用发动机转到水平位置，如图 3-2-3 所示。

（2）松开机油泵连接螺栓，拆除机油泵，如图 3-2-4 所示。

图3-2-3　发动机转到水平位置

图3-2-4　拆除机油泵

（3）摇转曲轴至 1、4 缸活塞处于下止点位置，用扭力扳手将 1 缸连杆螺栓分两次拧松，如图 3-2-5 所示。用橡胶锤轻轻敲击连杆轴承盖侧边，使连杆轴承盖松动，取下连杆轴承盖，如图 3-2-6 所示。

图3-2-5　扭力扳手将连杆螺栓拧松

图3-2-6　取下连杆轴承盖

（4）用橡胶锤柄轻轻将活塞组件从气缸内推出，如图 3-2-7 所示。

图3-2-7　橡胶锤柄将活塞组件推出

注意 在推出活塞连杆组件之前，应检查气缸口，如有台阶，应先用刮刀刮去气缸口上的台阶后才能将活塞连杆组件从气缸上端推出。对拆卸下来的活塞、连杆及连杆轴承盖，应检查它们的缸号装配标记是否一致，如图 3-2-8 所示。组装时，连杆及连杆轴承盖装配记号朝向发动机前面。

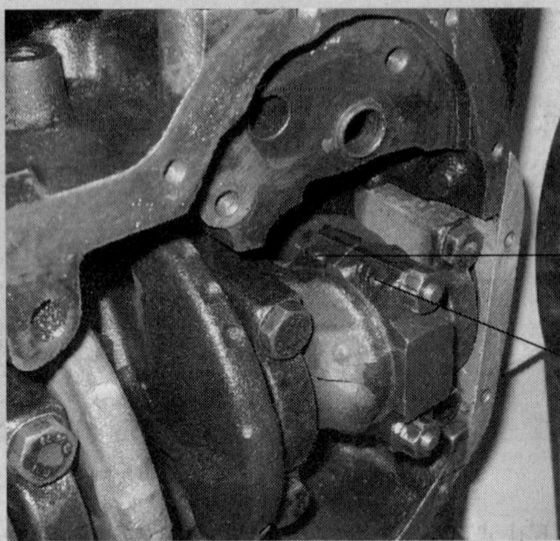

图3-2-8 检查缸号装配标记

对活塞连杆组的装配不作要求，感兴趣的同学可以在老师的指导下完成装配任务。

基本活动

1. 了解活塞连杆组的组成

活塞连杆组一般由活塞、活塞销、活塞销卡簧、活塞环、连杆、连杆衬套、连杆轴瓦、连杆大头盖、连杆螺栓等组成，如图 3-2-9 所示。

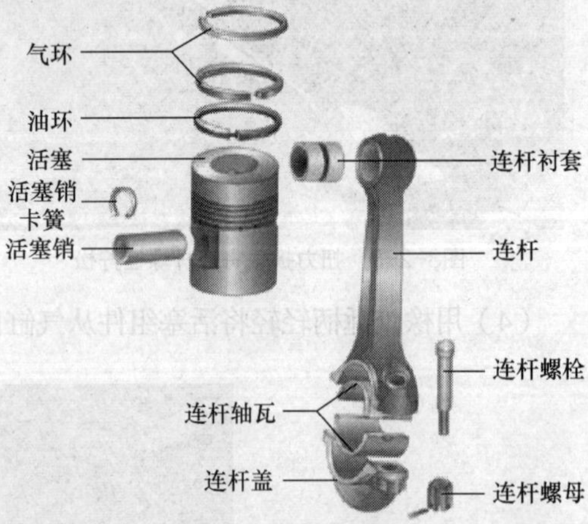

图3-2-9 活塞连杆组

2. 活塞连杆组工作过程演示

（1）通过观察解剖台架发动机的运转过程，观察活塞连杆组各构件间的相互连接关系。

（2）观察活塞连杆组的工作过程。

（3）通过观察活塞连杆组运转过程的演示，了解曲柄滑块机构中各杆件的运动变化。

相关知识链接

一、铰链四杆机构的演化及应用

在曲柄摇杆机构、双曲柄机构、双摇杆机构这 3 种典型形式的基础上，可改变其中某些构件的形状，如将铰链四杆机构中的一个转动副转化为移动副。内燃机中的曲柄连杆机构就是曲柄滑块机构最典型的应用实例之一，以活塞为主动构件做往复直线运动，连杆带动曲柄做连续的圆周运动，因此移动副可以看成是转动副的一种特殊情况，即转动中心位于垂直于移动副导路的无限远处的一个转动副。

（1）使滑块导路与曲柄转动中心的偏距为零，可得对心曲柄滑块机构，如图 3-2-10（a）所示。

曲柄滑块机构在锻压机、空压机、内燃机及各种冲压机器中得到广泛应用，如前述的内燃机中的活塞连杆机构，就是曲柄滑块机构。

（2）以杆 1 作机架。

杆 $l_1<l_2$，可得转动导杆机构，如图 3-2-10（b）所示。

杆 $l_1>l_2$，可得摆动导杆机构，如图 3-2-10（c）所示。

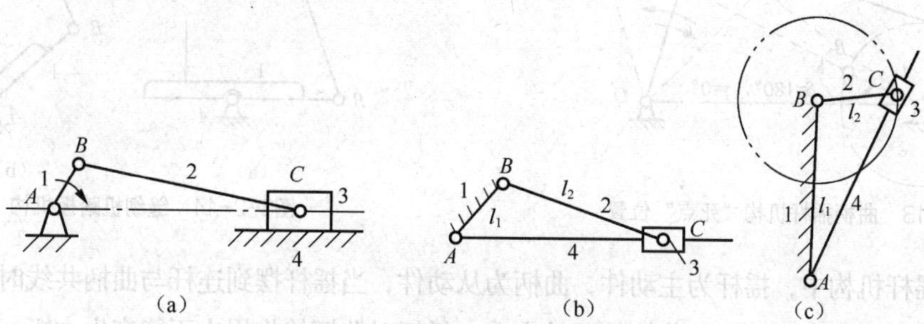

图3-2-10　曲柄滑块机构和导杆机构

（3）以杆 2 作机架，得到摇块机构如图 3-2-11（a）所示。

（4）以滑块作机架，得到定块机构如图 3-2-11（b）所示。

摇块机构常用于摆缸式原动机和气压、液压驱动装置中，如图 3-2-12 所示的货车翻斗机构。

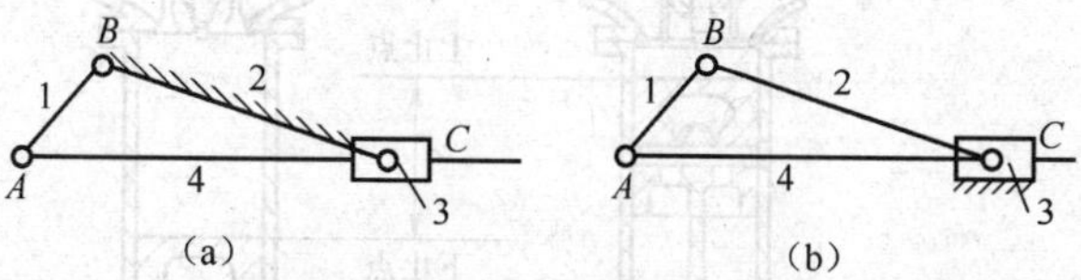

图3-2-11　摇块机构定块机构

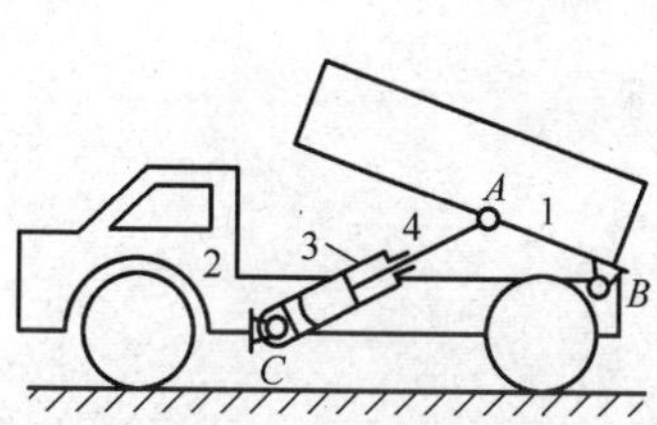

图3-2-12　货车翻斗机构

曲柄滑块机构结构简单，受力情况优良，在实际生产中得到了广泛的应用。有时曲柄可以演化成偏心轮机构，其偏心距就是曲柄的长度，这种机构可以提高曲柄的强度和刚度，常应用于承受较大冲击载荷的机械。

小贴士　铰链四杆机构中存在曲柄的必要条件是：（1）连架杆与机架中必有一杆为四杆机构中的最短杆；（2）最短杆与最长杆杆长之和应小于或等于其余两杆的杆长之和。

二、铰链四杆机构的“死点”位置

1. “死点”位置

如图 3-2-13 所示的曲柄摇杆机构中，当摇杆为主动件时，在曲柄与连杆共线的位置出现传动角等于零的情况，这时不论连杆 BC 对曲柄 AB 的作用力有多大，都不能使杆 AB 转动，机构的这种位置（图中虚线所示位置）称为死点。机构在死点位置，出现从动件转向不定或者卡死不动的现象，如缝纫机踏板机构采用曲柄摇杆机构，它在死点位置，出现从动件曲柄倒、顺转向不定（见图 3-2-14（a））或者从动件卡死不动（见图 3-2-14（b））的现象。

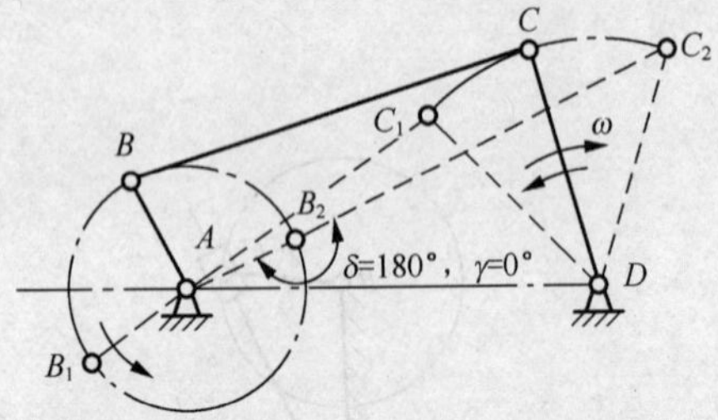

图3-2-13 曲柄摇杆机构“死点”位置

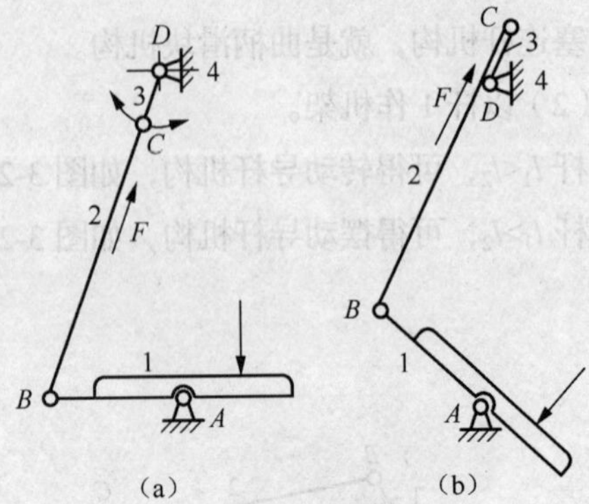

图3-2-14 缝纫机踏板机构

在曲柄摇杆机构中，摇杆为主动件，曲柄为从动件，当摇杆摆到连杆与曲柄共线时，摇杆通过连杆作用在曲柄上的力正好通过曲柄的回转中心，摇杆对曲柄的作用力不能产生力矩，不会使曲柄转动，曲柄摇杆机构的这种现象称为“卡死”现象。如图 3-2-15 所示。这时机构所处的极限位置，称为“死点”位置。

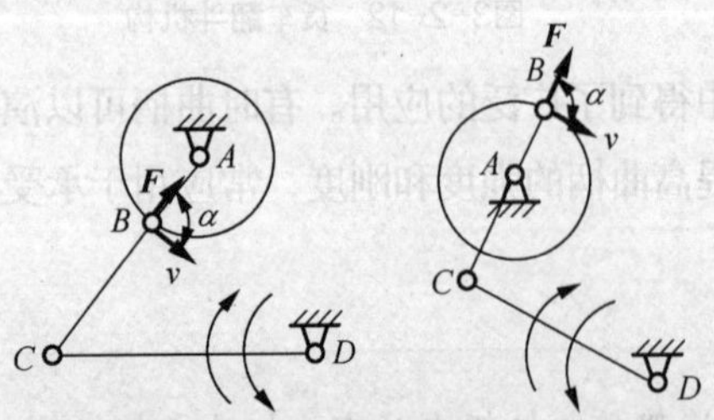

图3-2-15 铰链四杆机构的“死点”位置

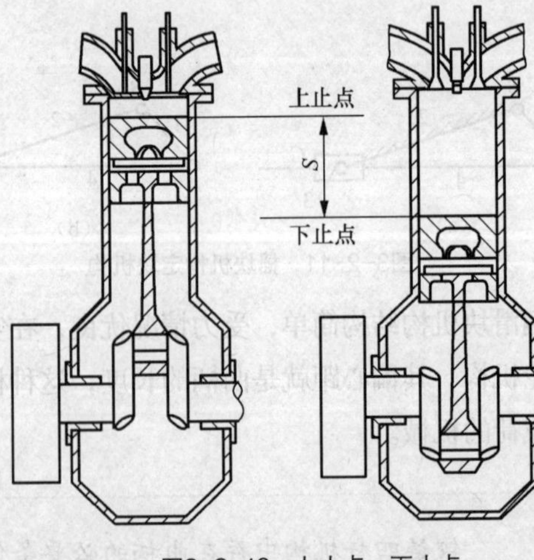

图3-2-16 上止点、下止点

发动机曲柄连杆机构中，当活塞与连杆处于同一直线且通过曲柄的回转中心这一上下“死点”位置时，我们分别称活塞处于“上止点”和“下止点”，如图 3-2-16 和图 3-2-17 所示。

2.“死点”的影响

从运动角度看。“死点”的存在对机构的运动是不利的，应尽量避免出现在“死点”位置卡死的现象。实际上铰链四杆机构的“死点”位置是始终存在的，我们在日常应用中应克服其不利影响，常用的方法是采用加大从动构件的惯性，靠从动构件的惯性帮助其通过铰链四杆机构的“死点”位置，如在发动机的曲柄连杆机构上安装飞轮，能使曲轴保持连续转动。

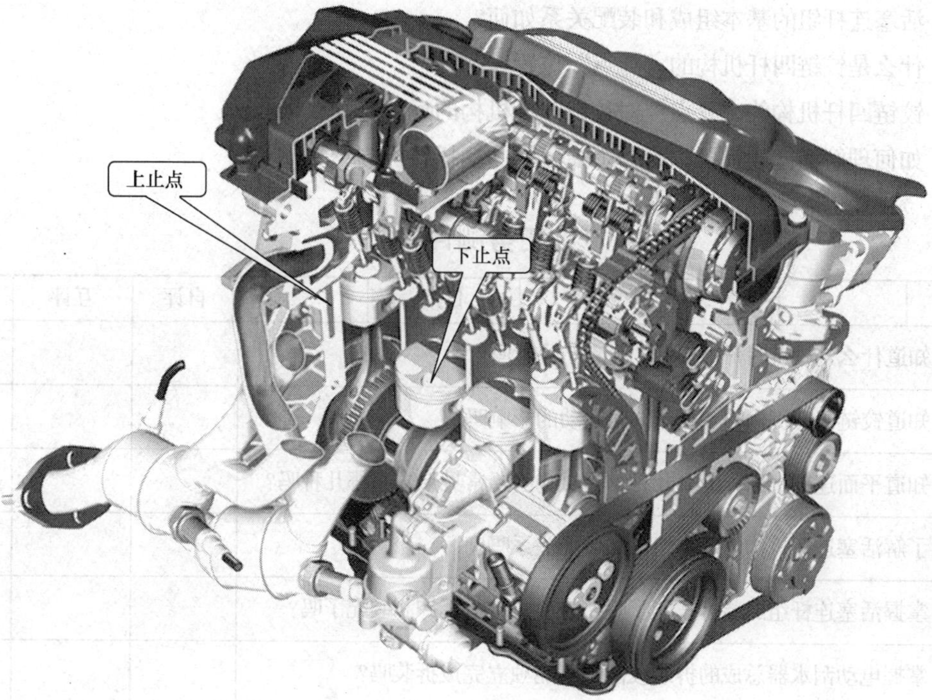

图3-2-17 发动机上、下止点

拓展训练

通过对曲柄连杆机构的拆卸实践，在了解了曲柄连杆机构的作用、组成的基础上，去认识“活塞是一个演化的摇杆，曲轴是演化的曲柄”。通过拆卸曲轴飞轮组，观察曲柄连杆机构各构件的相互装配关系、转矩传递方式和如何克服“死点”位置，并完成装配工作。

小贴士 （1）拆卸曲轴飞轮组时，要注意主轴承盖的顺序和方向；（2）安装活塞连杆组件时要根据装配标记规定的方向安装。

任务归纳

（1）通过拆装活塞连杆组件，了解平面四连杆机构的基本概念。

（2）通过拆装活塞连杆组件，了解平面四连杆机构各构件间的相互关系。

（3）观察活塞连杆组件的工作过程演示，了解平面四连杆机构的“死点”位置及对四连杆机构的影响。

思考与练习

（1）活塞连杆组的基本组成和装配关系如何？

（2）什么是铰链四杆机构的“死点”位置？

（3）铰链四杆机构的“死点”对铰链四杆机构的运动有什么影响？

（4）如何理解活塞连杆机构是一个演化的曲柄摇杆机构？

任务测评表

班级		姓名		日期		自评	互评	备注
1. 知道什么是铰链四杆机构的“死点”位置吗？								
2. 知道铰链四杆机构的“死点”对运动的影响吗？								
3. 知道平面连杆机构分为哪几种常用机构吗？常见形式有哪几种吗？								
4. 了解活塞连杆机构的基本组成和装配关系吗？								
5. 掌握活塞连杆组的装拆技能了吗？能独立完成拆卸和装配了吗？								
6. 掌握电动刮水器总成的拆装技能吗？能独立完成拆装吗？								
7. 在拆装活塞连杆组任务中，按照操作规程做到安全文明操作了吗？								

个人总结：

总体评价	教师签名	

任务3 顶置凸轮式气门传动组的拆卸

任务描述

配气机构是汽车发动机中又一重要机构，配气机构的工作正常与否，直接影响发动机工况。本任务通过对顶置凸轮式配气机构的拆装和对发动机进、排气门的打开和关闭过程的观察，了解凸轮机构的相关知识。

任务要求

（1）观察顶置凸轮式配气机构的基本组成。

（2）观察顶置凸轮式配气机构各构件之间的相互装配关系。

（3）观察顶置凸轮式配气机构的工作过程演示，了解盘形凸轮机构的运动规律。

（4）通过观察顶置凸轮式配气机构，进一步了解“运动副”的种类和特点。

技能训练

1. 所需器材

发动机拆装翻转架，拆装用桑塔纳发动机，组合工具、T 形扳手、磁性表架、（0～20mm）百分表、扭力扳手，如图 3-3-1 所示。

2. 操作步骤

（1）用 T 形扳手均匀地拧松气门室盖固定螺栓，如图 3-3-2 所示。

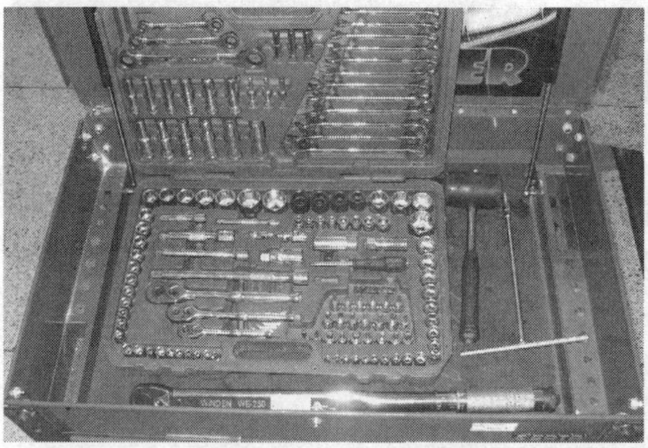

图3-3-1　凸轮式配气机构气门传动组拆卸工具

图3-3-2　拧松气门室盖固定螺栓

（2）取下气门室盖、气门室盖密封垫等，如图 3-3-3 和图 3-3-4 所示。

（3）将百分表用磁性表架固定好，百分表量头抵在凸轮轴的凸轮轮廓表面，使百分表有一定的压缩量。转动百分表表盘，校正百分表大指针对正“零”位，如图 3-3-5 所示。

> **注意**　用百分表测量凸轮的升程，选择的百分表量程应大于凸轮的升程，一般应选用量程在 0～20mm 的百分表。

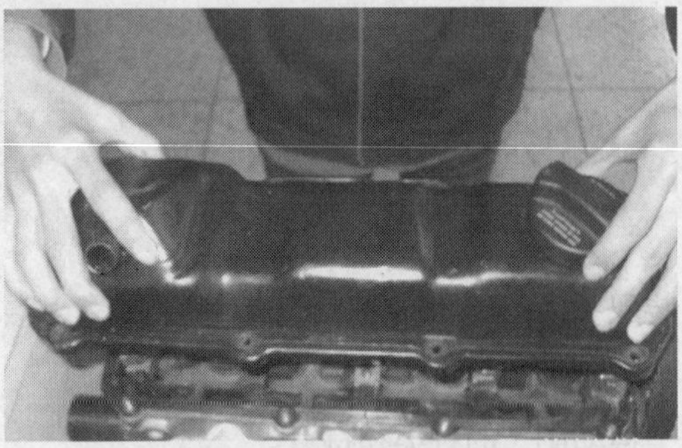

图3-3-3 取下气门室盖

图3-3-4 取下气门室盖密封垫

（4）用扳手旋转曲轴两周。如图 3-3-6 所示，观察凸轮轴每旋转一周，百分表指针的摆动情况，分别表示凸轮在不同位置时气门的上升和下降情况。

图3-3-5 固定百分表

图3-3-6 扳手旋转曲轴

（5）测量凸轮轮廓曲线的变动量。可以近似测量气门的移动距离，即凸轮机构从动件的移动距离。通过旋转凸轮轴，读取不同位置时百分表的读数，从而反应出凸轮转角与凸轮机构从动杆件移动量的关系。

（6）拆卸完毕，清洁、归还工具和实习器材。

基本活动

1. 顶置凸轮式配气机构气门传动组的组成

顶置凸轮式配气机构气门传动组一般由曲轴正时齿形带轮、正时齿形带、正时齿形带张紧轮、凸轮轴正时齿形带轮、凸轮轴、液压挺柱等组成，如图 3-3-7 所示。

2. 顶置凸轮式配气机构气门传动组工作过程演示

（1）通过对解剖台架发动机的运转过程演示，观察顶置凸轮式配气机构气门传动组各构件间的相互运动关系。

（2）观察顶置凸轮式配气机构气门传动组的工作过程。

（3）通过对顶置凸轮式配气机构气门传动组传动过程的演示观察，了解盘式凸轮机构中从动杆件的运动过程。

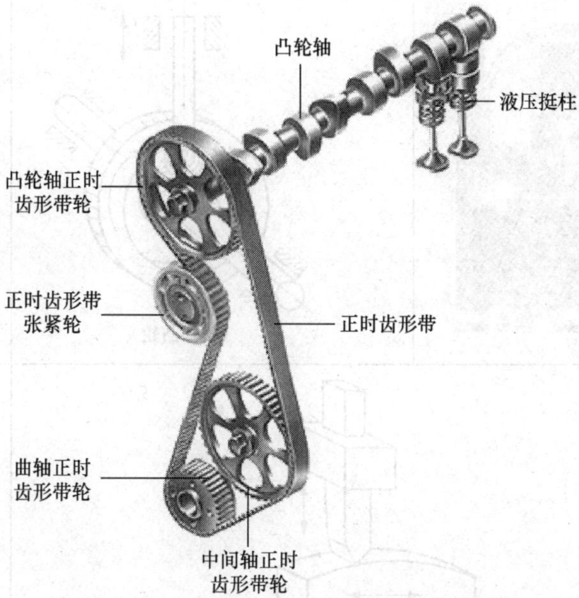

图3-3-7　顶置凸轮式配气机构气门传动组

相关知识链接

一、凸轮机构的组成和特点

1. 凸轮机构的组成

凸轮机构是利用凸轮的轮廓曲线或凹槽轮廓与其接触的推杆，达到预定运动规律的一种机构。凸轮机构主要由凸轮、从动件、机架 3 个主要构件组成。凸轮为主动件，做定轴等速转动，从动件随凸轮轮廓的变化而做不同的运动规律的往复运动或摆动，如凸轮推动气门做上下运动，实现气门的关闭与开启，就是凸轮机构的典型应用实例之一。

2. 凸轮机构的特点

从凸轮机构的运动规律可知，只要有合适的凸轮轮廓曲线，就能使推杆实现各种预期的运动规律，且机构简单紧凑；凸轮轮廓曲线与推杆之间是点接触，易磨损，一般应用在受力不大的运动机构中。

二、凸轮机构的分类与应用

凸轮机构的类型很多，一般按凸轮的形状和从动件的形式进行分类。

1. 按凸轮形状分

常用凸轮机构的凸轮形状与特点如表 3-3-1 所示。

表 3-3-1　　　　常用凸轮机构的凸轮形状与特点

名称	图例		特点
	应用	简图	
盘形凸轮	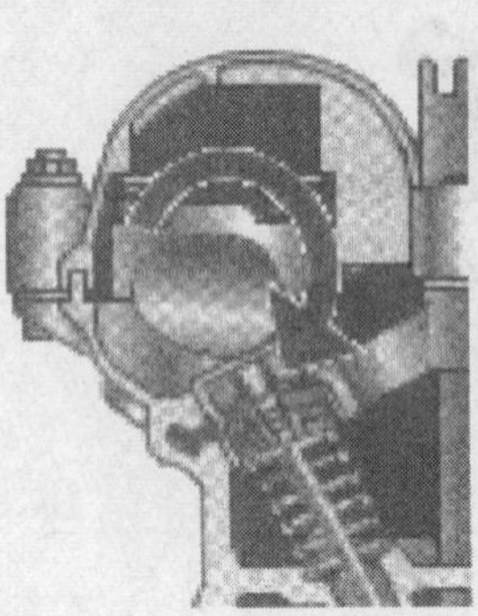	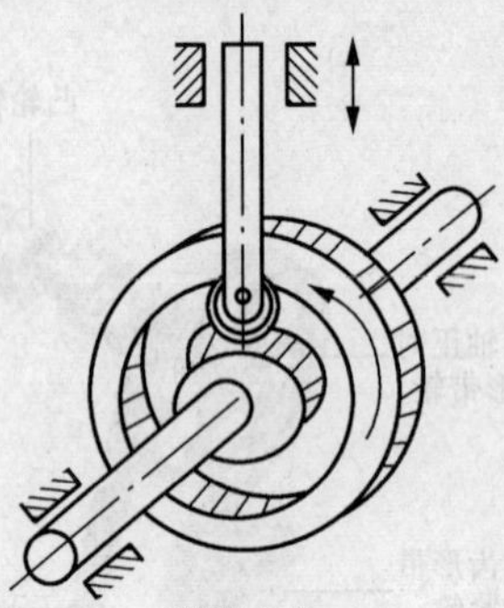 （槽形凸轮）	盘形凸轮分为普通盘形凸轮和槽形凸轮两类，具有结构简单、应用广泛的特点，适用于推杆行程较短的传动机构
移动凸轮	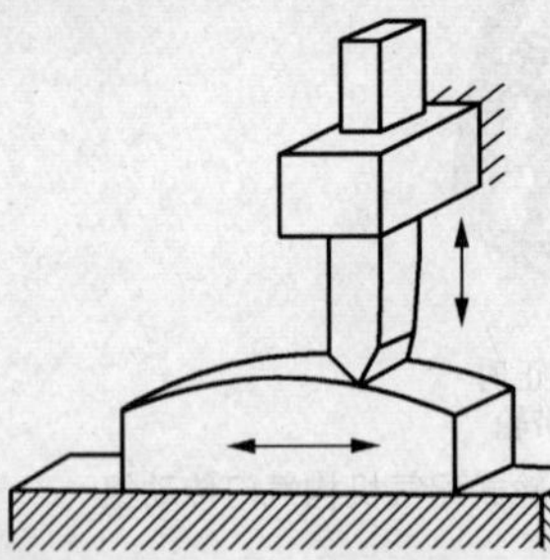		移动凸轮一般做往复直线运动，推杆也在同一平面内做往复运动
圆柱凸轮	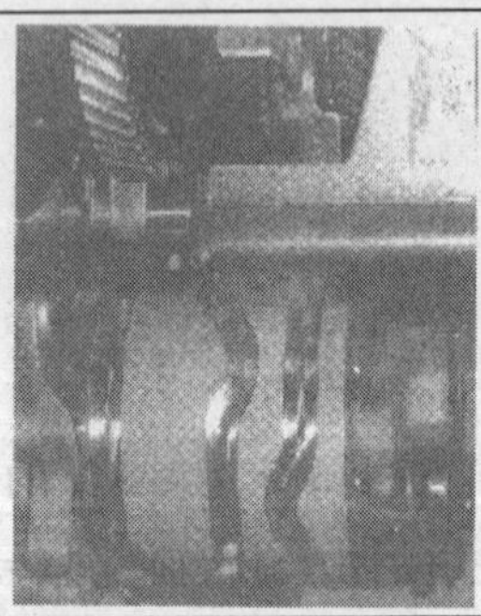	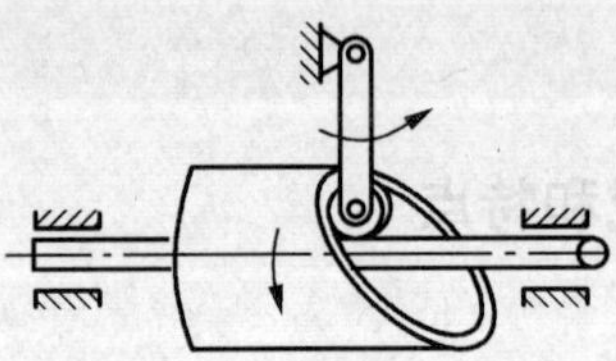 （端面凸轮）	圆柱凸轮分为普通圆柱凸轮和端面凸轮两类，可用在推杆行程较长的传动机构中，如进给装置

2. 按从动件形式分

常用凸轮机构从动件形式与特点如表 3-3-2 所示。

表 3-3-2　　　　常用凸轮机构从动件形式与特点

名称	简图		特点
	移动从动件	摆动从动件	
尖顶式从动件			结构简单，但易于磨损，只能应用在受力小、低速的机构

续表

名称	简图		特点
	移动从动件	摆动从动件	
平底式从动件	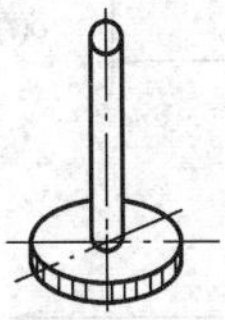	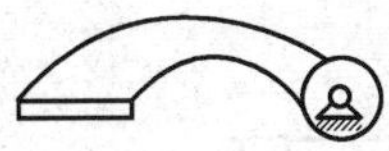	凸轮的作用力始终垂直于推杆的底面，受力平稳，凸轮与推杆间易形成油膜，润滑较好，适用于高速运动的机构
弧底式从动件	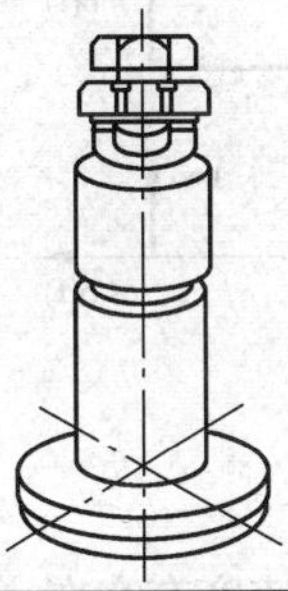	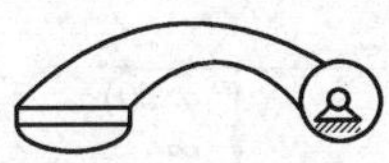	在运动过程中，从动件既有往复运动，同时又有旋转运动，磨损均匀，使用寿命长
滚子式从动件	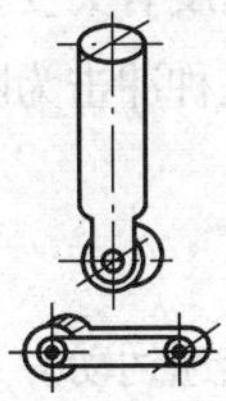	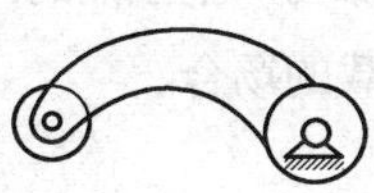	滚子与凸轮轮廓接触，变滑动摩擦为滚动摩擦，磨损小、应用广泛，适用于传递较大动力的运动机构

三、凸轮机构的基本参数

1. 凸轮的基圆与从动件的行程

在图 3-3-8 所示的凸轮机构中，以凸轮的转动中心 O 为圆心、以凸轮的最小半径 r_0 为半径所作的圆称为基圆，r_0 称为凸轮的基圆半径。

当凸轮以等角速度 ω 逆时针转动时，从动件在凸轮轮廓曲线的推动下，从最低位置被推到最高位置。从动件运动的最大升距称为行程，用 h 表示。凸轮转过的角度称为转角，用 φ 表示。

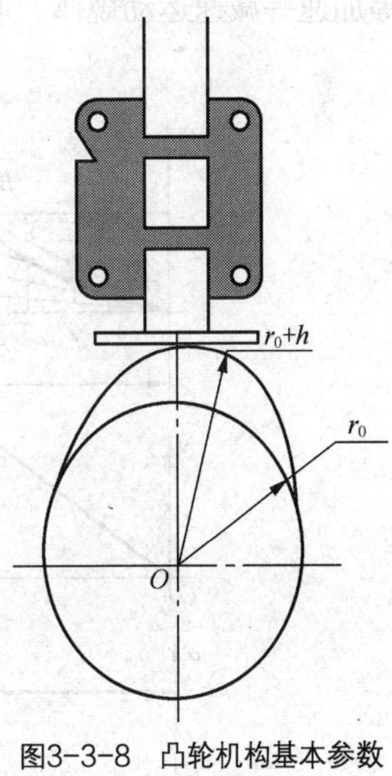

图3-3-8　凸轮机构基本参数

2. 凸轮机构的转角位移曲线

将凸轮转角 φ 与从动件位移 s 的关系用曲线表示，此曲线称为从动件的位移曲线。从动件位移 s 是随凸轮转角 φ 和时间 t 的变化而变化的。因此，凸轮以等角速度 ω 转动时，从动件的位移 s 速度 v 和加速度 a 的变化规律，都由凸轮的轮廓决定。

四、凸轮机构从动件常用运动规律

常用的从动件运动规律有等速运动规律、等加速等减速运动规律。

1. 等速运动规律

从动件推程或回程的运动速度为常数的运动规律，称为等速运动规律，其运动线图如图 3-3-9 所示。

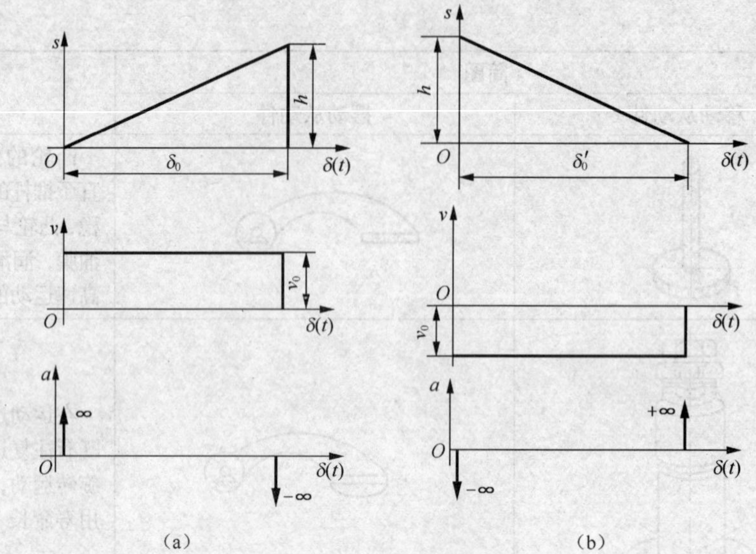

图3-3-9　等速运动规律

由图 3-3-9 可知，从动件在推程（或回程）开始和终止的瞬间，速度有突变，其加速度和惯性力在理论上为无穷大，致使凸轮机构产生强烈的冲击、噪声和磨损，这种冲击为刚性冲击。因此，等速运动规律只适用于低速、轻载的场合。

2．等加速等减速运动规律

从动件在一个行程 h 中，前半行程作等加速运动，后半行程作等减速运动，这种运动规律称为等加速等减速运动规律。通常加速度和减速度的绝对值相等，其运动线图如图 3-3-10 所示。

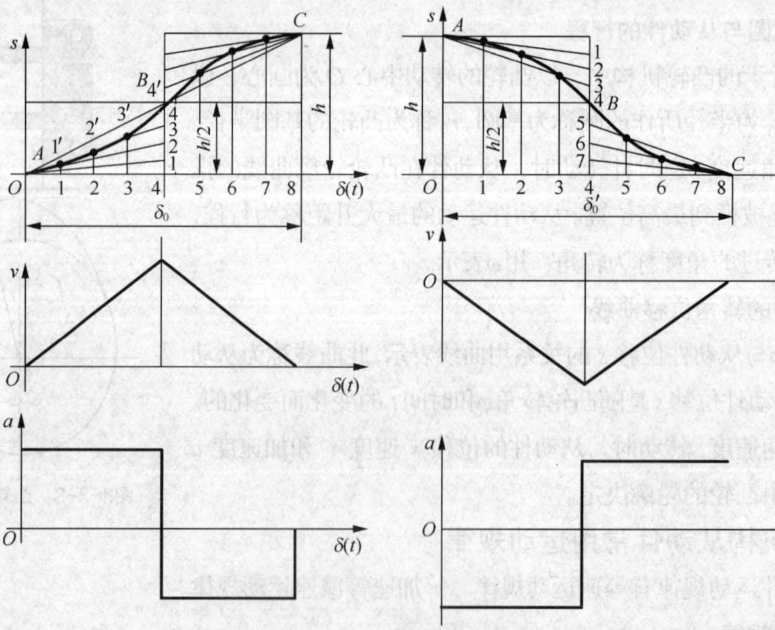

图3-3-10　等加速等减速运动规律

由运动线图可知，这种运动规律的加速度在 A、B、C 3 处存在有限的突变，因而会在机构中产生有限的冲击，这种冲击称为柔性冲击。与等速运动规律相比，其冲击程度大为减小。因此，等加速等减速运动规律适用于中速、中载的场合。

拓展训练

通过对顶置凸轮式配气机构的拆卸实践，我们了解了凸轮机构的作用和组成，感兴趣的同学可以通过拆卸配气机构的气门组，进一步观察配气机构的工作过程和顶置凸轮式配气机构各构件之间的相互连接关系，并完成装配工作。

注意

安装凸轮轴时活塞应处于中间位置，以免将气门顶弯，如图 3-3-11 所示。

图3-3-11 活塞处于中间位置

任务归纳

（1）通过拆装顶置凸轮式配气机构，了解凸轮机构的组成、分类及应用。

（2）通过拆装顶置凸轮式配气机构，了解凸轮机构各构件间的相互关系。

（3）观察顶置凸轮式配气机构的工作过程演示，了解凸轮轮廓曲线对凸轮机构从动件运动的影响。

思考与练习

（1）顶置凸轮式配气机构的基本组成包括哪些？它们有何装配关系？

（2）凸轮机构如何分类，其特点及应用如何？

（3）凸轮机构的基本参数有哪些，相互有何关系？

（4）凸轮机构从动件常用运动规律是什么？

任务测评表

班级		姓名		日期		自评	互评	备注
(1)知道凸轮机构的基本参数：凸轮的基圆、凸轮机构从动件的行程和凸轮机构的转角位移曲线的定义吗？								
(2)知道凸轮机构的分类、特点以及应用吗？								
(3)知道什么是连接？各种连接相互之间有什么联系和区别吗？								
(4)知道凸轮机构从动件常用运动规律有哪几种吗？等速运动规律和等加速运动规律有什么特点吗？								
(5)了解顶置凸轮式配气机构的基本组成和装配关系吗？								
(6)掌握顶置凸轮式配气机构的拆装技能了吗？能独立完成拆装吗？								
(7)在拆装顶置凸轮式配气机构任务中，按照操作规程做到安全文明操作了吗？								
个人总结：								
总体评价						教师签名		

任务4 齿轮传动装置的拆装

任务描述

齿轮传动在日常生活中随处可见，在汽车上的应用也非常广泛，汽车的传动机构更是齿轮机构应用的典型，一旦齿轮失效，将直接影响齿轮传动机构的正常工作。本任务通过对汽车手动变速器的拆装和齿轮传动过程的观察，了解渐开线齿轮传动的相关知识，掌握手动变速器的工作原理和传动比的计算方法。

任务要求

（1）了解渐开线齿轮齿廓的形成、齿轮的基本结构及其特点。

（2）了解渐开线齿轮的主要参数，能进行齿轮几何尺寸计算。

（3）了解渐开线齿轮正确啮合条件，会进行传动比计算。

（4）掌握齿轮在机械制图中的表达方法。

（5）近一步了解齿轮传动机构在汽车上的应用。

技能训练

1. 所需器材

桑塔纳轿车四挡手动变速器拆装台架，组合工具、T 形扳手、手锤、铜棒、三抓拉器、扭力扳手、专用工具等，如图 3-4-1 所示。

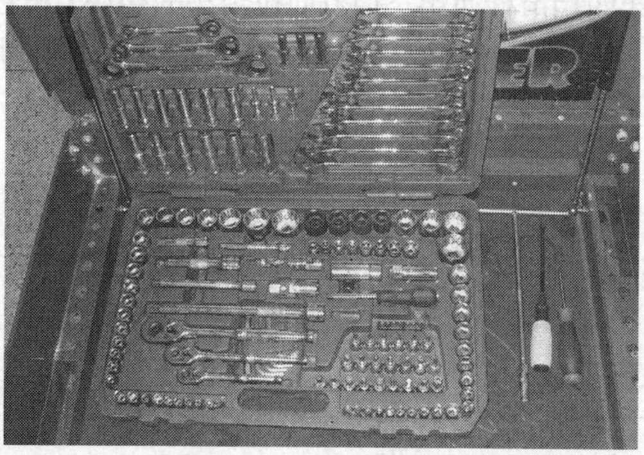

图3-4-1 变速器拆装工具

2. 操作步骤

（1）把变速器装在台架上，放出变速器机油，将变速器后盖拆下，取出调整垫片和密封圈，如图 3-4-2～图 3-4-5 所示。

图3-4-2 变速器装在台架上

图3-4-3 拆下变速器后盖

图3-4-4 取出调整垫片

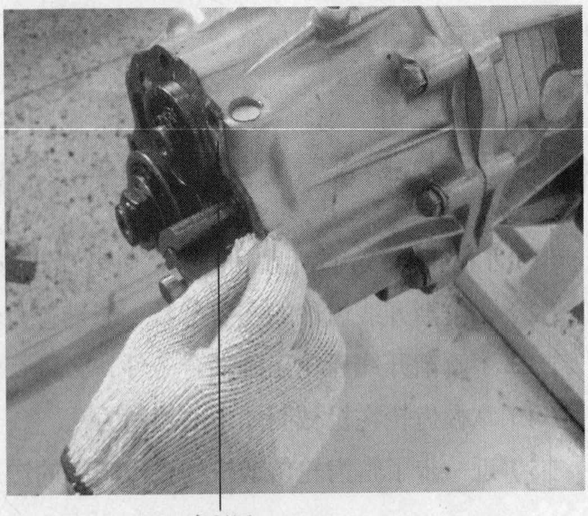

图3-4-5 取出密封圈

（2）拆下后盖的变速器如图 3-4-6 所示，第一挡、第二挡变速滑杆向外拉出，变速器进入一挡，向内推进时变速器进入二挡。第三挡、第四挡变速滑杆向外拉出，变速器进入三挡，向内推进时变速器进入四挡。倒挡变速滑杆向外拉出时变速器进入倒挡。

（3）小心地将第三挡、第四挡滑杆向第三挡方向拉至小的挡块（白色箭头）取出（见图 3-4-7），将换挡杆重新推至空挡位置。（小的挡块起互锁作用，当变速器进入挡位后未退出之前不能进入另一个挡位，取出后可以同时将变速器挂入两个挡位。）

> **小贴士** 换挡滑杆不能拉出太远，否则同步器内的挡块会弹出来，换挡滑杆不能回到空挡位置。

（4）使倒车挡和第一挡齿轮啮合，锁住轴及旋下主动齿轮螺母，如图 3-4-8 所示。

图3-4-6 变速器变速滑杆

图3-4-7 取出挡块

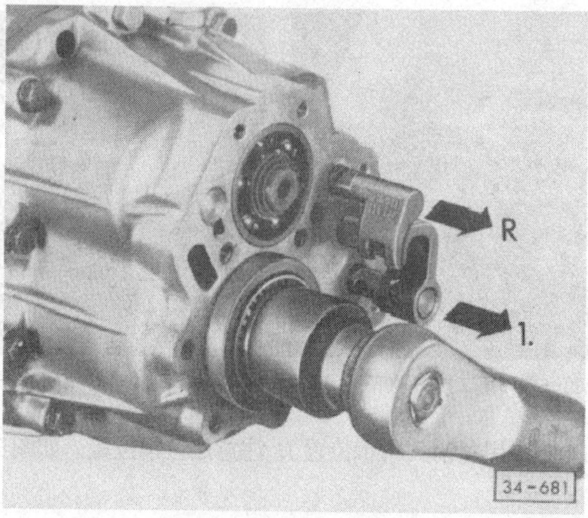

图3-4-8　旋下主动齿轮螺母

（5）旋松连接螺栓，取出变速器，如图 3-4-9 和图 3-4-10 所示。

图3-4-9　旋松联接螺栓

图3-4-10 取出变速器

（6）使用一个冲头将第三挡和第四挡拨叉的弹性销压出，注意保护第三挡和第四挡变速滑杆，取出第三挡和第四挡拨叉，取出第三挡和第四挡变速滑杆，如图 3-4-11 和图 3-4-12 所示。

图3-4-11　取出第三挡和第四挡拨叉

图3-4-12 取出第三挡和第四挡变速滑杆

（7）压出第一挡和第二挡夹紧爪弹性销，取下第一挡和第二挡夹紧爪，如图 3-4-13 和图 3-4-14 所示。

图3-4-13 压出第一挡和第二挡夹紧爪

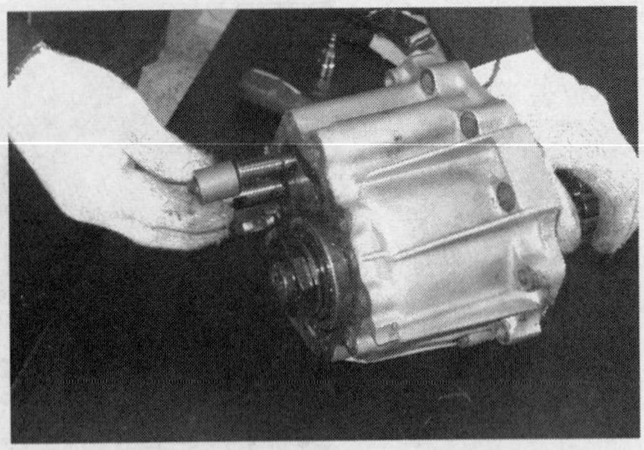

图3-4-14 取下第一挡和第二挡夹紧爪

（8）压出倒挡齿轮轴（图中黑色箭头所示位置），注意定位销位置，如图 3-4-15 和图 3-4-16 所示。

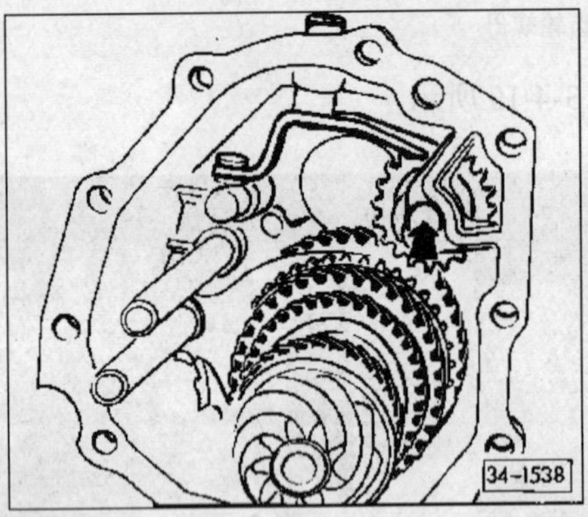

图3-4-15 压出倒挡齿轮轴

图3-4-16 注意定位销位置

（9）取下输入轴的挡圈和垫片，取出输入轴，如图 3-4-17 和图 3-4-18 所示。

图3-4-17 取下输入轴挡圈和垫片

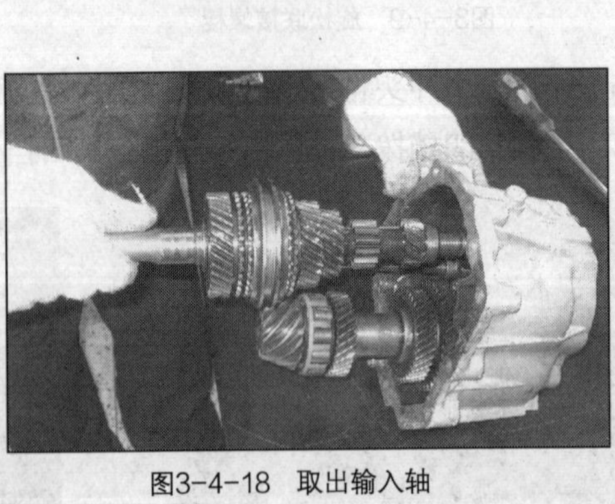

图3-4-18 取出输入轴

（10）取出倒挡齿轮，压出输出轴，将输出轴与第一挡和第二挡变速滑杆、拨叉一同取出，如图 3-4-19 和图 3-4-20 所示。

（11）变速器的输入与输出轴各齿轮传动关系如图 3-4-21 所示。第一挡和第二挡拨叉左移时，变速器进入一挡；第一挡和第二挡拨叉右移时，变速器进入二挡；第三挡和第四挡拨叉左移时，变速器进入三挡；第三挡和第四挡拨叉左移时，变速器进入四挡。

图3-4-19　取出倒挡齿轮

图3-4-20　取出输出轴与变速滑杆

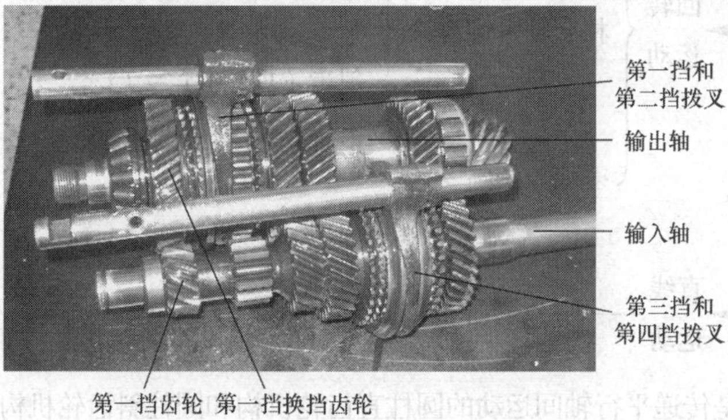

图3-4-21　变速器的输入与输出轴各齿轮传动关系

输入轴与输出轴上各零件的拆装不作要求。

相关知识链接

一、齿轮传动的特点和分类

齿轮副是两个齿轮相互啮合所组成的基本机构，齿轮传动是利用齿轮副来传递运动和动力的一种机械传动。

1. 齿轮传动的特点

（1）能保证瞬时传动比恒定，传动平稳性好，传递运动准确可靠。

（2）传递功率和速度范围大。

（3）传动效率高。

（4）结构紧凑，工作可靠，寿命长。

（5）制造和安装精度要求高，工作时有噪声。

（6）不能实现无级变速。

（7）不适宜中心距较大的传动场合。

2. 齿轮传动机构的分类

齿轮机构用于传递两轴之间的运动和动力，是应用最广的传动机构。它是通过轮齿的啮合来实现传动要求的，因此同摩擦轮、皮带轮等机械传动相比较，其显著特点是：传动比稳定、工作可靠、效率高、寿命较长，适用的直径、圆周速度和功率范围广。

根据齿轮机构所传递运动两轴线的相对位置、运动形式及齿轮的几何形状，齿轮机构分以下几种基本类型（见图 3-4-22）：

- 齿轮传动
  - 回转运动 → 回转运动
    - 平行轴
      - 转向相反—外啮合圆柱齿轮
        - 直齿（见图3-4-22（a））
        - 斜齿（见图3-4-22（b））
        - 人字齿（见图3-4-22（c））
      - 转向相同—内啮合圆柱齿轮（见图3-4-22（d））
    - 相交轴—锥齿轮
      - 直齿（见图3-4-22（e））
      - 斜齿（见图3-4-22（f））
    - 空间交错轴
      - 螺旋齿轮（见图3-4-22（g））
      - 蜗轮蜗杆（见图3-4-22（h））
  - 回转运动 → 直线运动——齿轮齿条（见图3-4-22（i））

其中，最基本的形式是传递平行轴间运动的圆柱直齿轮机构和圆柱斜齿轮机构。

按齿轮齿廓曲线不同，又可分为渐开线齿轮、摆线齿轮和圆弧齿轮等，其中渐开线齿轮应用最广。

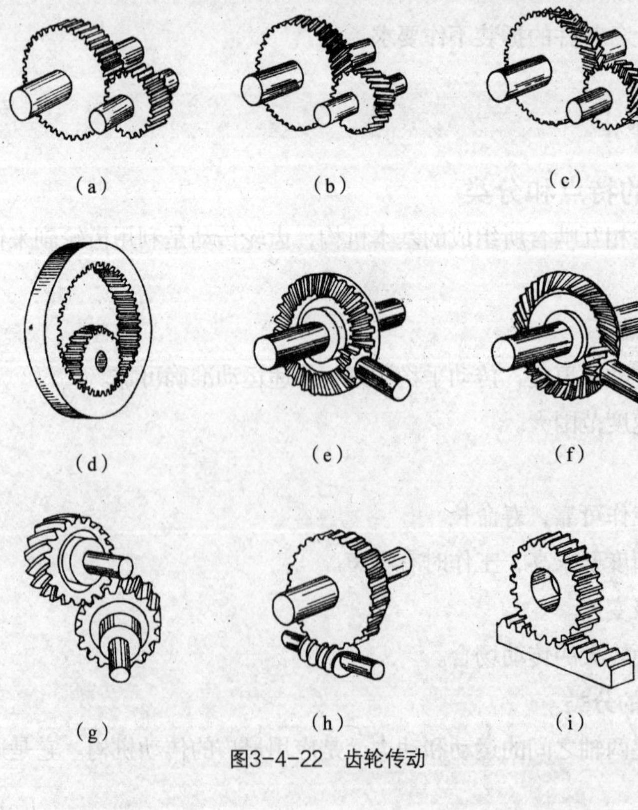

图3-4-22 齿轮传动

小贴士

齿廓的形状有多种，最常见的是渐开线齿廓。

渐开线齿廓是如何形成的呢？

如图 3-4-23 所示，一条直线（称为发生线）沿着半径为 r_b 的圆周（称为基圆）作纯滚动时，直线上任意点 K 的轨迹称为该圆的渐开线。由渐开线的形成过程可知它具有以下特性。

（1）相应的发生线和基圆上滚过的长度相等，即

$$\overset{\frown}{NA}=\overline{NK}$$

（2）渐开线上任意一点的法线必切于基圆。

（3）渐开线上各点压力角不等，离圆心越远处的压力角越大。基圆上压力角为零。渐开线上任意点 K 处的压力角是力的作用方向（法线方向）与运动速度方向（垂直向径方向）的夹角 α_K（见图 3-4-23），由几何关系可推出：

$$\alpha_K=\cos^{-1}\frac{r_b}{r_K} \tag{3-4-1}$$

式中，r_b 为基圆半径，r_K 为 K 点向径。

（4）渐开线的形状取决于基圆半径的大小。基圆半径越大，渐开线越趋平直。

二、直齿圆柱齿轮几何要素的名称代号和基本参数

1. 齿轮各部分的名称

（1）直齿圆柱齿轮几何要素的名称代号，如图 3-4-24 所示。

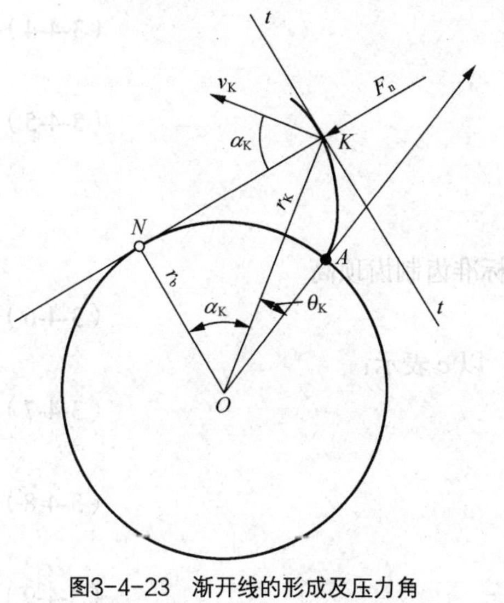

图3-4-23　渐开线的形成及压力角

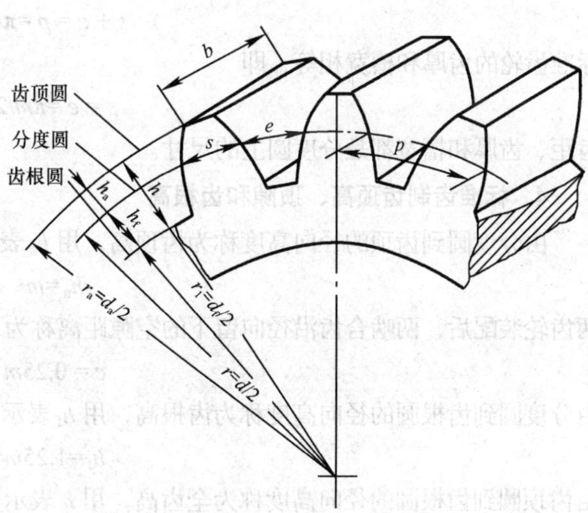

图3-4-24　直齿圆柱齿轮几何要素

（2）端平面：圆柱齿轮上垂直于齿轮轴线的表面。

（3）齿顶圆：圆柱齿轮上通过齿顶的圆，其直径用 d_a 表示。

（4）齿根圆：圆柱齿轮上通过齿根的圆，其直径用 d_f 表示。

（5）分度圆：圆柱齿轮上，在齿顶圆和齿根圆之间，且齿厚 s 和槽宽 e 的弧长相等的圆，其直径用 d 表示。

（6）其余名称和参数分别为齿宽 b、齿距 p、齿厚 s、槽宽 e、齿顶高 h_a、齿根高 h_f、全齿高 h 等。

2. 齿数模数和压力角

齿数 z：一个齿轮的轮齿总数称为齿数。

分度圆是齿轮尺寸基准的圆。相邻两齿同侧齿廓间的分度圆弧长称为齿距，以 p 表示，$p=\pi d/z$，z 为齿数。齿距 p 与 π 的比值 p/π 称为模数，以 m 表示。模数是齿轮的基本参数，其国家标准如表 3-4-1 所示。

表 3-4-1　　渐开线圆柱齿轮模数摘录表（GB/T 1357—2008）

第一系列	1	1.25	1.5	2	2.5	3	4	5	6	8
	10	12	16	20	25	32	40	50		
第二系列	1.75	2.25	2.75	3.25	3.5	3.75	4.5	5.5	6.5	7
	9	11	14	18	22	28	36	45		

由此可知：

齿距 $$p = m\pi \tag{3-4-2}$$

分度圆直径 $$d = mz \tag{3-4-3}$$

渐开线齿廓上与分度圆交点处的压力角 α 称为分度圆压力角，简称压力角，国家规定标准压力角 $\alpha=20°$。

上式说明渐开线齿廓形状决定于模数、齿数和压力角 3 个基本参数。

3. 齿距、齿厚和槽宽

齿距 p 分为齿厚 s 和槽宽 e 两部分（见图 3-4-24），即

$$s + e = p = \pi m \tag{3-4-4}$$

标准齿轮的齿厚和槽宽相等，即

$$s = e = \pi m/2 \tag{3-4-5}$$

齿距、齿厚和槽宽都是分度圆上的尺寸。

4. 标准齿制齿顶高、顶隙和齿根高

由分度圆到齿顶的径向高度称为齿顶高，用 h_a 表示。标准齿制齿顶高

$$h_a=m \tag{3-4-6}$$

两齿轮装配后，两啮合齿沿径向留下的空隙距离称为顶隙，以 c 表示：

$$c = 0.25m \tag{3-4-7}$$

由分度圆到齿根圆的径向高度称为齿根高，用 h_f 表示：

$$h_f=1.25m \tag{3-4-8}$$

由齿顶圆到齿根圆的径向高度称为全齿高，用 h 表示：

$$h= h_a+ h_f =2.25m \tag{3-4-9}$$

齿顶高、齿根高、全齿高及顶隙都是齿轮的径向尺寸。

当齿轮的直径为无穷大时即得到齿条（见图 3-4-25），各圆演变为相互平行的直线，渐开线齿廓演变为直线，同侧齿廓相互平行。因此，齿条的特点是：所有平行直线上的齿距 p、压力角 α 相同，

都是标准值。齿条的齿形角等于压力角。齿条各平行线上的齿厚、槽宽一般都不相等，标准齿条分度线上齿厚和槽宽相等，该分度线又称为中线。

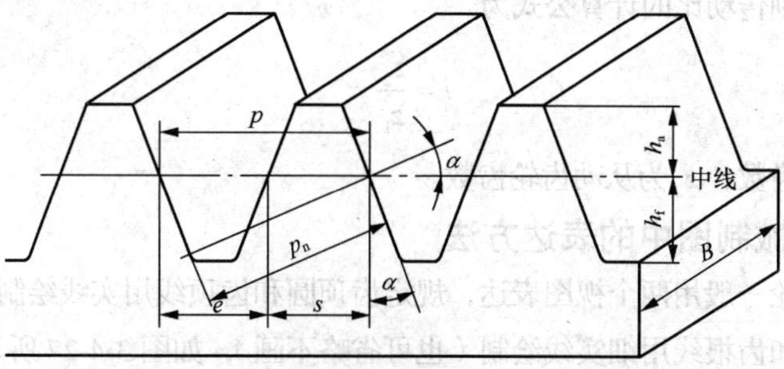

图3-4-25　齿条

表3-4-2所示为渐开线标准直齿圆柱齿轮几何尺寸计算的常用公式。

表 3-4-2　　渐开线标准直齿圆柱齿轮（外啮合）几何尺寸计算公式

名称	符号	计算公式
齿距	p	$p=m\pi$
齿厚	s	$s=\pi m/2$
槽宽	e	$e=\pi m/2$
齿顶高	h_a	$h_a=m$
齿根高	h_f	$h_f=1.25m$
全齿高	h	$h=h_a+h_f=2.25m$
分度圆直径	d	$d=mz$
齿顶圆直径	d_a	$d_a=d+2h_a=m(z+2)$
齿根圆直径	d_f	$d_f=d-2h_f=m(z-2.5)$
中心距	a	$a=m(z_1+z_2)/2$

小贴士

（1）不同模数的轮齿大小比较，如图3-4-26所示。

（2）我国已规定了标准系列模数，如表3-4-1所示。

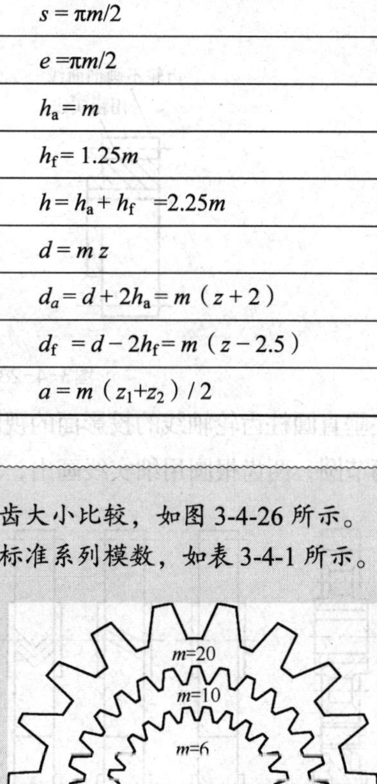

图3-4-26　不同模数的齿轮大小比较

三、齿轮正确啮合传动的条件

（1）齿轮正确啮合传动的条件是两齿轮的模数和压力角分别相等，即

$$m_1 = m_2 = m$$
$$\alpha_1 = \alpha_2 = \alpha \qquad (3\text{-}4\text{-}10)$$

（2）渐开线齿轮副传动比的计算公式为

$$i = \frac{z_2}{z_1} \qquad (3\text{-}4\text{-}11)$$

式中，z_1为主动齿轮齿数，z_2为从动齿轮齿数。

四、齿轮在机械制图中的表达方法

（1）单个圆柱齿轮一般用两个视图表达，规定齿顶圆和齿顶线用实线绘制，分度圆和分度线用点画线绘制，齿根圆和齿根线用细实线绘制（也可省略不画），如图 3-4-27 所示。

（2）在剖视图中，当剖切平面通过齿轮的轴线时，轮齿部分一律按不剖处理，此时齿根线则用粗实线绘制，齿轮其他部分仍按照实际形状投影绘制，如图 3-4-28 所示。

（3）两啮合圆柱齿轮一般用两个视图，采用剖视图的形式绘制，如图 3-4-29（b）所示。

（4）两啮合斜齿或人字齿圆柱齿轮，需要表示斜齿或人字齿的齿线时按不剖处理，可用 3 条与齿线方向一致的细实线表示其形状，如图 3-4-39（c）所示。

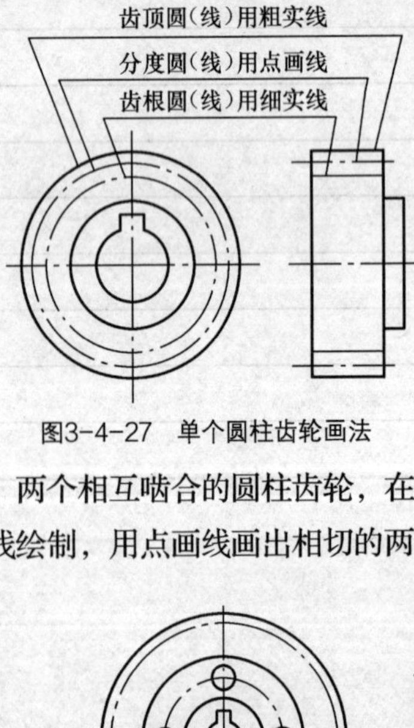

图3-4-27 单个圆柱齿轮画法

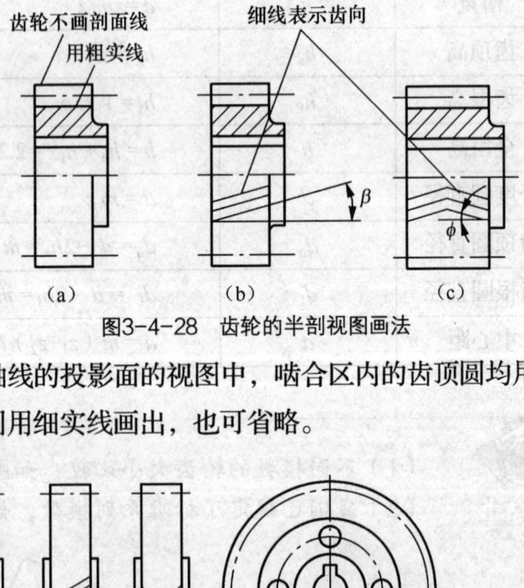

图3-4-28 齿轮的半剖视图画法

两个相互啮合的圆柱齿轮，在垂直圆柱齿轮轴线的投影面的视图中，啮合区内的齿顶圆均用粗实线绘制，用点画线画出相切的两节圆，两齿根圆用细实线画出，也可省略。

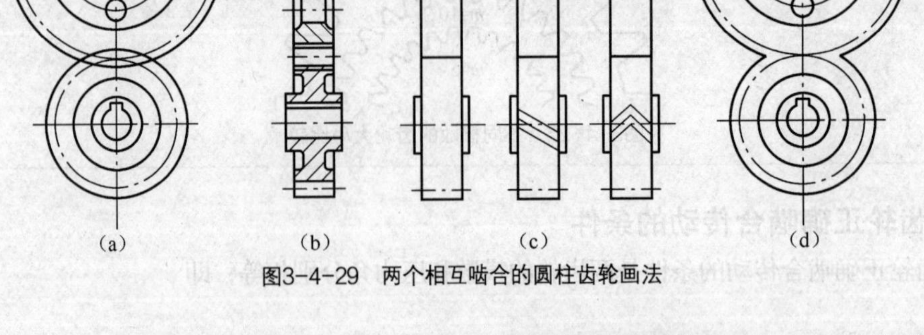

图3-4-29 两个相互啮合的圆柱齿轮画法

拓展训练

（1）实地测量正时齿轮的齿数，并计算正时齿轮的传动比。

（2）让学生在汽车中找出用多个齿轮组成的齿轮传动机构，如齿轮式有级变速器。

（3）让学生在汽车中找出另外一些常用的齿轮传动机构，如主传动器。

项目归纳

（1）通过拆解手动变速器，了解渐开线齿轮的基本结构及齿廓的形成。

（2）通过拆解手动变速器，了解齿轮的主要参数、正确啮合条件，掌握传动比的计算方法。

思考与练习

（1）如何形成渐开线齿轮齿廓？齿轮的基本结构由哪几部分组成？

（2）如何计算齿轮几何尺寸？

（3）渐开线齿轮正确啮合的基本条件有哪些？如何计算传动比？

（4）常见的齿轮传动机构有哪几种类型？齿轮传动有什么特点？

任务测评表

<table>
<tr><td>班级</td><td></td><td>姓名</td><td></td><td>日期</td><td></td><td>自评</td><td>互评</td><td>备注</td></tr>
<tr><td colspan="6">（1）知道什么是渐开线齿轮吗？渐开线齿轮的轮廓是如何形成的？</td><td></td><td></td><td></td></tr>
<tr><td colspan="6">（2）知道齿轮传动机构有哪几种类型，各有什么特点吗？</td><td></td><td></td><td></td></tr>
<tr><td colspan="6">（3）知道渐开线齿轮的主要参数有哪些吗？知道怎样进行齿轮参数尺寸计算吗？</td><td></td><td></td><td></td></tr>
<tr><td colspan="6">（4）知道渐开线齿轮正确啮合的基本条件吗？</td><td></td><td></td><td></td></tr>
<tr><td colspan="6">（5）能进行渐开线齿轮机构的传动比计算吗？</td><td></td><td></td><td></td></tr>
<tr><td colspan="6">（6）了解正时齿轮机构的基本组成和装配关系吗？</td><td></td><td></td><td></td></tr>
<tr><td colspan="6">（7）掌握手动变速器的拆解技能了吗？能独立完成拆装吗？</td><td></td><td></td><td></td></tr>
<tr><td colspan="6">（8）在拆解手动变速器的任务中，按照操作规程做到安全文明操作了吗？</td><td></td><td></td><td></td></tr>
<tr><td colspan="9">个人总结：</td></tr>
<tr><td colspan="6">总体评价</td><td>教师签名</td><td colspan="2"></td></tr>
</table>

任务5 手动变速器动力传递路线

任务描述

机械有级变速器是汽车传动系统中的一个重要机构，变速器是齿轮副的典型应用，本任务通过对机械有级变速器动力传递路线分析，了解定轴轮系的相关知识。

任务要求

（1）观察机械有级变速器的基本组成、作用和类型。

（2）观察机械有级变速器各构件之间的相互装配关系。

（3）观察机械有级变速器的工作过程演示，了解动力传递路线和各挡传动比的计算。

（4）通过机械有级变速器进一步了解变速换挡过程。

（5）了解渐开线齿轮的啮合特性和失效形式。

基本活动

分析桑塔纳四挡手动变速器各挡位动力传递路线。

桑塔纳四挡手动变速器输入轴与输出轴上各零件啮合关系如图 3-5-1 所示。

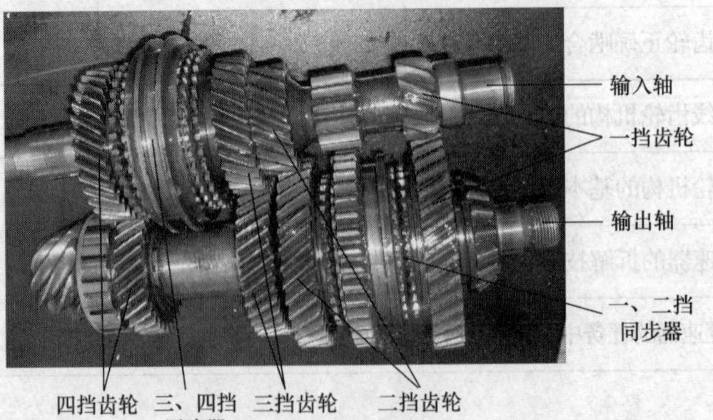

图3-5-1 四挡手动变速器

其运动结构简图如图 3-5-2 所示。

（1）空挡：各同步器处于中间位置（即图 3-5-2 所示位置），输入轴旋转带动三、四挡同步器和二挡齿轮、一挡齿轮旋转。由于一、二挡同步器没有结合，输入轴一挡齿轮带动输出轴一挡齿轮空转，输入轴二挡齿轮带动输出轴二挡齿轮空转，三、四挡同步器没有带动三挡齿轮和四挡齿轮旋转，输出轴没有被带转动，变速器处于空挡。

（2）一挡：一、二挡同步器右移，动力传递如下。

输入轴→输入轴一挡齿轮→输出轴一挡齿轮→一、二挡同步器→输出轴

传动比=从动轮齿数/主动轮齿数=输出轴一挡齿轮齿数/输入轴一挡齿轮齿数

（3）二挡：一、二挡同步器左移，动力传递如下。

输入轴→输入轴二挡齿轮→输出轴二挡齿轮→一、二挡同步器→输出轴。

传动比=从动轮齿数/主动轮齿数=输出轴二挡齿轮齿数/输入轴二挡齿轮齿数

（4）三挡：三、四挡同步器右移，动力传递如下。

输入轴→三、四挡同步器→输入轴三挡齿轮→输出轴三挡齿轮→输出轴。

传动比=从动轮齿数/主动轮齿数=输出轴三挡齿轮齿数/输入轴三挡齿轮齿数

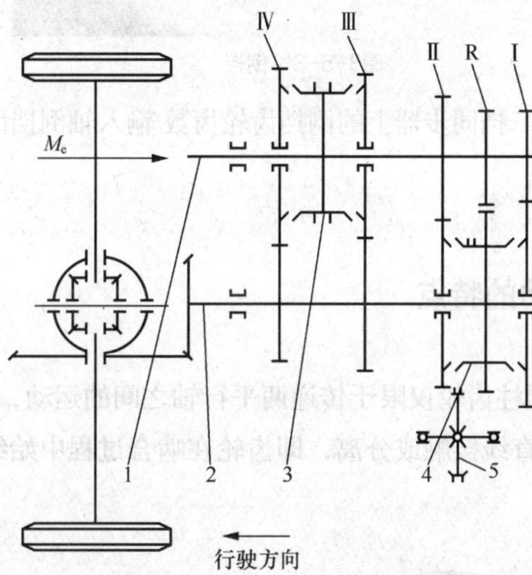

图3-5-2　桑塔纳2000轿车二轴式变速器传动机构的示意图

1—输入轴；2—输出轴；3—三、四挡同步器；4—一、二挡同步器；5—倒挡中间齿轮；
Ⅰ—一挡齿轮；Ⅱ—二挡齿轮；Ⅲ—三挡齿轮；Ⅳ—四挡齿轮；R—倒挡齿轮

（5）四挡：三、四挡同步器左移，动力传递如下。

输入轴→三、四挡同步器→输入轴四挡齿轮→输出轴四挡齿轮→输出轴。

传动比=从动轮齿数/主动轮齿数=输出轴四挡齿轮齿数/输入轴四挡齿轮齿数

（6）倒挡：倒挡拨叉带动倒挡中间齿轮移动，使倒挡中间齿轮分别与输入轴上的倒挡齿轮和一、二挡同步器上的倒挡齿轮啮合（输入轴上的倒挡齿轮与一、二挡同步器上的倒挡齿轮之间有一定间隙，没有直接啮合），如图 3-5-3 所示。

动力传递过程：输入轴→输入轴倒挡齿轮→倒挡中间齿轮→一、二挡同步器上的倒挡齿轮→一、

二挡同步器→输出轴。

图3-5-3 倒挡

传动比= 一、二挡同步器上的倒挡齿轮齿数/输入轴倒挡齿轮齿数

相关知识链接

一、各种齿轮啮合传动的特点

1. 齿轮啮合传动的特点

（1）直齿圆柱齿轮。直齿圆柱齿轮仅限于传递两平行轴之间的运动，如图 3-5-4 所示。齿面接触线总是沿平行于齿轮轴线的直线接触或分离，即齿轮在啮合过程中始终是沿整个齿宽同时接触或分离。

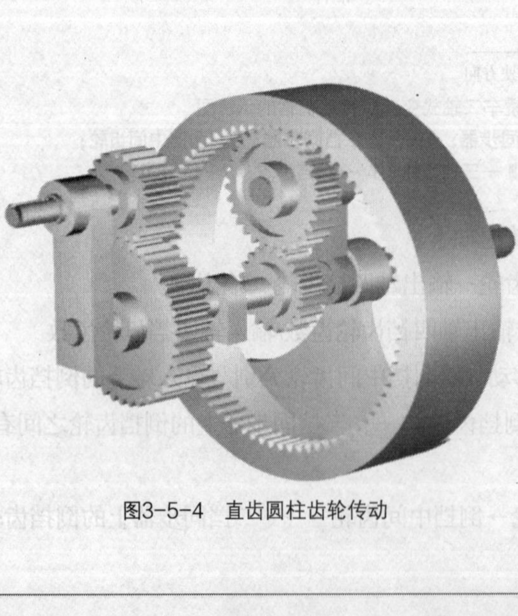

图3-5-4 直齿圆柱齿轮传动

图3-5-5 斜齿圆柱齿轮传动

（2）斜齿圆柱齿轮。斜齿圆柱齿轮虽然也仅限于传递两平行轴之间的运动（见图 3-5-5），但齿面接触线是从齿顶开始接触，到另一端齿根脱离为止，即齿轮在啮合过程中传递的载荷是由小到大，再由大到小，同时有多个轮齿处在接触过程中。斜齿圆柱齿轮具有以下特点：

① 传动平稳，冲击、噪声和振动小，适宜于高速传动场合；

② 同时啮合的齿数多，承载能力强，适宜于重载传动场合；

③ 使用寿命长。

（3）直齿圆锥齿轮。直齿圆锥齿轮适用于传递两相交轴间的回转运动，齿面接触线也是一条直线，如图 3-5-6 所示，工作时有一定的冲击和振动。

图3-5-6　直齿圆锥齿轮

2. 渐开线齿轮的啮合特性

（1）能保证瞬时传动比恒定，传动平稳性好，传递运动准确可靠。

（2）传递功率和速度范围大。

（3）传动效率高。

（4）结构紧凑，工作可靠，寿命长。

（5）制造和安装精度要求高，工作时有噪声。

（6）不能实现无级变速。

（7）不适宜中心距较大的传动场合。

二、齿轮的失效形式

1. 轮齿折断

轮齿折断一般发生在齿根部位，如图 3-5-7 所示。造成轮齿折断的原因有两种：一是多次重复的弯曲应力或应力集中造成的疲劳折断；二是短时过载或冲击载荷而造成的过载折断。两种折断均发生在轮齿受拉应力的一侧。

防止措施：模数和齿宽适当，保证轮齿强度；采用合适材料和热处理方法；增大过渡圆角，提高表面质量。

图3-5-7　轮齿折断

2. 齿面点蚀

由于齿面受交变的接触应力作用，应力经多次重复后，在节线附近靠近齿根部位的表面会出现若干小裂纹，封闭在裂纹中的润滑油，在压力作用下，产生楔挤作用而使裂纹扩大，最后导致齿面表层小片状剥落而形成麻点状凹坑，称为齿面疲劳点蚀，如图 3-5-8 所示。点蚀出现的结果，往往产生强烈的震动和噪声，导致齿轮失效。

防止措施：提高齿面硬度；降低齿面粗糙度；增大润滑油黏度；采用合理变位。

图3-5-8 齿面点蚀

3. 齿面磨损

外界的硬质杂质或金属屑末落入啮合的齿面间就可能产生磨料磨损或挤压磨损。另外，当表面粗糙的硬齿与较软的轮齿相啮合时，由于相对滑动，较软的齿表面易被划伤，从而也可能产生齿面磨料磨损，如图 3-5-9 所示。磨损后，正确的齿形遭到破坏，齿厚减薄，最后导致轮齿因强度不足而折断。

防止措施：改善润滑和密封条件，如在润滑油中加入减磨添加剂，保持润滑油的清洁，提高齿面硬度等，均能提高齿面的抗磨料磨损能力。

图3-5-9 齿面磨损

图3-5-10 齿面胶合

4. 齿面胶合

齿面胶合是比较严重的黏着磨损，如图 3-5-10 所示，通常发生在高速重载传动过程中。由于滑动速度高而产生的瞬时高温会破坏润滑油膜，造成齿面间的黏焊现象。黏焊处被撕脱后，轮齿表面沿滑动方向形成沟痕，这种胶合称为热胶合。在低速重载传动中，不易形成油膜，摩擦热虽不大，但也可能因重载而出现冷焊黏着，这种胶合称为冷胶合。热胶合是高速重载传动齿轮的主要失效形式。

防止措施：减小模数，降低齿高，提高齿面硬度，采用抗胶合能力强的润滑油等，均可减缓或防止齿面胶合。

5. 齿面塑性变形

当齿轮材料软而载荷及摩擦力又很大时，在啮合过程中，齿面表层材料会沿着摩擦力的方向产生塑性变形，从而破坏正确齿形，如图 3-5-11 所示。由于在主动轮齿面上所受的摩擦力是背离节线朝向齿顶、齿根两侧作用，因此在节线附近形成凹槽；从动轮则相反，由于摩擦力分别从齿顶、齿根朝向节线方向，因此在节线附近形成凸脊。这种失效常在低速重载、频繁启动和过载传动中出现。

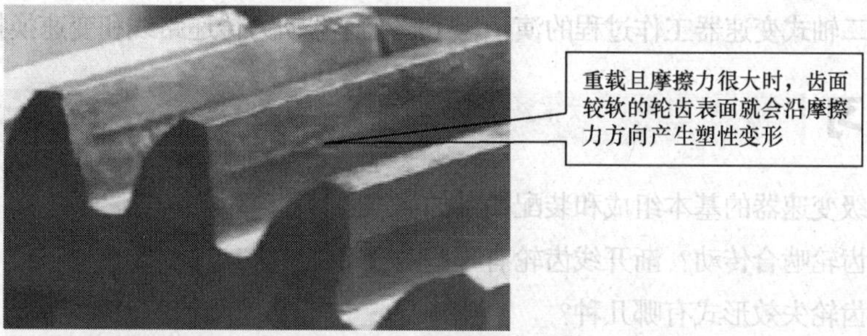

图3-5-11　齿面塑性变形

防止措施：适当提高齿面硬度和采用黏度较大的润滑油均可以减轻或防止齿面塑性变形。

三、变速器的作用与分类

改变不同齿数的齿轮啮合关系，从而达到变速器输出传动比的改变，能够实现输出扭矩的“变速变扭”，适应各种道路条件下的行驶和车速的控制。

1. 汽车变速器的作用

（1）改变传动比，扩大输出扭矩和转速的变化范围。

（2）在不改变发动机旋转方向的情况下，能改变汽车的行驶方向。

（3）空挡位置能够中断动力的传递，便于实现换挡，还能进行动力的输出。

2. 汽车变速器的分类

（1）按传动比变化方式分，汽车变速器可分为有级变速器、无级变速器和综合变速器。

（2）按操纵方式分，汽车变速器可分为强制操纵式变速器、自动操纵式变速器和半自动操纵式变速器。

3. 机械有级变速器的工作过程

机械有级变速器就是采用了齿轮轮系传动原理，由多组传动比不同的齿轮辐组成。在汽车行驶过程中，通过驾驶员的换挡操纵行为，改变变速器内不同齿轮辐的啮合，实现输出扭矩的改变。

拓展训练

（1）通过对齿轮式有级变速器传动路线分析，了解了齿轮式有级变速器的作用、组成，进一步观察动力扭矩的传递路线。

（2）根据已学知识，给“轮系”下一个定义。

（3）在上一个任务中学习了渐开线齿轮啮合传动比的计算，掌握变速器的传动比计算。

（4）了解齿轮齿条传动机构的特点和在汽车上的应用。

项目归纳

（1）通过有级变速器传动路线分析，了解齿轮传动的种类和基本结构、齿廓的组成。

（2）通过有级变速器传动路线分析，了解齿轮的啮合特性和失效形式。

（3）观察对二轴式变速器工作过程的演示，了解变速器动力传递路线和变速换挡过程。

思考与练习

（1）机械有级变速器的基本组成和装配关系如何？

（2）什么是齿轮啮合传动？渐开线齿轮有哪些啮合特性？

（3）常见的齿轮失效形式有哪几种？

（4）汽车变速器有什么作用？有哪几种类型？

任务测评表

<table>
<tr><td>班级</td><td></td><td>姓名</td><td></td><td>日期</td><td></td><td>自评</td><td>互评</td><td>备注</td></tr>
<tr><td colspan="6">（1）知道渐开线齿轮啮合特性吗？</td><td></td><td></td><td></td></tr>
<tr><td colspan="6">（2）知道如何实现齿轮啮合传动吗？</td><td></td><td></td><td></td></tr>
<tr><td colspan="6">（3）知道齿轮失效形式有哪几种吗？</td><td></td><td></td><td></td></tr>
<tr><td colspan="6">（4）知道汽车变速器的作用吗？它有哪几种类型？</td><td></td><td></td><td></td></tr>
<tr><td colspan="6">（5）了解机械有级变速器的工作过程吗？</td><td></td><td></td><td></td></tr>
<tr><td colspan="6">（6）了解机械有级变速器的基本组成和装配关系吗？</td><td></td><td></td><td></td></tr>
<tr><td colspan="6">（7）掌握机械有级变速器的拆装技能了吗？能独立完成拆装吗？</td><td></td><td></td><td></td></tr>
<tr><td colspan="6">（8）在拆装机械有级变速器的任务中，按照操作规程做到安全文明操作了吗？</td><td></td><td></td><td></td></tr>
<tr><td colspan="9">个人总结：</td></tr>
<tr><td colspan="6">总体评价</td><td colspan="3">教师签名</td></tr>
</table>

任务6 圆锥齿轮传动机构的拆卸

任务描述

主传动器由主减速器和差速器组成，如图 3-6-1 所示，它是汽车传动系中的又一个重要机构。主减速器具有“减速增扭、改变扭矩方向”的功能；差速器具有“能使左右车轮实现不等速转动”的功能。本任务通过对汽车主传动器的拆装和对主传动器工作过程的观察，了解圆锥齿轮、行星轮系和差动轮系的相关知识。

图3-6-1 差速器
1—输入轴（驱动差速器从动齿轮）；2—差速器壳体；3—行星齿轮；
4—半轴齿轮（驱动两侧传动轴输出）

任务要求

（1）了解轮系传动装置的定义和基本组成。

（2）掌握定轴轮系传动装置传动比的计算。

（3）观察轮系传动装置各构件之间的相互装配关系及润滑方法。

（4）观察轮系传动装置的工作过程演示，了解转矩传递方式。

（5）通过主传动器进一步了解圆锥齿轮的传动过程和差速器的差速过程。

技能训练

1. 所需器材

桑塔纳变速器拆装台架，桑塔纳手动变速器，组合工具、扭力扳手等，如图 3-6-2 所示。

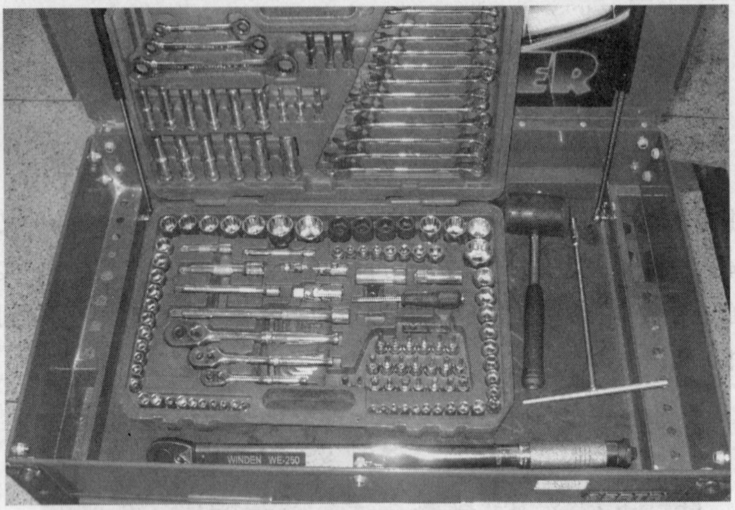

图3-6-2　差速器拆装工具

2. 操作步骤

（1）将变速器安装在拆装台架上，拆下后盖和齿轮组壳体，如图 3-6-3 和图 3-6-4 所示。

图3-6-3　拆下后盖

图3-6-4　拆下齿轮组壳体

（2）拆下车速传感器，如图 3-6-5 所示。锁住传动轴法兰，拆下紧固螺栓，取下传动轴法兰，取下车速表小齿轮，如图 3-6-6 所示。

（3）拆下主传动器盖（见图 3-6-7），从变速器壳体中取出差速器（见图 3-6-8）。

（4）用铝质的夹具将差速器罩壳固定在台虎钳上，拆卸主动传动齿轮的紧固螺栓，如图 3-6-9 和图 3-6-10 所示。

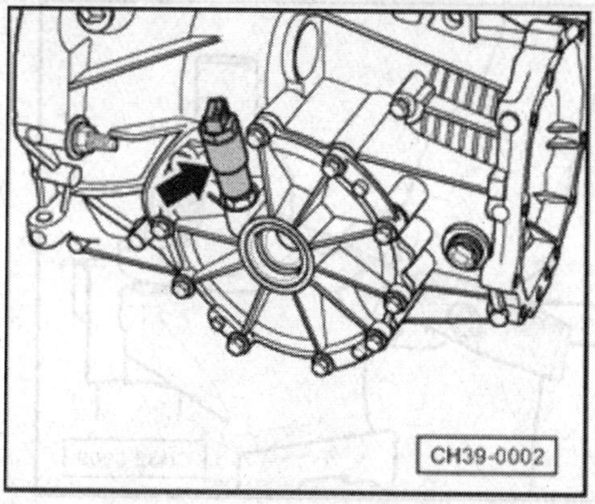

图3-6-5 拆下车速传感器

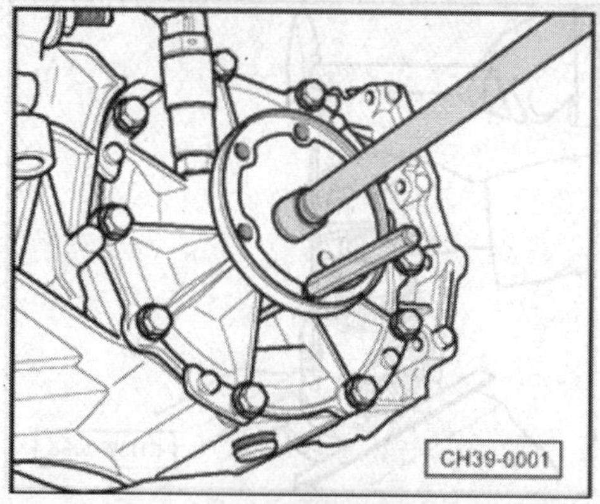

图3-6-6 取下传动轴法兰

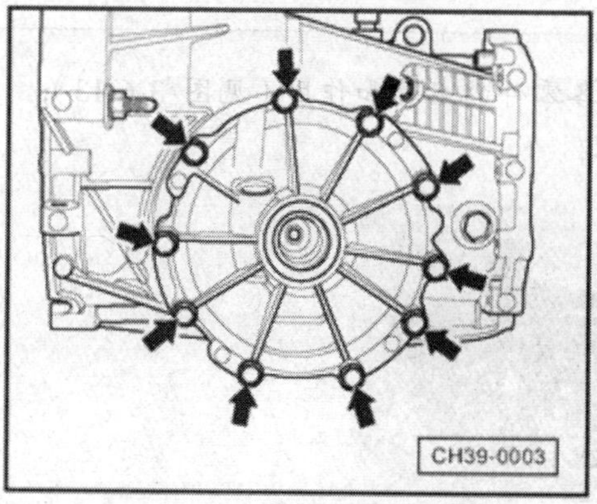

图3-6-7 拆下主传动器盖

图3-6-8 取出差速器

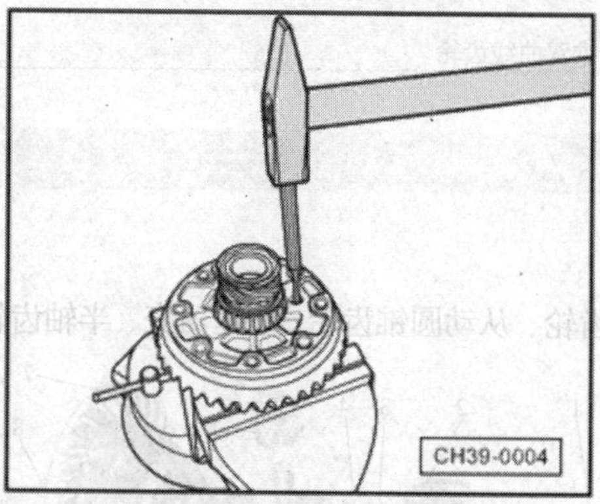

图3-6-9 固定差速器罩壳

图3-6-10 拆卸紧固螺栓

小贴士

主动传动齿轮的紧固螺栓是自锁螺栓，一经拆卸就必须更换。

（5）拆下行星齿轮轴的锁销，取下行星齿轮轴，取下行星齿轮和半轴齿轮，如图 3-6-11 和图 3-6-12 所示。

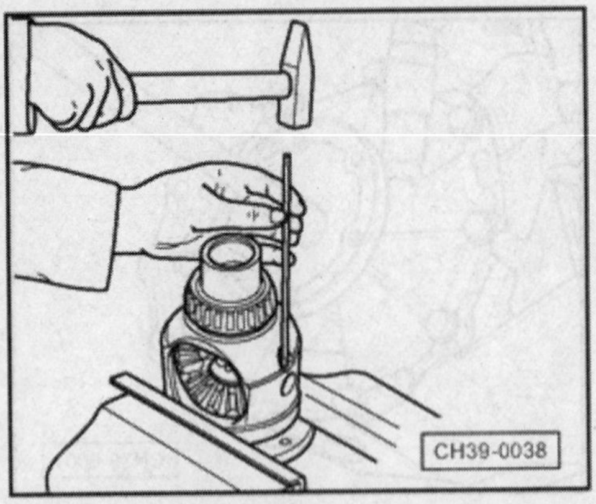

图3-6-11 取下行星齿轮

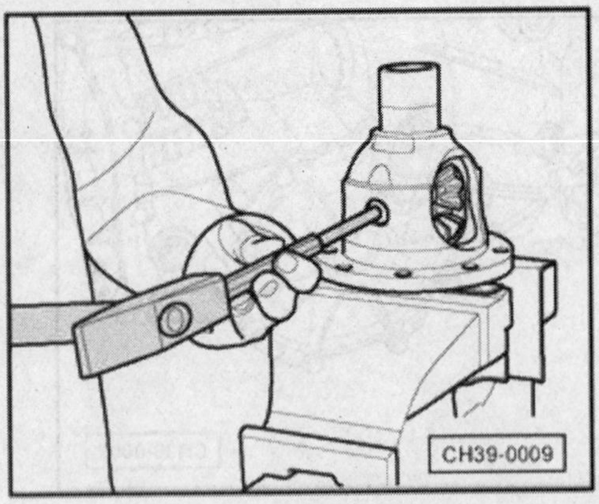

图3-6-12 取下半轴齿轮

小贴士

(1) 仔细观察各零件的结构特点，熟悉各零件的名称和作用(见图 3-6-13)；
(2) 观察主、从动圆锥双曲线齿轮的齿面形状。

图3-6-13 观察主、从动圆锥双曲线齿轮

基本活动

1. 主传动器的组成

(1) 主传动器由主动圆锥齿轮连接突缘、主动圆锥齿轮、从动圆锥齿轮、差速器壳、半轴齿轮、差速齿轮等组成，如图 3-6-14 所示。

(2) 通过拆装主传动器，了解主传动器的装配关系和扭矩的传递路线。

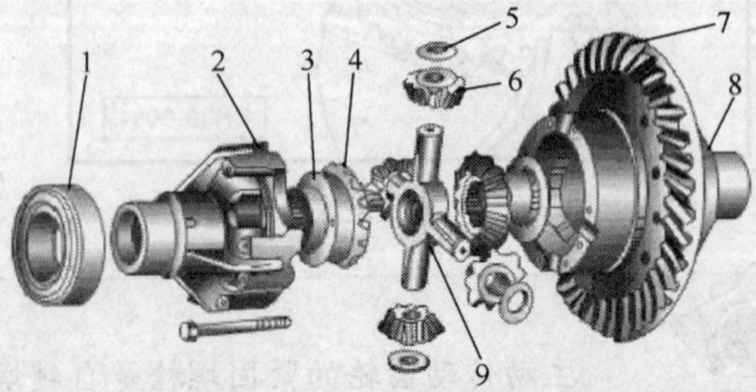

图3-6-14 典型的差速器结构图

1—轴承；2、8—差速器壳；3、5—调整垫片；4—半轴齿轮；6—行星齿轮；7—从动锥齿轮；9—行星齿轮轴

2. 主传动器传动过程演示

(1) 观察主传动器中各齿轮的装配位置关系，了解轮系的组成。

(2) 通过转动主减速器主动锥齿轮，观察各齿轮的啮合过程和扭矩的传递路线。

(3) 观察圆锥齿轮的传动过程和差速器的差速过程。

相关知识链接

一、轮系

轮系的实质是由一系列相互啮合的齿轮副组成的传动系统，通常可以分为定轴轮系和周转轮系等。

1. 轮系的分类

（1）定轴轮系。传动时，轮系中各齿轮都有固定的几何轴线位置，各齿轮都是绕固定轴线回转，由多个齿轮组成的机械组件称为定轴轮系，如机械有级变速器。

（2）周转轮系。传动时，轮系中至少有一个齿轮及轴线没有固定的几何轴线，而是绕其他齿轮的固定几何轴线回转，这种多个齿轮组成的机械组件称为周转轮系。周转轮系又分为行星轮系与差动轮系两种。

① 行星轮系主要应用在自动变速器中的行星系统，如图 3-6-15 所示。

② 差动轮系主要应用在主传动器中的差速系统，如图 3-6-16 所示。

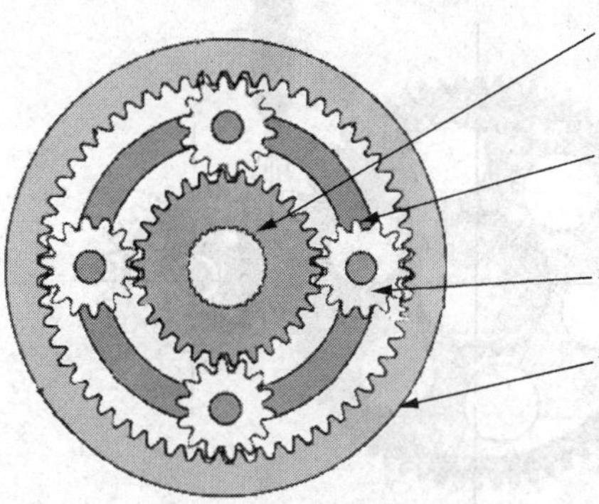

图3-6-15　行星齿轮机构

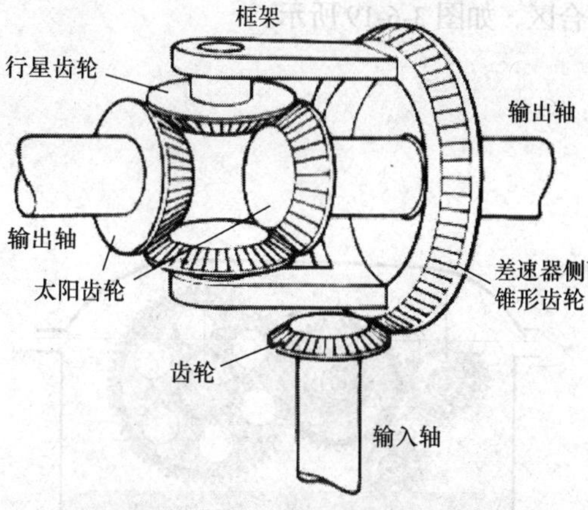

图3-6-16　差动轮系的基本组成

2. 定轴轮系传动比的计算

定轴轮系的传动比等于轮系中所有从动齿轮齿数的连乘积与所有主动齿轮齿数的连乘积之比。

$$i_{1n}=(-1)^m\frac{\omega_1}{\omega_n}=(-1)^m\frac{\text{所有从动齿轮齿数的连乘积}}{\text{所有主动齿轮齿数的连乘积}} \quad (3\text{-}6\text{-}1)$$

式中，$(-1)^m$ 在计算式中表示轮系首末两轮回转方向的异同，若计算结果为正，则首末两轮回转方向相同；若计算结果为负，则两轮回转方向相反（只适用于平行轴圆柱齿轮传动的轮系）；m 为齿轮副传动过程中的齿轮对数；n 为齿轮副传动过程中的齿轮个数。

> **小贴士** 定轴轮系中有锥齿轮副、蜗杆副时，各级传动轴不一定平行，不能简单使用 $(-1)^m$ 来确定末轮的回转方向，而只能使用标注箭头的方向。

二、齿轮传动的润滑

1. 一般闭式齿轮传动的润滑

一般闭式齿轮传动的润滑方式根据齿轮的圆周速度 v 的大小而定。当 $v \leqslant 12\mathrm{m/s}$ 时多采用浸油润滑，大齿轮浸入油池一定的深度，如图 3-6-17 所示，齿轮运转时就把润滑油带到啮合区，同时也甩到箱壁上，借以散热。当 v 较大时，浸入深度约为一个齿高；当 v 较小时（0.5～0.8m/s），可达到 1/6 的齿轮半径。

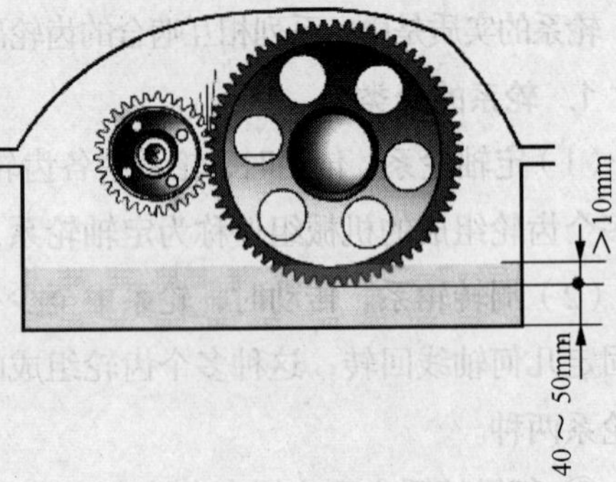

图3-6-17　浸油润滑

2. 多级齿轮传动的润滑

当几个大齿轮直径不相等时，多级齿轮传动可以来用惰轮蘸油润滑，如图 3-6-18 所示。

3. 高速齿轮传动的润滑

当 $v \geqslant 12\mathrm{m/s}$ 时，齿轮传动不宜采用油池润滑，而最好采用喷油润滑，用油泵将润滑油直接喷到啮合区，如图 3-6-19 所示。

图3-6-18　惰轮蘸油润滑

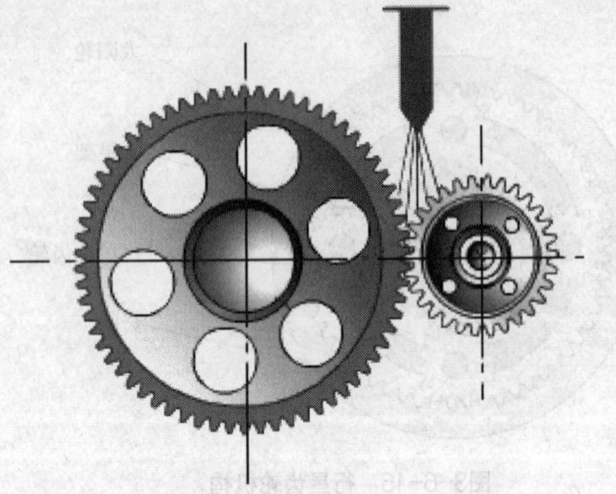
图3-6-19　喷油润滑

注意　润滑油的黏度应根据齿轮传动的工作条件、齿轮的材料及其圆周速度来选择。

拓展训练

（1）通过对主传动器的拆装实践，我们了解了其他类型的齿轮在汽车上的应用，观察行星轮系扭矩的传递路线。

（2）在上一个任务中，学习了变速器传动比的计算，本任务中同学们又掌握了定轴轮系传动比的计算，有兴趣的同学可以进行行星轮系传动比的计算。

（3）感兴趣的同学可以通过装配主传动器，进一步观察圆锥齿轮之间的相互连接关系、转矩传递方式，通过对齿轮啮合间隙的调整，注意轴承预紧力，并完成装配工作。

项目归纳

（1）通过拆装主传动器，了解轮系传动装置的定义、种类与特点。

（2）通过拆装主传动器，了解转矩传递方式，掌握轮系传动比的计算方法。

（3）观察对主传动器工作过程的演示，掌握轮系传动装置的润滑方法。

思考与练习

（1）轮系传动装置的基本组成和装配关系如何？

（2）轮系传动装置分为哪几类？什么是定轴轮系？

（3）如何进行定轴轮系传动装置传动比的计算？

（4）轮系传动装置的润滑方法有哪几种形式？

（5）主传动器是如何实现减速和差速过程的？

任务测评表

班级		姓名		日期		自评	互评	备注
（1）知道轮系传动装置的基本组成吗？								
（2）知道轮系传动装置分哪几类吗？什么是定轴轮系？								
（3）知道如何进行定轴轮系传动装置传动比的计算吗？								
（4）知道轮系传动装置的工作原理吗？轮系是如何实现减速和差速的？								
（5）知道轮系传动装置的润滑方法有哪几种形式吗？								
（6）了解机械有级变速器的基本组成和装配关系吗？								
（7）掌握轮系传动装置的拆装技能了吗？能独立完成拆装吗？								
（8）在拆装轮系传动装置的任务中，按照操作规程做到安全文明操作了吗？								

个人总结：

总体评价	教师签名	

任务7 蜗轮蜗杆传动机构的拆装

任务描述

发动机翻转架，可以将发动机旋转至任意角度，安全地进行维修拆装作业，具有操纵轻便、转动灵活、安全自锁的特点，如图 3-7-1 所示。本任务通过对翻转架蜗轮蜗杆箱的拆装和对翻转架传动过程的观察，了解蜗轮蜗杆传动机构的相关知识。

图3-7-1 发动机翻转架

任务要求

（1）观察发动机翻转架的基本组成。

（2）观察蜗轮蜗杆传动机构各构件之间的相互装配关系，如图 3-7-2 所示。

（3）观察对蜗轮蜗杆传动机构工作过程的演示，了解转矩传递方式。

（4）通过蜗轮蜗杆传动机构的学习，进一步了解蜗轮蜗杆传动机构的种类和特点。

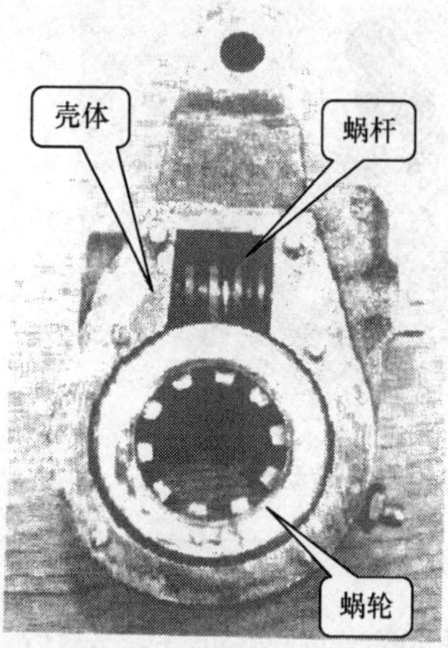

图3-7-2 蜗轮蜗杆传动机构

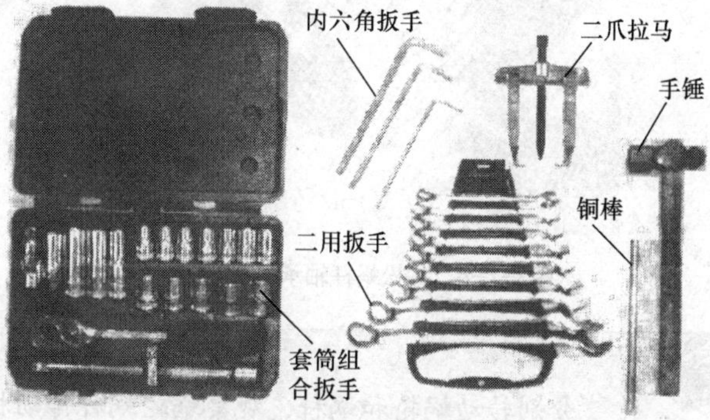

图3-7-3 蜗轮蜗杆拆装工具

技能训练

拆装发动机翻转架所需器材和操作步骤如下。

1. 所需器材

发动机翻转架或蜗轮蜗杆箱，内六角扳手、套筒组合扳手、二用扳手、铜棒、手锤、轴承专用拉马，如图 3-7-3 所示。

2. 操作步骤

（1）用二用扳手拆下蜗轮蜗杆式发动机翻转架手柄固定螺母，取下摇转手柄；再拆下发动机连接板，最后从翻转架上拆下蜗轮蜗杆箱。

（2）用内六角扳手拆下蜗轮蜗杆箱盖，这时可以看见里面的蜗轮蜗杆传动机构，如图 3-7-4 和图 3-7-5 所示。

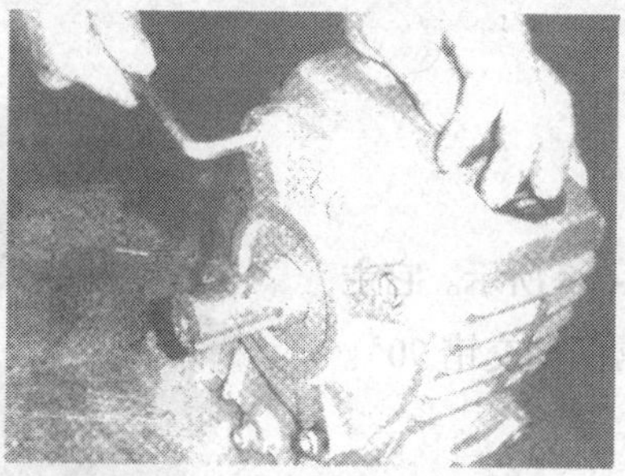
图3-7-4 拆下蜗轮蜗杆箱盖

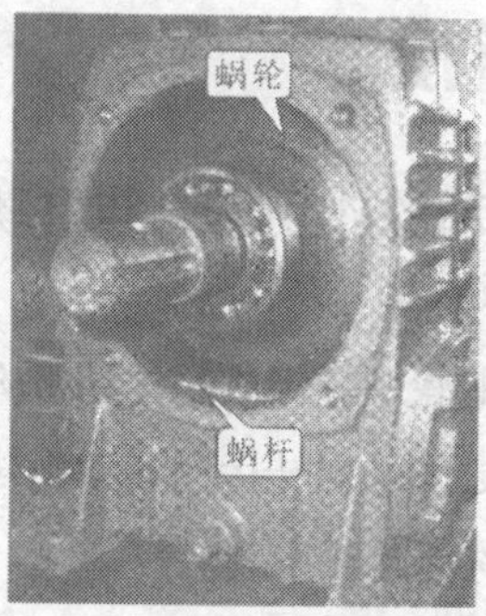

图3-7-5 观察蜗轮蜗杆机构

（3）用内六角扳手拧松蜗杆两端轴承端盖固定螺栓，如图 3-7-6 所示，取出端盖、蜗杆轴承等。

（4）把蜗轮蜗杆传动副相互啮合，左右转动蜗杆，观察蜗轮的转动方向，如图 3-7-7 所示。

图3-7-6 拧松蜗杆轴承端盖

图3-7-7 转动蜗杆

小贴士

分别转动蜗轮和蜗杆，观察蜗轮蜗杆传动机构的自锁性能。

（5）按拆卸相反的顺序安装好蜗轮蜗杆箱。

（6）拆装完毕，清洁、归还工具和实习器材。

基本活动

1. 蜗杆传动机构的组成

蜗轮蜗杆箱一般由蜗轮轴、蜗轮、蜗杆轴、蜗轮轴轴承、蜗杆轴轴承、蜗杆手轮等组成。

2. 蜗轮蜗杆副传动过程演示

（1）观察电动刮水器演示板上电动刮水器总成各构件间的相互连接关系。

（2）将电动刮水器演示板上的电机总成接通 12V 直流电源，打开电动刮水器电源开关。

（3） 观察电动刮水器的转矩传递方式。

（4）通过对电动刮水器演示过程的观察，了解铰链四杆机构中各杆件的运动变化。

相关知识链接

一、蜗杆传动的作用、特点和类型

1. 蜗杆传动的作用

蜗杆传动是由蜗轮蜗杆组成的传动机构，如图 3-7-8 所示。它主要应用于两交错轴之间的回转运动和动力传递，通常两轴交错 90°。

图3-7-8 蜗轮蜗杆传动

2. 蜗杆传动的特点

（1）蜗杆传动有以下优点。

① 传动比大。在传力机构中，通常传动比可在 8～80 范围内选取；在分度机构中，传动比可达 1000。

② 工作平稳，噪声低。

③ 结构紧凑，并可根据要求实现自锁。

（2）蜗杆传动有以下缺点。

① 传动效率低（一般为 70%～80%，自锁时为 40%）。

② 增加较贵重的有色金属的消耗，成本高。

3. 蜗杆传动的类型

根据蜗杆形状的不同，蜗杆传动分为圆柱蜗杆传动、圆弧蜗杆传动和圆锥蜗杆传动 3 种类型，如图 3-7-9 所示。

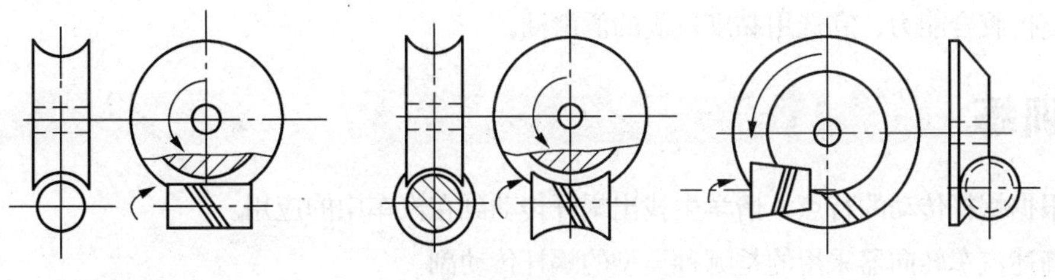

（a）普通圆柱蜗杆传动　（b）圆弧面蜗杆传动　（c）圆锥蜗杆传动

图3-7-9　蜗杆传动类型

二、蜗杆传动的主要参数、传动比及传动方向

1. 蜗杆传动的主要参数

蜗杆传动的主要参数与齿轮传动相似，也有模数 m 和压力角 α。

2. 传动比计算

蜗杆头数直接影响蜗杆传动的传动效率，常用的头数 z 有 1、2、4、6 等，蜗杆头数越多，传动效率越高，但加工制造越困难。蜗杆传动的传动比 i 由下式决定：

$$i=\frac{n_1}{n_2}=\frac{z_2}{z_1} \tag{3-7-1}$$

式中，n_1 为蜗杆转速，n_2 为蜗轮转速，z_1 为蜗杆头数，z_2 为蜗轮齿数。

小贴士

蜗杆传动的旋转方向可以分为左旋和右旋两种，其旋转方向不仅与蜗杆的旋转方向有关，还与蜗杆本身的螺旋方向有关。通常用蜗杆的左、右手定则进行判断，如图 3-7-10 所示。

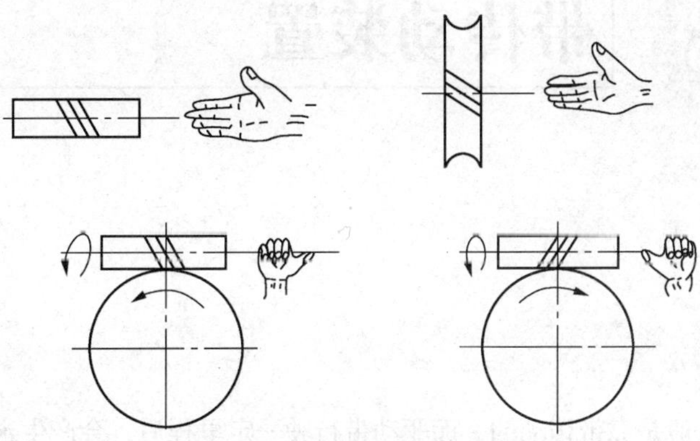

图3-7-10　蜗轮旋转方向判定

三、蜗杆传动的失效形式与润滑

1. 蜗杆传动的失效形式

蜗杆传动的失效形式与齿轮传动类似，也有轮齿折断、齿面点蚀、齿面磨损、齿面胶合及齿面塑性变形等。

2. 蜗杆传动的润滑

蜗杆传动的润滑不仅能提高传动效率，还可以避免轮齿胶合和磨损。蜗杆传动一般采用浸油润滑，为提高抗胶合能力，宜选用黏度较高的润滑油。

拓展训练

（1）根据蜗杆传动的特点，请学生找出蜗杆传动副在汽车中的应用。

（2）简述汽车转向器采用的是哪种类型的蜗杆传动副。

任务归纳

（1）通过拆装蜗轮蜗杆传动机构，了解蜗杆传动的作用、特点和类型。

（2）通过拆装蜗轮蜗杆传动机构，了解蜗轮蜗杆机构的主要参数及传动比计算方法。

（3）观察对蜗轮蜗杆传动机构工作过程的演示，掌握蜗轮蜗杆机构的传动方向和润滑方法。

思考与练习

（1）发动机翻转架的基本组成和装配关系怎样？

（2）蜗轮蜗杆传动机构有什么作用？它是由哪些基本构件组成的？

（3）蜗轮蜗杆传动机构有何特点和基本类型？

（4）蜗杆传动的主要参数有哪些？如何计算传动比和确定传动方向？

（5）蜗轮蜗杆传动机构的失效形式有哪几种？如何进行润滑？

任务8 带传动装置

任务描述

汽车发动机附件一般是靠带传动的，而驱动带行驶一定里程后，会产生永久变形而使传动带松弛，影响带传动的传动效率（工作能力），甚至会发生传动带断裂而导致发动机附件无法正常工作。因此，每行驶一定里程后必须进行带的维护和更换。本任务通过对带的拆装和对带传动过程的观察，了解带传动的工作原理。

任务要求

（1）观察带传动装置的基本组成。

（2）观察带传动装置各构件之间的相互装配关系。

（3）观察带传动装置工作过程的演示，了解动力传递方式。

（4）通过带传动装置的学习，进一步了解带传动装置的种类和特点。

（5）观察V带的形状，掌握传动带预紧度的调整方法。

技能训练

1. V带传动装置的组成

V带传动装置一般由V带轮、V带、V带调整与张紧装置组成，如图3-8-1所示。

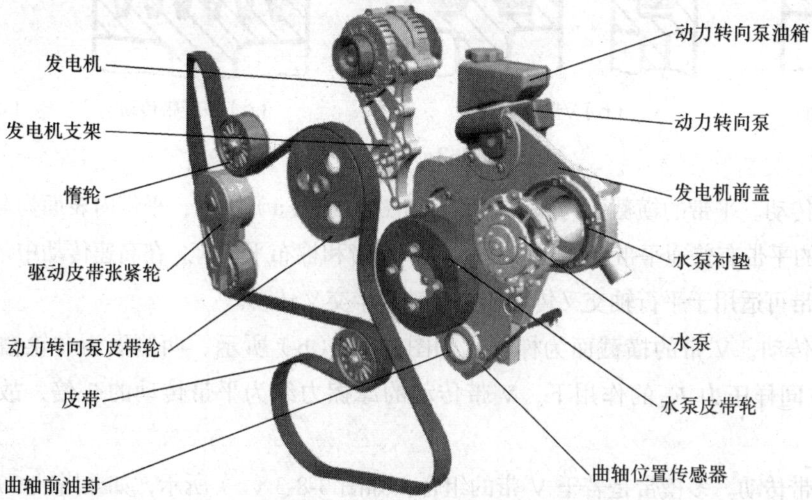

图3-8-1　发动机中的带传动

2. V带传动过程演示

（1）通过对V带传动装置传动过程的观察，了解V带传动装置各构件间的相互连接关系。

（2）观察V带传动过程，了解V带的传动原理。

（3）通过对V带传动张紧装置的拆装，了解V带传动装置的张紧原理。

相关知识链接

一、带传动组成

带传动由主动带轮1、从动带轮2和挠性带3组成，借助带与带轮之间的摩擦或啮合，将主动轮 1 的运动传给从动轮 2，如图 3-8-2 所示。

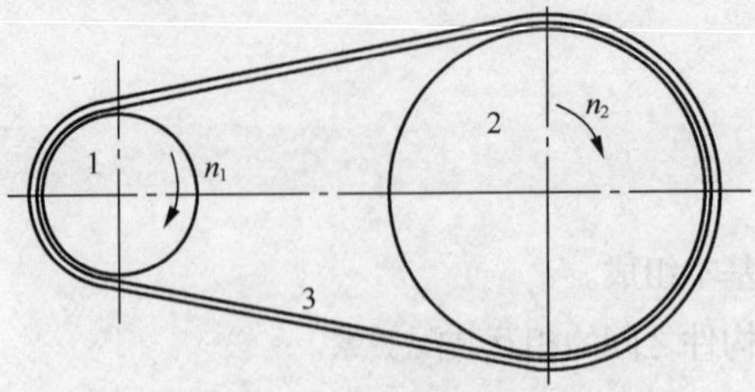

图3-8-2 带传动基本组成

根据工作原理不同，带传动可以分为摩擦带传动和啮合带传动两类。

1. 摩擦带传动

摩擦带传动依靠带与带轮之间的摩擦力传递运动和扭矩，传动带按照其横截面形状不同可分为平带传动、V 带传动、多楔带传动和圆形带传动 4 类，如图 3-8-3 所示。

图3-8-3 带传动类型

（1）平带传动。平带的横截面为扁平矩形，如图 3-8-3（a）所示，平带内表面为与轮缘接触的工作面。常用的平带有普通平带（胶帆布带）、皮革平带和棉布平带等，在高速传动中常使用麻织带和丝织带。平带可适用于平行轴交叉传动和交错轴的半交叉传动。

（2）V 带传动。V 带的横截面为梯形，如图 3-8-3（b）所示，两侧面为与轮槽两侧面接触的工作面，在同样压力 F_Q 的作用下，V 带传动的摩擦力约为平带传动的 3 倍，故能传递较大的载荷。

（3）多楔带传动。多楔带是若干 V 带的组合，如图 3-8-3（c）所示，如桑塔纳 2000 的发电机皮带。多楔带传动可避免多根 V 带长度不等、传力不均的缺点。

（4）圆形带传动。传动带的横截面为圆形，如图 3-8-3（d）所示，如家用缝纫机的传动皮带。圆形带常用皮革或棉绳制成，只用于小功率传动。

2. 啮合带传动

啮合带传动是依靠带轮上齿槽或孔与传动带上的齿相互啮合传递运动和动力的。

（1）同步齿形带传动。利用带轮上的齿槽与传动带上的齿相互啮合传递运动和动力，如图 3-8-4 所示。带与带轮间是啮合传动，没有相对滑动，可保持主、从动轮线速度同步。

（2）齿孔带传动。利用带轮上的齿与传动带上的孔相互啮合传递运动和动力。齿孔带传动同样可避免带与带轮之间的相对滑动，使主、从动轮保持同步运动，如图 3-8-5 所示。

图3-8-4　同步齿形带传动

二、带轮的材料与结构

1. 带轮的材料

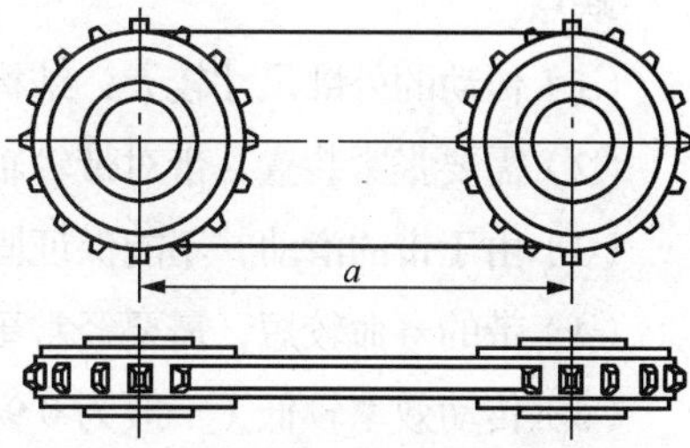

图3-8-5　齿孔带传动

带轮应有足够的强度、便于制造、质量要轻且分布均匀，并应避免铸造产生过大的内应力。带轮工作表面要光滑，以减少传动带的磨损。

制造带轮的材料可采用灰铸铁、钢、铝合金或工程塑料，以灰铸铁应用最为广泛。当带速 v 不大于 25m/s 时，采用 HT150，$v>25\sim30$m/s 时采用 HT200，速度更高的带轮可采用球墨铸铁或铸钢，也可采用钢板冲压后焊接带轮。小功率传动可采用铸铝或工程塑料。

注意

带传动线速度 $v>5$m/s 时要做静平衡，$v>25$m/s 时要做动平衡。

2. 带轮的结构

带轮由轮缘、轮辐和轮毂 3 部分组成。常见的结构形式有实心带轮、腹板式带轮、孔板式带轮和轮辐式带轮 4 种，如图 3-8-6 所示。

小贴士

当带轮基准直径 $d_d\leqslant(2.5\sim3)d_0$ 时，可采用 S 型（实心）带轮；当 $d_d\leqslant300$mm 时，可采用 P 型（腹板式）带轮；当 $d_d-d_1\geqslant100$mm 时，可采用 H 型（孔板式）带轮；当 $d_d>300$mm 寸，可采用 E 型（轮辐式）带轮。

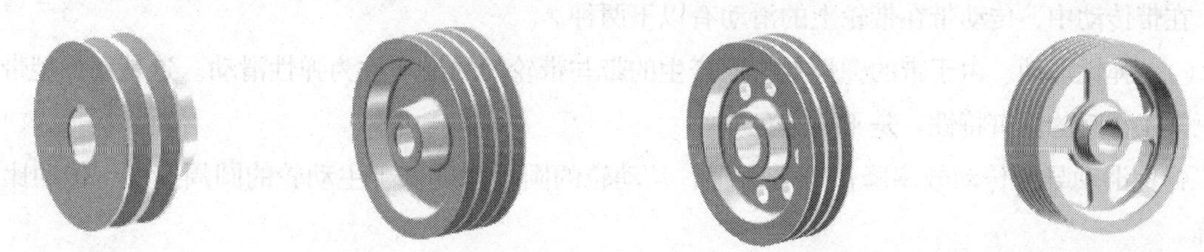

（a）S型（实心）带轮　（b）P型（腹板式）带轮　（c）H型（孔板式）带轮　（d）E型（轮辐式）带轮

图3-8-6　常见的带轮结构形式

三、带传动的特点

1. 带传动的特点

优点：

（1）适用于中心距较大的传动；

（2）带具有良好的挠性，能吸收震动，缓和冲击，传动平稳，噪声小；

（3）过载时带与带轮之间会出现打滑，避免了其他零件的损坏，起到过载保护作用；

（4）结构简单、制造、安装和维护方便，成本低廉。

缺点：

（1）传动的外廓尺寸较大，结构不够紧凑；

（2）需要张紧装置，带对带轮轴有很大的压力；

（3）由于带的滑动，不能保证固定不变的传动比，传动精度低；

（4）带的寿命较短，需要经常更换；

（5）传动效率较低（一般为 0.94～0.96）；

（6）不适用于高温、易燃及有腐蚀介质的场合。

2. 带传动的应用

（1）适合不大于 100kW 的中、小功率场合传动。

（2）适合工作速度一般在 5～25m/s 的原动机输出轴的第一级传动。

（3）适合传动比要求不十分准确的机械。

3. 传动比计算

传动比，即机构中两转动构件角速度的比值，也称速比。带传动的传动比计算公式可以简化为

$$i=\frac{n_1}{n_2}=\frac{d_{d2}}{d_{d1}}=\frac{z_2}{z_1} \tag{3-8-1}$$

式中，n_1 为主动轮转速（r/min），n_2 为从动轮转速（r/min）；d_{d2} 为从动轮直径（mm），d_{d1} 为主动轮直径（mm）；z_2 为齿形带从动轮齿数，z_1 为齿形带主动轮齿数。

4. 带传动的弹性滑动与打滑

带传动在工作时，传动带在带轮上不可避免要产生滑动，使从动轮的实际转速低于理论转速。如果滑动严重，还将影响传动的正常进行，因此，有必要对带传动中的滑动现象进行分析研究。

在带传动中，传动带在带轮上的滑动有以下两种。

（1）弹性滑动。由于带的弹性变形而产生的带与带轮间的滑动称为弹性滑动。这是摩擦型带传动正常工作时的固有特性，是不可避免的。

弹性滑动导致传动效率降低、带磨损、从动轮的圆周速度低于主动轮的圆周速度、传动比不准确。

（2）打滑。带传动是靠传动带与带轮之间的摩擦力进行的，而摩擦力是有一定的限度的。当所需要的圆周力小于传动带与带轮之间所产生的摩擦力时，传动带与带轮间仅产生微小的滑动（弹

性滑动）；而当所需传递的圆周力大于传动带与带轮间产生的最大摩擦力时，传动带将在带轮上产生显著的相对滑动，这种滑动称为打滑。带传动产生打滑后，就不能继续正常工作，这是应当避免的。

小贴士 弹性滑动和打滑是两个截然不同的概念。打滑是指过载引起的全面滑动，是可以避免的。而弹性滑动是由于拉力差引起的，只要传递圆周力，就必然会发生弹性滑动，所以弹性滑动是不可以避免的。它们的区别如表 3-8-1 所示。

表 3-8-1 弹性滑动与打滑对比

	弹性滑动	打滑
现　　象	局部带在局部带轮面上发生微小滑动	整个带在整个带轮面上发生显著滑动
产生原因	带轮两边的拉力差，产生带的变形量变化	所需有效圆周力超过摩擦力最大值
性　　质	不可避免	可以且应当避免
后　　果	v_2小于v_1；效率下降；带磨损	传动失效；引起带的严重磨损

四、汽车中带传动的应用

汽车发动机中带主要用于传递动力和运动的，如汽车 V 带用于传递动力，齿形带用于传递运动。

1. 汽车 V 带

（1）V 带的结构。标准 V 带都制成无接头的环形，其结构如图 3-8-7 所示，由包布层、伸张层、强力层、压缩层构成。伸张层和压缩层主要由橡胶制成，包布层多由胶帆布制成，强力层是承受载荷的主体，分为帘布结构和线绳结构两种。

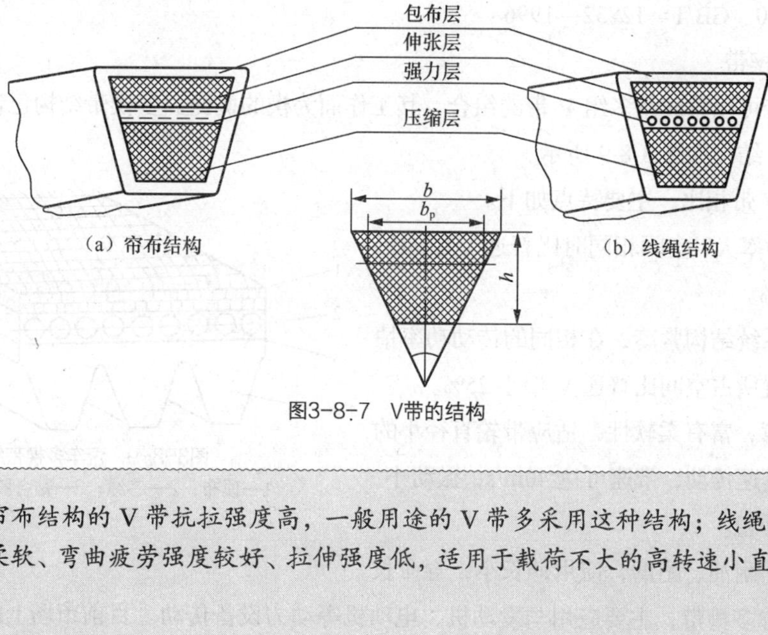

图3-8-7 V带的结构

小贴士 帘布结构的 V 带抗拉强度高，一般用途的 V 带多采用这种结构；线绳结构的 V 带比较柔软、弯曲疲劳强度较好、拉伸强度低，适用于载荷不大的高转速小直径带轮传动场合。

（2）V 带的标准。V 带是标准件，按照 GB/T　11544—1997 规定，由专业工厂生产。普通 V 带按照其截面尺寸的大小，分为 Y、Z、A、B、I、D、E 共 7 种型号。V 带的型号和标准长度都压印在胶带的外表面上，供识别和选用，如图 3-8-8 所示。

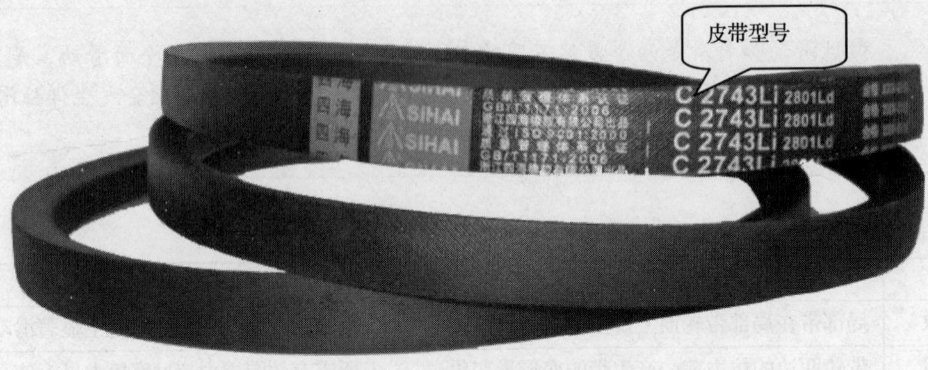

图3-8-8　V带型号和标准长度

小贴士　如果胶带外表面上压印有“A—1400GB/T1171—1996”，则表示该 V 带是 A 型 V 带，基准长度为 1400mm。

（3）汽车 V 带。汽车 V 带是标准件，根据公称顶宽分为 AV10、AV13、AV15、AV17、AV22 共 5 种型号，AV 后面的数字表示顶宽的大小，单位为 mm。

汽车 V 带的标记内容由：型号、有效长度公称值、标准号三部分组成。例如，表示 AV13 汽车 V 带，有效长度公称值为 1000mm，其标记为

AV13 × 1000　GB/T　12732—1996

2. 汽车多楔带

汽车多楔带可以看成是多组 V 带的组合，其工作面为楔的侧面。多楔带结构包含顶布、芯线、黏合胶和楔胶，结构如图 3-8-9 所示。

多楔带与 V 带相比，主要特点如下。

（1）传动功率大，空间相同时比普通 V 带的传动功率的高 30%。

（2）传动系统结构紧凑，在相同的传动功率情况下，传递装置所占空间比普通 V 带小 25%。

（3）带体薄，富有柔软性，适应带轮直径小的传动，也适应高速传动，带速可达 40m/s；振动小，发热少，运转平稳。

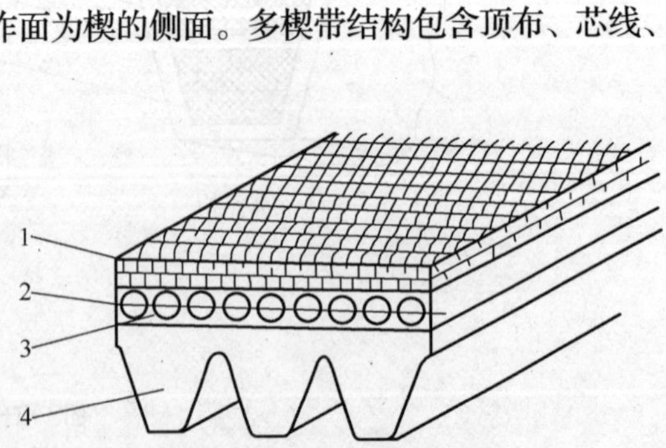

图3-8-9　汽车多楔带结构

1—顶布；2—芯线；3—黏合胶；4—楔胶

（4）耐热、耐油、耐磨，使用伸长小，寿命长。

多楔带又称多槽带，主要应用与发动机、电动机等动力设备传动。目前市场上的类型有 PH、

PJ、PK、PL、PM，其规格标记内容由楔数、型号、有效长度 3 部分组成，如楔数为 6、有效长度为 1150mm 的汽车多楔带，标记为 6PK1150。

3. 汽车同步带

汽车正时皮带采用的是同步带，正时皮带是发动机配气系统的重要组成部分，通过与曲轴的连接并配合一定的传动比来保证进、排气时间的准确。汽车正时齿形带的作用是确保凸轮轴与曲轴成同步运动。因此，要求它持久耐用、结构紧凑、静音、高效，具有最优化的系统和保养成本。

汽车正时齿形带的优点如下。

（1）优秀的低噪声性能（链传动的整体噪声水平比皮带传动高 2～5dB）。

（2）优秀的延伸性能和良好的阻尼特性保障了传动的同步性。

（3）简单的张紧系统构造。

（4）同一皮带可以同时传动其他轮系辅件。

汽车同步带的结构如图 3-8-10 所示，其型号分为 ZA 型和 ZB 型，ZA 型用于较轻负荷，ZB 型用于较重负荷。两种型号的节距 C 均为 9.525mm，区别在于带齿尺寸。其规格标记内容由齿数、齿形、宽度表示，如齿数为 80、宽度为 19mm 的 ZA 型同步带，标记为 80ZA19。

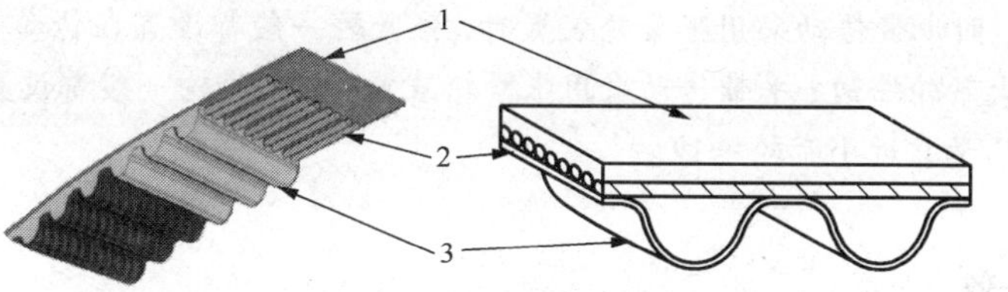

图3-8-10 汽车同步带结构

1—顶布；2—芯线；3—楔胶

五、带传动的使用与维护

1. 传动带的初拉力

带传动的张紧程度对传动能力、使用寿命、轮轴压力等都有很大影响，张紧程度直接转换成传动带的初拉力 F_0 而作用在传动带上。初拉力 F_0 过大，易加速传动带的磨损；初拉力 F_0 过小，易造成传动过程中的打滑，传动效率降低。因此，必须对 V 带的初拉力 F_0 进行测定，对不符合规定的初拉力 F_0 应及时进行调整。

2. 传动带的张紧与调整装置

（1）调整中心距法。

① 定期张紧法：定期检查传动带的松紧度，当传动带的初拉力小于规定值时，即传动带的挠度超过规定值时，可以通过改变带轮中心距的方法实现张紧目的，如图 3-8-11 所示。

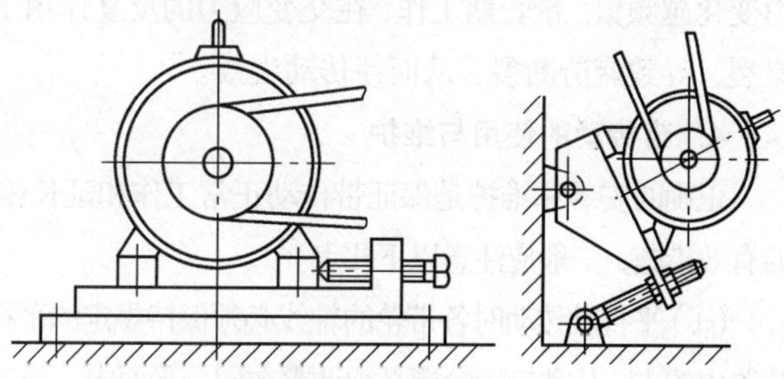

（a）滑道式 （b）摆架式

图3-8-11 定期张紧装置

② 自动张紧法：通过传动构件自身的质量，使得传动带的中心距能自动拉大，从而实现自动张紧的目的，如图 3-8-12 所示。

（2）张紧轮法。带传动的中心距不能调整时，可以采用张紧轮法改变张紧轮的位置达到张紧的目的，如图 3-8-13 所示。

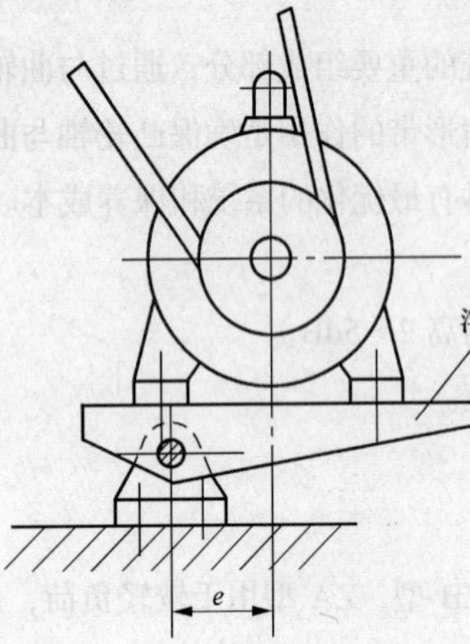

图3-8-12 自动张紧装置

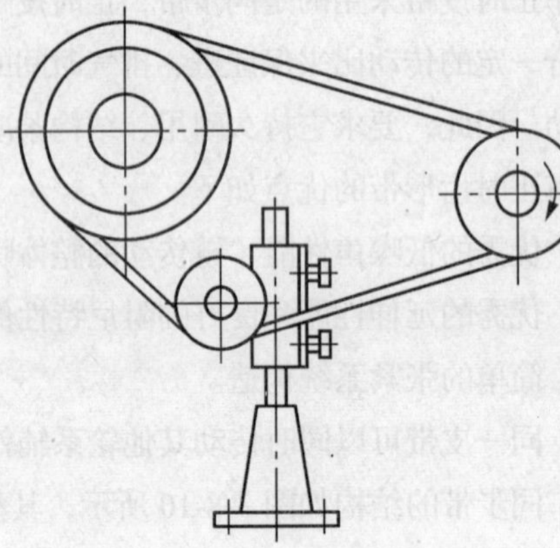

图3-8-13 张紧轮定期张紧装置

注意

V 带、同步带传动采用张紧轮装置时，张紧轮一般都设置在传动带松边内侧，并应尽量靠近大带轮一边；平带传动采用张紧轮装置时，张紧轮一般都设置在传动带松边外侧，并应尽量靠近小带轮一边。

3. 带传动的失效

带传动常见故障有打滑、磨损、疲劳破坏、传动噪声等。

（1）打滑。当传动出现打滑现象时，虽然主动轮仍在继续转动，但从动轮及传动带有较大的速度损失，甚至完全不动。打滑是一种有害现象，它将使传动失效并加剧带的磨损。

（2）磨损。带传动是通过带与带轮间的摩擦力实现的。摩擦力或摩擦系数越大，带传递的圆周力也越大，同时对带的磨损加剧。当带磨损到一定程度时，会出现打滑现象，甚至带断裂。

（3）疲劳破坏。带在工作时的应力随带的运转而变化，是交变应力。转速越高，带越短，带应力变化越频繁。带长期工作，在交变应力的反复作用下会产生脱层、撕裂，导致疲劳断裂，从而使传动失效。

4. 带传动的使用与维护

正确的安装和维护是保证带传动正常工作和延长传动带使用寿命的有效措施，一般应注意以下几点。

（1）平行轴传动时各带轮的轴线必须保持规定的平行度；V 带传动装置中的主、从动轮的轮槽必须调整在同一平面内，误差不得超过 20′，如图 3-8-14 所示，否则会引起 V 带的扭曲而使两侧面加速磨损。

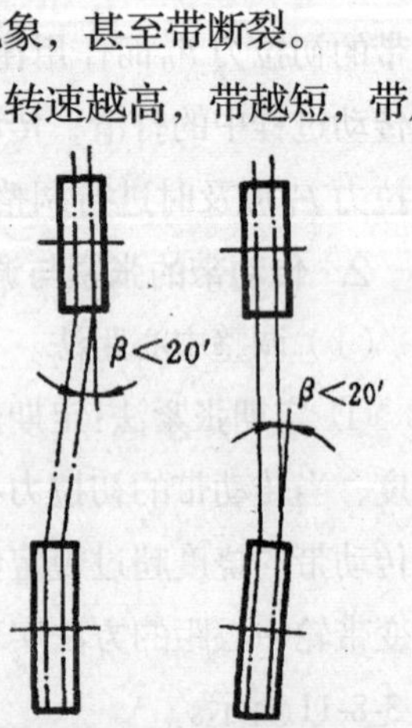

图3-8-14 轮槽误差不得超过20′

（2）套装传动带时，应先将中心距缩小，然后将传动带套到带轮上，再逐步调大中心距，使传动带的初拉力达到规定值。

（3）多根 V 带传动时，应使各根传动带所受的载荷比较均匀，同一组传动带不仅长度应该一致，而且应具有相同的公差值。

（4）带传动必须定期检查和及时调整，发现有损坏时应及时更换，对新旧带，普通 V 带和不同规格的 V 带均不能混用，必须多根同时更换。

（5）带传动装置必须安装安全防护罩，以免发生事故和保证带传动的工作环境。

（6）传动带不能与酸、碱、油污等带有腐蚀性的物质接触，工作温度不宜超过 60℃。

拓展训练

（1）通过对 V 带的拆装实践，了解一般带传动机构的装配关系、拆装要求、工作原理、基本组成等，以及如何完成带传动张紧力的检查与调整。

（2）感兴趣的同学，打开汽车发动机舱，通过观察，了解“同步齿形带”的形状和张紧装置，并用手按压同步齿形带，测试其张紧度。

（3）通过进一步操作实践，完成“同步齿形带”的拆卸和装配工作。

小贴士

桑塔纳同步齿形带的拆装步骤如表 3-8-2 所示。

表 3-8-2　同步齿形带的拆装步骤

步骤	描述	图片
拆卸	• 拆下驱动皮带 • 拆下带筋三角皮带张紧器 • 拆卸齿形皮带上部护罩	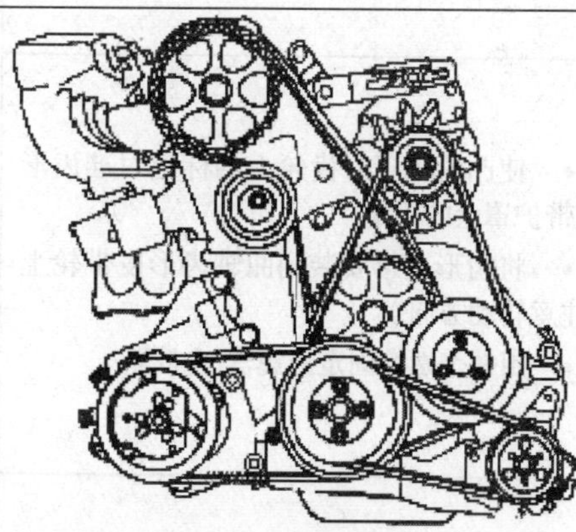
	• 转动曲轴使凸轮轴正时齿轮位于气缸 1 上止点的标记上 • 凸轮轴正时齿轮的标记必须与齿形皮带护罩上的箭头对齐	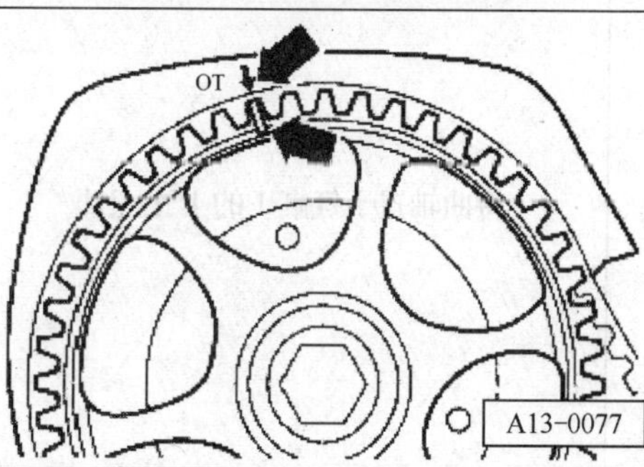

续表

<table>
<tr><th>步骤</th><th>描述</th><th>图片</th></tr>
<tr><td rowspan="2">拆卸</td><td>• 固定飞轮
• 拆下减震器/皮带轮
• 拆卸动力转向泵皮带轮</td><td>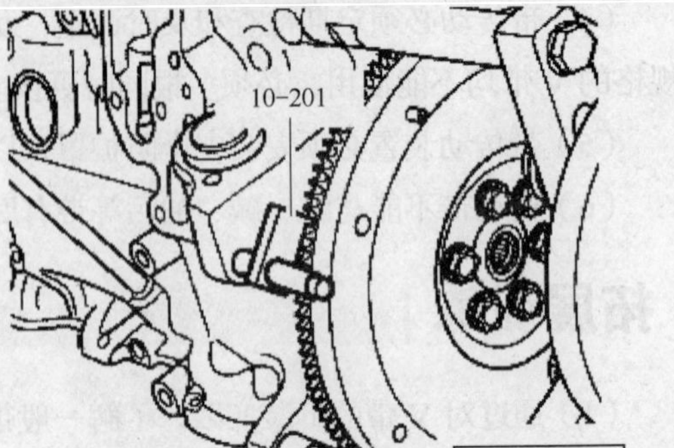

CH10-0118</td></tr>
<tr><td>• 拆卸冷却液泵皮带轮
• 拆下齿形皮带下部护罩
• 标记齿形皮带的转动方向
• 松开张紧轮并取下齿形皮带
• 然后将曲轴略微向反方向旋转</td><td>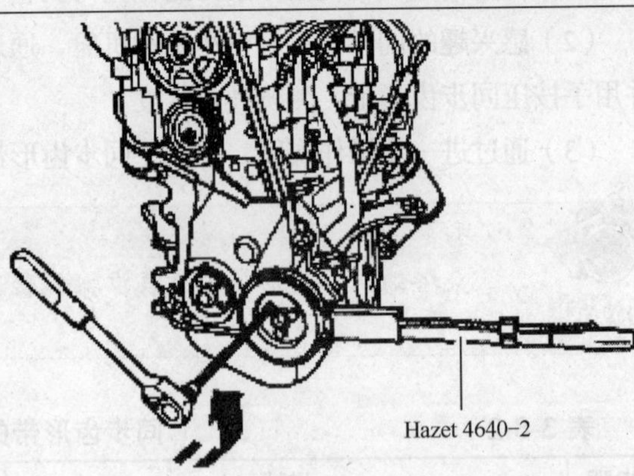

CH00-2026</td></tr>
<tr><td rowspan="2">安装</td><td>• 使凸轮轴正时齿轮上的标记对准齿形皮带护罩上的标记
• 将齿形皮带安装到曲轴齿形皮带轮上（注意转动方向）
• 用一个螺栓固定减震器/皮带轮</td><td>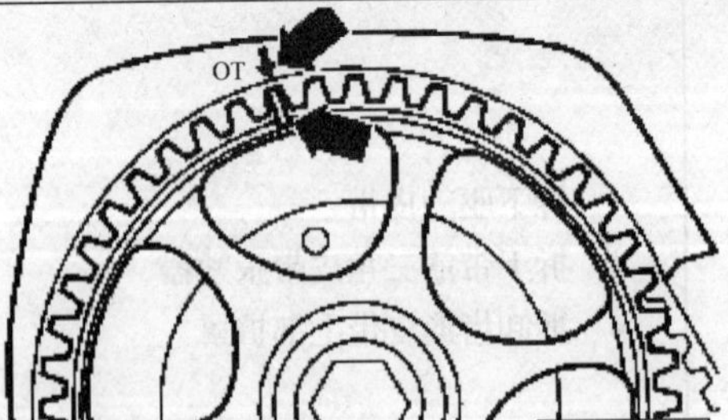

A13-0077</td></tr>
<tr><td>• 将曲轴置于气缸 1 的上止点处</td><td>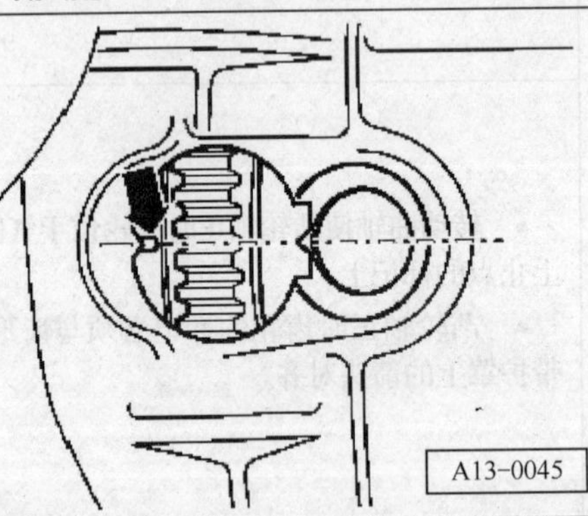
A13-0045</td></tr>
</table>

续表

步骤	描述	图片
安装	• 将曲轴皮带轮置于气缸 1 的上止点（箭头） • 将齿形皮带安装到张紧轮和凸轮轴正时齿轮上 • 按照顺时针方向转动张紧轮以张紧齿形皮带	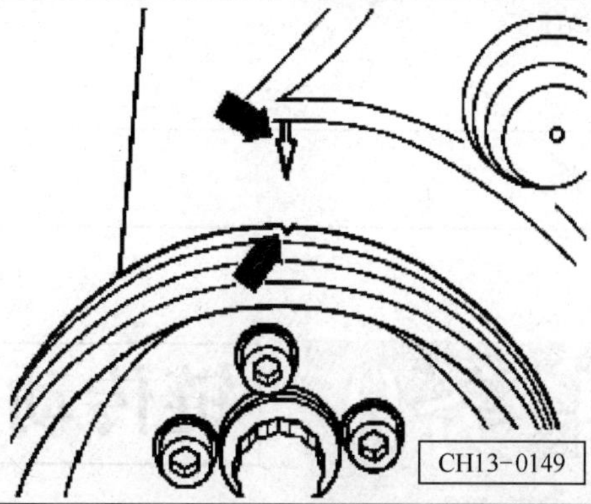

任务归纳

（1）通过拆装发电机 V 带，了解带传动的类型、特点和应用。

（2）通过拆装发电机 V 带，了解带传动装置的传动比计算方法。

（3）观察对发电机 V 带工作过程的演示，了解带传动张紧装置的构造，并掌握传动带预紧度的调整方法。

思考与练习

（1）带传动装置的基本组成和类型分别是什么？

（2）带传动装置的特点和应用分别是什么？

（3）V 带的结构与标准分别是什么？

（4）如何进行带传动装置传动比的计算？

（5）如何进行传动带预紧度的调整？

任务测评表

班级		姓名		日期		自评	互评	备注
（1）知道带传动装置的基本组成和装配关系吗？								
（2）知道带传动装置的特点和应用吗？								
（3）知道如何进行带传动装置传动比的计算吗？								
（4）了解 V 带的机构与标准吗？								
（5）掌握带传动装置的拆装技能和传动带预紧度的调整方法了吗？								
（6）在拆装带传动装置任务中，按照操作规程做到安全文明操作了吗？								

<table>
<tr><td>班级</td><td></td><td>姓名</td><td></td><td>日期</td><td></td><td>自评</td><td>互评</td><td>备注</td></tr>
<tr><td colspan="9">个人总结：</td></tr>
<tr><td colspan="6">总体评价</td><td>教师签名</td><td colspan="2"></td></tr>
</table>

任务9 链传动装置

任务描述

汽车广泛采用4气门或5气门的配气机构，一般靠传动链带动双凸轮轴。而传动链工作一段时间后，会产生变形和磨损，影响传动链的传动效率，甚至会发生传动链断裂而导致配气机构无法正常工作，严重时会导致活塞与气门运动发生干涉。因此，每行驶一定里程后必须进行传动链的维护和更换。本任务通过对传动链的拆卸和对传动链传动过程的观察，了解链传动的工作原理。发动机正时链图如图3-9-1所示。

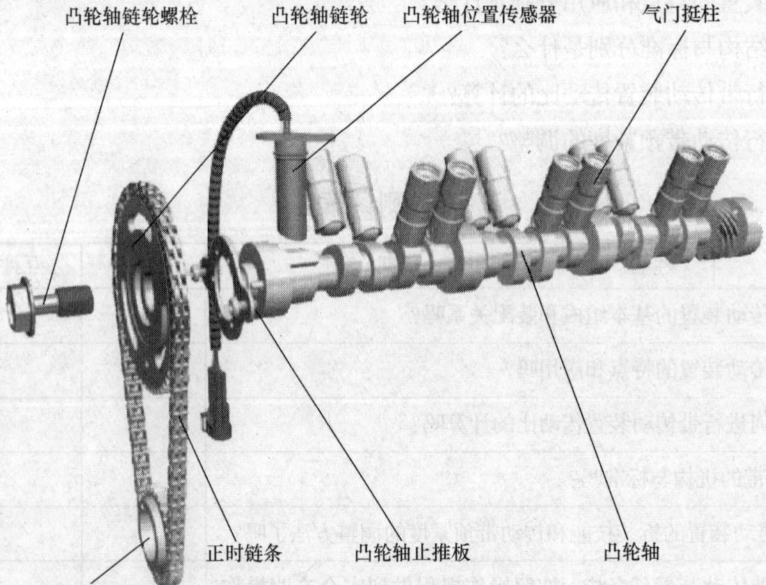

图3-9-1 发动机正时链图

任务要求

（1）观察链传动装置的基本组成。

（2）观察链传动装置各构件之间的相互装配关系。

（3）观察链传动装置工作过程的演示，了解动力传递方式。

（4）通过链传动装置的学习，进一步了解链传动装置的种类和特点。

（5）观察滚子链传动装置的形状，掌握滚子链预紧度的调整方法。

技能训练

1. 链传动装置的组成

链传动装置一般由传动链轮、传动链、传动链张紧装置组成，如图 3-9-2 所示。

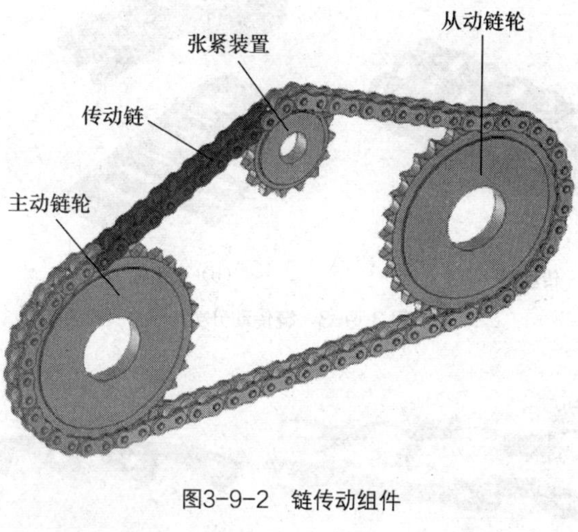

图3-9-2 链传动组件

2. 链传动过程演示

（1）通过对链传动装置的传动过程观察，了解链传动装置各构件间的相互连接关系。

（2）观察链传动过程，了解链传动原理。

（3）通过对链传动张紧装置的拆装，了解链传动装置的张紧原理。

相关链接

一、链传动的特点、应用和分类

1. 链传动的特点

链传动是属于具有中间挠性元件的啮合传动，兼有齿轮传动和带传动的一些特点。

（1）与齿轮传动相比，链传动具有制造与安装精度要求较低、链轮齿受力情况较好、承载能力较大、有一定的缓冲与减振性能、中心距大且结构轻便的特点。

（2）与摩擦带传动相比，链传动具有传动比准确、传动效率稍高、链条对轴的拉力较小等特点，同时，在同样的使用条件下，其结构尺寸更为紧凑，链条的磨损伸长比较缓慢，张紧调整工作量较小，且能在恶劣的环境下工作。

（3）链传动的缺点是不能保持瞬时传动比恒定，工作时有噪声，磨损后易发生脱链，不适用于受空间限制要求、中心距小及急速反向传动的场合。

2. 链传动的应用

链传动的应用范围很广，常用于中心距大、多轴、转速比要求较准确且工作环境恶劣的场合，以及低速重载、润滑良好的高速传动场合。

3. 链传动的分类

按用途不同，链传动可以分为起重链、牵引链和传动链 3 种，如图 3-9-3 所示。传动链又有滚子链、套筒链、弯板链和齿形链多种，如图 3-9-4 所示，汽车上主要应用的是短节距精密滚子链。

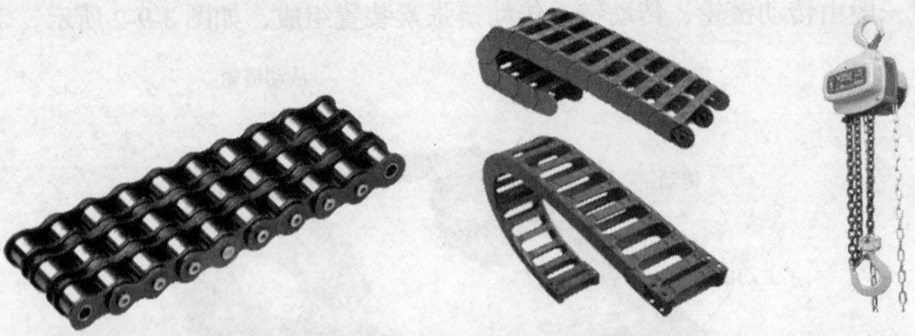

（a）传动链　（b）牵引链　（c）起重链

图3-9-3　链传动分类

（a）滚子链　（b）齿形链

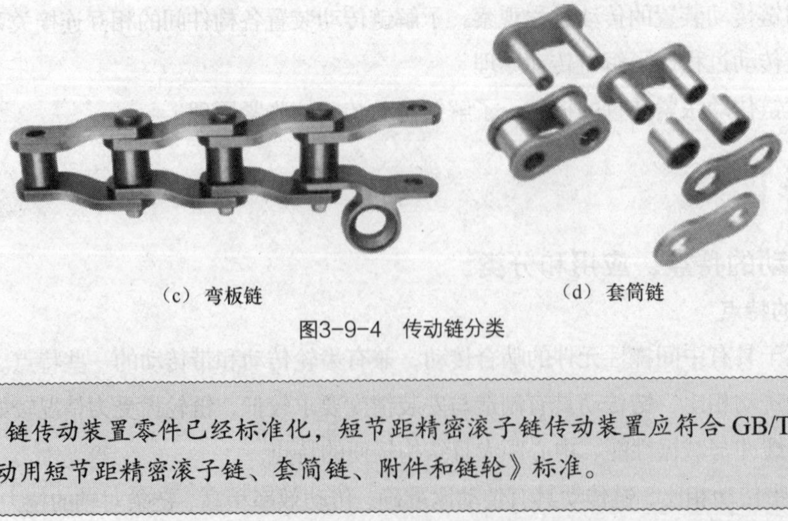

（c）弯板链　（d）套筒链

图3-9-4　传动链分类

小贴士　链传动装置零件已经标准化，短节距精密滚子链传动装置应符合 GB/T1243—2006《传动用短节距精密滚子链、套筒链、附件和链轮》标准。

普通传动滚子链的传动功率在 100kW 以下、链速在 15m/s 以下、传动比 $i \leqslant 6$、中心距 $a \leqslant 5 \sim 6$m。

（1）滚子链。滚子链又称为套筒滚子链，由内链板、外链板、销轴、套筒和滚子组成，如图 3-9-5 所示。

小贴士　内链板与套筒、外链板与销轴均为过盈配合；套筒与销轴、滚子与套筒均为间隙配合，使内、外链板构成可实现相对转动的活络连接，减少链条与链轮间的摩擦与磨损。

（2）齿形链。齿形链通常有圆销铰链式、轴瓦式、滚柱铰链式多种，图 3-9-6 所示为圆销铰链式齿形链，由齿形板、销轴和外链板组成。

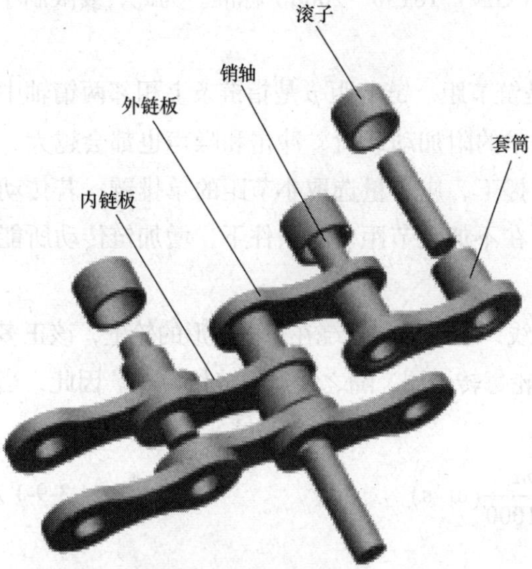

图3-9-5　滚子链的组成

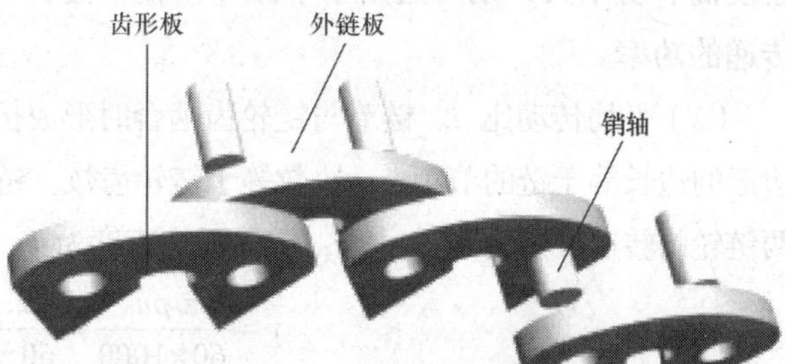

图3-9-6　齿形链的组成

二、链传动结构参数

1. 链轮的主要结构

链轮的结构如图 3-9-7 所示。小直径链轮可制成实心的，如图 3-9-7（a）所示；中等直径的链轮可制成孔板式的，如图 3-9-7（b）所示；直径较大的链轮可设计为组合式的，如图 3-9-7（c）所示，组合式链轮的齿圈磨损后可以更换。链轮轮毂部分的尺寸参考带轮。链轮的轴面齿形如图 3-9-8 所示。

链轮齿应有足够的接触强度和耐磨性，故齿面多经热处理。小链轮的啮合数比大链轮多，所受冲击力也大，故所用材料须优于大链轮。常用的链轮材料有碳钢如 Q235、Q275、45 号钢、ZG310-570，灰铸铁如 HT200 等，重要的链轮可采用合金钢，如 15Cr、40Cr、35CrMo 等。

2. 链传动的主要参数

（1）链轮齿数 z。链轮齿数对传动平稳性和工作寿命影响很大，因此，链轮齿数要适当，不宜过多或过少。链轮齿数越少，链轮的不均匀性和动载荷都会增加，当链轮齿数过少时，链轮的直径过小，会增加链节的负荷和工作频率，加速链轮、链条的磨损。

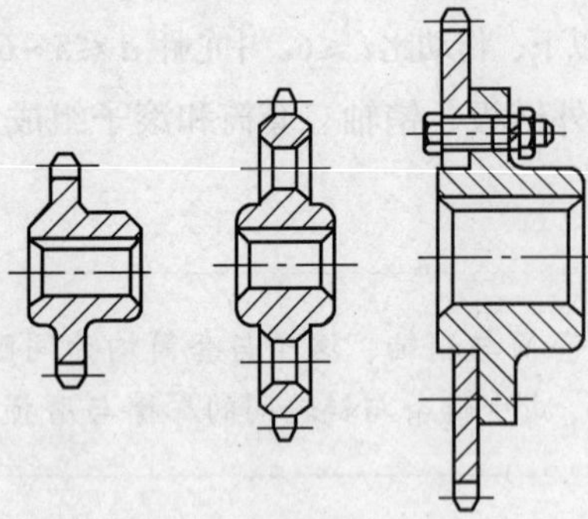

图3-9-7　链轮结构

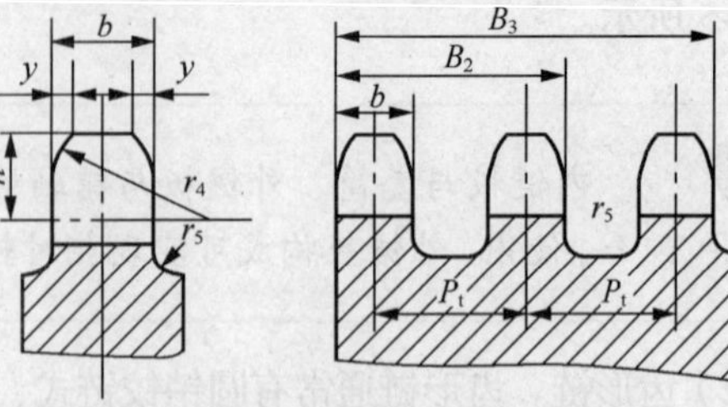

图3-9-8　滚子链链轮轴面齿形

滚子链传动选择应符合《滚子链传动选择指导》（GB/T 18150—2006）标准。为此，要限制小链轮的最少齿数，通常可取最少齿数 $z_{\min} \geqslant 9$。

（2）链节距 p。滚子链是标准件，其主要参数是链节距。链节距 p 是指链条上相邻两销轴中心间的距离。链节距越大其承载能力越强，但传动中的附加动载荷、冲击和噪声也都会越大，运动的平稳性就越差。因此，在满足传递功率的前提下，应尽量选取小节距的单排链；若传动速度高、功率大，则可选用小节距多排链。这样可在不加大节距 p 的条件下，增加链传动所能传递的功率。

（3）平均传动比 i。链节与链轮齿啮合时形成折线，相当于将链绕在正多边形的轮上，该正多边形的边长等于链的节距 p，边数等于链轮齿数。链轮每转一周，随之绕过的链长为 zp。因此，当两链轮的转速分别为 n_1、n_2 时，链的平均速度为

$$v = \frac{z_1 p n_1}{60 \times 1000} = \frac{z_2 p n_2}{60 \times 1000} (\mathrm{m/s}) \tag{3-9-1}$$

故链传动的平均传动比为

$$i = \frac{n_1}{n_2} = \frac{z_2}{z_1} \tag{3-9-2}$$

式中，p 为链节距（mm）；n_1、n_2 为主、从动轮转速（r/min）；z_1、z_2 为主、从动轮齿数。

（4）中心距 a。中心距 a 是主、从两链轮中心线之间的距离。在链速不变的情况下，若链传动中心距过小，链节在单位时间内所承受的变应力次数增多，会加速链条的疲劳和磨损；另外，小链轮的包角和同时参与啮合的齿数也就减少，传动能力就会下降。反之，若中心距过大，易使链传动时链条发生抖动现象，增加传动的不平稳性。一般可取中心距 a ＝（30～50）p，最大中心距 $a_{\max} \leqslant 80p$。

小贴士

为便于安装和调节链条张紧程度，链传动中心距一般都可以调整。

三、链传动的布置形式与张紧装置

1. 链传动的布置形式与特点

链传动的常见布置形式有水平布置、倾斜布置和垂直布置等，如图 3-9-9 所示。

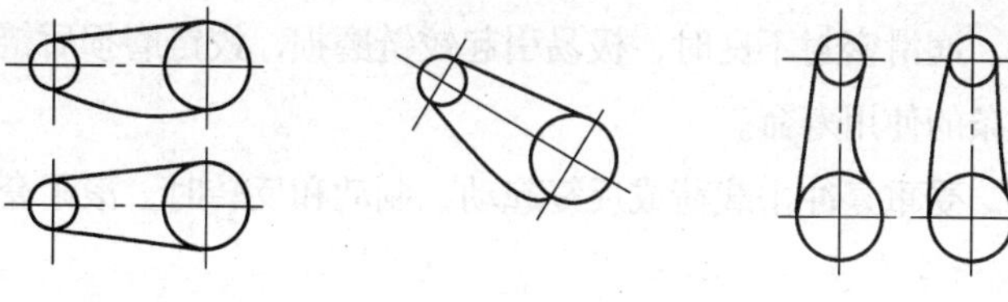

（a）水平布置　（b）倾斜布置　（c）垂直布置

图3-9-9　链传动的布置形式

（1）水平布置时应保持两链轮的回转平面在同一铅垂平面内，并保持两轮轴线相互平行，否则易引起脱链和产生不正常磨损。

（2）倾斜布置时两轮轴线不在同一水平面，松边应在下面，否则松边下垂量增大后，链条易与链轮卡死；两链轮中心线与水平线夹角φ尽量小于45°，以免下方的链轮啮合不良或脱离啮合。

（3）垂直布置时两轮轴线在同一铅垂面内，下垂量增大，会减少下链轮有效啮合轮数，降低传动能力，为此应采用以下3种方式：

① 中心距可调。

② 张紧装置。

③ 上下两轮错开，使其不在同一铅垂直面内。

2. 链传动张紧装置

链传动张紧的目的主要是避免垂度过大时啮合不良，同时也可减小链条振动及增大链条与链轮的啮合包角。常用的张紧方法有调整中心距法和采用张紧装置法，张紧装置的张紧轮一般设置在松边。

（1）增大两轮中心距。

（2）用张紧装置张紧，如图3-9-10所示，张紧轮直径稍小于小链轮直径，并置于松边靠近小链轮。

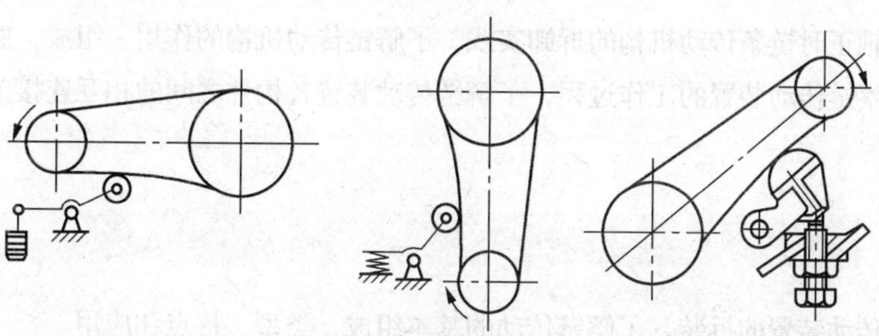

（a）靠挂重自动张紧　（b）靠弹簧自动张紧　（c）靠螺栓调节的托板张紧

图3-9-10　链的张紧装置

四、链传动的失效与保养

1. 链传动的失效形式

链轮比链条的强度高，工作寿命长，故设计时主要应考虑链条的失效。链传动的主要失效形式有以下几种。

（1）链条疲劳损坏。在链传动中，链条两边拉力不相等，在变载荷作用下，经过一定应力循环次数，链板将产生疲劳损坏，如发生疲劳断裂，滚子表面发生疲劳点蚀。在正常润滑条件下，疲劳破坏常是限定链传动承载能力的主要因素。

（2）链条铰链磨损。润滑密封不良时，极易引起铰链磨损，铰链磨损后链节变长，容易引起跳齿或脱链，从而降低链条的使用寿命。

（3）多次冲击破坏。受重复冲击载荷或反复起动、制动和反转时，滚子套筒和销轴可能在疲劳破坏之前发生冲击断裂。

（4）胶合润滑不当或速度过高时，使销轴和套筒之间的润滑油膜受到破坏，以致工作表面发生胶合。胶合限定了链传动的极限转速。

2. 链传动的保养

（1）传动的各个链轮应当保持良好的共面性，链条通道应保持畅通。

（2）链条松边垂度应保持适当。对可调中心距的水平和倾斜传动，链条垂度应保持为中心距的1%～2%，对垂直传动或受振动载荷、反向传动及动力制动时，应使链条垂度更小些。经常检查和调整链条松边垂度是链传动保养工作中的重要项目。

（3）经常保持良好的润滑，这是保养工作中的重要项目。不管采用哪种润滑方式，最重要的是能使润滑油脂很及时、很均匀地分布到链条铰链的间隙中去。如无必要，尽量不采用黏度较大的重油或润滑脂，因为它们使用一段时间后易与尘土一起堵塞通往铰链摩擦表面的通路（间隙）。应定期将滚子链进行清洗去污，并经常检查润滑效果，必要时应拆开检查销轴和套筒，如摩擦表面呈棕色或暗褐色时，一般是供油不足，润滑不良。

（4）链条链轮应保持良好的工作状态。

（5）经常检查链轮轮齿工作表面，如发现磨损过快，及时调整或更换链轮。

拓展训练

通过对凸轮轴正时链条传动机构的拆卸实践，了解链传动机构的作用、组成，感兴趣的同学可以通过进一步观察链传动装置的工作过程，了解链传动装置各构件之间的相互连接关系，并完成装配工作。

任务归纳

（1）通过链传动装置的拆装，了解链传动的基本组成、类型、特点和应用。

（2）通过链传动装置的拆装，了解链传动装置各构件之间的相互装配关系和传动比计算方法。

（3）观察对链传动装置工作过程的演示，了解动力传递方式、链传动张紧装置构造，并掌握链传动装置预紧度的调整方法。

思考与练习

（1）链传动装置的基本组成、类型、特点和装配关系分别是什么？

（2）链传动装置的主要参数有哪些？

（3）链传动装置的布置形式有哪几种？链传动装置的张紧装置有哪几种？

任务测评表

班级		姓名		日期		自评	互评	备注
（1）知道链传动装置的基本组成和装配关系吗？								
（2）知道链传动装置的作用吗？有哪几种基本类型？								
（3）知道如何进行链传动装置传动比的计算吗？								
（4）链传动装置和带传动装置相比较有什么特点？								
（5）链传动装置的主要参数有哪些？								
（6）链传动装置有哪几种张紧方法？								
（7）掌握链传动装置的拆装技能了吗？能独立完成拆装吗？								
（8）在拆装链传动装置任务中，按照操作规程做到安全文明操作了吗？								
个人总结：								
总体评价						教师签名		

任务10　键连接装置

任务描述

通过对汽车传动机构的观察，我们会发现，许多盘类零件与轴类零件一般都是通过键将盘类零件固定在轴上的，如汽车变速器中的齿轮与轴之间大部分都是由各种键进行连接和传递动力的，如图 3-10-1 所示。一旦键连接失效，将会直接影响动力的传递。本任务通过对键连接装置的拆装和对键连接装置工作过程的观察，了解键连接装置的工作原理。

图3-10-1　齿轮与轴

任务要求

（1）了解常用键的基本类型。

（2）掌握常用键的应用特点和正确选用方法。

（3）观察常用键连接各构件之间的相互装配关系。

（4）进一步了解常用键在汽车上的应用。

相关知识链接

键连接是汽车中最常用的连接方式之一，是一种主要用于轴和轴上旋转零件（如齿轮、链轮、带轮、蜗轮等）或摆动零件（如摇臂等）之间的周向固定的可拆性连接，有时也能作为导向零件（如变速器中的直齿滑移齿轮与轴的连接等），如图 3-10-2 所示。根据键连接的结构形状不同，汽车上常用的键连接主要有平键、半圆键和花键3类。

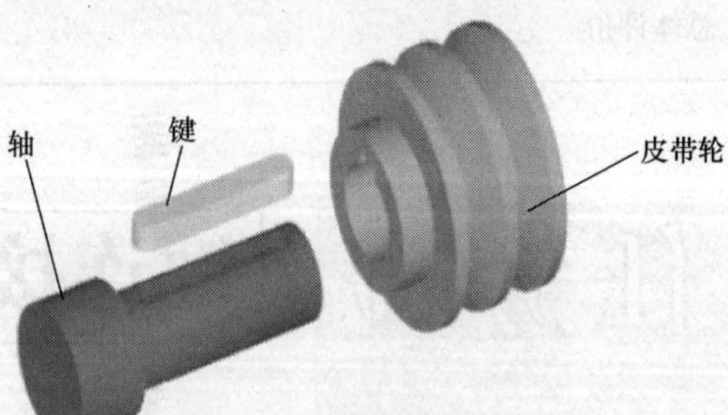

图3-10-2　皮带轮与轴的连接

> **小贴士** 键和花键是标准件，其材料、剖面尺寸、键与键槽的配合等都有国家标准．通常只是选用适当类型和尺寸标准。

1. 平键连接

平键连接有普通平键、导向平键和滑键 3 种。

（1）普通平键。普通平键的两侧面是工作面，靠对两侧面挤压传递转矩。普通平键根据其形状，分为 A 型、B 型和 C 型 3 种，如图 3-10-3 所示。普通平键具有结构简单、拆装方便、对中性好、承载能力大和应用广泛的特点。

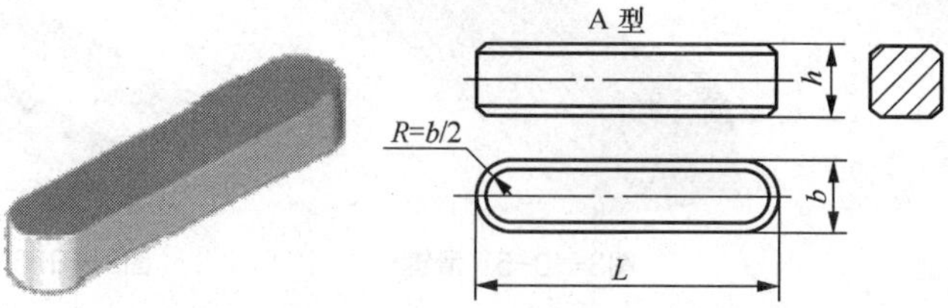

（A 型）圆头平键

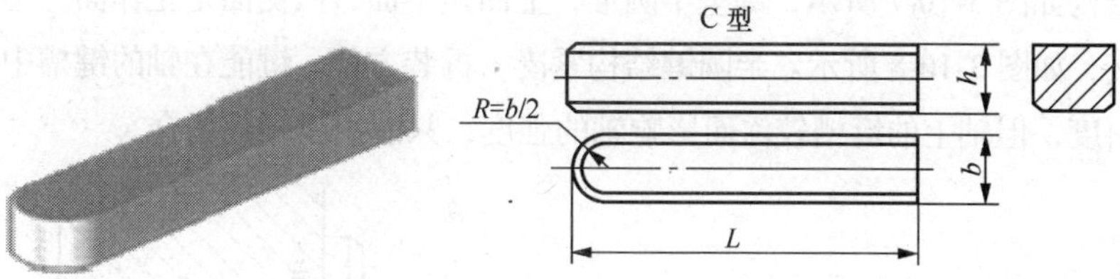

（B 型）单圆头平键

（C 型）方头平键

图3-10-3 普通平键

A 型键在键槽中轴向固定良好、拆装方便，通常键与键槽配合较紧，但不能轴向固定零件，而轴上键槽的应力较为集中，常用于轴的中间部位。

B 型键无轴向定位，应力集中小，常用于轴的中间部位。

C 型键应用较少些，常用于轴端。

（2）导向平键。除了具有普通平键的特点外，导向平键较普通平键要长，必须用螺钉将键固定在轴的键槽中。导向平键如图 3-10-4 所示，它适用于轴上零件滑移距离不大的场合，该键同时起导向作用。键与键槽之间采用动配合连接，分为 A 型和 B 型两种。

（3）滑键。滑键的性质与导向平键相似，适用于零件滑移距离较大的场合。滑键是将键固定在轮毂上，并与轮毂一起在轴上作轴向滑移，其结构如图 3-10-5 所示。

小贴士

在传递较大扭矩和一个平键不能满足要求时可采用双平键结构，按 180° 对称布置两个平键。

平键的失效形式是键在工作时，键的两侧面受键槽的挤压而被剪切，造成工作面挤溃剪切，如图 3-10-6 所示；导向平键和滑键的失效形式是工作面磨损。

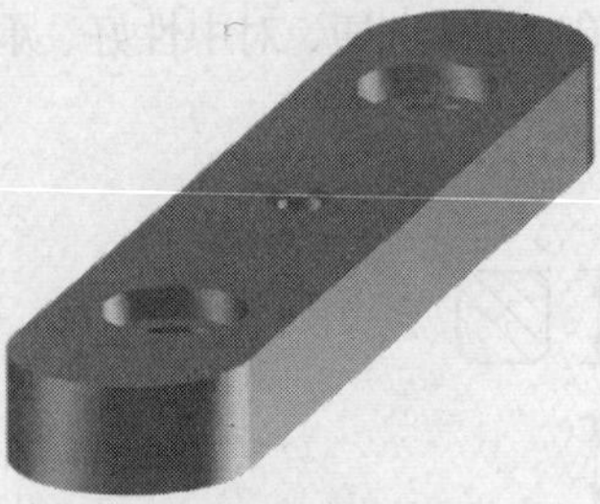

图3-10-4　导向平键

图3-10-5　滑键

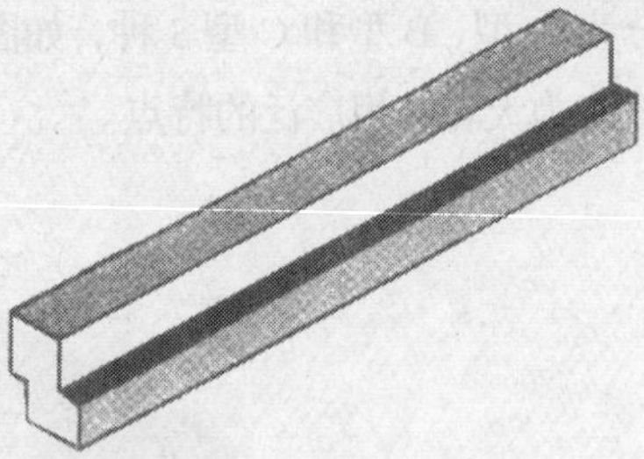

图3-10-6　普通平键失效形式

2. 半圆键连接

半圆键的结构如图 3-10-7 所示，键呈半圆形，上面是平面，两侧面是工作面，主要用于锥形轴端与轮毂的连接，如图 3-10-8 所示。半圆键结构紧凑、拆装方便，键能在轴的键槽中摆动，以适应轮毂中键槽的斜度，但轴上的键槽较深而影响轴的强度，只能用于轻载场合。

图3-10-7　半圆键

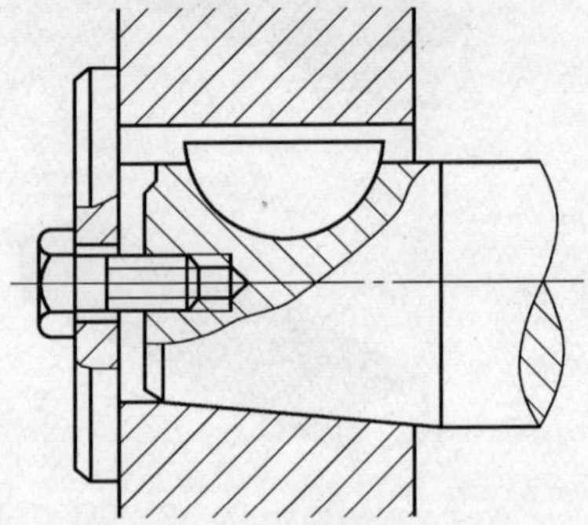

图3-10-8　半圆键的连接

小贴士

半圆键的优点是工艺性好、装配方便，适用于锥形轴与轮毂的连接。

3. 花键连接

花键的结构如图 3-10-9 所示，沿圆周均匀分布的多个键齿分别构成内、外花键。由轴上加工的外花键和孔壁上加工的内花键所构成的连接，称为花键连接。

花键与普通平键相似，两侧面是工作面，靠键的两侧面挤压传递转矩。与普通平键或半圆键相比，花键具有以下特点：

（1）齿数较多、工作面积大、承载能力较强；

（2）键齿分布均匀，使各键齿的受力也比较均匀；

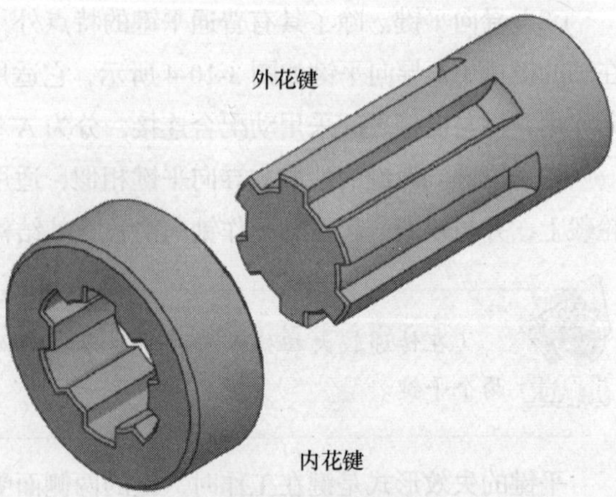

图3-10-9　花键

（3）花键连接精度高，轴上零件的对中性好；

（4）导向性好，轴上的零件可实现滑移，具有滑键功能；

（5）加工制造成本较高，需要在专用设备上加工。

根据齿形不同，花键可以分为矩形花键、渐开线花键和三角形花键 3 种，如图 3-10-10 所示。

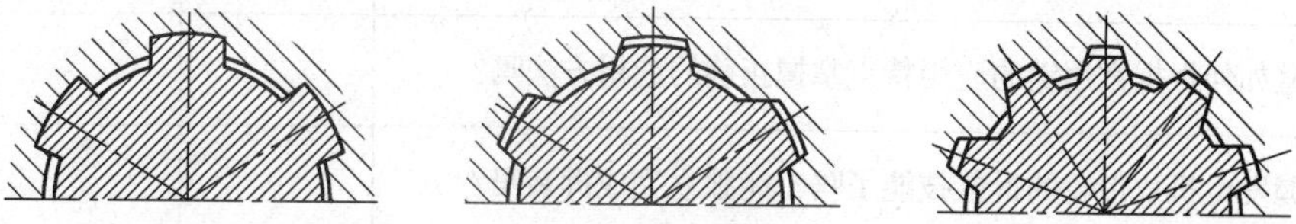

（a）矩形花键　（b）渐开线花键　（c）三角形花键

图3-10-10　花键类型

根据 GB/T　1144—2001 的规定，矩形花键为小径定心，具有定心精度高、定心稳定，配合面经磨削后能消除热处理产生的变形等特点，应用广泛。

渐开线花键的定心方式为齿形定心，当齿受载时齿上的径向力能自动定心，有利于各齿均匀承载，应用广泛且优先采用。

三角形花键的键齿较小、齿数较多，对轴的强度削弱小，适用于较小直径的轻载场合，应用较少。

拓展训练

（1）通过对键连接装置的拆卸实践，了解键连接装置的作用和组成。

（2）感兴趣的同学可以通过拆卸变速器和转向器，进一步观察键连接装置的工作原理和各构件之间的相互连接关系，并完成装配工作。

（3）在汽车中找出各种常用的键连接。

任务归纳

（1）通过拆装发电机，了解常用键的类型和特点。

（2）通过拆装发电机，掌握常用键的正确选用方法。

思考与练习

（1）发电机皮带轮的连接方法与装配关系如何？

（2）常用键的基本类型和种类有哪几种？

（3）常用键有何应用特点？如何正确选用常用键？

（4）各种常用键连接各构件之间的相互装配关系如何？

（5）通过观察，在汽车上找出常用键不同的应用。

任务测评表

班级		姓名		日期		自评	互评	备注
（1）知道发电机皮带轮的装配关系吗？								
（2）知道常用键基本类型和种类有哪几种吗？								
（3）知道如何根据常用键的应用特点掌握正确的选用方法吗？								
（4）掌握发电机皮带轮的拆装技能了吗？能独立完成拆装吗？								
（5）在拆装发电机皮带轮任务中，按照操作规程做到安全文明操作了吗？								
（6）观察找到常用键在汽车上的不同应用。								
个人总结：								
总体评价						教师签名		

任务11 销连接装置

任务描述

通过观察发现，盘类零件与轴类零件除了通过键连接外，还有一种方法是通过销连接的（见图 3-11-1），但销应用更广泛的是定位。通过对销连接装置的拆装和对销连接装置工作过程的观察，了解销连接装置的工作原理。

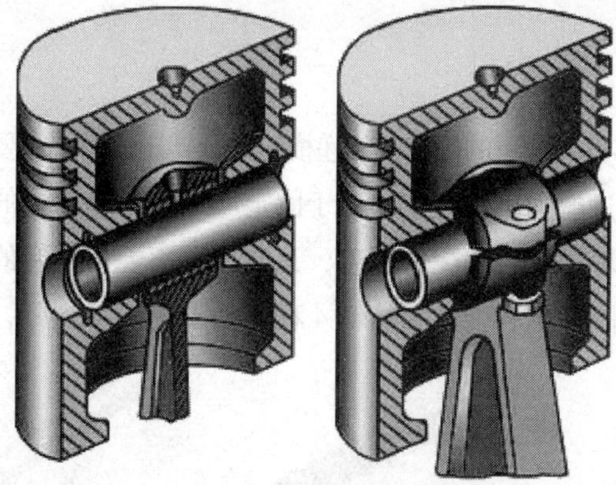

图3-11-1　活塞销连接

任务要求

（1）了解常用销的基本类型。

（2）掌握常用销的应用特点和正确选用方法。

（3）观察常用销连接各构件之间的相互装配关系。

（4）进一步了解常用销在汽车上的应用。

相关知识链接

一、销连接的特点和分类

销连接是汽车中最常用的连接方式之一，是一种主要用于确定零件之间的相互位置并能传递轻载荷的连接，也可用于轴和轮毂类零件或其他零件间的连接，如图 3-11-2 所示。

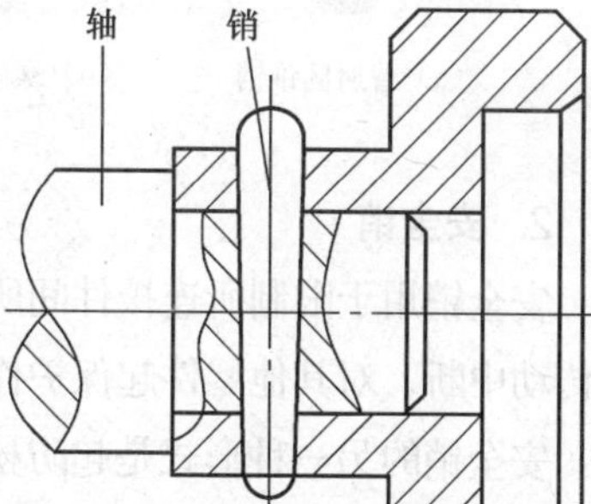

图3-11-2　销连接

（1）根据用途，销一般可以分为定位销、连接销与安全销3 种。

（2）根据结构，销一般可以分为圆柱销、圆锥销、槽销、销轴、带孔销、开口销等。图 3-11-3 所示为例举的 3 种销的结构。

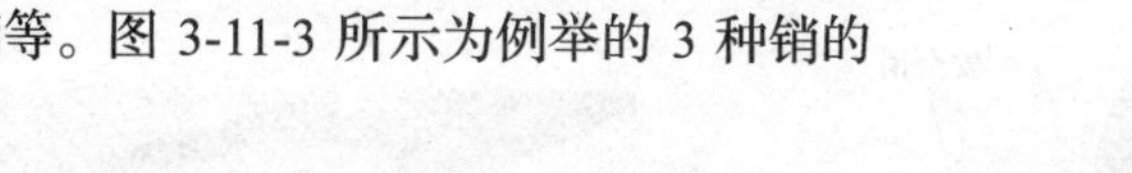

（a）圆柱销　（b）圆锥销　（c）开口销

图3-11-3　销的不同结构

销是标准件，销的材料、剖面尺寸、配合等都有国家标准，通常只是选用适当类型和尺寸标准。

二、销连接的应用

1. 定位销与传力销

定位销与传力销是用于零件间位置的确定和传递横向力及转矩的销，主要有圆柱销和圆锥销两大类。

（1）圆柱销。圆柱销靠过盈固定在孔中，用于固定零件、传递不大的横向力和转矩，也能作为定位件，但是多次拆卸会破坏销本身的配合精度，只能用于不经常拆卸的场合。圆柱销分为普通圆柱销、螺纹圆柱销、内螺纹圆柱销和弹性圆柱销 4 种，如图 3-11-4 所示。

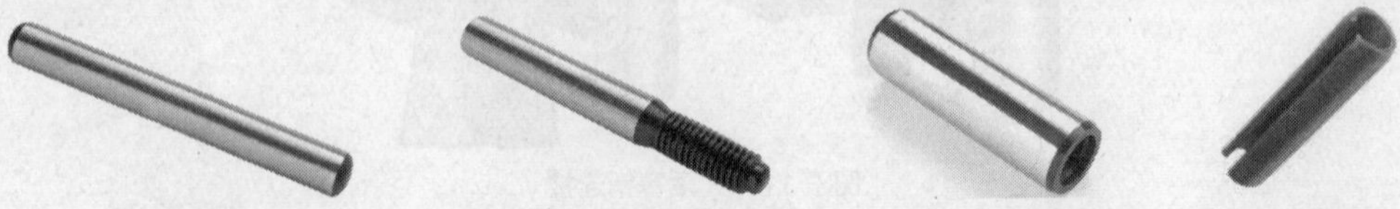

（a）普通圆锥销　（b）螺尾圆锥销　（c）内螺纹圆锥销　（d）弹性圆锥销

图3-11-4　圆柱销的不同结构

（2）圆锥销。圆锥销有 1∶50 的锥度，便于安装，其定位精度比圆柱销高，有可靠的自锁性，多用于经常拆卸的场合。圆锥销分为普通圆锥销、螺尾圆锥销、内螺纹圆锥销、开尾圆锥销 4 种，如图 3-11-5 所示。

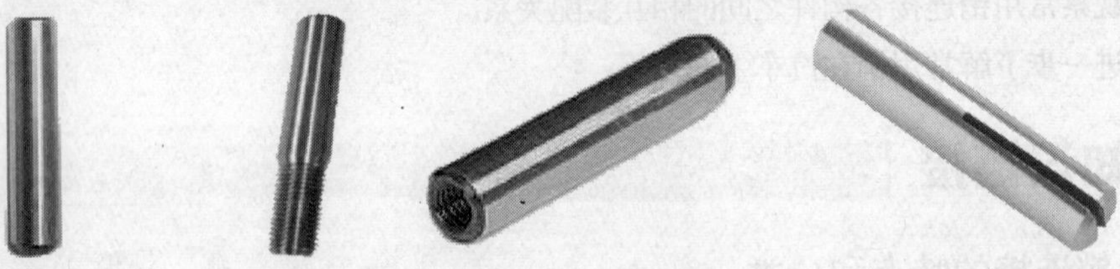

（a）普通圆锥销　（b）螺尾圆锥销　（c）内螺纹圆锥销　（d）开尾圆锥销

图3-11-5　圆锥销的不同结构

2. 安全销

安全销用于限制所连接件间所能传递的最大扭矩，当超过规定的最大值时，销因过载而被剪断，使传动中断，对其他零件起保护作用，如图 3-11-6 所示。

安全销的另一种形式是起防松锁止作用的开口销，开口销主要与槽形螺母配合使用，防止其松动，如图 3-11-7 所示。

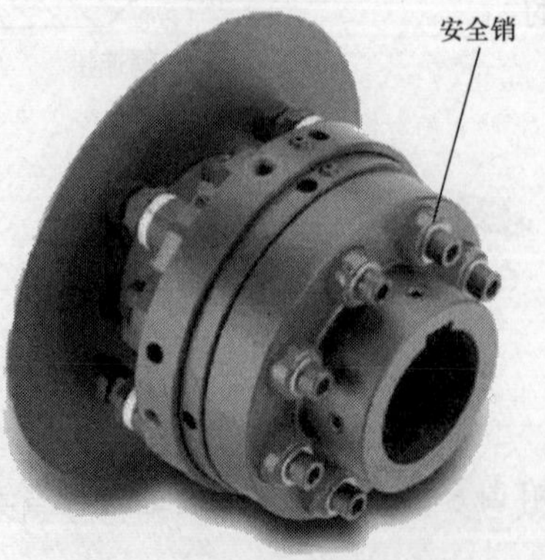

图3-11-6　安全销

图3-11-7　开口销

3. 销轴

销轴主要起销钉作用，通常有普通销轴和带孔销轴两大类，主要用于铰接处，并用开口销锁定，拆装方便，如图 3-11-7 所示。

小贴士 通过观察桑塔纳转向节主销，认识转向节主销的装配关系。转向节主销是销轴的另一种应用类型。

拓展训练

（1）通过对销连接装置的拆卸实践，了解销连接装置的作用和组成。

（2）感兴趣的同学可以通过拆卸桑塔纳变速器操纵机构，进一步观察销连接装置的工作原理和各构件之间的相互连接关系，并完成装配工作。

（3）让学生在汽车中找出各种常用的销连接。

任务归纳

（1）通过拆装活塞销，了解常用销的类型和特点。

（2）通过拆装活塞销，掌握常用销的正确选用方法。

思考与练习

（1）活塞销的连接种类和装配关系如何？

（2）常用销的基本类型和种类有哪几种？

（3）常用销有何应用特点？如何正确选用常用销？

（4）各种常用销连接各构件之间的相互装配关系如何？

任务测评表

<table>
<tr><td>班级</td><td></td><td>姓名</td><td></td><td>日期</td><td></td><td>自评</td><td>互评</td><td>备注</td></tr>
<tr><td colspan="6">（1）知道活塞销的装配关系吗？</td><td></td><td></td><td></td></tr>
<tr><td colspan="6">（2）知道常用销基本类型和种类有哪几种吗？</td><td></td><td></td><td></td></tr>
<tr><td colspan="6">（3）知道如何根据销的应用特点掌握正确的选用方法吗？</td><td></td><td></td><td></td></tr>
<tr><td colspan="6">（4）掌握活塞销的拆装技能了吗？能独立完成拆装吗？</td><td></td><td></td><td></td></tr>
<tr><td colspan="6">（5）在拆装活塞销任务中，按照操作规程做到安全文明操作了吗？</td><td></td><td></td><td></td></tr>
</table>

班级		姓名		日期		自评	互评	备注
（6）通过观察，能在汽车上找到其他常用销不同的应用吗？								
个人总结：								
总体评价						教师签名		

任务12 螺纹连接件

任务描述

在日常生活中，螺纹连接随处可见，而且它在汽车上的应用也非常广泛。本任务通过对螺纹连接件的形成和特点的了解，进一步学习螺纹连接件的正确选用方法。通过对机油泵的拆卸和对螺纹连接件工作原理的观察，了解螺纹连接装置在汽车上的应用。

任务要求

（1）了解螺纹的形成、分类及其特点。

（2）了解普通螺纹的主要参数。

（3）能正确选用、更换螺纹连接件。

（4）掌握螺纹连接件的表达方法及其标记方法。

（5）进一步了解螺纹连接件在汽车上的应用。

相关知识链接

一、螺纹的形成、分类和特点

1. 螺纹的形成

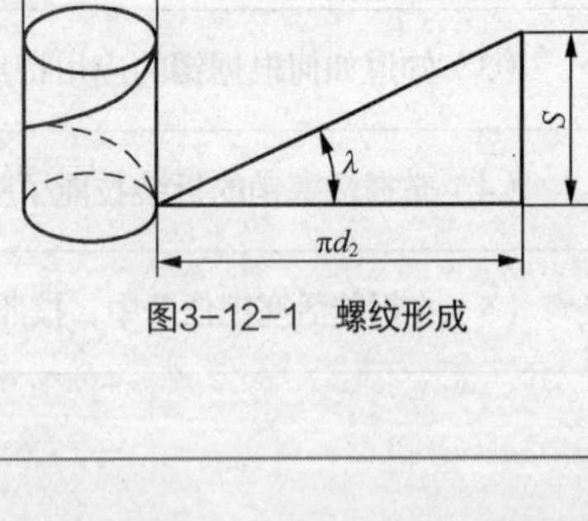

图3-12-1 螺纹形成

普通螺纹可以看成是将一直角三角形绕到一个圆柱上，并使三角形的底边与圆柱外表面重合，如图 3-12-1 所示，在圆柱体表面形成了一条螺旋线，这就是我们所称的“螺纹”。螺纹可以通过车床加工，如图 3-12-2 所示，也可以用钳工工具通过攻丝或套丝加工而成，如图 3-12-3 所示。

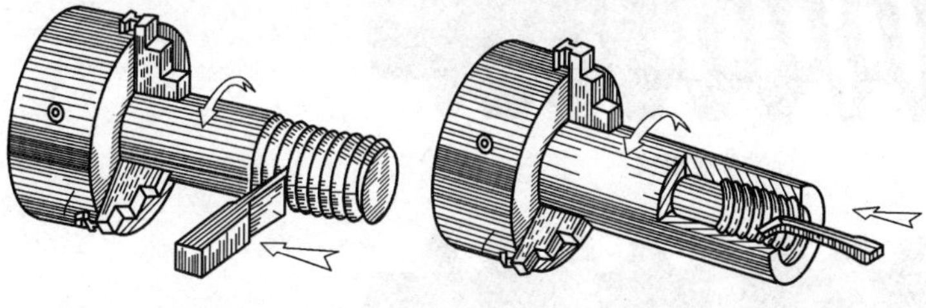

（a）车外螺纹　　（b）车内螺纹

图3-12-2　螺纹的车削

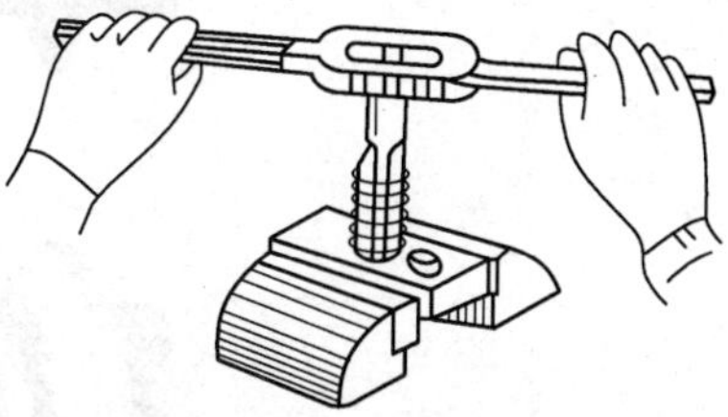

图3-12-3　丝锥攻丝

小贴士

螺纹用车床沿螺旋线加工出不同形状的沟槽，便得到不同牙型的螺纹，如图 3-12-4 所示。

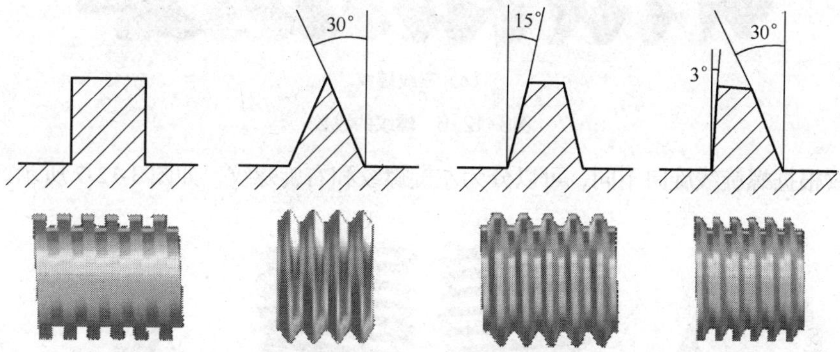

（a）矩形螺纹　（b）三角形螺纹　（c）梯形螺纹　（d）锯齿形螺纹

图3-12-4　各种螺纹牙型

2. 螺纹的分类和特点

（1）螺纹根据其所在表面不同，可以分为外螺纹和内螺纹，如图 3-12-5 所示。

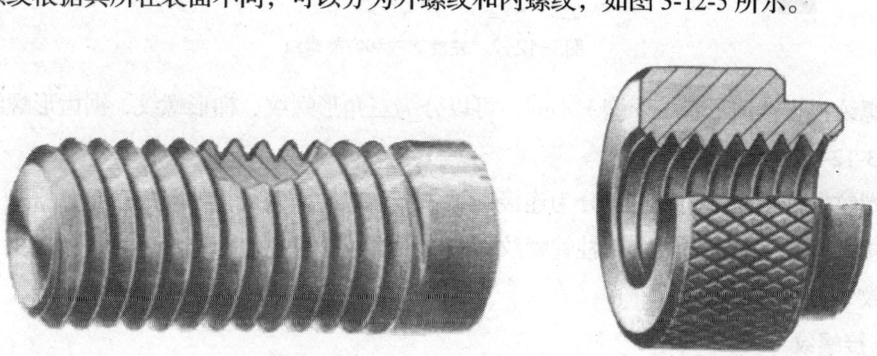

（a）外螺纹　　（b）内螺纹

图3-12-5　外螺纹和内螺纹

（2）螺纹根据螺旋线数目不同，可以分为单线螺纹和多线螺纹，如图 3-12-6 所示。

(a) 单线螺纹

(b) 双线螺纹

(c) 三线螺纹

图3-12-6　螺纹的线数

（3）螺纹根据螺旋线旋向不同，可以分为左旋螺纹和右旋螺纹，如图 3-12-7 所示。

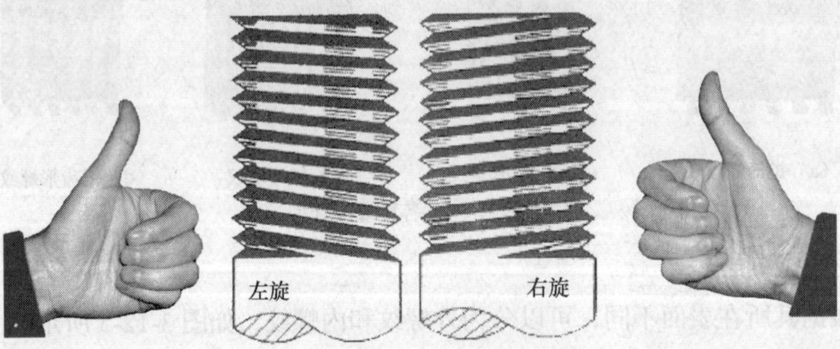

图3-12-7　左旋螺纹和右旋螺纹

（4）螺纹根据截面形状（牙型）不同，可以分为三角形螺纹、梯形螺纹、锯齿形螺纹和矩形螺纹（见图 3-12-4）。

（5）螺纹根据用途不同，可以分为连接螺纹和传动螺纹两大类，如图 3-12-8、图 3-12-9 所示。其中，连接螺纹分为普通螺纹、圆柱管螺纹和圆锥管螺纹 3 种；传动螺纹分为梯形螺纹、锯齿螺纹和矩形螺纹 3 种。

3. 连接螺纹

（1）普通螺纹。普通螺纹的牙型为三角形，牙型角为 60°，螺纹牙的根部削弱较小，强度大；螺纹面间的摩擦力大，自锁性能好，适合作为连接螺纹；同一公称直径的螺纹，根据螺距不同可以分为粗牙与细牙两大类，一般连接螺纹多用普通粗牙螺纹，而细牙螺纹主要用于薄壁零件，也常用在受冲击、振动和微调的机构上。

图3-12-8　连接螺纹

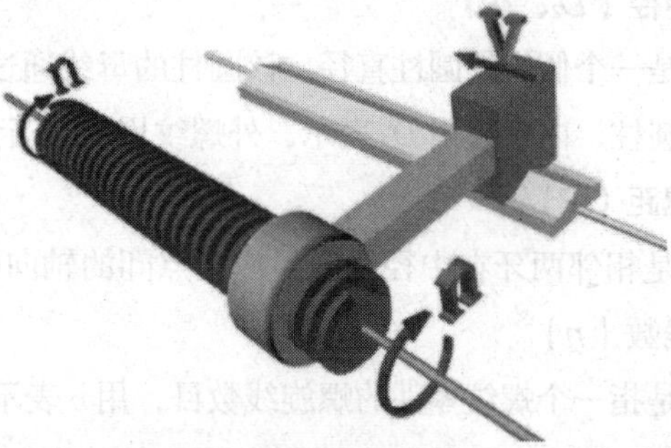

图3-12-9　传动螺纹

（2）圆柱管螺纹。圆柱管螺纹的牙型角为 55°，公称直径近似为管子内径，螺纹副本身不具备密封性，多用于水、油、气的管路以及电器管路系统的连接。

（3）圆锥管螺纹。圆锥管螺纹的牙型为等腰梯形，牙型角为 55°，螺纹分布在 1∶16 的圆锥管上，内外螺纹公称牙间没有间隙，依靠螺纹牙型的变形保证连接的紧密性。圆锥管螺纹适用于管路、管接头、阀门以及其他高温、高压、密闭的管道系统。

4. 传动螺纹

（1）梯形螺纹。梯形螺纹的牙型为三角形，牙型角为 30°，传动效率较低，但工艺性好，强度高，螺旋副的对中性好，如图 3-12-4（c）所示。

（2）锯齿形螺纹。锯齿形螺纹工作面的牙型侧角为 3°，非工作面的牙型侧角为 30°，外螺纹的牙根处为圆角，以便减小应力集中，如图 3-12-4（d）所示。锯齿形螺纹的牙根强度和传动效率都比梯形螺纹高。

（3）矩形螺纹。矩形螺纹的牙型为正方形，牙型角为 0°，牙厚为螺距的一半，螺纹牙根部削弱较大，强度小，磨损后间隙难以修复和补偿，使得传动精度降低，如图 3-12-4（a）所示。现在矩形螺纹已逐渐被梯形螺纹代替，多应用于传力或螺旋传动场合。

小贴士

螺纹是标准件，螺纹的材料、剖面尺寸、基本参数、配合等都有国家标准。

二、普通螺纹的主要参数

普通螺纹的主要参数如图 3-12-10 所示。

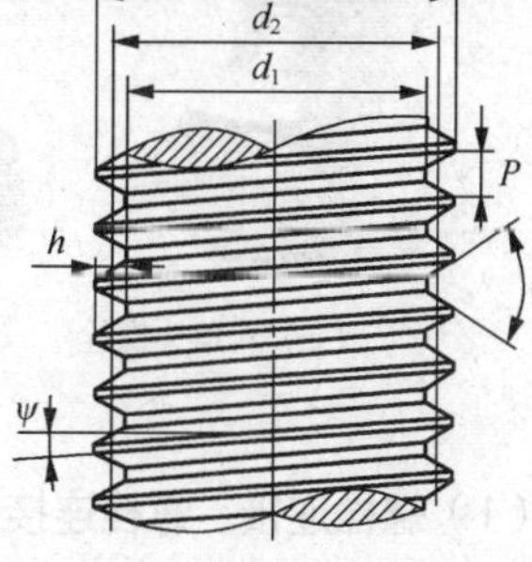

图3-12-10　普通螺纹的主要参数

1. 大径（D、d）

大径是指与外螺纹牙顶或内螺纹牙底相重合的假想圆柱面的直径。内螺纹用 D 表示，外螺纹用 d 表示，标准规定将螺纹大径的公称尺寸定为公称直径，即代表螺纹尺寸的直径。

2. 小径（D_1、d_1）

小径是指与外螺纹牙底或内螺纹牙顶相重合的假想圆柱面的

直径。内螺纹用 D_1 表示，外螺纹用 d_1 表示。

3. 中径（D_2、d_2）

中径是一个假想的圆柱直径。该圆柱的母线通过牙型上沟槽和凸起宽度相等的地方，假想圆柱称为中径圆柱，内螺纹用 D_2 表示，外螺纹用 d_2 表示。

4. 螺距（P）

螺距是相邻两牙在中径线上对应两点间的轴向距离，用 P 表示。

5. 线数（n）

线数是指一个螺纹零件的螺旋线数目，用 n 表示。

6. 导程（L）

导程是指同一条螺旋线上的相邻两牙在中径上对应两点间的轴向距离，用 L 表示，$L=nP$。

7. 牙型角和牙侧角（α、β）

牙型角是指螺纹牙型上相邻两牙侧间的夹角，用 α 表示，普通螺纹的 $\alpha=60°$；牙侧角是指在螺纹牙型上牙侧与螺纹轴线的垂线间的夹角，用 β 表示。

8. 螺纹升角（ψ）

螺纹升角是指在中径圆柱面上，螺旋线的切线与垂直于螺纹轴线的平面夹角，用 ψ 表示。

9. 螺纹旋合长度

螺纹旋合长度是指两个相互配合的螺纹，沿螺纹轴线方向相互旋合部分的长度。

三、螺纹连接的类型和应用

连接螺纹的种类较多，常用的有螺栓连接、双头螺柱连接和螺钉连接等，如图 3-12-11 所示。

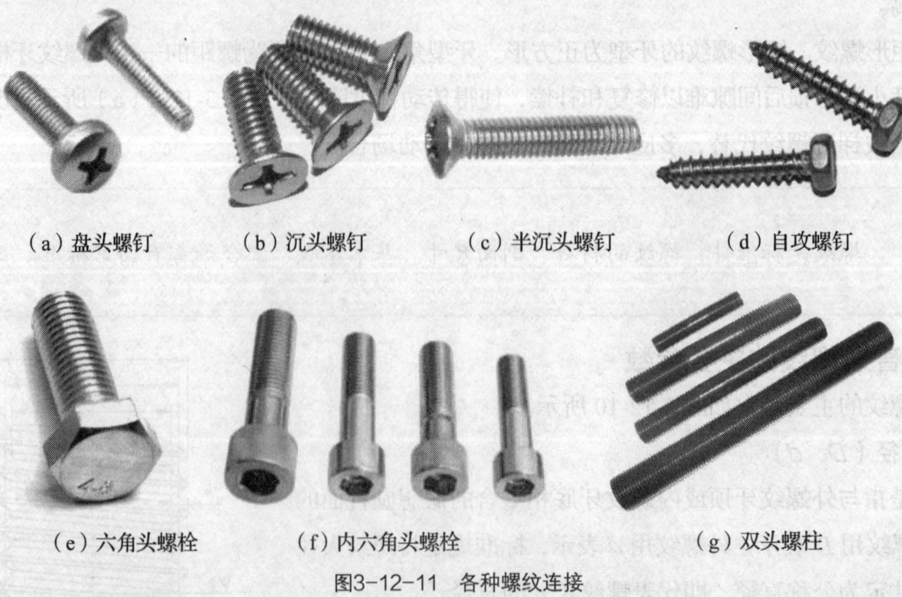

（a）盘头螺钉　（b）沉头螺钉　（c）半沉头螺钉　（d）自攻螺钉

（e）六角头螺栓　（f）内六角头螺栓　（g）双头螺柱

图3-12-11　各种螺纹连接

（1）螺栓连接。螺栓连接是一种应用最为普遍的方式。被连接件的孔中不切制螺纹，装拆方便。图 3-12-12（a）所示为普通螺栓连接，螺栓与孔之间有间隙，由于加工简便，成本低，所以应用最广。

图 3-12-12（b）所示为铰制孔用螺栓连接，被连接件上孔用高精度铰刀加工而成，螺栓杆与孔之间一般采用过渡配合，主要用于需要螺栓承受横向载荷或需靠螺杆精确固定被连接件相对位置的场合。

（2）双头螺柱连接。双头螺柱两端均制有螺纹，螺柱上螺纹较短的一端紧定在被连接件的螺纹盲孔中，不再拆卸，如图 3-12-13 所示。双头螺柱连接适用于被连接件之一较厚而不宜制成通孔且需经常拆卸的场合，如桑塔纳凸轮轴盖固定螺柱。

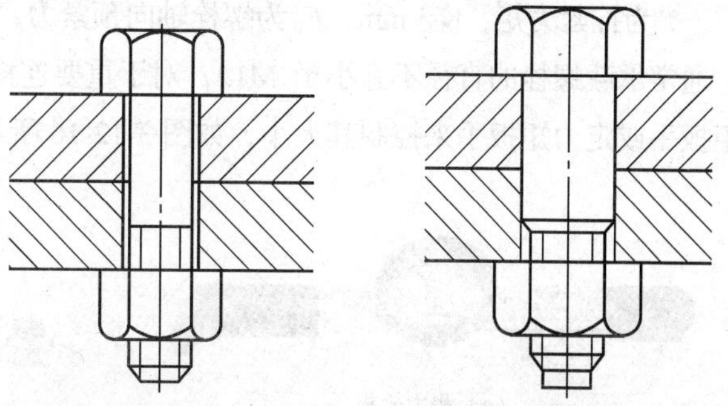

（a）普通螺栓连接（受拉螺栓）（b）铰制孔用螺栓连接（受剪螺栓）

图3-12-12 螺栓连接

（3）螺钉连接。螺钉通过较薄的被连接件上的通孔，直接旋入较厚的被连接件的螺纹盲孔中，不用螺母，结构紧凑，如图 3-12-14 所示。螺钉头部形状较多，其中，内、外六角头螺钉可以施加较大的拧紧力矩，圆头及十字头螺钉都不能施加较大的拧紧力矩。螺钉连接适用于被连接件之一较厚，受力不大、不宜制成通孔、连接紧固或紧密程度要求不太高且很少拆卸的场合，如汽油泵连接螺钉。

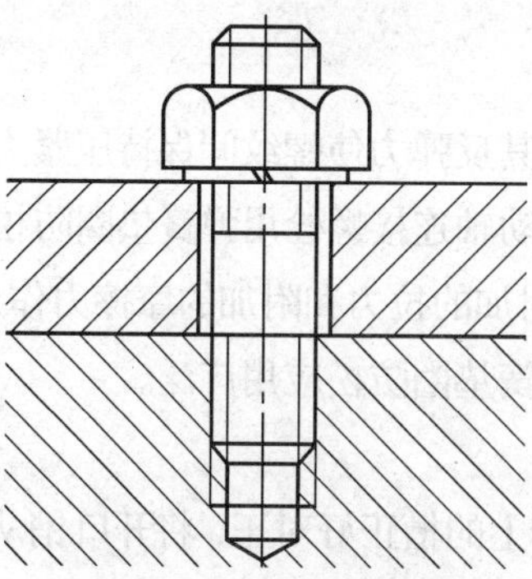

图3-12-13 双头螺柱连接

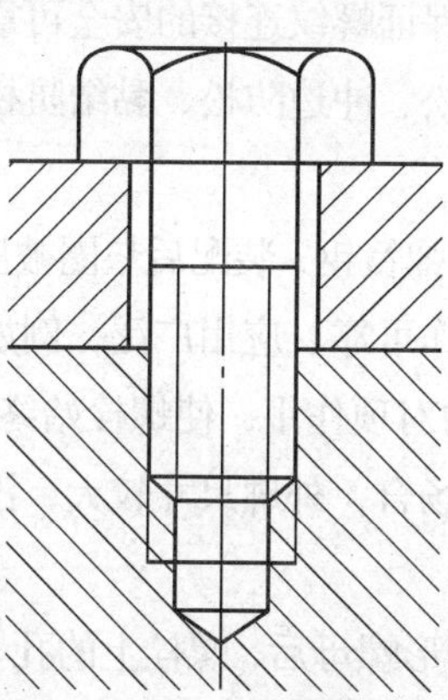

图3-12-14 螺钉连接

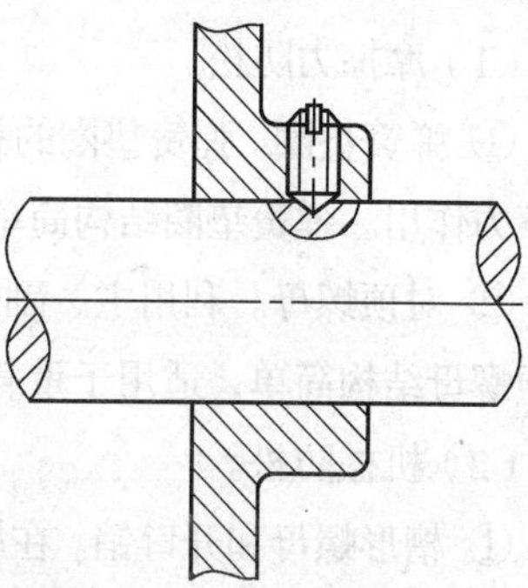

图3-12-15 紧定螺钉连接

（4）紧定螺钉连接。利用螺钉通过被连接件之一而使螺钉末端顶住另一被连接件的凹坑中，实现两零件的固定，并可传递不大的横向力和转矩，如图 3-12-15 所示。紧定螺钉的头部和尾部的形式很多，常用的尾部有锥端、平端、圆柱端等。

四、螺纹连接件的防松装置

1. 拧紧、预紧力和扳手力矩

绝大多数螺纹连接在装配时都必须拧紧，使螺栓受到拉伸、被连接件受到压缩，这种在承受工作载荷之前就受到的力称为预紧力。预紧的目的是为了提高连接的可靠性、紧密性和防松能力。对于承受轴向工作拉力的螺栓连接，还能提高螺栓的疲劳强度。对于承受横向载荷的普通螺栓连接，有利于增大连接中的摩擦力。但过大的预紧力需要增大螺栓直径，也会使螺栓在装配或偶然过载时拉断，故螺栓的预紧力应适当。

对于一般连接，可凭经验来控制预紧力 F_0 的大小，但对于重要的连接就要严格控制其预紧力。

拧紧时扳手力矩为

$$T \approx 0.2 F_0 d \quad \text{N} \cdot \text{mm} \tag{3-12-1}$$

式中，T 为拧紧力矩，N · mm；F_0 为螺栓轴向预紧力，N；d 为螺纹直径，mm。

通常承载螺栓的直径不宜小于 M12，对于重要连接，需按式（3-12-1）计算拧紧力矩，并由测力矩扳手或定力矩扳手来控制其大小，如图 3-12-16 所示。

（a）测力矩扳手

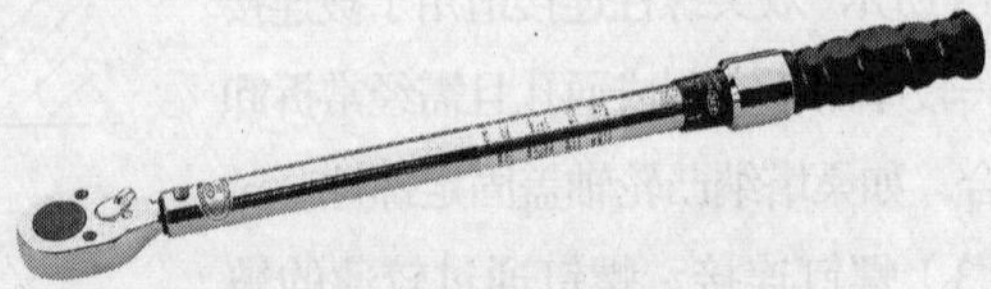

（b）定力矩扳手

图3-12-16 力矩扳手

2. 螺纹连接的防松方法

螺纹连接件常为单线螺纹，满足自锁条件，在受静载荷和工作温度变化不大时，不会自行松脱。在受冲击、振动和交变载荷作用下，以及工作温度变化很大时，螺纹连接容易发生自松，影响正常工作，并可能导致事故。为此，必须保证螺纹连接的安全可靠，采取必要的安全防松措施。常用的安全防松措施有摩擦力防松、机械防松、冲边防松、黏结防松等。

（1）摩擦力防松。

① 弹簧垫圈。弹簧垫圈的材料为弹簧钢，装配后垫圈被压平，其反弹力使螺纹间保持压紧力和摩擦力作用。弹簧垫圈结构简单、工作可靠、应用广泛，例如，传动轴连接螺栓用弹簧垫圈防松。

② 对顶螺母。利用主、副螺母的对顶作用，使螺栓始终受到附加的拉力和附加的摩擦力作用。对顶螺母结构简单，适用于重载低速场合，外廓尺寸较大，没有弹簧垫圈防松应用广泛。

（2）机械防松。

① 槽形螺母和开口销。在旋紧槽形螺母后，螺栓上的孔与螺母上的槽正好对正，将开口销从螺母的槽中和螺栓的孔中穿过，使螺母和螺栓不能转动，实现防松。该种防松措施具有安全可靠、应用广泛的特点。

② 圆螺母和止动垫圈。将垫圈内翅插入键槽内，而外翅翻入圆螺母的沟槽中，使螺母和螺杆没有相对运动。圆螺母和止动垫圈常用于滚动轴承的固定。

③ 止动垫片。在螺母旋紧后，止动垫片一侧被折转，垫片的一侧折于固定处，使螺母与被连接件的相对位置固定，如主减速器从动轴承调整螺母的锁紧装置。

（3）冲边防松。冲边防松通过对拧紧后的螺栓螺母进行破坏螺纹原有几何尺寸的方法达到防松的目的，一般是用冲头沿螺纹的圆周均匀分布数点，起永久性防松作用。

（4）黏结防松。黏结防松是用黏结剂涂于螺纹旋合表面，拧紧螺母后黏结剂自行固化，起到永久防松的效果。

螺纹连接常用的防松方法如表 3-12-1 所示。

表 3-12-1　螺纹连接常用的防松方法

结构名称	照片	使用原理/方法	特点	运用场合	缺点/不宜用	备注
弹簧垫圈		依靠弹簧垫圈在压平后产生的弹力及其切口尖角嵌入被连接件及紧固件支撑面起防松作用	1. 结构简单 2. 成本低 3. 使用简易	用于不甚重要的场合	1. 弹力不均，不十分可靠 2. 对连接表面不允许划伤和经常拆卸的场合不宜选用 3. 可能出现塑形变形	1. 常用牌号为 GB93、GB859 2. GB7245、GB7246 等鞍形或波形可改善其不足
		—	1. 弹性好 2. 各种硬度的被连接件均可选用 3. 不会造成划伤 4. 易拆卸	常用于调整并紧固被连接件间的间隙场合，以及低性能等级	性能比较低	鞍形、波浪形
双螺母		两个螺母对顶拧紧，使螺栓在旋合时受拉而螺母受压，构成螺纹连接副纵向压紧	1. 结构简单 2. 成本低 3. 重量大	用于低速重载或载荷平稳的场合	1. 在两个螺母接合点附件的螺栓螺纹容易损坏，甚至螺栓有被拉断的危险 2. 拆卸不方便 3. 安装需控制力矩	1. 安装方法：先用规定的拧紧力矩 80%拧紧下面的螺母，再用 100%拧紧上面的螺母 2. 一般上面用薄螺母下面用 1 型标准螺母或两个都有等高的 1 型标准螺母
扣紧螺母		先用六角螺母固定连接件，然后旋上扣紧螺母，先用手拧紧，再用扳手拧紧	1. 防松性能好 2. 防松持久力高	用于不常装卸的场合	1. 不易拆卸 2. 可能会划伤螺栓螺纹	1. 拆卸方法：必须先拧紧六角螺母，使其与扣紧螺母之间产生间隙，方可拧下扣紧螺母并不划伤螺栓 2. 常用牌号为 GB805

续表

结构名称	照片	使用原理/方法	特点	运用场合	缺点/不宜用	备注
锁紧垫圈	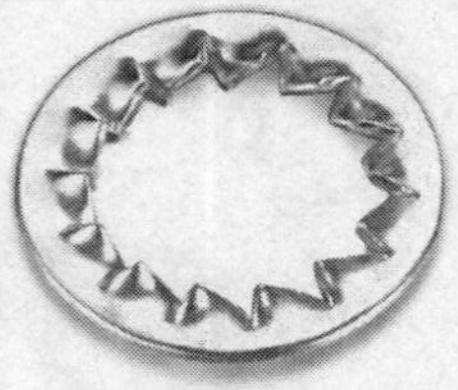	依靠齿被压平产生的弹力，以及齿嵌入连接件和支撑面产生的阻力起锁紧作用	使用简易	一般适用于小规格、低性能等级的连接	不宜用于连接件材料过硬或过软的场合	内齿、外齿、锯形
锁紧螺母	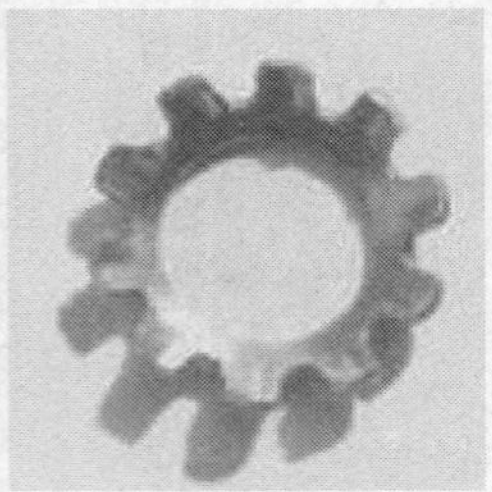	依靠齿被压平产生的弹力，以及齿嵌入连接件和支撑面产生的阻力起锁紧作用	使用简易	1. 内齿的，适用于钉头直径较小的及常用于因外观或防止钩挂异物等有要求的场合 2. 外齿的因齿形处于较大力臂的部位，可获得最大的止推力矩	仅使用于沉头或沉头螺钉	齿形/锯形
六角法兰面型式螺栓\螺母		加大的支撑面直径，在一定的预紧力作用下，可获得足够的防松能力，如在其支撑面上增加齿纹，则防松能力成倍提高	防松能力高	1. 适用于重要的连接场合 2. 可用于连接较软的材料	成本高	常用牌号为GB5787
螺栓（或螺钉）头和螺母端面冲点铆接	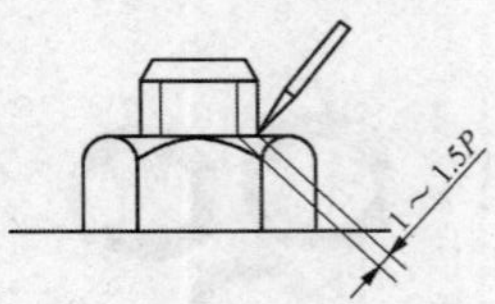	拧紧后，用冲点铆接的方法使螺栓（或螺钉）螺母产生局部变形，阻止其相互松转	防松可靠	可用于任何不需拆卸的连接防松	不可拆卸	破坏螺纹结构

拓展训练

（1）熟悉各种不同螺纹的画法，并能掌握各种螺纹的标记方法。

（2）实地进行螺纹连接的拆装，熟悉螺纹连接件的种类与应用场合。

（3）在螺纹连接的拆装中，进一步熟悉螺纹连接件的防松方法。

（4）在汽车中找出各种常用的螺纹连接件。

任务归纳

（1）通过拆装齿轮式机油泵，了解螺纹的形成、主要参数、分类和特点。

（2）通过拆装齿轮式机油泵，掌握螺纹连接的类型、应用和防松方法。

思考与练习

（1）机油泵的基本组成和装配关系怎样？

（2）螺纹的形成及其特点和表达及其标记方法是什么？

（3）常用螺纹及螺纹连接的基本类型和种类有哪几种？

（4）常用螺纹有何应用特点？如何正确选用常用螺纹？

（5）普通螺纹的主要参数有哪些？螺纹连接件的防松措施有哪些？

（6）通过观察，在汽车上找出各种不同常用螺纹的应用。

任务测评表

<table>
<tr><td>班级</td><td></td><td>姓名</td><td></td><td>日期</td><td></td><td>自评</td><td>互评</td><td>备注</td></tr>
<tr><td colspan="6">（1）知道机油泵的装配关系吗？</td><td></td><td></td><td></td></tr>
<tr><td colspan="6">（2）知道螺纹的形成及其特点和表达及其标记方法吗？</td><td></td><td></td><td></td></tr>
<tr><td colspan="6">（3）知道常用螺纹及螺纹连接的基本类型和种类有哪几种吗？</td><td></td><td></td><td></td></tr>
<tr><td colspan="6">（4）知道如何根据常用螺纹的应用特点掌握正确的选用方法？</td><td></td><td></td><td></td></tr>
<tr><td colspan="6">（5）知道普通螺纹的主要参数有哪些吗？螺纹连接件的防松措施有哪些吗？</td><td></td><td></td><td></td></tr>
<tr><td colspan="6">（6）掌握机油泵的拆装技能了吗？能独立完成拆装吗？</td><td></td><td></td><td></td></tr>
<tr><td colspan="6">（7）在拆装机油泵任务中，按照操作规程做到安全文明操作了吗？</td><td></td><td></td><td></td></tr>
<tr><td colspan="6">（8）通过观察，能在汽车上找出其他常用螺纹不同的应用吗？</td><td></td><td></td><td></td></tr>
</table>

<table>
<tr><td>班级</td><td></td><td>姓名</td><td></td><td>日期</td><td></td><td>自评</td><td>互评</td><td>备注</td></tr>
<tr><td colspan="9">个人总结：</td></tr>
<tr><td colspan="6">总体评价</td><td>教师签名</td><td colspan="2"></td></tr>
</table>

任务13 轴的结构

任务描述

轴类零件一般用于支撑旋转零件工作，在日常生活中随处可见，在汽车上的应用也非常广泛，种类繁多。各种轴都由轴承支撑，一旦轴承失效，将会影响轴的正常运转。本任务通过对桑塔纳变速器的拆装，了解和掌握轴的相关知识。

任务要求

（1）了解轴和轴承的分类和应用。

（2）了解轴和轴承的结构特点及装配关系。

（3）掌握滑动轴承的结构特点和装配要求。

（4）了解滚动轴承代号的构成和应用特点。

技能训练

1. 桑塔纳变速器齿轮箱的组成

（1）桑塔纳变速器齿轮箱主要由齿轮箱壳、倒挡齿轮、倒挡轴、拨叉轴、输入轴、输出轴、拨叉等组成，如图 3-13-1 所示。

（2）通过拆装桑塔纳变速器齿轮箱，了解桑塔纳变速器齿轮箱的装配关系和扭矩传递路线。

2. 桑塔纳变速器齿轮箱传动过程演示

（1）观察桑塔纳变速器齿轮箱的装配位置关系。

（2）将解剖变速器台架接通电源，打开电源开关，观看传动过程。

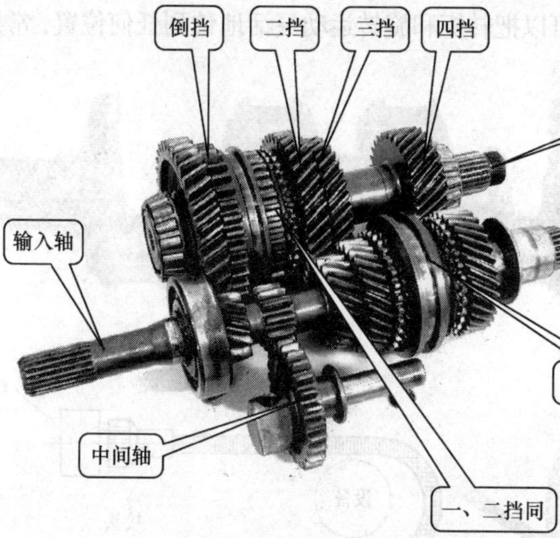

图3-13-1　桑塔纳变速器齿轮箱

相关知识链接

一、轴的分类和应用

汽车上广泛应用了各种轴，除变速器中的转轴外还有传动轴、发动机中的曲轴、驱动车轮的半轴、里程表用软轴等，它们都是汽车的重要零件和典型应用，发挥着重要作用。

根据轴在工作中承受载荷的特点，轴可分为转轴、心轴和传动轴。

（1）转轴：既承受弯矩又承受转矩的轴称为转轴，如图 3-13-2 所示的齿轮轴。

（2）心轴：只承受弯矩的轴称为心轴，如图 3-13-3 所示。按其是否与轴上零件一起转动，又可分为转动心轴和固定心轴。

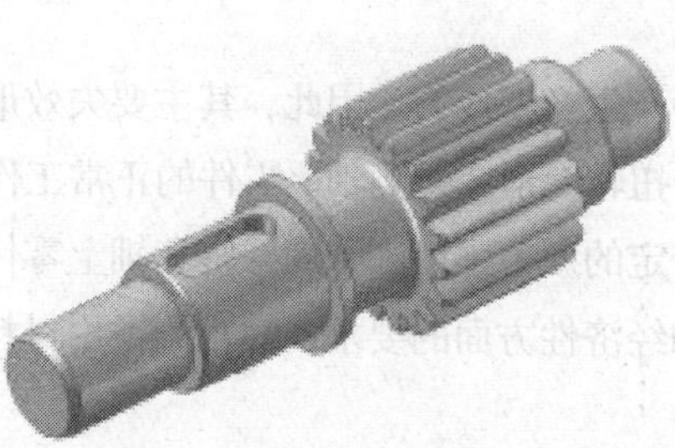
图3-13-2　齿轮轴

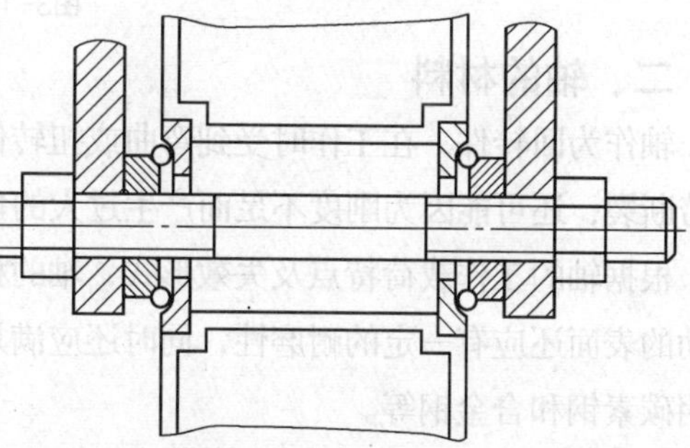
图3-13-3　心轴

（3）传动轴：只承受转矩而不承受弯矩的轴称为传动轴。图 3-13-4 所示为汽车变速器与后桥间的轴即为传动轴。

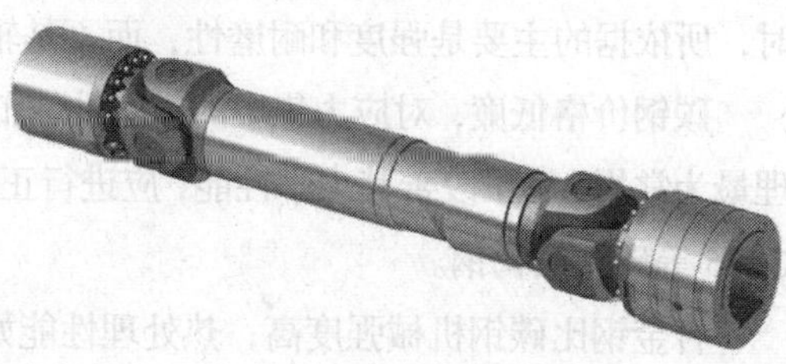
图3-13-4　传动轴

按轴线的形状划分，轴还可分为直轴、曲轴和挠性钢丝轴。曲轴常用于往复式机械中，如图 3-13-5 所示。挠性钢丝轴，如图 3-13-6 所示，它是由几层紧贴在一起的钢丝层构成的，可以把转矩和旋转运动灵活地传到任何位置，常用于振捣器等设备中。

图3-13-5　曲轴

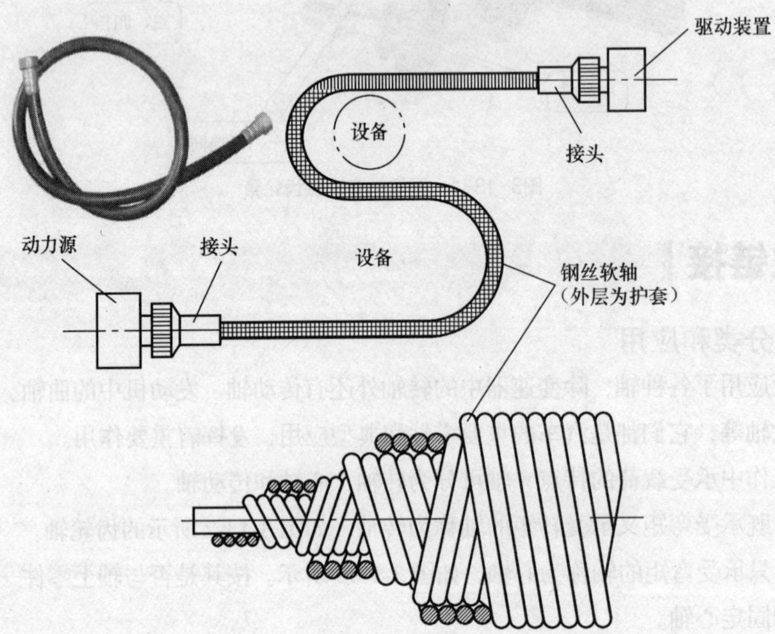

图3-13-6　挠性轴

二、轴的材料

轴作为回转件，在工作时受到弯曲或扭转作用，大多产生交变应力。因此，其主要失效形式是疲劳断裂，还可能因为刚度不足而产生过大的弯曲变形和扭转变形，影响轴上零件的正常工作。

根据轴的工作载荷特点及失效形式，轴的材料要有一定的疲劳强度和刚度，轴和轴上零件相对运动的表面还应有一定的耐磨性，同时还应满足工艺性和经济性方面的要求，故轴的常用材料主要选用碳素钢和合金钢等。

在一般工作温度下，各种碳钢和合金钢的弹性模量相差不大，故在选择钢的种类和热处理方法时，所依据的主要是强度和耐磨性，而不是轴的弯曲刚度和扭转刚度等。

碳钢价格低廉，对应力集中的敏感性较低，应用广泛。轴常用优质中碳钢制造，以 45 钢调质处理最为常用。为了改善其力学性能，应进行正火或调质处理。不重要或受力较小的轴，可采用 Q235、Q275 等碳素结构钢。

合金钢比碳钢机械强度高，热处理性能好，但对应力集中敏感性高，价格也较高。合金钢适用于强度要求较高、受力大而尺寸较小、重量较轻或有其他特殊要求的轴。例如，采用滑动轴承的高速轴，常用 20Cr、20CrMnTi 等低碳合金结构钢，经渗碳淬火后可提高轴颈耐磨性；汽轮发电机转子轴在高温、高速和重载条件下工作，必须具有良好的高温力学性能，常采用 40CrNi、38CrMoAlA 等合金结构钢。值得注意的是，钢材的种类和热处理对其弹性模量的影响甚小，因此，如欲采用合金钢或通过热处理来提高轴的刚度并无实效。此外，合金钢对应力集中的敏感性较高，因此设计合金钢轴时，更应从结构上避免或减小应力集中，并减小其表面粗糙度。

形状复杂的轴，可采用铸钢、合金铸铁和球墨铸铁制造，如球墨铸铁可用来代替合金钢作内燃机曲轴、凸轮轴等。球墨铸铁或高强度铸铁铸造工艺性好，易于获得较复杂的外形，具有较好的吸振性能和良好的耐磨性能，对应力集中的敏感性较低，价格低廉，其应用日趋广泛。但铸铁件品质不易控制，可靠性差。

轴的常用材料的热处理及性能、应用如表 3-13-1 所示。

表 3-13-1 轴的常用材料的热处理及性能应用

材料及热处理	毛坯直径/mm	硬度 HBS	强度极限 σ_B	屈服极限 σ_S	弯曲疲劳极限 σ_{-1}	应用说明
			MPa			
Q235			440	240	200	用于不重要或载荷不大的轴
35 正火	≤100	149～187	520	270	250	有好的塑性和适当的强度，可做一般曲轴、转轴等
45 正火	≤100	170～217	600	300	275	用于较重要的轴，应用较为广泛
45 调质	≤200	217～255	650	360	300	
40Cr 调质	25		1000	800	500	用于载荷较大，而无较大冲击的重要轴
	≤100	241～286	750	550	350	
	＞100～300	241～266	700	550	340	
40MnB 调质	25		1000	800	485	性能接近于 40Cr，用于重要的轴
	≤200	241～286	750	500	335	
35CrMo 调质	≤100	207～269	750	550	390	用于重载荷的轴
20Cr 渗碳淬火回火	15	表面 56～62HRC	850	550	375	用于要求强度、韧性及耐磨性均较高的轴
	≤60		650	400	280	

三、轴的设计

1. 轴的结构

轴一般由轴头、轴身、轴颈 3 部分组成。轴上安装传动零件或联轴器、离合器的部位称为“轴头”，安装轴承的部位称为“轴颈”，连接轴头和轴颈的部位称为“轴身”，如图 3-13-7 所示。

为了便于安装和拆卸，一般的转轴均为中间大、两端小的阶梯轴。阶梯轴上截面尺寸变化的部位称为轴肩或轴环。轴肩和轴环常作为定位、固定使用。图 3-13-7 中的齿轮由左方装入，依靠轴环限定轴向位置；左端的联轴器和右端的轴承依靠轴肩得以定位。为了轴向固定轴上零件，轴上还设有其他相应的结构，如左轴端制有安装轴端挡圈用的螺纹孔。轴头上常开有键槽，通过键连接实现传动件的周向固定。为了便于装配，轴上还常设有倒角和锥面。考虑制造工艺性要求，轴的两端常设有中心孔以保证加工时各轴段的同轴度和尺寸精度。需切制螺纹和磨削的轴段，还应留有螺纹退刀槽和砂轮越程槽，如图 3-13-8 所示。

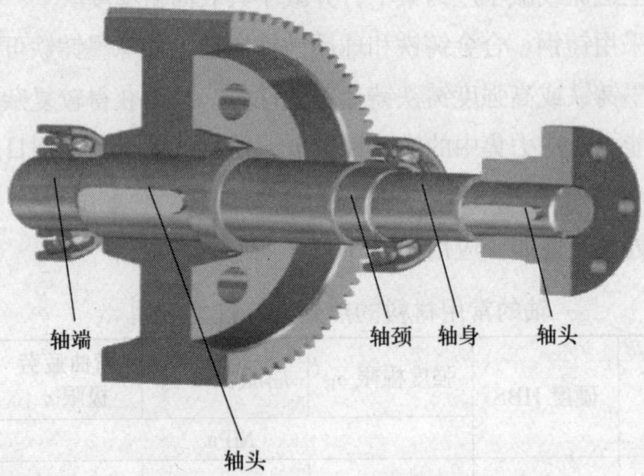

图3-13-7　轴的结构

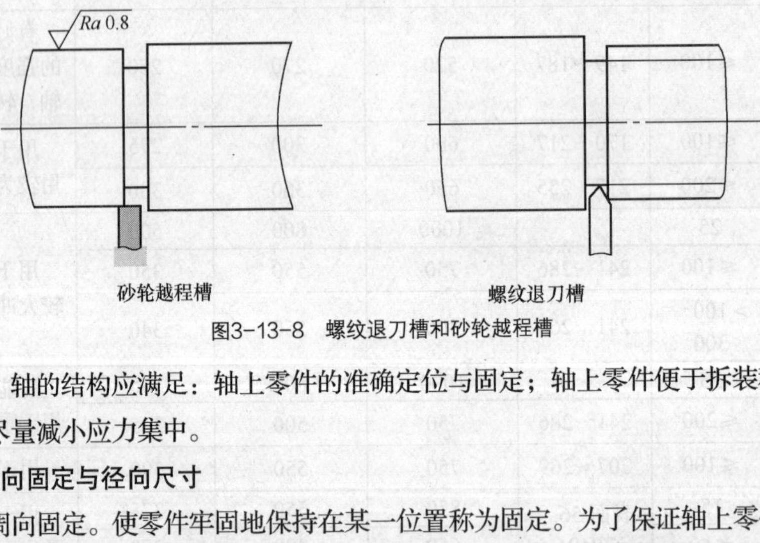

图3-13-8　螺纹退刀槽和砂轮越程槽

综上所述，轴的结构应满足：轴上零件的准确定位与固定；轴上零件便于拆装和调整；良好的加工工艺性；尽量减小应力集中。

2. 轴的周向固定与径向尺寸

（1）轴的周向固定。使零件牢固地保持在某一位置称为固定。为了保证轴上零件能够传递运动和扭矩，零件在轴上必须有可靠的周向固定。常用的周向固定方法有键连接、花键连接、销连接、过盈连接等。

① 键连接。键连接具有制造简单、拆装方便的特点，适用于对中性要求较低、传递扭矩较大的场合。键连接在周向固定方法中应用最为广泛，如图 3-13-9 所示。

② 花键连接。花键连接承载能力高，适用于对中性较好、导向性好的场合，但其制造困难、加工成本较高。

③ 销连接。销连接适用于被固定连接的零件受力不大且同时需要作周向或轴向固定的不太重要的场合。

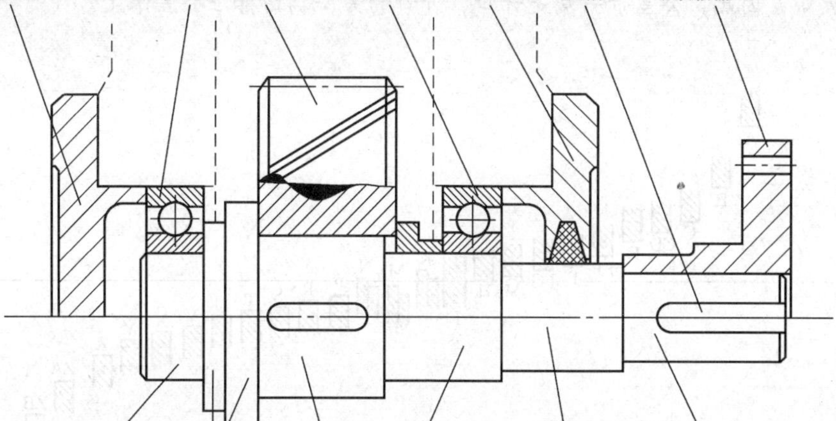

图3-13-9　轴的定位

④ 过盈连接。过盈连接由被连接的零件本身的加工精度保证一定的过盈量，使两被连接零件在连接后能具有结构简单、对中性好、承载能力强的特点，与平键配合使用，可以承受较大的交变振动和冲击载荷，但装配比较困难，且对配合尺寸的精度要求较高。

（2）轴的径向尺寸。为了便于轴上零件的拆装，常将轴做成阶梯形，它的直径从轴端逐渐向中间增大，如图 3-13-10 所示。

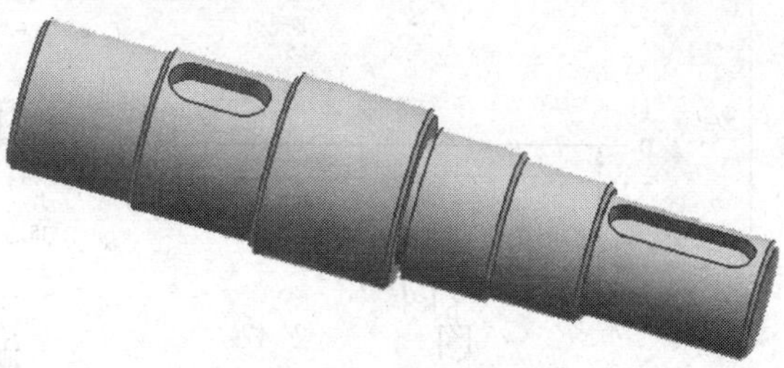
图3-13-10　阶梯轴

小贴士

公差与配合

一、公差

为便于生产，实现零件的互换性及满足不同的使用要求，国家标准《极限与配合》规定了公差带由标准公差和基本偏差两个要素组成。标准公差确定公差带的大小，而基本偏差确定公差带的位置。

（1）标准公差（IT）。标准公差的数值由基本尺寸和公差等级来决定。其中公差等级是确定尺寸精确程度的标记。标准公差分为 20 级，即 IT01，IT0，IT1，…，IT18，其尺寸精确程度从 IT01 到 IT18 依次降低。标准公差的具体数值见有关标准。

（2）基本偏差。基本偏差是指在标准的极限与配合中，确定公差带相对零线位置的上极限偏差或下极限偏差，一般指靠近零线的那个偏差。当公差带在零线的上方时，基本偏差为下极限偏差；反之，则为上极限偏差。基本偏差共有 28 个，代号用拉丁字母表示，大写为孔，小写为轴（见图 3-13-11）。从基本偏差系列图中可以看出：孔的基本偏差 A～H 和轴的基本偏差 k～zc 为下偏差；孔的基本偏差 K～ZC 和轴的基本偏差 a～h 为上极限偏差，JS 和 js 的公差带对称分布于零线两边、孔和轴的上、下极限偏差分别都是+IT/2、-IT/2。基本偏差系列图只表示公差带的位置，不表示公差的大小，因此，公差带一端是开口，开口的另一端由标准公差限定。

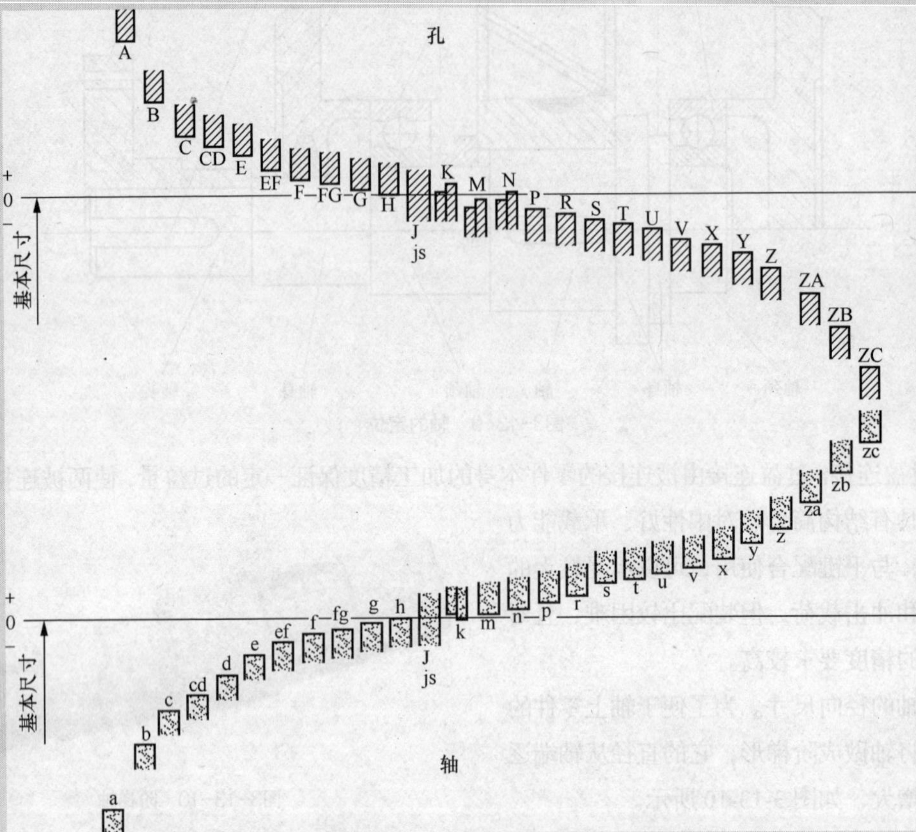

图3-13-11 孔轴公差带图

基本偏差和标准公差，根据尺寸公差的定义有以下的计算式：

ES=EI+IT 或 EI=ES-IT ei=es-IT 或 es=ei+IT

孔和轴的公差带代号用基本偏差代号与公差带等级代号组成。

二、配合

公称尺寸相同的、相互结合的孔和轴公差带之间的关系，称为配合。根据使用要求的不同，孔和轴之间的配合有松有紧，因而国标规定配合种类有以下 3 种。

（1）间隙配合。孔与轴装配时，有间隙（包括最小间隙等于零）的配合。孔的公差带在轴的公差带之上。

（2）过渡配合。孔与轴装配时，可能有间隙或过盈的配合。孔的公差带与轴的公差带互相交叠。

（3）过盈配合。孔与轴装配时有过盈（包括最小过盈等于零）的配合。孔的公差带在轴的公差带之下。

孔与轴的配合性质如图 3-13-12 所示。

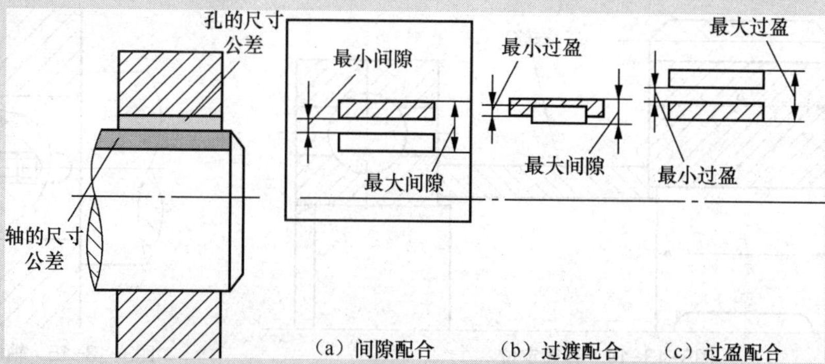

图3-13-12　配合性质

3. 轴的轴向定位与轴向尺寸

（1）轴的轴向定位。使零件处于正确的工作位置称为定位。为了保证轴上零件有正确的工作位置，防止零件作轴向移动，并能承受轴向力，零件在轴上必须有可靠的轴向定位。常用的轴向定位方法有轴肩和轴环、轴套（套筒）、圆螺母、圆锥面、轴端挡板、弹性挡圈、锁紧挡圈、紧定螺钉等。

① 轴肩与轴环——由定位面和过度圆角组成。为保证零件端面能靠紧定位面，轴肩（环）圆角半径 r 必须小于零件毂孔的圆角半径 R 或倒角高度 C_1；轴肩（环）高度 h 应大于 C_1 和 R，为了有足够的强度来承受轴向力，通常取 $h=$（0.07～0.1）d。轴环宽度 $b \geqslant 1.4h$。

注意

轴肩的过渡圆弧半径 r，应小于轴上零件的倒角 C 或圆角半径 R，如图 3-13-13 所示。

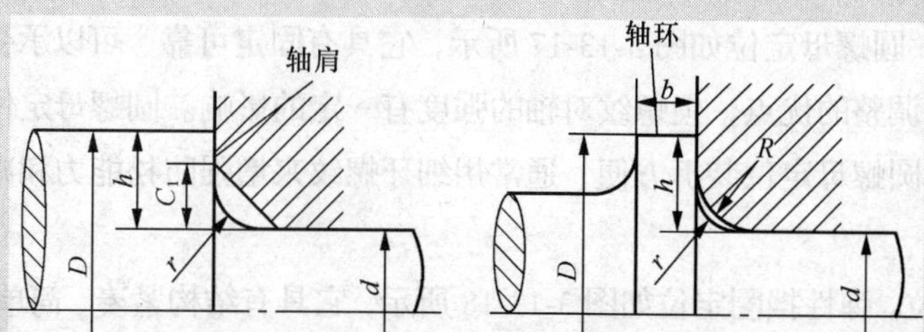

图3-13-13　轴肩的过度圆弧

② 套筒定位。套筒定位具有结构简单、定位可靠、调整方便、灵活设计的特点，适用于轴上零件间距离较小的场合，但高速情况下不宜使用，如图 3-13-14 所示。轴套两个端面为定位面，应有较高的平行度和垂直度。为使轴上零件定位可靠，应使轴段长度比零件毂长短 2～3mm。

③ 轴端挡圈定位。轴端挡圈定位如图 3-13-15 所示，它具有工作可靠、能承受较大的轴向力的优点；但只适用轴端零件的轴向定位，且需要采用防松固定措施。

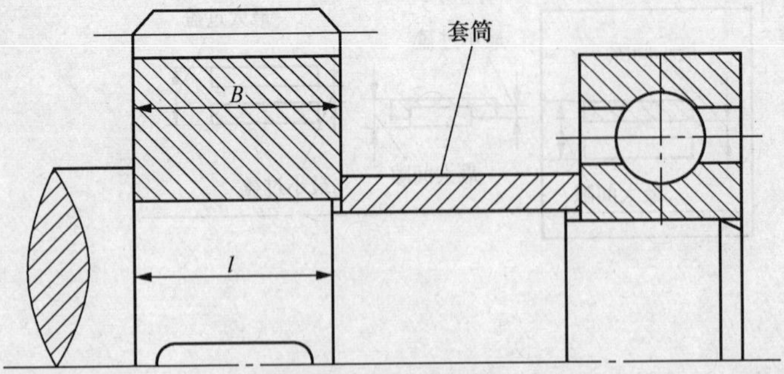

图3-13-14 套筒定位

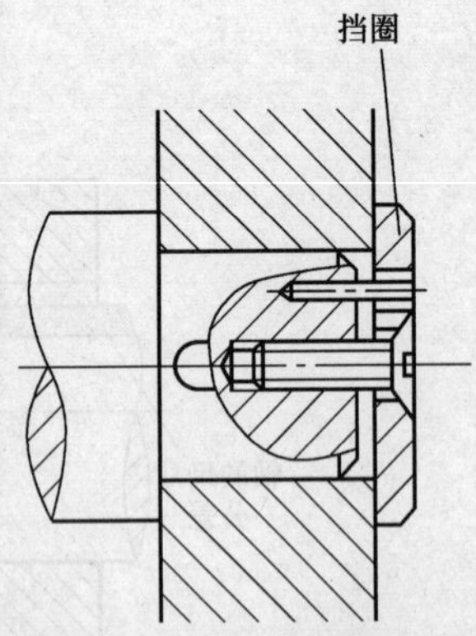

图3-13-15 轴端挡圈

④ 圆锥面定位。圆锥面定位如图 3-13-16 所示，它具有拆装方便且能兼作周向定位的优点，适用于高速、受冲击、对中性好的场合；只适用轴端零件的轴向定位，常与轴端挡圈配合使用，实现轴上零件的双向定位。

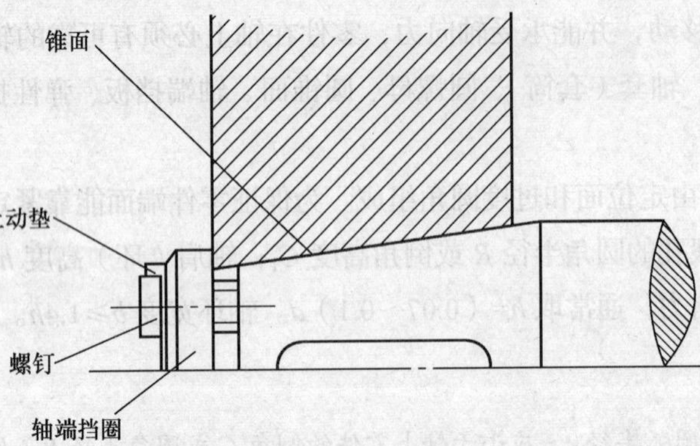

图3-13-16 圆锥面定位

⑤ 圆螺母定位。圆螺母定位如图 3-13-17 所示，它具有固定可靠、可以承受较大的轴向力、能实现轴上零件的间隙调整的优点，但螺纹对轴的强度有一定的影响。圆螺母定位适用于轴上两零件间距离较远的轴端。圆螺母定位装拆方便，通常用细牙螺纹来增强防松能力和减小对轴的强度消弱及应力集中。

⑥ 弹性挡圈定位。弹性挡圈定位如图 3-13-18 所示，它具有结构紧凑、简单、拆装方便的优点；但受力较小，且轴上切槽后会引起应力集中。常用于轴承的定位。

⑦ 其他定位。其他定位是指采用紧定螺钉和锁紧挡圈定位，如图 3-13-19 所示。锁紧挡圈定位多用于轴向力较小的低速场合。

（2）轴的轴向尺寸。为了保证轴上零件有可靠的轴向定位，一般轴段的长度要小于安装在该轴段上零件（齿轮、轮毂、轴承）的宽度。

4. 轴的要求

轴结构的工艺性是指轴的结构应尽量简单，有良好的加工和装配工艺性，以利减少劳动量，提高劳动生产率及减少应力集中，提高轴的疲劳强度。

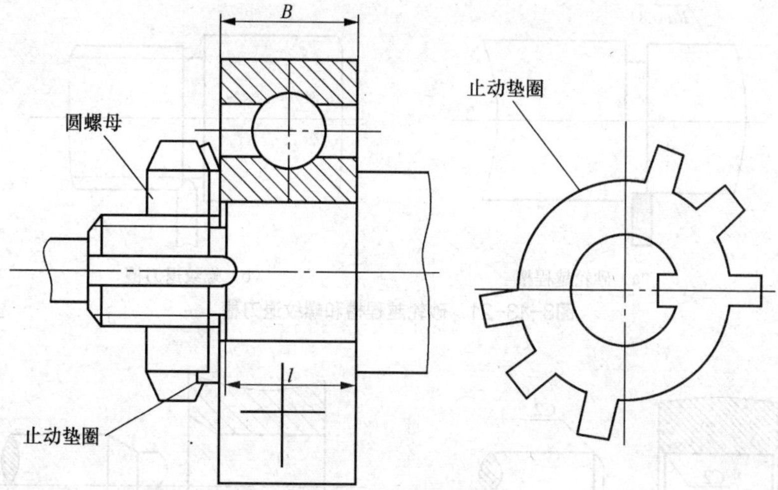

图3-13-17　圆螺母定位

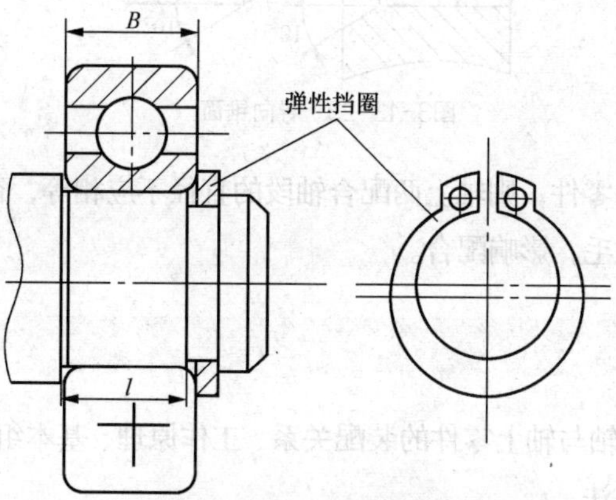

图3-13-18　弹性挡圈

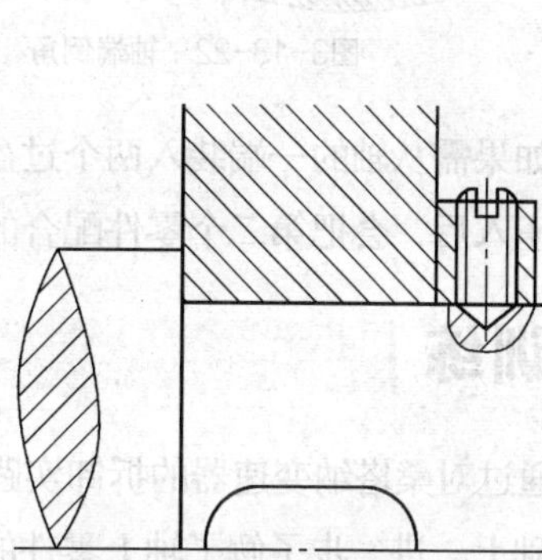

图3-13-19　紧定螺钉定位

（1）为减少加工时换刀时间及装夹工件时间，同一根轴上所有圆角半径、倒角尺寸、退刀槽宽度应尽可能统一。当轴上有两个以上键槽时，应置于轴的同一条母线上，如图 3-13-20 所示，以便一次装夹后就能加工。

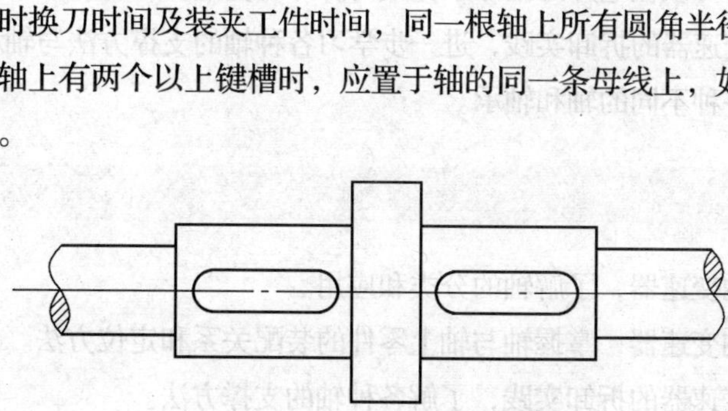

图3-13-20　键槽位于同一条母线上

（2）轴上的某轴段需磨削时，应留有砂轮的越程槽；需切制螺纹时，应留有退刀槽，如图 3-13-21 所示。

（3）为了去掉毛刺，便于装配，轴端应制出 45° 倒角，如图 3-13-22 所示。

（4）当采用过盈配合连接时，配合轴段的零件装入端常加工成导向锥面，如图 3-13-23 所示。若还附加键连接，则键槽的长度应延长到锥面处，便于轮毂上键槽与键对中。

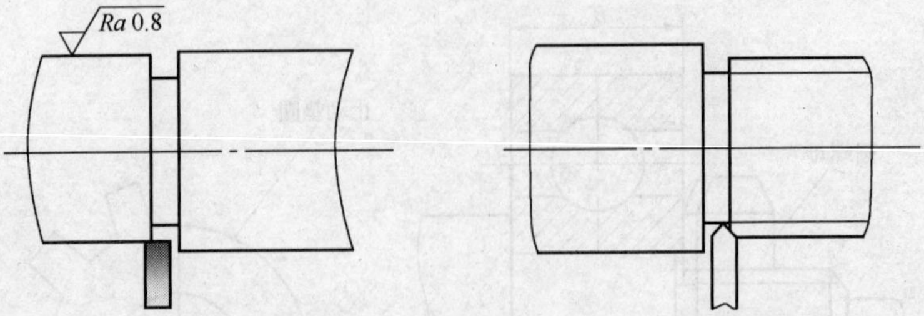

（a）砂轮越程槽　　　　（b）螺纹退刀槽

图3-13-21　砂轮越程槽和螺纹退刀槽

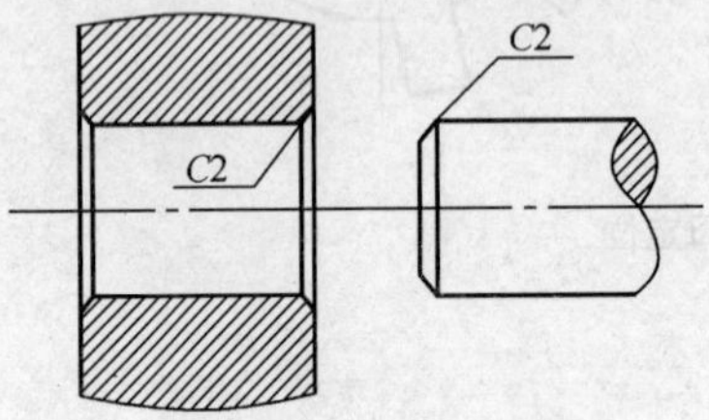

图3-13-22　轴端倒角

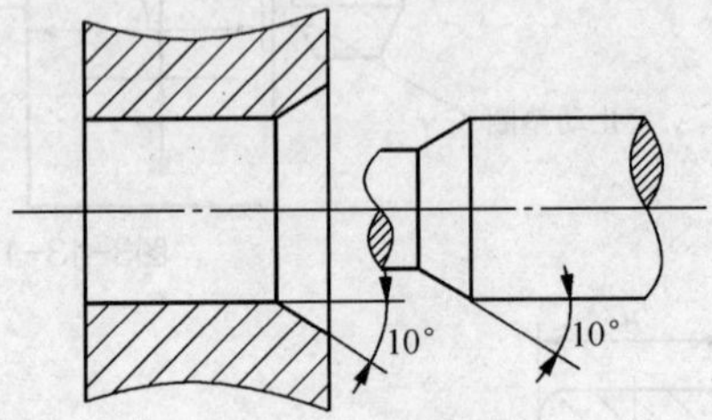

图3-13-23　导向锥面

（5）如果需从轴的一端装入两个过盈配合的零件，则轴上两配合轴段的直径不应相等，否则第一个零件压入后，会把第二个零件配合的表面拉毛，影响配合。

拓展训练

（1）通过对桑塔纳变速器的拆卸实践，了解轴与轴上零件的装配关系、工作原理、基本组成等，并在此基础上，进一步了解了轴上零件的定位方法。

（2）感兴趣的同学，可以在老师的指导下完成对拆卸的变速器进行装配。

（3）通过对桑塔纳变速器的拆卸实践，进一步学习各种轴的支撑方法与轴承的相关知识。

（4）在汽车中找出各种不同的轴和轴承。

任务归纳

（1）通过拆装桑塔纳变速器，了解轴的分类和应用。

（2）通过拆装桑塔纳变速器，掌握轴与轴上零件的装配关系和定位方法。

（3）通过对桑塔纳变速器的拆卸实践，了解各种轴的支撑方法。

思考与练习

（1）桑塔纳变速器的基本组成和装配关系怎样?

（2）轴类零件一般有哪几种类型以及它们的应用特点是什么?

（3）什么是周向固定和轴向定位?

（4）轴类零件的结构有什么特点以及常用哪些材料？

（5）轴是如何支撑的？轴承起什么作用？

（6）通过观察，在汽车上找出各种不同类型的轴。

任务测评表

班级		姓名		日期		自评	互评	备注
（1）知道桑塔纳变速器的基本组成和装配关系吗？								
（2）知道轴类零件在结构上有什么特点吗？常用哪些材料进行加工呢？								
（3）知道什么是周向固定和轴向定位吗？了解两者的区别吗？								
（4）知道轴类零件的结构和应用特点吗？								
（5）知道轴是如何支撑的吗？轴承起什么作用呢？								
（6）掌握桑塔纳变速器拆卸技能了吗？能独立完成拆卸吗？								
（7）在拆卸桑塔纳变速器任务中，按照操作规程做到安全文明操作了吗？								
（8）通过观察，能在汽车上找出各种不同类型的轴吗？								
个人总结：								
总体评价						教师签名		

任务14　轴承的类型与应用

任务描述

轴承是机器、仪表中的重要支撑零件，其主要作用是支撑转动（或摆动）的运动部件，保证轴和轴上传动件的回转精度，减少摩擦和磨损。根据工作时摩擦性质的不同，轴承分为滑动轴承和滚动轴承两大类，如图 3-14-1 所示。在日常生活中我们一般见到的轴承大都是滚动轴承，而汽车上还大量应用着另一种轴承——滑动轴承。各种轴承一旦失效，将会影响轴的正常运转和轴上零件的正常工作。本任务通过对发动机曲轴的拆装，了解和掌握轴承的相关知识。

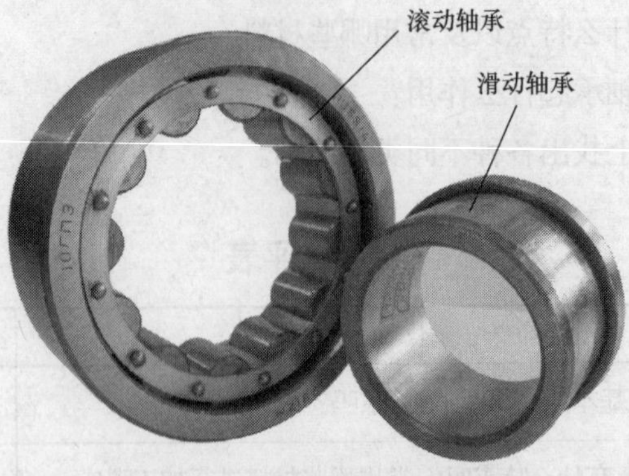

图3-14-1 滚动轴承和滑动轴承

项目要求

（1）了解轴承的分类和应用。

（2）掌握滑动轴承的结构特点。

（3）掌握滑动轴承的装配要求。

（4）掌握滚动轴承的种类和结构特点。

（5）掌握滚动轴承的代号组成及失效形式。

技能训练

曲轴飞轮组件的组成如下。

（1）曲轴飞轮组件主要由曲轴、飞轮、曲轴主轴承及主轴承盖、曲轴止推片、曲轴主轴承（轴瓦）固定螺栓组成，如图 3-14-2 所示。

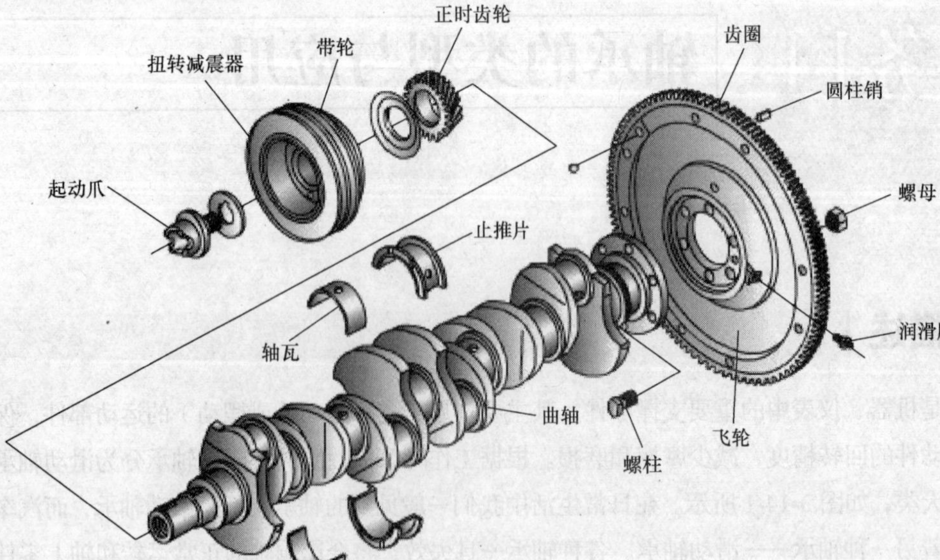

图3-14-2 曲轴飞轮组件

（2）通过拆卸曲轴飞轮组件，了解曲轴飞轮用滑动轴承的种类和特点。

相关知识链接

一、滑动轴承

1. 滑动轴承的特点、类型及应用

滑动轴承的运动形式是以轴颈与轴瓦相对滑动为主要特征，也即摩擦性质为滑动摩擦。实践表明，由于滑动轴承的润滑条件不同，会出现不同的摩擦状态。轴承工作面的摩擦状态分为干摩擦状态、边界摩擦状态、液体摩擦状态和混合摩擦状态 4 类，如图 3-14-3 所示。

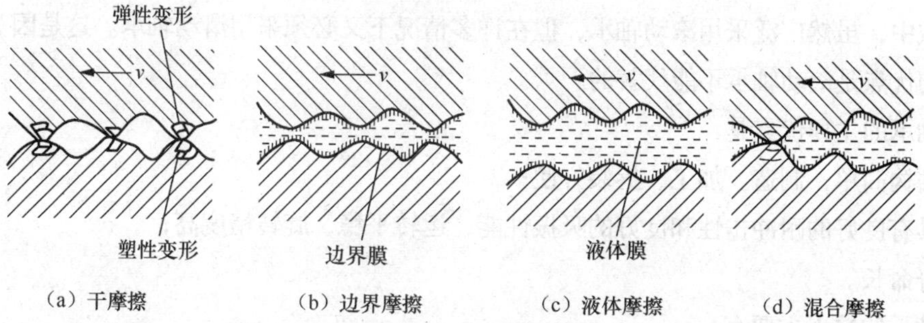

图3-14-3　摩擦状态

两摩擦表面直接接触，相对滑动，又不加入任何润滑剂，称为干摩擦；两摩擦表面被流体（液体或气体）层完全隔开，摩擦性质仅取决于流体内部分子之间粘性阻力称为液体摩擦；两摩擦表面被吸附在表面的边界膜隔开，摩擦性质取决于边界膜和表面吸附性质的称为边界摩擦状态。实际上，干摩擦状态和边界摩擦状态很难精确区分，所以这两种摩擦状态也常归并为边界摩擦状态。在实际应用中，轴承工作表面有时是边界摩擦和液体摩擦并存的混合状态，称为混合摩擦。边界摩擦和混合摩擦又常称为非液体摩擦。

所以，滑动轴承按其摩擦性质可以分为液体滑动摩擦轴承和非液体滑动摩擦轴承两类。

（1）液体滑动摩擦轴承：由于在液体滑动轴承中，轴颈和轴承的工作表面被一层润滑油膜隔开，两零件之间没有直接接触，轴承的阻力只是润滑油分子之间的摩擦，所以摩擦系数很小，一般仅为 0.001～0.008。这种轴承的寿命长、效率高，但是制造精度要求也高，并需要在一定的条件下才能实现液体摩擦。

（2）非液体滑动摩擦轴承：非液体滑动摩擦轴承的轴颈与轴承工作表面之间虽有润滑油的存在，但在表面局部凸起部分仍发生金属的直接接触。因此摩擦系数较大，一般为 0.1～0.3，容易磨损。这种轴承结构简单，对制造精度和工作条件的要求不高，故在机械中得到广泛使用。

干摩擦的摩擦系数大，磨损严重，轴承工作寿命短，所以在滑动轴承中应力求避免。

高速长期运行的轴承要求工作在液体摩擦状态下，一般工作条件下轴承则维持在边界摩擦或混合摩擦状态下工作。本任务主要讨论非液体滑动摩擦轴承。

按照轴承承受的载荷分类可以分为两类：一类为径向滑动轴承，主要承受径向载荷 $\boldsymbol{F}_R$；另一类为止推滑动轴承，主要承受轴向载荷 $\boldsymbol{F}_A$，如图 3-14-4 所示。

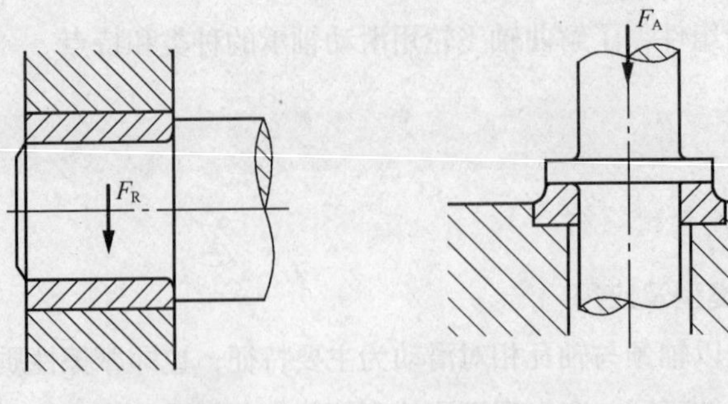

（a）径向滑动轴承　　（b）止推滑动轴承

图3-14-4　径向滑动轴承和止推滑动轴承

在机械中，虽然广泛采用滚动轴承，但在许多情况下又必须采用滑动轴承。这是因为滑动轴承有其独特的优点是滚动轴承不能代替的。

滑动轴承的主要优点是：

（1）结构简单，制造、加工、拆装方便；

（2）具有良好的耐冲击性和良好的吸振性能，运转平稳，旋转精度高；

（3）寿命长。

滑动轴承的缺点主要有：

（1）维护复杂，对润滑条件要求较高；

（2）边界润滑轴承，摩擦损耗较大。

因而，在大型汽轮机、发电机、压缩机、轧钢机及高速磨床上多采用滑动轴承。此外，在低速而带有冲击载荷的机器中，如水泥搅拌器、滚筒清砂机、破碎机等冲压机械、农业机械中也多采用滑动轴承。

2．滑动轴承的失效形式及常用材料

（1）滑动轴承的失效形式。滑动轴承常见的几种失效形式有磨粒磨损、刮伤、胶合、疲劳剥落以及腐蚀等。此外，由于工作条件不同，滑动轴承还可能出现气蚀、流体侵蚀、电侵蚀和微动磨损等损伤。

① 磨粒磨损。进入轴承间隙间的硬颗粒（如灰尘、砂粒等），有的嵌入轴承表面，有的游离于间隙中并随轴一起转动，它们都将对轴颈和轴承表面起研磨作用。在起动、停车或轴颈发生边缘接触时，它们都加剧轴承的磨损，导致几何形状改变、精度丧失，轴间隙加大，使轴承性能在预期寿命前急剧恶化。

② 刮伤。进入轴承间隙的硬颗粒或轴径表面粗糙的微观轮廓尖峰，在轴承表面划出线状伤痕，如图 3-14-5 所示。

③ 胶合。当轴承温升过高、载荷过大、油膜破裂时，在润滑油供应不足条件下，轴颈和轴的相对运动表面材料发生粘附和迁移，从而造成轴承损坏，如图 3-14-6 所示。胶合有时甚至可能导致相对运动中止。

④ 疲劳剥落。在载荷反复作用下，轴承表面出现与滑动方向垂直的疲劳裂纹，当裂纹向轴承

衬与衬背结合面扩展后，造成轴承衬材料的剥落，如图 3-14-7 所示。它与轴承衬和衬背因结合不良或结合力不足造成轴承衬的剥离有些相似，但疲劳剥落周边不规则，结合不良造成的剥离则周边比较光滑。

图3-14-5 轴承刮伤

图3-14-6 胶合效果

图3-14-7 疲劳剥落

⑤ 腐蚀。润滑剂在使用中不断氧化，所生成的酸性物质对轴承材料有腐蚀性，特别是对铸造铜铅合金中的铅，易受腐蚀而形成点状的脱落，如图 3-14-8 所示。氧对锡基巴氏合金的腐蚀，会使轴承表面形成一层由 SnO_2 和 SnO 混合组成的黑色硬质覆盖层，它能擦伤轴颈表面，并使轴承间隙变小。此外，硫对含银或含铜的轴承材料的腐蚀，润滑油中水分对铜铅合金的腐蚀，都应予以注意。

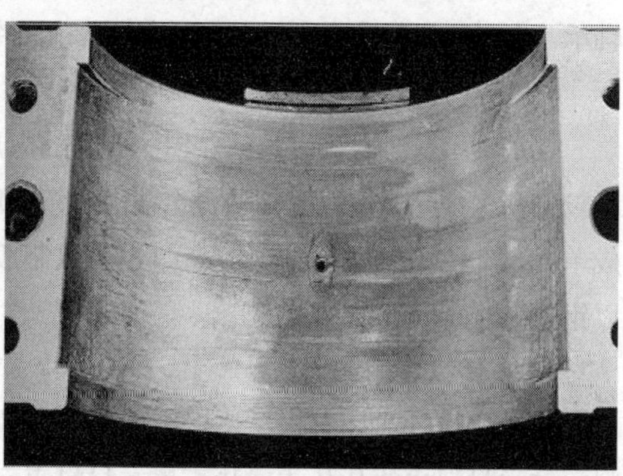

图3-14-8 轴承腐蚀

（2）轴承材料。轴瓦与轴承衬的材料通称为轴承材料。轴承材料性能应着重满足以下要求：

① 良好的减摩性、耐磨性和抗胶合性。减摩性是指材料副具有低的摩擦系数。耐磨性是指材料的抗磨性能（通常以磨损率表示）。抗胶合性是指

材料的耐热性和抗粘附性。

② 良好的摩擦顺应性、嵌入性和磨合性。摩擦顺应性是指材料通过表层弹塑性变形来补偿轴承滑动表面初始配合不良的能力。嵌入性是指材料容纳硬质颗粒嵌入，从而减轻轴承滑动表面发生刮伤或磨粒磨损的性能。磨合性是指轴瓦与轴颈表面经过短期轻载运转后，易于形成相互吻合的表面粗糙度。

③ 足够的强度和抗腐蚀能力。

④ 良好的导热性、工艺性、经济性等。

需要指出的是，没有一种轴承材料能够全面具备上述性能，因而必须针对各种具体情况，仔细进行分析后合理选用。

常用的轴承材料可分 3 大类：

① 金属材料，如轴承合金、铜合金、铝基合金和铸铁等；

② 多孔质金属材料；

③ 非金属材料，如工程塑料、碳一石墨等。

- 轴承合金（白合金、巴氏合金）

轴承合金是锡、铅、锑、铜的合金，它以锡或铅作为基体，其内含有锑锡（Sb-Sn）或铜锡（Cu-Sn）的硬晶粒。硬晶粒起抗磨作用，软基体则增加材料的塑性。轴承合金的弹性模量和弹性极限都很低，在所有轴承材料中，它的嵌入性及摩擦顺应性最好，很容易和轴颈磨合，也不易与轴颈发生胶合。但轴承合金的强度很低，不能单独制作轴瓦，只能粘附在青铜、钢或铸铁轴瓦上作轴承衬。轴承合金适用于重载、中高速场合，价格较贵。

- 铜合金

铜合金具有较高的强度，较好的减磨性和耐磨性。由于青铜的减磨性和阿耐磨性比黄铜好，故青铜是最常用的材料。青铜有锡青铜、铅青铜和铝青铜等几种，其中锡青铜的减摩性和耐磨性最好，应用广泛。但锡青铜比轴承合金硬度高，磨合性及嵌入性差，适用于重载及中速场合。铅青铜抗胶合能力强，适用于高速、重载轴承。铝青铜的强度及硬度较高，抗胶合能力较差，适用于低速重载轴承。在一般机械中有 50%的滑动轴承采用青铜材料。

- 铝基合金

铝基轴承合金在许多国家获得了广泛的应用。它有相当好的耐蚀性和较高的疲劳强度，摩擦性也较好。这些品质使铝基轴承合金在部分领域取代了较贵的轴承合金和青铜。铝基轴承合金可以制成单金属零件（如轴套、轴承等），也可以制成双金属零件，双金属轴瓦以铝基轴承合金为轴承衬，以钢作衬背。

- 灰铸铁和耐磨铸铁

普通灰铸铁或加有镍、铬钛等合金成分的耐磨灰铸铁，或者是球墨铸铁，都可以用作轴承材料。这类材料中的片状或球状石墨在材料表面上覆盖后，可以形成一层起润滑作用的石墨层，故具有一定的减摩性和耐磨性。此外石墨能吸附碳氢化合物，有助于提高边界润滑性能，故采用灰铸铁作轴承材料时应加润滑油。由于铸铁性脆、磨合性能差，故只适用于轻载低速和不受冲击载荷的场合。

• 多孔质金属材料

含油轴承：用粉末冶金法制作的轴承，具有多孔组织，可存储润滑油。可用于加油不方便的场合。运转时轴瓦温度升高，由于油的膨胀系数比金属大，油自动进入摩擦表面起到润滑作用。含油轴承加一次油，可使用较长时间。

• 非金属材料

工程塑料：具有摩擦系数低、可塑性、跑合性良好、耐磨、耐腐蚀，可用水、油及化学溶液等润滑的优点。

缺点：导热性差、膨胀系数大、容易变形。为改善此缺陷，可作为轴承衬粘复在金属轴瓦上使用。

碳——石墨：是电机电刷常用材料，具有自润滑性，用于不良环境中。

橡胶轴承：具有较大的弹性，能减轻振动使运转平稳，可用水润滑。常用于潜水泵、沙石清洗机、钻机等有泥沙的场合。

木材：具有多孔结构，可在灰尘极多的环境中使用。

3. 滑动轴承的润滑

润滑的目的主要是减少摩擦，降低磨损，提高轴承效率，同时还有散热冷却、缓冲吸振、密封和防锈的作用。

（1）油润滑。润滑油是滑动轴承中应用最广的润滑剂，目前使用的润滑油多为矿物油。润滑油最重要的物理性能是黏度，它也是选择润滑油的主要依据。黏度标志着液体流动的内摩擦性能。黏度越大，内摩擦阻力越大，液体的流动性越差。黏度的大小可用动力黏度（又称绝对黏度）或运动黏度来表示。

工业上多用运动黏度标定润滑油的黏度。根据国家标准，润滑油产品油牌号一般按 40℃ 时的运动黏度平均值来划分，需要时可以查阅相关手册或资料参考选择。

（2）脂润滑。润滑脂是在润滑油中添加稠化剂（如钙、钠、铝、锂等金属）后形成的胶状润滑剂。因为它稠度大、不宜流失，所以承载能力较大，但它的物理、化学性质不如润滑油稳定，摩擦功耗也大，故不宜在温度变化大或高速条件下使用（一般在轴承相对滑动速度低于 1～2m/s 时或不便注油的场合使用）。

目前使用最多的是钙基润滑脂，它有耐水性，常用于 60℃以下的各种机械设备中的轴承润滑。钠基润滑脂可用于 115℃～145℃以下，但抗水性较差。锂基润滑脂性能优良，抗水性好，在−20℃～150℃范围内广泛使用，可以代替钙基、钠基润滑脂。

（3）固体润滑剂。常用的固体润滑剂有石墨和二硫化钼。在滑动轴承中主要以粉剂加入润滑油或润滑脂中，用于提高其润滑性能，减少摩擦损失，提高轴承使用寿命。尤其高温、重载下工作的轴承，采用添加二硫化钼的润滑剂，能获得良好的润滑效果。

二、滚动轴承

滚动轴承是机器上一种重要的通用部件。它依靠主要元件间的滚动接触来支撑转动零件，具有摩擦阻力小、容易起动、效率高、轴向尺寸小等优点。由于大量标准化生产，滚动轴承具有制造成本低的优点。因而在各种机械中得到了广泛的使用。

滚动轴承已经标准化，由专门的工厂大量生产。在机械设计中，我们的主要工作就是根据具体的工作条件正确地选用轴承的类型和尺寸，并进行轴承安装、调整、润滑、密封等轴承组合的结构设计。

1. 滚动轴承的结构

滚动轴承严格来说是一个组合标准件，其基本结构如图 3-14-9 所示，主要由内圈、外圈、滚动体和保持架 4 个部分所组成。通常其内圈用来与轴颈配合装配，外圈的外径用来与轴承座或机架座孔相配合装配。有时也有轴承内圈与轴固定不动、外圈转动的场合。

作为转轴支撑的滚动轴承，显然其中的滚动体是必不可少的元件。有时为了简化结构，降低成本，可根据需要而省去内圈、外圈，甚至保持架等，这时滚动体直接与轴颈和座孔滚动接触。如自行车上的滚动轴承就是这样的简易结构。

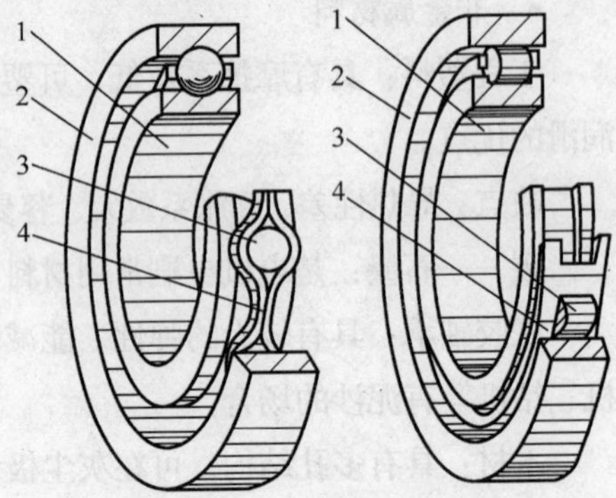

图3-14-9 滚动轴承的构造

1—内圈；2—外圈；3—滚动体；4—保持架

当内、外圈相对转动时，滚动体即在内外圈的滚道中滚动。

常见的滚动体形状如图 3-14-10 所示，有球形、圆柱形、滚针、圆锥滚子和球面滚子等。

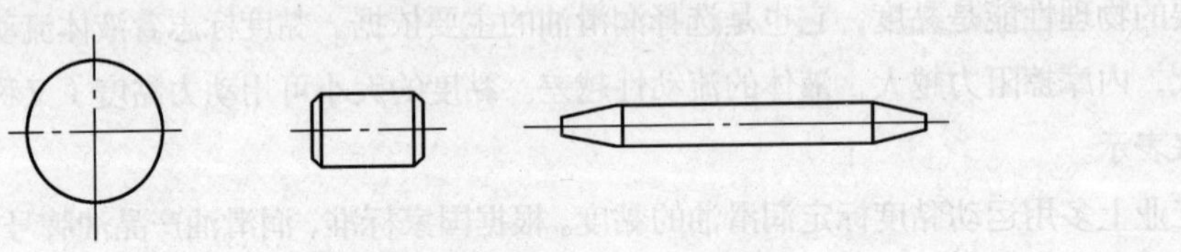

（a）球形　（b）圆柱形　（c）滚针

（d）圆锥滚子　（e）球面滚子

图3-14-10 常见滚动体

滚动轴承的内、外圈和滚动体一般采用轴承铬钢（如 GCr9、Gcr15、GCr15SiMn 等）经淬火制成，硬度为 60HRC 以上。

保持架使滚动体均匀分布在圆周上，其作用是避免相邻滚动体之间的接触。保持架有冲压式和实体式两种。

冲压式：用低碳钢冲压制成。

实体式：用铜合金、铝合金或工程塑料。具有较好的定心精度，适用于较高速的轴承。

2. 常用滚动轴承的种类和应用

滚动轴承的分类依据主要是其所能承受的载荷方向（或公称接触角）和滚动体的种类。

所以滚动轴承的一个重要参数就是接触角。滚动体和套圈接触处的法线与轴承径向平面（垂直于轴承轴心线的平面）之间的夹角 α 称为公称接触角。α越大，则轴承承受轴向载荷的能力就越大。

按轴承的内部结构和所能承受的外载荷或公称接触角的不同，滚动轴承分为：

（1）向心轴承（也称径向轴承）：主要或只能承受径向载荷的滚动轴承，其公称压力角为 0°～45°。向心轴承按公称接触角的不同可以分为以下两种。

① 径向接触轴承：公称接触角为 0° 的向心轴承，如深沟球轴承、圆柱滚子轴承和滚针轴承等。其中，深沟球轴承除了主要承受径向载荷外，同时还可以承受一定的轴向载荷（双向），在高转速时甚至可以代替推力轴承来承受纯轴向载荷，因此有时也把它看作向心推力轴承。它的设计计算也与后述的向心推力轴承（角接触球轴承、圆锥滚子轴承）类似。与尺寸相同的其他轴承相比，深沟球轴承具有摩擦因数小、极限转速高的优点，并且价格低廉，故获得了最为广泛的应用。

② 向心角接触轴承：公称接触角在 0°～45° 的向心轴承，如角接触球轴承、圆锥滚子轴承、调心轴承等。

调心轴承在主要承受径向载荷的同时，也可以承受不大的轴向载荷。其主要特点在于：允许内、外圈轴线有较大的偏斜（2°～3°），因而具有自动调心的功能，可以适应轴的挠曲和两轴承孔的同轴度误差较大的情况。

（2）推力轴承：主要用于承受轴向载荷的滚动轴承，其公称接触角为 45º～90º。推力轴承按公称接触角的不同又分为以下两种。

① 轴向接触轴承：公称接触角为 90° 的推力轴承，如推力球轴承等。

② 推力角接触轴承：公称接触角为 45°～90° 的推力轴承，如推力角接触轴承等。

按照承受单向轴向力和双向轴向力可以分为单列和双列推力轴承。

（3）向心推力轴承：这类轴承包括角接触球轴承和圆锥滚子轴承，可以同时承受径向载荷和较大的轴向载荷。

在工程上常用的滚动轴承有 5 类：深沟球轴承、圆柱滚子轴承、单列推力球轴承、角接触球轴承和圆锥滚子轴承。

各类轴承的承载性能如表 3-14-1 所示。

表 3-14-1　　滚动轴承代号及性能

轴承类型	简图	类型代号	标准号	特性
调心球轴承	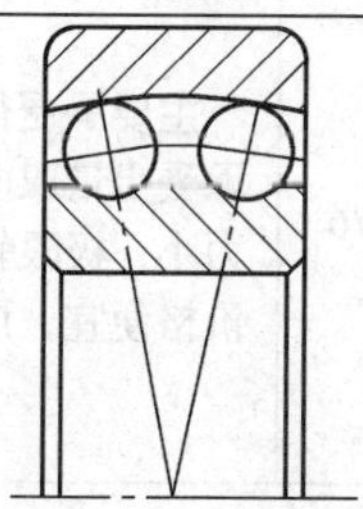	1	GB/T 281	主要承受径向载荷，也可同时承受少量的双向轴向载荷。外圈滚道为球面，具有自动调心性能，适用于弯曲刚度小的轴

续表

轴承类型	简图	类型代号	标准号	特性
调心滚子轴承	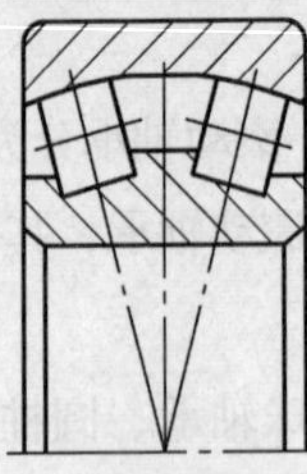	2	GB/T 288	用于承受径向载荷，其承载能力比调心球轴承大，也能承受少量的双向轴向载荷。具有调心性能，适用于弯曲刚度小的轴
圆锥滚子轴承	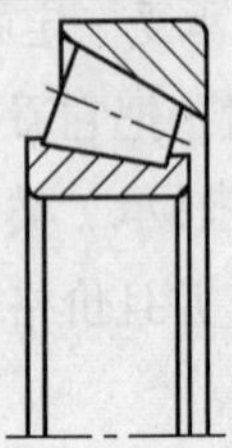	3	GB/T 297	能承受较大的径向载荷和轴向载荷。内、外圈可分离，故轴承游隙可在安装时调整，通常成对使用，对称安装
双列深沟球轴承	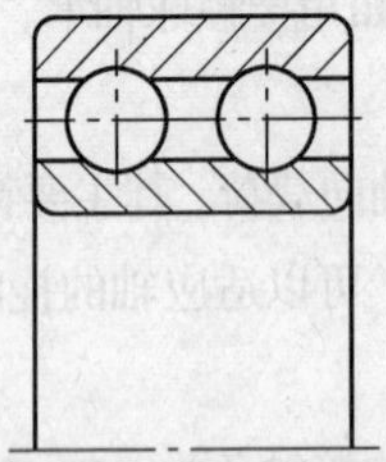	4	—	主要承受径向载荷，也能承受一定的双向轴向载荷。它比深沟球轴承具有更大的承载能力
推力球轴承	单向 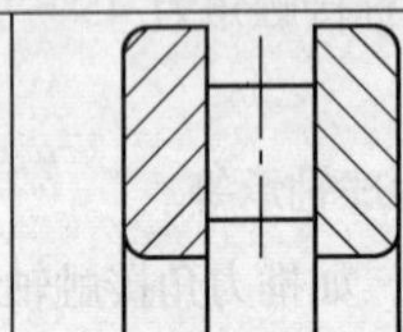	5（5100）	GB/T 301	只能承受单向轴向载荷，适用于轴向力大而转速较低的场合
	双向 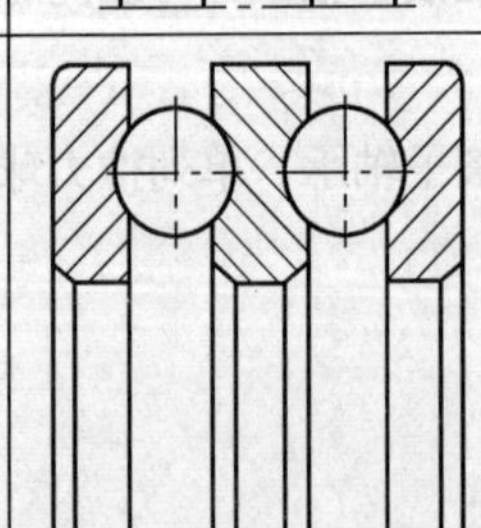	5（5200）	GB/T 301	可承受双向轴向载荷，常用于轴向载荷大、转速不高处
深沟球轴承	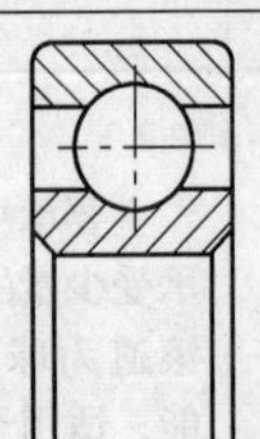	6	GB/T 276	主要承受径向载荷，也可同时承受少量双向轴向载荷。摩擦阻力小，极限转速高，结构简单，价格便宜，应用最广泛

续表

轴承类型	简图	类型代号	标准号	特性
角接触球轴承	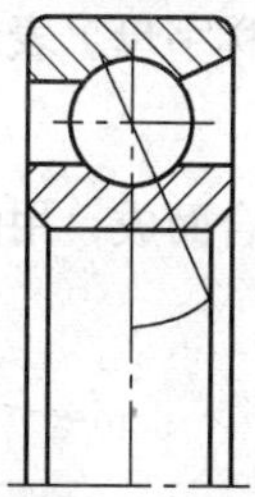	7	GB/T 292	能同时承受径向载荷与轴向载荷，接触角 α 有 15°、25°、40°3 种。适用于转速较高、同时承受径向和轴向载荷的场合
推力圆柱滚子轴承	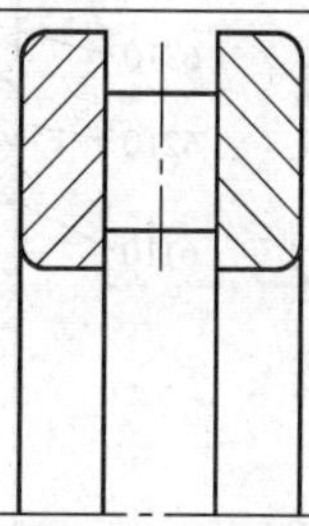	8	GB/T 4663	只能承受单向轴向载荷，承载能力比推力球轴承大得多，不允许轴线偏移。适用于轴向载荷大而不需调心的场合
圆柱滚子轴承	外圈无挡边圆柱滚子轴承 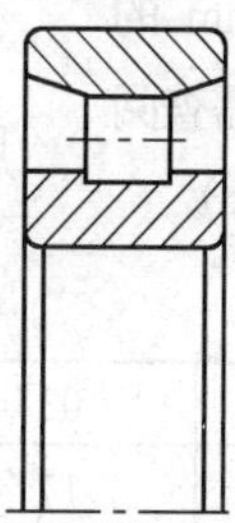	N	GB/T 283	只能承受径向载荷，不能承受轴向载荷。承受载荷能力比同尺寸的球轴承大，尤其是承受冲击载荷能力大

小贴士

（1）推力轴承和向心轴承组合使用，可以分别承受轴向载荷和径向载荷。

（2）根据所承受的轴向载荷和径向载荷的比例，选择不同接触角 β 的向心推力球轴承和不同推角 α 的圆锥滚子轴承，轴向载荷较大，所选择的接触角 β 和推角 α 也大。

3. 滚动轴承代号的组成

滚动轴承的种类很多，而各类轴承又有不同结构、尺寸和公差等级等，为了表征各类轴承的不同特点，为了便于组织生产、管理、选择和使用，国家标准中规定了滚动轴承代号的表示方法，由数字和字母所组成。

滚动轴承的代号由 3 个部分代号所组成：前置代号、基本代号和后置代号，如表 3-14-2 所示。

表 3-14-2　　滚动轴承代号

前置代号	基本代号			后置代号（组）							
	轴承类型	尺寸系列	轴承内径	内部结构	密封防尘套圈变型	保持架（材料）	轴承材料	公差等级	游隙	配置	其他

（1）基本代号。基本代号是表示轴承主要特征的基础部分，也是我们应着重掌握的内容，包括轴承类型、尺寸系列和内径。

类型代号用阿拉伯数字（以下简称数字）或大些拉丁字母（简称字母）表示，个别情况下可以省略。

尺寸系列是是由轴承的直径系列代号和宽（高）度系列代号组合而成，用两位数字表示。

宽度系列是指径向轴承或向心推力轴承的结构、内径和直径都相同，而宽度为一系列不同尺寸，按 8，0，1，…，6 的次序递增（推力轴承的高度按 7、9、1、2 顺序递增）。当宽度系列为 0 系列时，对多数轴承在代号中可以不予标出（但对调心轴承需要标出）。用基本代号右起第四位数字表示。

直径系列表示同一类型、相同内径的轴承在外径和宽度上的变化系列，用基本代号右起第三位数字表示（滚动体尺寸随之增大），即按 7，8，9，0，1，…，5 的顺序外径尺寸增大，如图 3-14-17 所示。

内径代号是用两位数字表示轴承的内径：内径 d=10～480mm 的轴承内径表示方法如表 3-14-3 所示，其他有关尺寸的轴承内径需查阅有关手册和标准（用基本代号右起第一位和第二位两位数字表示）。

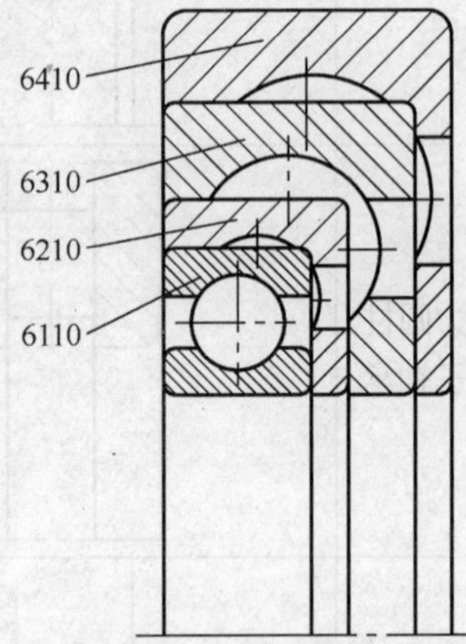

图3-14-11 滚动轴承直径代号

表 3-14-3 滚动轴承内径代号表

内径代号	00	01	02	03	04～96
轴承内径/mm	10	12	15	17	代号数×5

（2）前置代号、后置代号。前置代号、后置代号是轴承在结构形状、尺寸、公差、技术要求等有改变时，在基本代号左右添加的补充代号。

前置代号用字母表示，用以说明成套轴承部件的特点，一般轴承无须作此说明，则前置代号可以省略。

后置代号用字母和字母—数字的组合来表示，按不同的情况可以紧接在基本代号之后或者用“–”、“/”符号隔开，其含义见轴承代号表所示。

常见的轴承内部结构代号及公差等级代号如表 3-14-4 和表 3-14-5 所示。

表 3-14-4 内部结构代号表

代号	含义及示例
C	角接触球轴承 公称接触角 $\alpha = 15°$ 7210C 调心滚子轴承 C 型 23122C
AC	角接触球轴承 公称接触角 $\alpha = 25°$ 7210AC
B	角接触球轴承 公称接触角 $\alpha = 45°$ 7210B 圆锥滚子轴承 接触角加大 32310B
E	加强型（即内部结构设计改进，增大轴承承载能力）N207E

表 3-14-5　　　　　　　　　　　　轴承公差代号表

代号		含义和示例
新标准 GB/T 272—93	原标准 GB 272—88	
/P0	G	公差等级符合标准规定的 0 级，代号中省略不标　6203
/P6	E	公差等级符合标准中的 6 级　6203/P6
/P6X	EX	公差等级符合标准中的 6X 级　6203/P6X
P5	D	公差等级符合标准中的 5 级　6203/P5
P4	C	公差等级符合标准中的 4 级　6203/P4
P2	B	公差等级符合标准中的 2 级　6203/P2

其精度等级按上表中的顺序依次提高。

其他各符号的含义可以查阅 GB/T 272—93，此处不再赘述。

例 3-14-1　试说明轴承代号 6206、32315E、7312C 及 51410/P6 的含义。

解：

6206：（从左至右）6 深沟球轴承；2 尺寸系列代号，直径系列为 2，宽度系列为 0（省略）；06 为轴承内径 30mm；公差等级为 0 级。

32315E：（从左至右）3 为圆锥滚子轴承；23 为尺寸系列代号，直径系列为 3、宽度系列为 2；15 为轴承内径 75mm；E 加强型；公差等级为 0 级。

7312C：（从左至右）7 为角接触球轴承；3 为尺寸系列代号，直径系列为 3、宽度系列为 0（省略）；12 为轴承内径 60mm；C 公称接触角 $\alpha=15°$；公差等级为 0 级。

51410/P6：（从左至右）5 为双向推力轴承；14 为尺寸系列代号，直径系列为 4、宽度系列为 1；10 为轴承直径 50mm；P6 前有“/”，为轴承公差等级。

4. 滚动轴承的类型选择

滚动轴承的类型很多，因此选用轴承首先是选择类型。而选择类型必须依据各类轴承的特性，在表 3-14-1 中的最后一列中给出了各类轴承的性能特点，供选用时参考。同时，在选用轴承时还要考虑下面几个方面的因素。

（1）轴承所受的载荷（大小、方向和性质）。受纯径向载荷时应选用向心轴承（如 60000、N0000、NU0000 型等）。受纯轴向载荷应选用推力轴承（如 50000 型）。对于同时承受径向载荷 R 和轴向载荷 A 的轴承，应根据两者的比值（A/R）来确定：若 A 相对于 R 较小时，可选用深沟球轴承（60000 型）或接触角不大的角接触球轴承（70000C 型）及圆锥滚子轴承（30000 型）；当 R 相比较大时，可选用接触角较大的角接触球轴承（70000AC 型或 70000C 型）；当 A 比 R 大很多时，则应考虑采用向心轴承和推力轴承的组合结构，以分别承受径向载荷和轴向载荷。

在同样外廓尺寸的条件下，滚子轴承比球轴承的承载能力和抗冲击能力要大。故载荷较大、有振动和冲击时，应优先选用滚子轴承。反之，轻载和要求旋转精度较高的场合应选择球轴承。

同一轴上两处支撑的径向载荷相差较大时，也可以选用不同类型的轴承。

（2）轴承的转速。在一般转速下，转速的高低对类型选择不发生什么影响，只有当转速较高时，才会有比较显著的影响。在轴承样本中列入了各种类型、各种尺寸轴承的极限转速 $n_{\lim}$ 值。这个极限转速是指载荷 $P \leqslant 0.1C$（C 为基本额定动载荷，后面我们再讲），冷却条件正常，且为 0 级公差时的最大允许转速。但 $n_{\lim}$ 值并不是一个不可超越的界限，所以一般必须保证轴承在低于极限转速条件下工作。

① 球轴承比滚子轴承的极限转速高，所以在高速情况下应选择球轴承。

② 当轴承内径相同，外径越小则滚动体越小，产生的离心力越小，对外径滚道的作用也小。所以，外径越大极限转速越低。

③ 实体保持架比冲压保持架允许有较高的转速。

④ 推力轴承的极限转速低，所以当工作转速较高而轴向载荷较小时，可以采用角接触球轴承或深沟球轴承。

（3）调心性能的要求。对于因支点跨距大而使轴刚性较差或因轴承座孔的同轴度低等原因而使轴挠曲时，为了适应轴的变形，应选用允许内、外圈有较大相对偏斜的调心轴承，如 10000 系列和 20000 系列的调心球轴承可以在内外圈产生不大的相对偏斜时正常工作。

在使用调心轴承的轴上，一般不宜使用其他类型的轴承，以免受其影响而失去了调心作用。

滚子轴承对轴线的偏斜最敏感，调心性能差。在轴的刚度和轴承座的支撑刚度较低的情况下，应尽可能避免使用。

（4）拆装方便等其他因素。选择轴承类型时，还应考虑到轴承装拆的方便性、安装空间尺寸的限制以及经济性问题。例如，在轴承的径向尺寸受到限制的时候，就应选择同一类型、相同内径轴承中外径较小的轴承，或考虑选用滚针轴承。

在轴承座没有剖分面而必须沿轴向安装和拆卸时，应优先选择内、外圈可分离的轴承。

球轴承比滚子轴承便宜，在能满足需要的情况下应优先选用球轴承。

同型号不同公差等级的轴承价格相差很大，故对高精度轴承应慎重选用，等等。

（5）滚动轴承类型的选择原则。

① 转速较高，载荷不大，旋转精度又有较高要求时，宜用点接触的单列向心球轴承或向心角接触球轴承。滚子轴承多用于转速不太高、载荷较大的场合。

② 有冲击载荷时，宜用滚子轴承。

③ 径向和轴向载荷都较大，转速又高，宜用向心角接触球轴承；转速不太高，则可用圆锥滚子轴承；当轴向载荷比径向载荷大得多时，且转速不太高，一个支点上可用两种不同类型的轴承组合，如推力轴承和向心球轴承组合，以分别承受轴向载荷和径向载荷。

④ 当要求支撑有较大刚度时，宜用滚子轴承。

⑤ 支点跨距大，轴的弯曲变形较大时，可选用调心轴承。

⑥ 从价格上考虑，一般来说球轴承比滚子轴承便宜。

5. 滚动轴承的配合及拆装

（1）滚动轴承的配合。滚动轴承的配合是指内圈与轴径、外圈与座孔的配合即轴与孔之间的间隙大小。这些配合的松紧程度直接影响轴承间隙的大小，从而关系到轴承的运转精度和使用寿命。

轴承内孔与轴径的配合采用基孔制，就是以轴承内孔确定轴的直径；轴承外圈与轴承座孔的配合采用机轴制，就是用轴承的外圈直径确定座孔的大小。这是为了便于标准化生产。

在具体选取时，要根据轴承的类型和尺寸、载荷的大小和方向以及载荷的性质来确定：工作载荷不变时，转动圈（一般为内圈）要紧。转速越高、载荷越大、振动越大、工作温度变化越大，配合应该越紧，常用的配合有 n6、m6、k6、js6；固定套圈（通常为外圈）、游动套圈或经常拆卸的轴承应该选择较松的配合，常用的配合有 J7、J6、H7、G7。使用时可以参考相关手册或资料。

（2）滚动轴承的装配与拆卸。必须考虑轴承的装拆问题，而且要保证不因装拆而损坏轴承或其他零件。装配轴承的长度，在满足配合长度的情况下，应尽可能设计的短一些。轴承内圈与轴颈的配合通常较紧，可以采用压力机在内圈上施加压力将轴承压套在轴颈上。有时为了便于安装，尤其是大尺寸轴承，可用热油（不超过 80℃）加热轴承，或用干冰冷却轴颈。中小型轴承可以使用软锤直接敲入或用另一段管子压住内圈敲入。

在拆卸时要考虑便于使用拆卸工具，以免在拆卸的过程中损坏轴承和其他零件，如图 3-14-12（a）（b）所示。为了便于拆卸轴承，内圈在轴肩上应露出足够的高度，或在轴肩上开槽，如图 3-14-12（c）所示，以便放入拆卸工具的钩头。

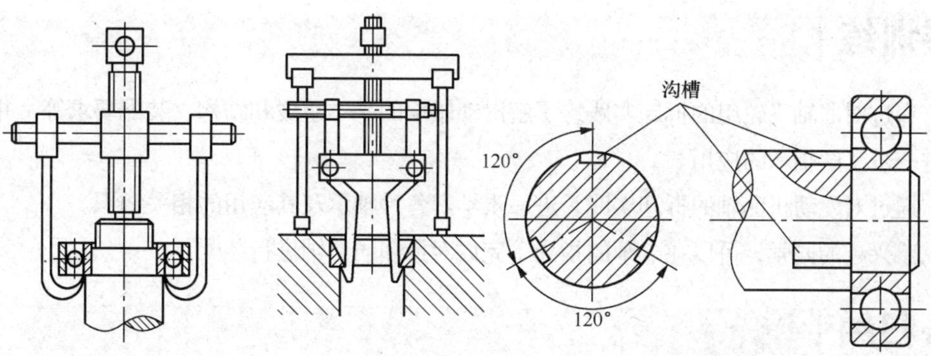

（a）拆内圈　（b）拆外圈　（c）沟槽

图3-14-12　轴承的拆卸

当然，也可以采用其他结构，如在轴上装配轴承的部位预留出油道，需要拆卸时利用打入高压油进行拆卸。

6. 滚动轴承的润滑

保证良好的润滑是维护保养轴承的主要手段。润滑可以降低摩擦阻力，减轻磨损。同时，还具有降低接触应力、缓冲吸振及防腐蚀等作用。

常用滚动轴承的润滑剂为润滑脂和润滑油两种。具体选择可按速度因数 $D \cdot n$ 来决定（D 为轴承的平均直径；n 为轴承的转速）。$D \cdot n$ 间接反映了轴颈圆周速度，当 $D \cdot n < 2 \times 10^5 \sim 3 \times 10^5$ mm r/min 时，一般采用脂润滑；超过这一范围宜采用油润滑。

一般情况下，滚动轴承使用的是润滑脂，它可以形成强度较高的油膜，承受较大的载荷，缓冲和吸振能力好，黏附力强，可以防水，不需要经常更换和补充。同时，密封结构简单，在轴径圆周速度 v<4～5m/s 时适用。滚动轴承的装脂量为轴承内部空间的 1/3～2/3。

润滑油的内摩擦力小，便于散热冷却，适用于高速机械。速度越高，油的黏度应该越小。当转速不超过 10000r/min 时，可以采用简单的浸油法。高于 10 000r/min 时，搅油损失增大，引起油液和轴承严重发热，应该采用滴油、喷油或喷雾法。

7. 滚动轴承的失效形式

（1）疲劳点蚀。在径向载荷作用下，轴承的内、外圈下部与滚动体接触处产生应力和弹性变形，其大小随着接触点的位置不同而变化，当接触应力循环次数达到一定数值时，内、外圈滚道或滚动体表面就会发生疲劳点蚀，使滚动轴承产生振动和噪声，旋转精度随之降低，从而失去工作能力。

（2）塑性变形。滚动轴承在很大静载荷或冲击载荷作用下，内、外圈滚道或滚动体表面上的局部应力超过材料的屈服极限，出现凹坑，即塑性变形，此时滚动轴承的摩擦力矩、振动和噪声都将增大，旋转精度也随之降低，轴承即失效。

（3）磨损。使用时密封润滑不良，维护保养不当，也会导致轴承严重磨损而失效。

（4）胶合。通常在滚动体和套圈之间，特别是滚动体和保持架之间有滑动摩擦，如果润滑不充分，发热严重时，可能使滚动体回火，甚至产生胶合现象。转速越高，发热越大，发生胶合的可能性就越高。

拓展训练

（1）通过对曲轴飞轮组的拆卸实践，了解滑动轴承的基本组成和结构、装配要求等，并在此基础上，进一步了解轴承的应用。

（2）通过对发动机曲轴的拆卸实践，进一步学习各种轴承及其应用的相关知识。

（3）感兴趣的同学，可以在老师的指导下完成对拆卸的曲轴进行装配。

任务归纳

（1）通过拆装发动机曲轴，了解滑动轴承的分类和应用。

（2）通过拆装发动机曲轴，掌握各种轴承及其装配关系和定位方法。

（3）通过对发动机曲轴飞轮组的拆卸实践，了解各种滑动轴承的基本组成和装配要求。

思考与练习

（1）发动机曲轴飞轮组的基本组成和装配关系如何？

（2）轴承分哪几类？滚动轴承和滑动轴承各有什么应用特点？

（3）滚动轴承和滑动轴承在结构上各有什么特点？

（4）滑动轴承轴瓦与轴承衬有什么结构特点？常用哪些材料加工而成？

（5）滚动轴承代号由什么组成？滚动轴承的失效形式有哪几种？

（6）通过观察，在汽车上找出各种不同类型的轴承。

任务测评表

班级		姓名		日期		自评	互评	备注
（1）知道发动机曲轴飞轮组的基本组成和装配关系吗？								
（2）知道轴承分哪几类吗？滚动轴承和滑动轴承各有什么应用特点吗？								
（3）知道滚动轴承和滑动轴承在结构上各有什么特点吗？了解两者的区别吗？								
（4）知道滑动轴承轴瓦与轴承衬的结构特点和轴承衬的材料吗？								
（5）知道滚动轴承的代号组成以及滚动轴承的失效形式吗？								
（6）掌握发动机曲轴飞轮组的拆卸技能了吗？能独立完成拆卸吗？								
（7）在拆卸发动机曲轴飞轮组任务中，按照操作规程做到安全文明操作了吗？								
（8）通过观察，能在汽车上找出各种不同类型的轴承吗？								
个人总结：								
总体评价						教师签名		

Chapter 4

模块四

汽车液压传动与装置

模块描述

如果没有液压传动，汽车就不能正常工作；如果不进行液压故障诊断，汽车正常维护就不完整。汽车的各种泵、制动系统、辅助设备等都是液压传动，包括最常用的千斤顶。本模块学习液压传动的基础知识，掌握液压回路的工作过程。认识汽车上汽车液压传动与装置，是保证安全行车、正确诊断和科学维修的重要依据。

学习目标

通过本模块的学习，学生能够理解液压力学基本概念，液压基本元件及回路；能够分析液压回路的工作过程，对液压缸进行设计。掌握液压千斤顶、润滑油泵及 ABS 等汽车液压部分的结构及工作过程，可以进行故障判断并做出维修策略。

任务1 液压千斤顶的应用

任务描述

汽车千斤顶放在汽车的工具箱里，用于在更换备用轮胎时顶起车身。汽车千斤顶分为气动千斤顶、电动千斤顶、液压千斤顶和机械式千斤顶，一般常用的是液压和机械千斤顶。汽车千斤顶用于更换备用轮胎，开车出门在外轮胎坏了方便更换。本任务通过对汽车轮胎的更换与顶起车身过程，了解汽车千斤顶的相关知识。

任务要求

（1）观察汽车千斤顶的工作过程。

（2）提压千斤顶压杆手柄，观察千斤顶升降运动规律，如图 4-1-1 所示。

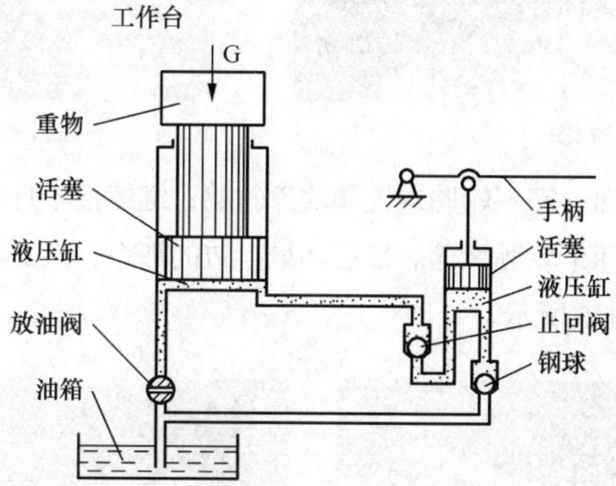

图4-1-1　液压千斤顶工作原理

（3）根据千斤顶压杆手柄运动和顶盘运动的内在关系，进行受力分析与运动分析。

技能训练

1. 所需仪器

汽车普通千斤顶、轿车。

2. 操作步骤

（1）将车辆停放在平整、坚硬的地面上，熄火，关闭车门。拉紧手刹，手动挡挂 1 挡，自动挡挂 P 档。这样，前后轮都被固定住，不会发生千斤顶侧倒的事故，如图 4-1-2 所示。

（2）将故障车轮稍稍支起。这样是为了在轮胎彻底没气时，避免轮毂长时间挤压轮胎侧壁，避免车尾太低造成备胎无法取出。

（3）取出千斤顶，顺时针摇千斤顶摇臂，使它接近所需的高度。将千斤顶放在故障车轮旁边的车门底下。千斤顶上端的凹槽要对准车门底的金属支撑边，以确保稳固，如图 4-1-3 所示。继续摇千斤顶摇臂，将车轮稍稍支起。轮胎和地面还要保持一定摩擦，以便松动螺栓时用力。

（4）从备胎架上取出备胎。

（5）按照“对角”顺序，松动轮胎螺栓。首先将轮毂盖撬下，并用轮胎扳手将螺栓逆时针松动，并再次顺时针轻轻固定，以避免轮胎被车辆压歪，如图 4-1-4 所示。为避免受力不均，松螺栓应按照“对角顺序”，即松了第 1 个，再松第 3 个、第 2 个、第 4 个。如果是奇数个，如宝来车 5 个螺栓，可以按照 1、3、4、2、5 的顺序松螺栓。

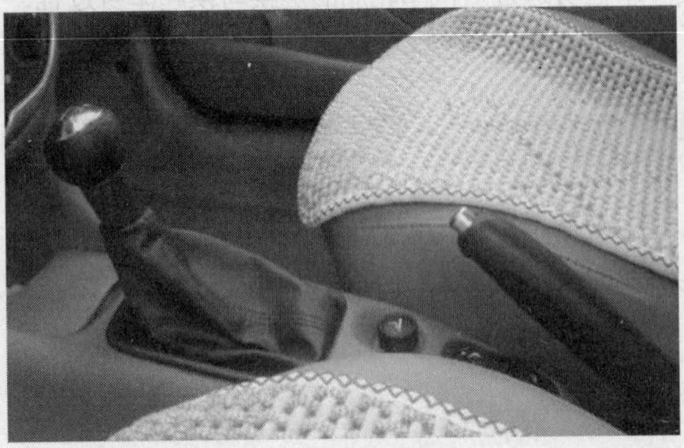

图4-1-2 停车挂挡图

图4-1-3 稍微顶起车轮

（6）将故障轮胎撑离地面，卸下轮胎螺栓和故障轮胎；继续摇千斤顶摇臂，将故障轮胎撑离地面；按“对角顺序”松动，卸下轮胎螺栓。最后卸最上边的那个，然后将故障轮胎从法兰盘上（或刹车毂）轻轻托下，如图 4-1-5 所示。

图4-1-4 对角旋转螺栓

图4-1-5 托下轮胎

（7）装上备胎，拧上螺栓，装好轮毂盖。注意，铝轮毂盖上的两个长凸起要对准轮毂的长凹槽，轮毂盖的钢丝卡撑不要掉了；钢轮毂的盖子要对上气门嘴的位置。

（8）试车，如果轮胎安装不平，行驶会有异常晃动。

相关知识链接

1. 液压静压力

当液体相对静止时，液体单位面积上所受的法向作用力称为压力。它在物理学中称为压强，但在液压传动中称为压力，压力通常用 p 表示。

$$p = \frac{F}{A} \tag{4-1-1}$$

式中，A 为作用力下的有效面积，m^2；F 为作用面积上法向作用力，N。

2. 帕斯卡定律

在密闭容器内，施加于静止液体上的压强将以等值同时传到各点。这就是静压传递原理或称帕斯卡定律，如图 4-1-6 所示。

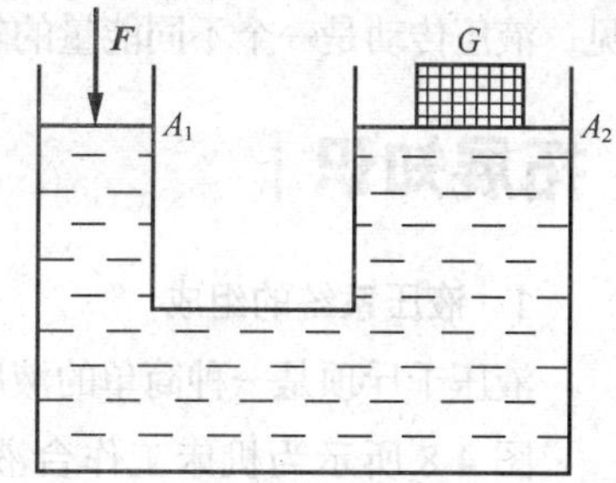

图4-1-6 封闭容腔

则有
$$p=\frac{F}{A_1}=\frac{G}{A_2} \tag{4-1-2}$$

式中，A_1、A_2 为作用力下的有效面积，单位为 m^2；F 为作用小活塞上法向作用力，单位为 N；G 为大活塞上举起的重物重力，单位为 N。

小贴士

A_2 是 A_1 的几倍，重物 G 就是 F 的几倍。因此，在小活塞上加较小的力，就能在大活塞上产生较大的力，这就是液压机的原理。

3. 千斤顶的工作原理

图 4-1-7 所示为液压千斤顶的工作原理图。大油缸 9 和大活塞 8 组成举升液压缸。杠杆手柄 1、小油缸 2、小活塞 3、单向阀 4 和 7 组成手动液压泵。如提起手柄使小活塞向上移动，小活塞下端油腔容积增大，形成局部真空，这时单向阀 4 打开，通过吸油管 5 从油箱 12 中吸油；用力压下手柄，小活塞下移，小活塞下腔压力升高，单向阀 4 关闭，单向阀 7 打开，下腔的油液经管道 6 输入举升油缸 9 的下腔，迫使大活塞 8 向上移动，顶起重物。再次提起手柄吸油时，单向阀 7 自动关闭，使油液不能倒流，从而保证了重物不会自行下落。不断地往复扳动手柄，就能不断地把油液压入举升缸下腔，使重物逐渐地升起。如果打开截止阀 11，举升缸下腔的油液通过管道 10、截止阀 11 流回油箱，重物就向下移动。这就是液压千斤顶的工作原理。

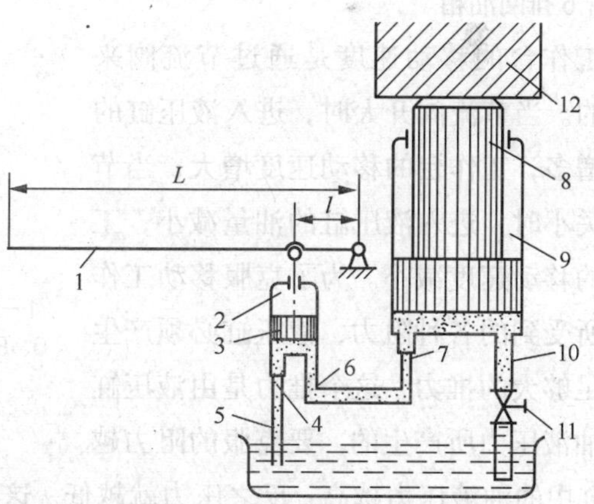

图4-1-7 液压千斤顶工作原理图

1—杠杆手柄；2—小油缸；3—小活塞；4、7—单向阀；5—吸油管；6、10—管道；8—大活塞；9—大油缸；11—截止阀；12—油箱

通过对上面液压千斤顶工作过程的分析，可以初步了解到液压传动的基本工作原理。液压传动是利用有压力的油液作为传递动力的工作介质。压下杠杆手柄时，小油缸 2 输出压力油，是将机械能转换成油液的压力能，压力油经过管道 6 及单向阀 7，推动大活塞 8 举起重物，是将油液的压力能又转换成机械能。大活塞 8 举升的速度取决于单位时间内流入大油缸 9 中油容积的多少。由此可

见，液压传动是一个不同能量的转换过程。

拓展知识

1. 液压系统的组成

液压千斤顶是一种简单的液压传动装置。下面分析一种驱动工作台的液压传动系统。

图 4-8 所示为机床工作台液压系统工作原理图，它由油箱、滤油器、液压泵、溢流阀、开停阀、节流阀、换向阀、液压缸以及连接这些元件的油管、接头组成。其工作原理如下：液压泵由电动机驱动后，从油箱中吸油。油液经滤油器进入液压泵，油液在泵腔中从入口低压到出口高压，在图 4-1-8（a）所示状态下，通过开停阀、节流阀、换向阀进入液压缸左腔，推动活塞使工作台向右移动。这时，液压缸右腔的油经换向阀和回油管 6 排回油箱。

如果将换向阀手柄转换成图 4-1-8（b）所示状态，则压力管中的油将经过开停阀、节流阀和换向阀进入液压缸右腔、推动活塞使工作台向左移动，并使液压缸左腔的油经换向阀和回油管 6 排回油箱。

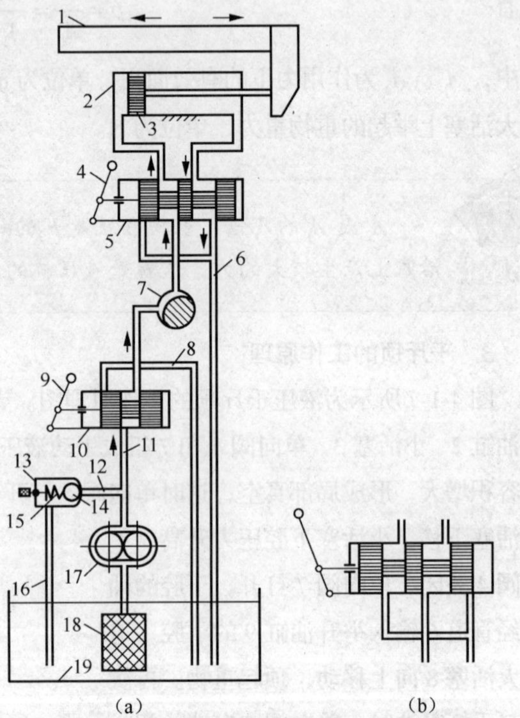

图4-1-8 机床工作台液压系统工作原理图

1—工作台；2—液压缸；3—活塞；4—换向手柄；5—换向阀；6、8、16—回油管；7—节流阀；9—开停手柄；10—开停阀垂；11—压力管；12—压力支管；13—溢流阀；14—钢球；15—弹簧；17—液压泵；18—滤油器；19—油箱

工作台的移动速度是通过节流阀来调节的。当节流阀开大时，进入液压缸的油量增多，工作台的移动速度增大；当节流阀关小时，进入液压缸的油量减小，工作台的移动速度减小。为了克服移动工作台时所受到的各种阻力，液压缸必须产生一个足够大的推力，这个推力是由液压缸中的油液压力所产生的。要克服的阻力越大，缸中的油液压力越高；反之压力就越低。这种现象正说明了液压传动的一个基本原理——压力决定于负载。

从机床工作台液压系统的工作过程可以看出，一个完整的、能够正常工作的液压系统，应该由以下 5 个主要部分来组成。

（1）能源装置。它是供给液压系统压力油，把机械能转换成液压能的装置。最常见的形式是液压泵。

（2）执行装置。它是把液压能转换成机械能的装置。其形式有作直线运动的液压缸，有作回转运动的液压马达，它们又称为液压系统的执行元件。

（3）控制调节装置。它是对系统中的压力、流量或流动方向进行控制或调节的装置，如溢流阀、节流阀、换向阀、开停阀等。

（4）辅助装置。上述3部分之外的其他装置，如油箱、滤油器、油管等，它们对保证系统正常工作是必不可少的。

（5）工作介质。传递能量的流体，即液压油等。

2. 液压系统符号图

图4-1-9所示的液压系统是一种半结构式的工作原理图，它具有直观性强、容易理解的优点。当液压系统发生故障时，根据原理图检查十分方便，但图形比较复杂，绘制比较麻烦。我国已经制定了一种用规定的图形符号来表示液压原理图中的各元件和连接管路的国家标准，即《液压系统图图形符号（GB 786—76）》。在GB 786—76中，对于这些图形符号有以下几条基本规定。

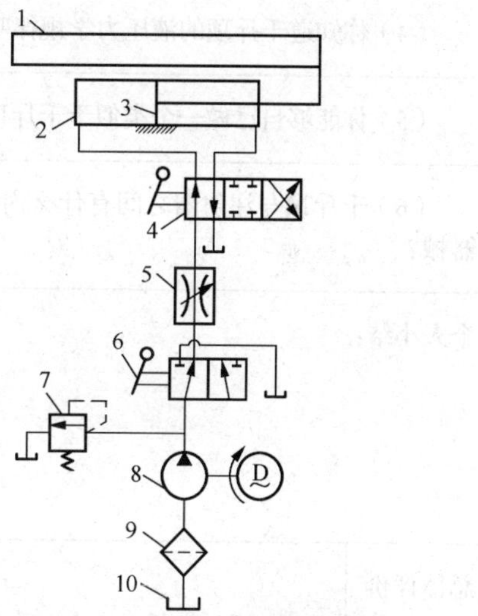

图4-1-9　机床工作台液压系统的图形符号图

1—工作台；2—液压缸；3—油塞；4—换向阀；5—节流阀；6—开停阀；7—溢流阀；8—液压泵；9—滤油器；10—油箱

（1）符号只表示元件的职能，连接系统的通路，不表示元件的具体结构和参数，也不表示元件在机器中的实际安装位置。

（2）元件符号内的油液流动方向用箭头表示，线段两端都有箭头的，表示流动方向可逆。

（3）符号均以元件的静止位置或中间零位置表示，当系统的动作另有说明时，可作例外。

任务归纳

（1）通过对千斤顶工作过程的分析，理解并掌握液压力学基本概念。

（2）理解并掌握液压系统的组成。

（3）理解并掌握液压系统符号图。

思考与练习

（1）帕斯卡定律是怎么定义的?

（2）千斤顶外界施加的力与举起的重物关系如何?

（3）请举例说明压力与压强在液压中的区别。

（4）试阐述液压千斤顶顶起重物的速度和位移的输入输出关系。

任务测评表

班级		姓名		日期		自评	互评	备注
（1）你知道液压系统是由几大部分组成的吗？千斤顶属于哪一部分呢？								
（2）汽车千斤顶为什么能用很小的力举起汽车呢？								
（3）千斤顶符合能量守恒定律吗？为什么？								
（4）你知道千斤顶的液压力学规律吗？你会独立推算过程吗？								
（5）你能够自己做一个类似于千斤顶的装置吗？								
（6）千斤顶与注射器之间有什么内在联系？你还能想到哪些相似器械？								
个人小结：								
总体评价						教师签字		

任务2 液压传动在润滑系统中的应用

任务描述

发动机工作时，各运动零件均以一定的力作用在另一个零件上，很多传动零件都是在很小的间隙下作高速相对运动，如曲轴主轴颈与主轴承，曲柄销与连杆轴承，凸轮轴颈与凸轮轴承，活塞、活塞环与气缸壁面，配气机构各运动副及传动齿轮副等，有了相对运动，零件表面必然要产生摩擦，加速磨损。因此，为了减轻磨损，减小摩擦阻力，延长使用寿命，发动机上必须有润滑系。本任务通过对汽车润滑系统的拆装与润滑油的更换，了解汽车润滑液压系统的相关知识。

任务要求

（1）观察汽车润滑系统的工作过程。

（2）汽车润滑油泵工作，观察润滑系统控制规律。

（3）根据润滑油泵工作与油液运动的内在关系，进行流量分析与速度分析。

技能训练

1. 所需仪器

汽车润滑系统、流量计以及真空压力表。

2. 操作步骤

① 观察润滑系统总体组成。润滑系统总体组成如图 4-2-1 所示。

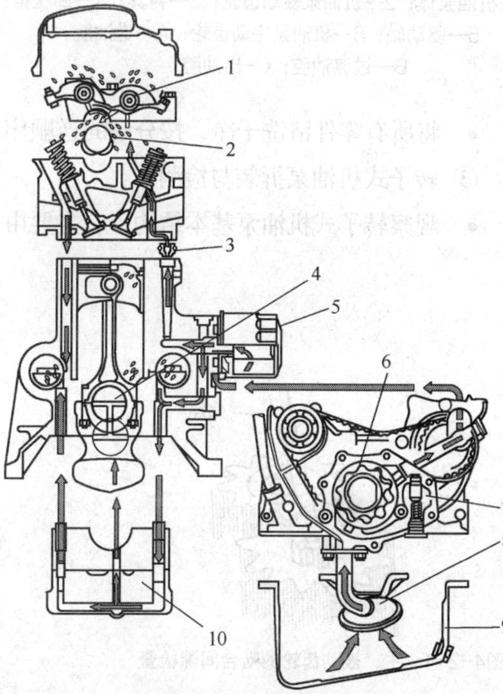

图4-2-1　润滑系总体组成

1—摇臂轴；2—凸轮轴；3—节流孔；4—曲轴；5—机油滤清器；6—机油泵；7—限压阀；8—机油集滤器；9—油底壳；10—曲轴主轴承

② 机油泵的拆装与检测。

- 观察齿轮式机油泵基本结构，它主要由一对齿轮组成，如图 4-2-2 所示。
- 旋松分电器轴向限位卡板的紧固螺栓，拆去卡板，拔出分电器总成。
- 旋松并拆卸两只将机油泵盖、机油泵体紧固到机体上去的长紧固螺栓，将机油吸油部件一起拆下。
- 旋松并拆下机油吸油管组件紧固螺栓，拆下吸油管组件，检查并清洗滤油网。
- 旋松并拆下机油泵盖短紧固螺栓，取下机油泵组件，检查泵盖上的限压阀。
- 分解主被动齿轮，再分解齿轮和轴，垫片更换新件。
- 检查机油泵的磨损情况，方法有如下几种。

检查机泵盖与齿轮端面间隙：用钢尺直边紧靠在带齿轮的泵体端面上，将塞规插入二者之间的缝隙进行测量，其标准为 0.05mm，使用极限为 0.15mm，若不符，可以通过增减泵盖与泵体之间的垫片来进行调整。

检查主、被动齿轮与泵腔内壁间隙：用塞规插入二者之间的缝隙进行测量，如图 4-2-3 所示，超过 0.3mm 时应换新件。

检查主、被动齿轮的啮合间隙：用塞规插入啮合齿间（见图 4-2-4），测量 120° 三点齿侧，标准为 0.05mm，使用极限为 0.20mm。

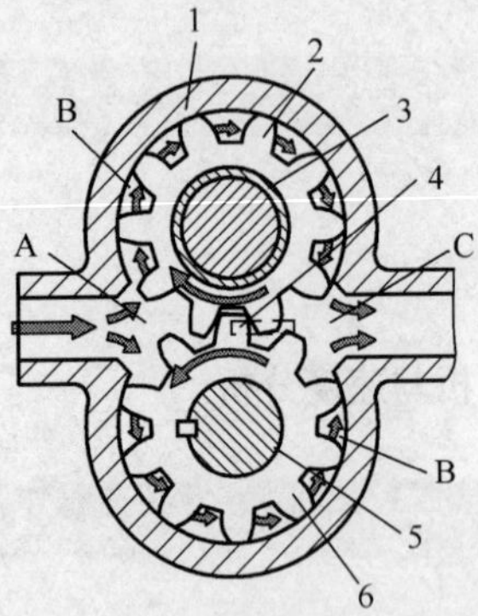

图4-2-2 外接齿轮式机油泵

1—机油泵体；2—机油泵被动齿轮；3—衬套；4—卸压槽；
5—驱动轴；6—机油泵主动齿轮；A—进油腔；
B—过渡油腔；C-出油腔

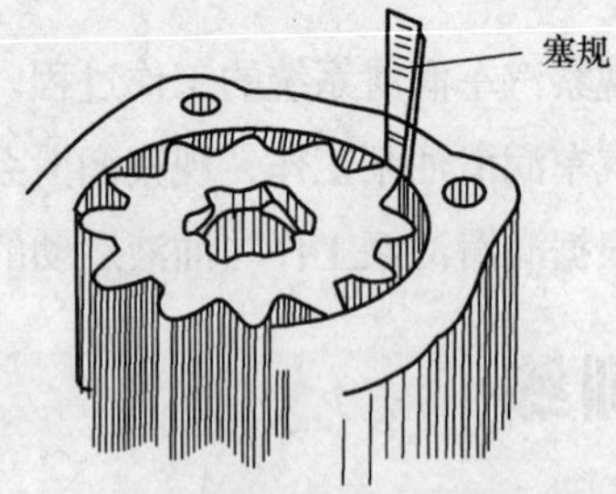

图4-2-3 主、被动齿轮与泵腔内壁间隙检查

- 将所有零件清洗干净，按分解的逆顺序进行装配。

③ 转子式机油泵拆装与检测。

- 观察转子式机油泵基本结构，它主要由一对内外转子组成，如图 4-2-5 所示。

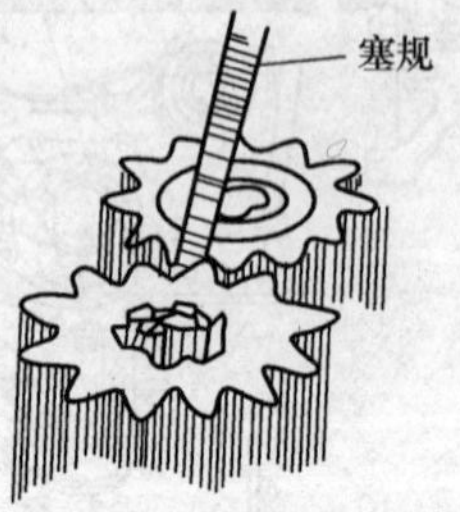

图4-2-4 主、被动齿轮的啮合间隙检查

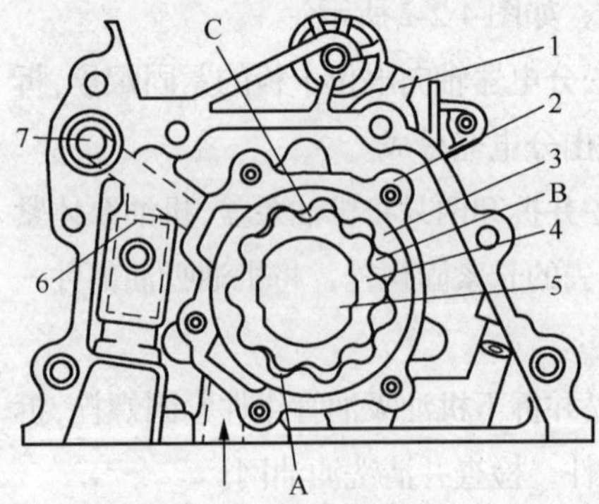

图4-2-5 转子式机油泵

1—发动机体；2—机油泵体；3—外转子；4—内转子；5—驱动轴；
6—安全阀；7—出油孔；A—进油腔；B—过渡油腔；C—出油腔

- 转子式机油泵安装位置与结构形式随不同发动机而有所不同，一般多放在发动机前端的机油泵体内，拆卸机油泵盖螺钉即可拆卸转子式机油泵。

有的机油泵带有安全阀（限压阀）6，可将端部的调整螺钉旋松，即可取出安全阀及弹簧组件。有的则是不可拆卸的。

- 转子式机油泵检测：检测项目、方法与齿轮式机油泵相同，不再赘述。
- 转子式机油泵装配：装配顺序与安装时相反。

④ 机油滤清器拆装。

- 机油滤清器结构：机油滤清器分可拆卸和不可拆卸两种，不可拆卸式只能一次性使用，不能更换滤芯。可拆卸滤清器结构如图 4-2-6 所示。

• 机油滤清器拆装：旋松拉紧螺帽 1，即可取下滤芯组件 14、壳体组件 19 等零部件。

机油滤清器常带有机油压力调整装置，只要旋松螺母 9，即可旋出调压螺钉 6、拆卸调压弹簧 5 和钢球阀 4。

装配顺序与安装时相反。其机油压力调整需根据发动机要求，起动发动机，通过旋转调压螺钉进行调整。

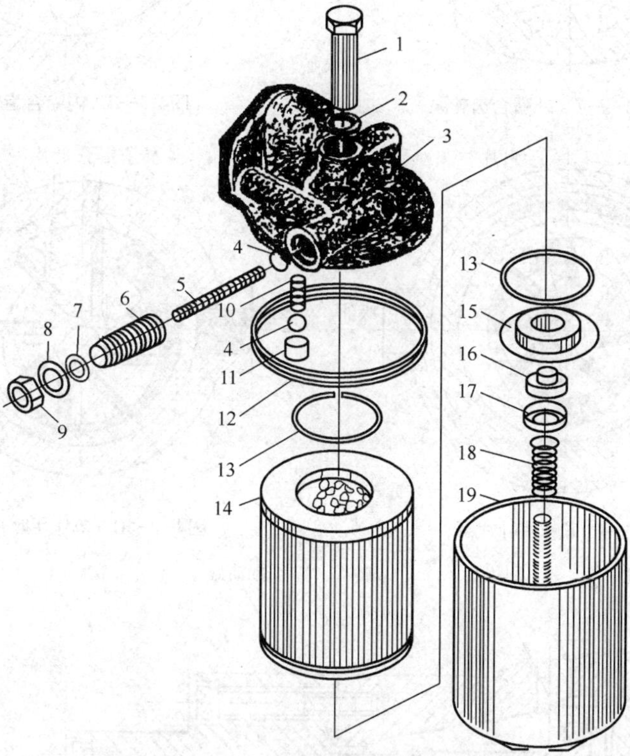

图4-2-6　机油滤清器分解图

1—拉紧螺帽；2—垫圈；3—机滤体；4—钢球阀；5—调压弹簧；6—调压螺钉；
7、13—密封圈；8—垫圈；9—螺母；10—旁通阀弹簧；11—阀座；12—密封环；
14—滤芯组件；15—滤芯座；16—密封垫托；17—托盘；18—弹簧；19—壳体组件

相关知识链接

1. 动力元件

液压泵是液压系统的动力元件，其作用是将原动机的机械能转换成液体的压力能，指液压系统中的油泵，它向整个液压系统提供动力。液压泵的结构形式一般有齿轮泵、叶片泵和柱塞泵，如图 4-2-7～图 4-2-11 所示。

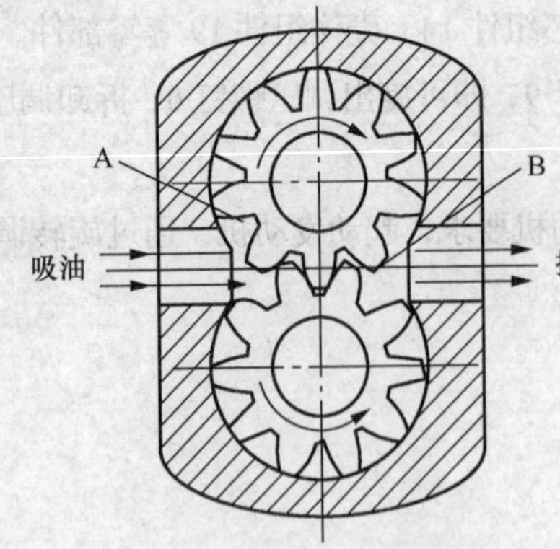

图4-2-7　外啮合齿轮泵

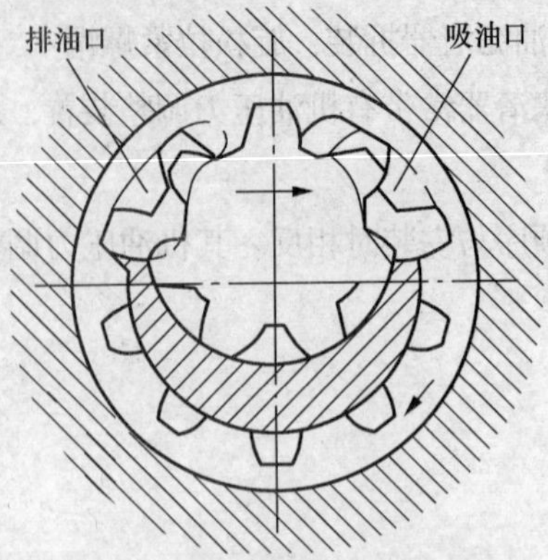

图4-2-8　内啮合齿轮泵

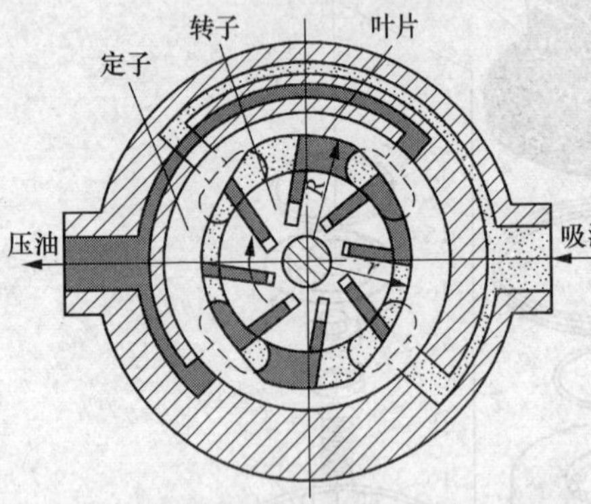

图4-2-9　双作用叶片泵

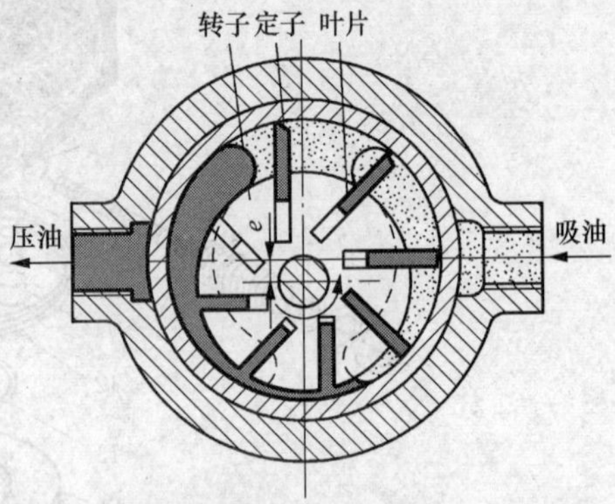

图4-2-10　单作用叶片泵

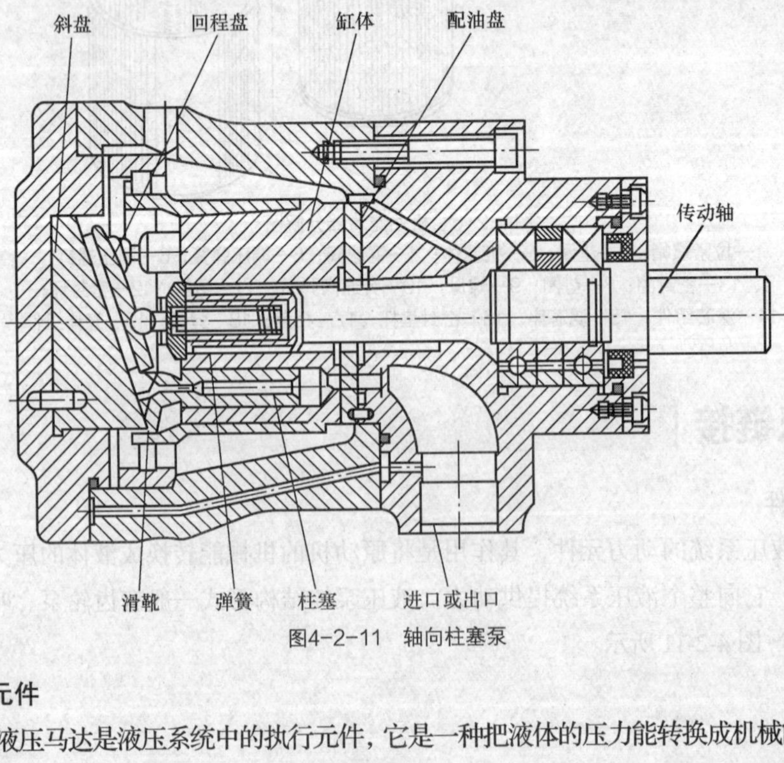

图4-2-11　轴向柱塞泵

2. 执行元件

液压缸和液压马达是液压系统中的执行元件，它是一种把液体的压力能转换成机械能以实现旋转或往复运动的能量转换装置。常用的液压元件包括液压缸、液压马达，如图 4-2-12 和图 4-2-13 所示。

图4-2-12　液压缸

图4-2-13　液压马达

3. 控制调节元件

液压控制阀是用来控制液压系统中油液的流动方向，调节其压力大小以及流量多少的元件，一般可分为方向阀、压力阀和流量阀 3 大类，如图 4-2-14～图 4-2-23 所示。

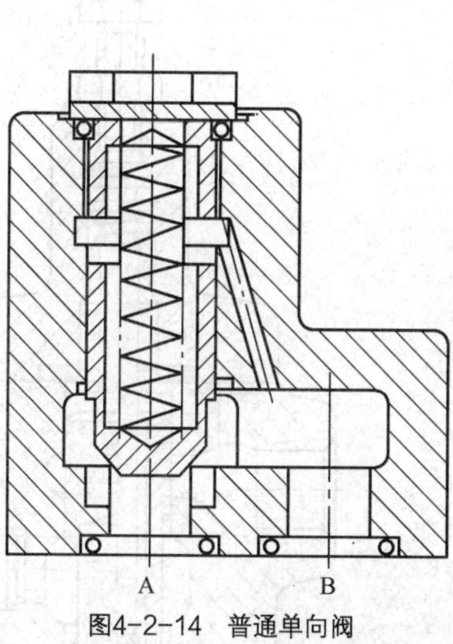

图4-2-14　普通单向阀

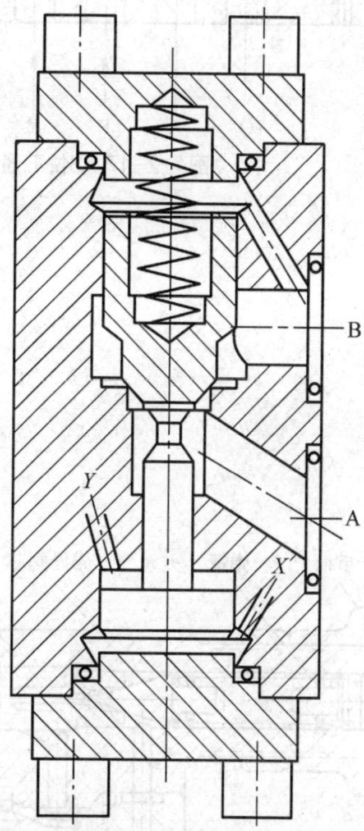

图4-2-15　液控单向阀

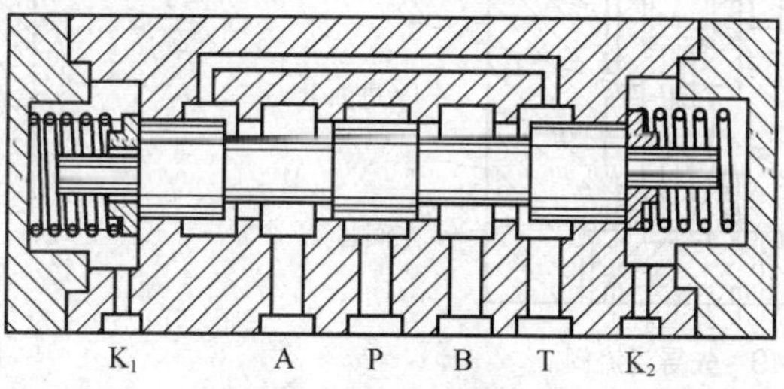

图4-2-16　3位四通换向阀

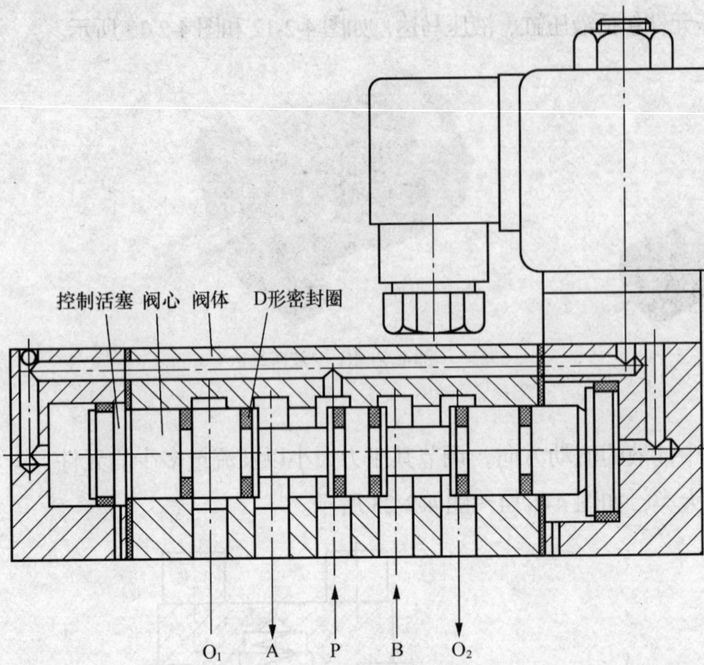

图4-2-17　3位五通换向阀

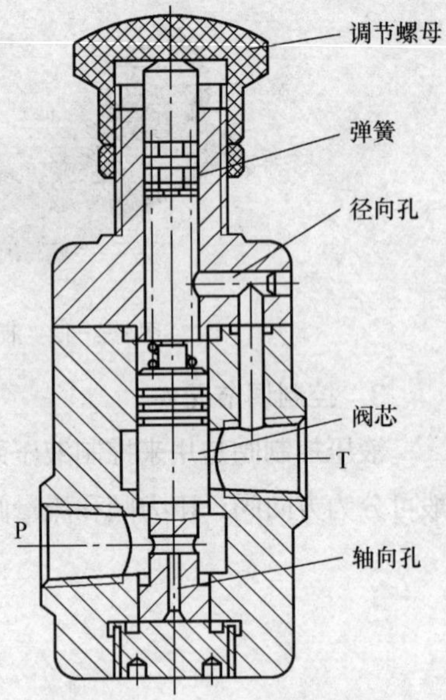

图4-2-18　直动溢流阀

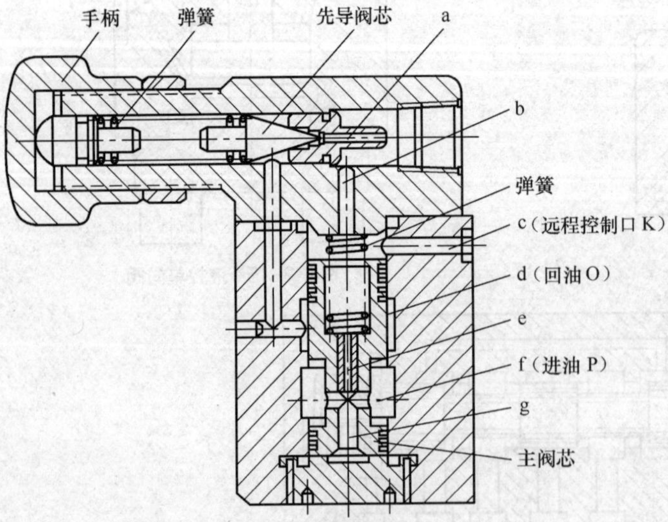

图4-2-19　先导溢流阀

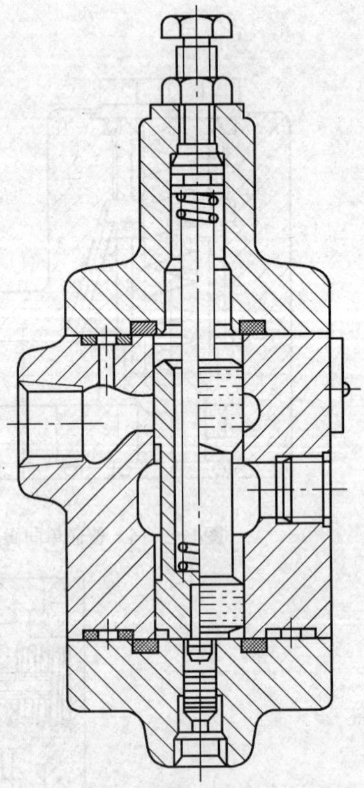

图4-2-20　顺序阀

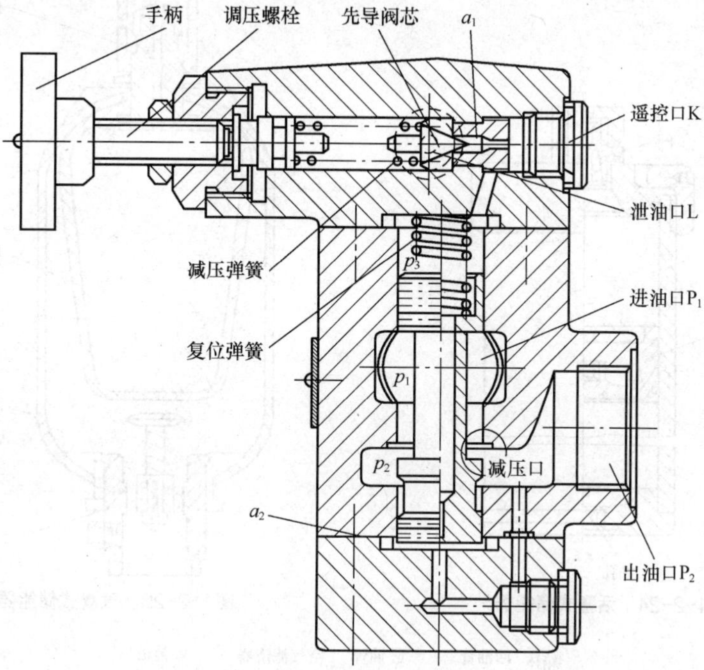

图4-2-21　减压阀

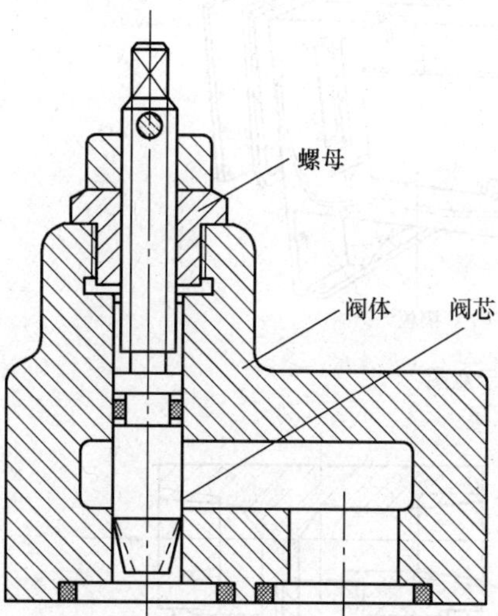

图4-2-22　节流阀

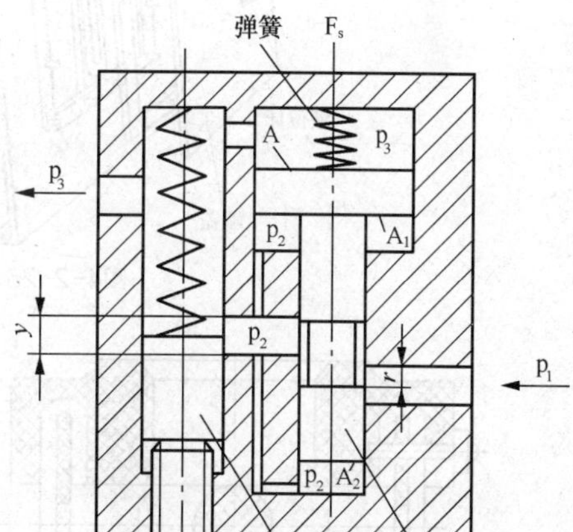

图4-2-23　调速阀

4. 辅助元件

液压系统中的辅助装置，如储能器、滤油器、油箱、热交换器、管件等，对系统的动态性能、工作稳定性、工作寿命、噪声和温升等都有直接影响，必须予以重视。其中，油箱需根据系统要求自行设计，其他辅助装置则做成标准件，供设计时选用，如图 4-2-24～图 4-2-31 所示。

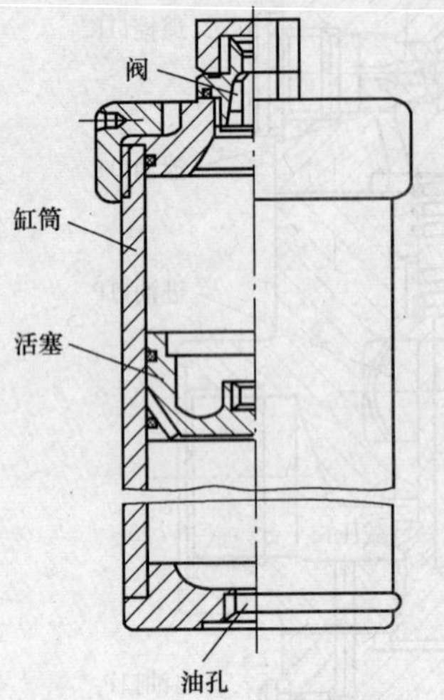

图4-2-24　活塞式储能器

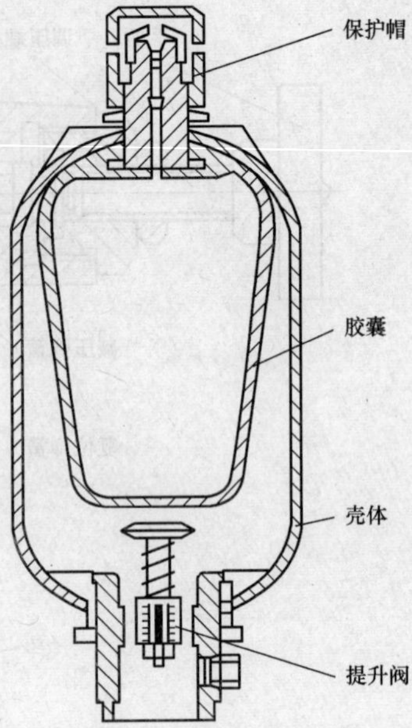

图4-2-25　气囊式储能器

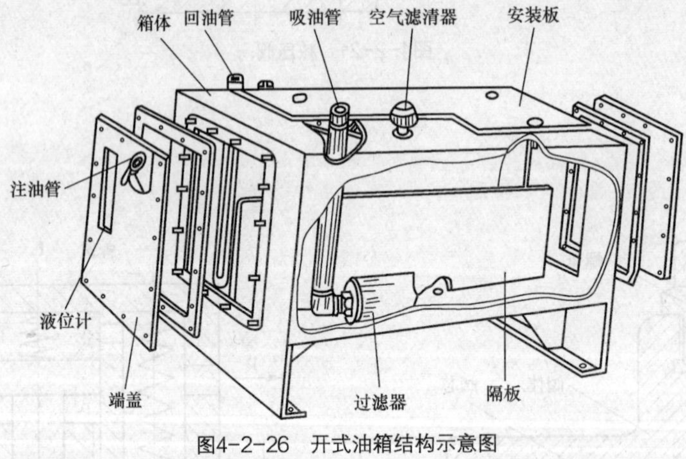

图4-2-26　开式油箱结构示意图

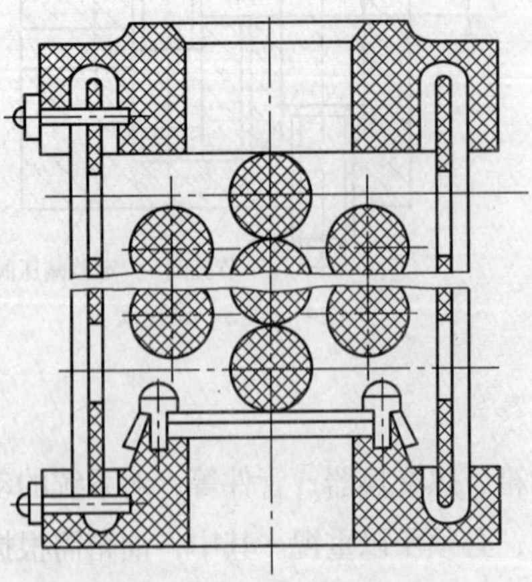

图4-2-27　网式滤油器

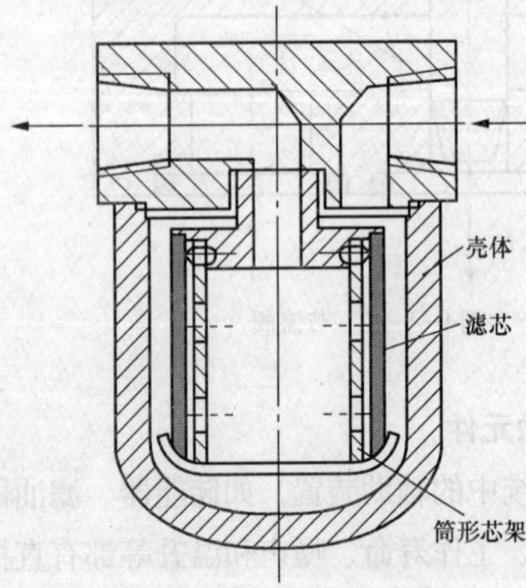

图4-2-28　线隙式滤油器

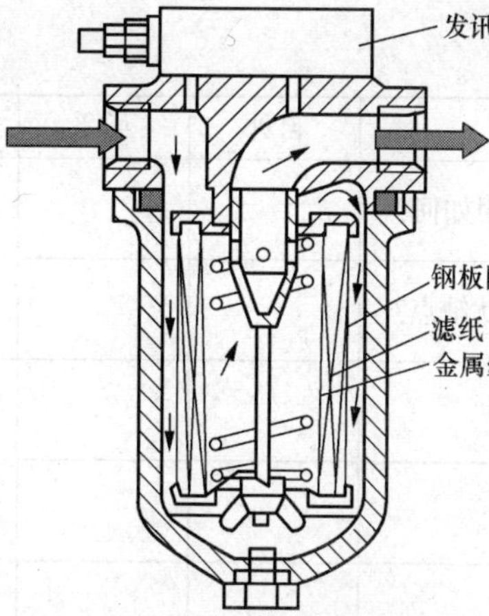

图4-2-29 纸质滤油器

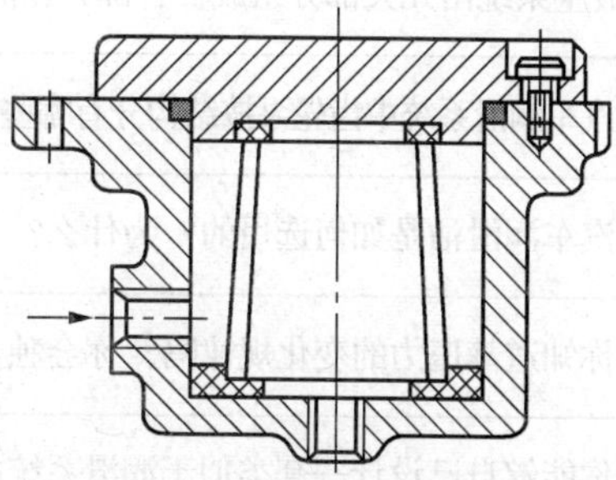

图4-2-30 烧结式滤油器

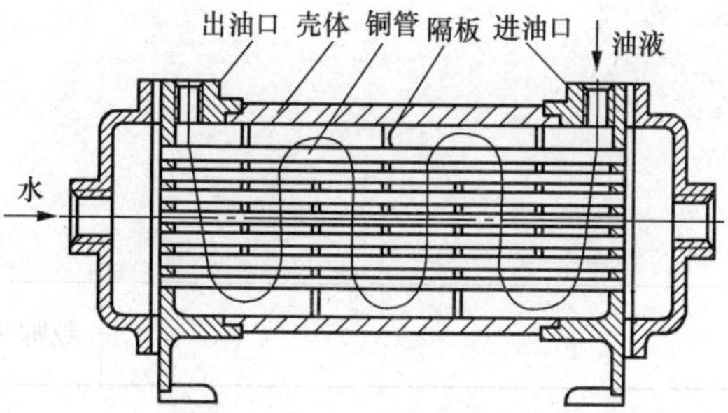

图4-2-31 对流式热交换器

任务归纳

（1）通过对汽车润滑系统工作过程的学习，掌握液压基本元件。

（2）掌握液压基本回路。

（3）掌握液体静力学基本知识。

思考与练习

（1）液体静压力方程是怎么定义的？

（2）封闭管道内液体流动的平均速度与其截面积有何关系？

（3）如何运用能量守恒定律推导出液体动力学方程，即伯努力方程？

（4）汽车润滑系统润滑油流动管道越长，那么润滑油压力有何变化？

（5）汽车润滑油液温度对润滑效果有何影响？

（6）液压系统主要由哪些元件组成？

任务测评表

班级		姓名		日期		自评	互评	备注
（1）液压系统由几大部分组成？各部分在液压系统中的功用如何？								
（2）汽车润滑系统中齿轮泵按结构分有哪些分类？各自有何优缺点？								
（3）汽车润滑油是如何选用的？为什么？								
（4）你知道静压力的变化规律吗？你会独立推导过程吗？								
（5）你能够自己设计一套类似于润滑系统的生活装置吗？								
（6）汽车润滑系统包括哪些部件？								
个人小结：								
总体评价						教师签字		

任务3 汽车 ABS 构造及检修

任务描述

防抱死制动系统是一种主动安全装置，其英文名称是 Anti-lock Braking System（防锁死制动系统）或 Anti-skid Braking System（防滑移制动系统），缩写为 ABS。电子控制防抱死制动系统在汽车原有制动系统的基础上，增设了一套电子控制装置，其功用是：在汽车制动过程中，自动调节车轮的制动力，防止车轮抱死，从而获得最佳制动性能（提高方向稳定性，增强转向控制能力，缩短制动距离），减少交通事故。本任务通过对汽车防锁死刹车系统的拆装与检测，了解 ABS 的工作原理、常见故障以及相关知识。

任务要求

（1）观察 ABS 的结构以及工作过程。

（2）汽车起动实验，观察制动盘的压力上升阶段、压力保持阶段以及压力下降阶段。

（3）根据 ABS 工作过程与现象，进行故障判断与维修策略。

技能训练

1. 所需仪器

桑塔纳轿车 ABS 实训台架、数字万用表、金德 J81 故障诊断仪、常用工具以及适量的制动液。

2. 操作步骤

（1）观察 ABS 系统，如图 4-3-1 所示。

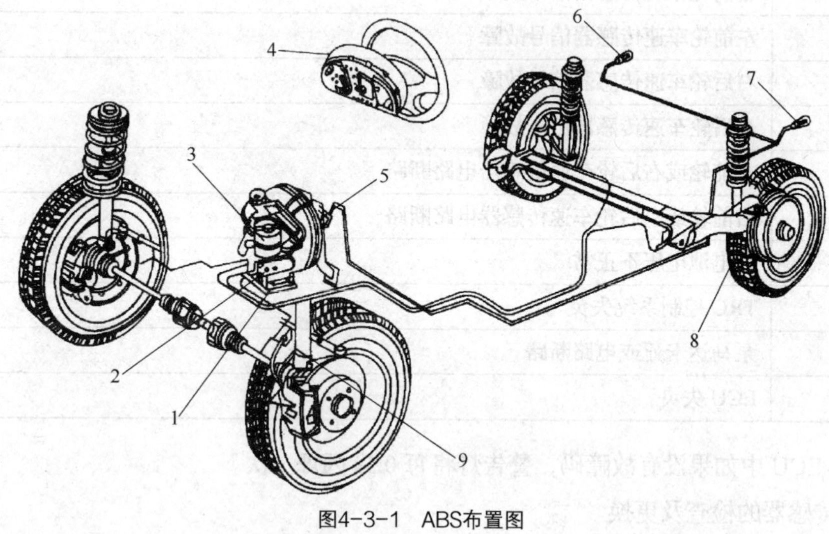

图4-3-1　ABS布置图

1—ABS电子控制单元；2—ABS液压单元；3—液压泵；4—ABS故障警告灯和制动警告灯；5—制动灯开关；6—右制动灯；7—左制动灯；8—左后轮转速传感器；9—左前轮转速传感器

（2）ABS 系统检测与拆解。

① 对 ABS 故障自诊断系统的检查。

- 检查蓄电池电压是否为 12V。
- 检查 ABS 警告灯工作是否正常。
- 读取故障码。

车型不同，故障码的读取方式也不同。下面以丰田车系为例简述 ABS 故障码的读取过程。

（a）打开点火开关，找到故障诊断接口，用跨接线短接端子 T_C 和 E_1。

（b）ABS 的 ECU 中存有故障码，4s 后警告灯开始闪烁。先闪十位数，间隔 1.5s 后，再闪个位数。如果有多个故障码，则各故障码之间停 2.5s，全部故障码显示完后，又从数字小的故障码开始重复显示。其故障码的含义如表 4-3-1 所示。

表 4-3-1 故障码的含义

故障码	系统故障部位
11	ABS 电磁阀继电器电路断路
12	ABS 电磁阀继电器电路短路
13	泵马达继电器电路断路
14	泵马达继电器电路短路
21	右前轮三位电磁阀电路短路或断路
22	左前轮三位电磁阀电路短路或断路
23	右后轮三位电磁阀电路短路或断路
24	左后轮三位电磁阀电路短路或断路
31	右前轮车速传感器信号故障
32	左前轮车速传感器信号故障
33	右后轮车速传感器信号故障
34	左后轮车速传感器信号故障
35	左前轮或右后轮车速传感器电路断路
36	右前轮或左后轮车速传感器电路断路
41	蓄电池电压不正常
43	TRC 控制系统失灵
51	泵马达卡死或电路断路
常亮	ECU 失灵

（c）ABS ECU 中如果没有故障码，警告灯将每 0.5s 闪烁一次。

② 轮速传感器的检查及更换。

- 拔下轮速传感器线束连接器，测量传感器线圈的电阻值，应为 0.91～1.3kΩ。
- 支起被测车轮，用手转动车轮，同时用万用表检测轮速传感器产生的交流信号电压值，应为 70mV 以上。

若信号电压值不符合要求，应重点检查信号轮凸齿是否完好无损或脏污，传感器头和信号轮凸齿间隙是否为 1.1～1.3mm。

③ 对 ABS 液压控制系统的泄压。通常采用的泄压方法是关闭点火开关，反复踩踏制动踏板至少在 20 次以上，当感觉踩踏制动踏板的力明显增加时，ABS 液压控制系统泄压完成。

④ 液压控制装置的拆卸。

- 放出制动液，拆下制动油管。
- 拔下 ABS 所有线束连接器。

- 卸下固定螺栓，拆下液压控制装置。

⑤ 液压控制装置的分解与组装。

- 旋松电动回液泵组件的 4 个固定螺栓。
- 拧下液压调节器和制动总泵之间的两个固定螺丝。
- 将液压调节器和制动总泵分开，二者之间的油管必须更换。
- 液压调节器不能修理，若损坏必须整体更换。
- 重新组装液压调节器和制动总泵时，必须更换油管。
- 将液压调节器和制动总泵组装在一起并定位。
- 电动回液泵组件损坏后应更换。
- 将电动回泵组件安装在液压调节器上，整个装置装完毕。

⑥ ABS 液压控制系统的放气。不同的 ABS 其放气过程尽管有所不同，但放气均可分为两部分进行，即对液压管路放气和对液压调节器放气。对液压管路的放气过程与普通制动系统放气一样，但对液压调节器的放气，一般要用专用仪器按照特殊的规程将空气放出。

相关知识链接

一、ABS 的组成和工作原理

通常，ABS 是在普通制动系统的基础上加装车轮速度传感器、ABS 电控单元、制动压力调节装置及制动控制电路等组成的，如图 4-3-2 所示。

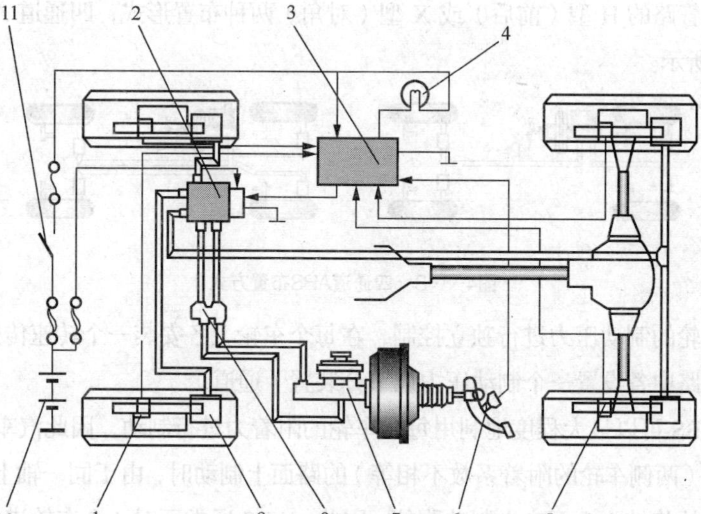

图4-3-2 分置式ABS系统

1—前轮速度传感器；2—制动压力调节装置；3—ABS电控单元；4—ABS警告灯；5—后轮速度传感器；6—停车灯开关；7—制动主缸；8—比例分配阀；9—制动轮缸；10—蓄电池；11—点火开关

制动过程中，ABS 电控单元（ECU）3 不断地从传感器 1 和 5 获取车轮速度信号，并加以处理，分析是否有车轮即将抱死拖滑。

如果没有车轮即将抱死拖滑，制动压力调节装置 2 不参与工作，制动主缸 7 和各制动轮缸 9 相通，制动轮缸中的压力继续增大，此即 ABS 制动过程中的增压状态。

如果电控单元判断出某个车轮（假设为左前轮）即将抱死拖滑，它即向制动压力调节装置发出命令，关闭制动主缸与左前制动轮缸的通道，使左前制动轮缸的压力不再增大，此即 ABS 制动过程中的保压状态。

若电控单元判断出左前轮仍趋于抱死拖滑状态，它即向制动压力调节装置发出命令，打开左前制动轮缸与储液室或储能器（图中末画出）的通道，使左前制动轮缸中的油压降低，此即 ABS 制动过程中的减压状态。

二、ABS 系统的布置形式

ABS 系统中，能够独立进行制动压力调节的制动管路称为控制通道。

如果对某车轮的制动压力可以进行单独调节，称这种控制方式为独立控制；如果对两个（或两以上）车轮的制动压力一同进行调节，则称这种控制方式为一同控制。在两个车轮的制动压力进行一同控制时，如果以保证附着力较大的车轮不发生制动抱死为原则进行制动压力调节，称这种控制方式为按高选原则一同控制；如果以保证附着力较小的车轮不发生制动抱死为原则进行制动压力调节，则称这种控制方式为按低选原则一同控制。

按照控制通道数目的不同，ABS 系统分为四通道、三通道、双通道和单通道 4 种形式，而其布置形式却多种多样。

1. 四通道 ABS

对应于双制动管路的 H 型（前后）或 X 型（对角）两种布置形式，四通道 ABS 也有两种布置形式，如图 4-3-3 所示。

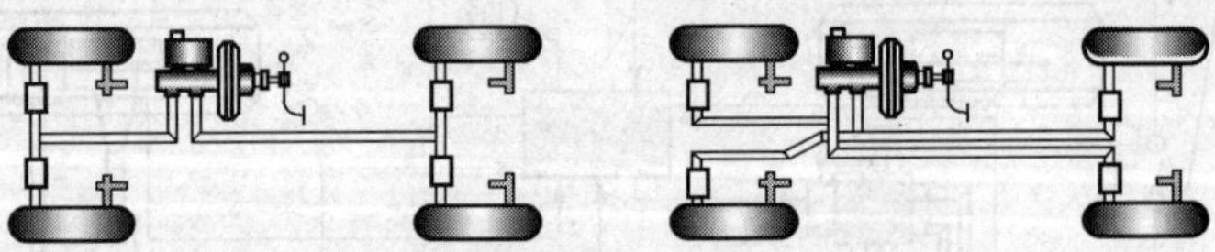

（a） （b）

图4-3-3 四通道ABS布置方式

为了对 4 个车轮的制动压力进行独立控制，在每个车轮上各安装一个转速传感器，并在通往各制动轮缸的制动管路中各设置一个制动压力调节分装置（通道）。

由于四通道 ABS 可以最大程度地利用每个车轮的附着力进行制动，因此汽车的制动效能最好。但在附着系数分离（两侧车轮的附着系数不相等）的路面上制动时，由于同一轴上的制动力不相等，使得汽车产生较大的偏转力矩而产生制动跑偏。因此，ABS 通常不对 4 个车轮进行独立的制动压力调节。

2. 三通道 ABS

四轮 ABS 大多为三通道系统，而三通道系统都是对两前轮的制动压力进行单独控制，对两后轮的制动压力按低选原则一同控制，其布置形式如图 4-3-4 所示。

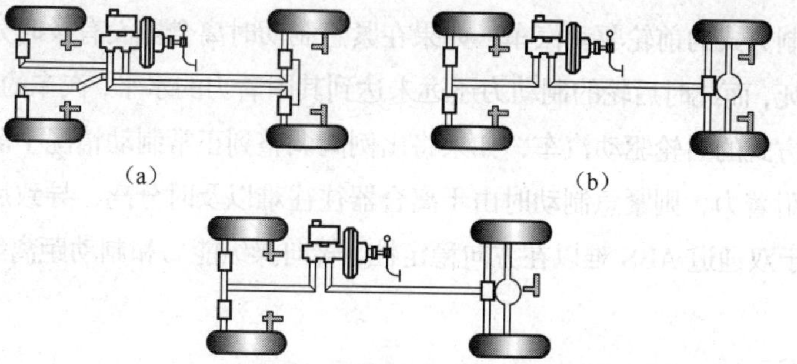
（a）　（b）　（c）

图4-3-4　三通道ABS布置方式

图 4-3-4（a）所示的按对角布置的双管路制动系统中，虽然在通往 4 个制动轮缸的制动管路中各设置一个制动压力调节分装置，但两个后制动压力调节分装置却是由电子控制装置一同控制的，实际上仍是三通道 ABS。由于三通道 ABS 对两后轮进行一同控制，对于后轮驱动的汽车可以在变速器或主减速器中只设置一个转速传感器来检测两后轮的平均转速。

汽车紧急制动时，会发生很大的轴荷转移（前轴荷增加，后轴荷减小），使得前轮的附着力比后轮的附着力大很多（前置前驱动汽车的前轮附着力约占汽车总附着力的 70%～80%）。对前轮制动压力进行独立控制，可充分利用两前轮的附着力对汽车进行制动，有利于缩短制动距离，并且汽车的方向稳定性却得到很大改善。

3. 双通道 ABS

图 4-3-5 中（a）所示的双通道 ABS 在按前后布置的双管路制动系统的前后制动管路中各设置一个制动压力调节分装置，分别对两前轮和两后轮进行一同控制。两前轮可以根据附着条件进行高选和低选转换，两后轮则按低选原则一同控制。

对于后轮驱动的汽车，可以在两前轮和传动系中各安装一个转速传感器。当在附着系数分离的路面上进行紧急制动时，两前轮的制动力相差很大，为保持汽车的行驶方向，驾驶员会通过转动转向盘使前轮偏转，以求用转向轮产生的横向力与不平衡的制动力相抗衡，保持汽车行驶方向的稳定性。但是在两前轮从附着系数分离路面驶入附着系数均匀路面的瞬间，以前处于低附着系数路面而抱死的前轮的制动力因附着力突然增大而增大，由于驾驶员无法在瞬间将转向轮回正，转向轮上仍然存在的横向力将会使汽车向转向轮偏转方向行驶，这在高速行驶时是一种无法控制的危险状态。

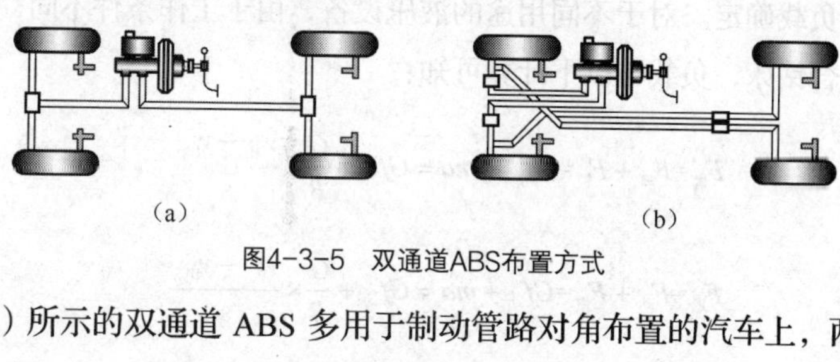
（a）　（b）

图4-3-5　双通道ABS布置方式

图 4-3-5 中（b）所示的双通道 ABS 多用于制动管路对角布置的汽车上，两前轮独立控制，制动液通过比例阀（P 阀）按一定比例减压后传给对角后轮。

对于采用此控制方式的前轮驱动汽车，如果在紧急制动时离合器没有及时分离，前轮在制动压力较小时就趋于抱死，而此时后轮的制动力还远未达到其附着力的水平，汽车的制动力会显著减小。而对于采用此控制方式的后轮驱动汽车，如果将比例阀调整到正常制动情况下前轮趋于抱死时，后轮的制动力接近其附着力，则紧急制动时由于离合器往往难以及时分离，导致后轮抱死，使汽车丧失方向稳定性。由于双通道 ABS 难以在方向稳定性、转向操纵能力和制动距离等方面得到兼顾，因此目前很少被采用。

4. 单通道 ABS

所有单通道 ABS 都是在前后布置的双管路制动系统的后制动管路中设置一个制动压力调节装置，对于后轮驱动的汽车只需在传动系中安装一个转速传感器，如图 4-3-6 所示。

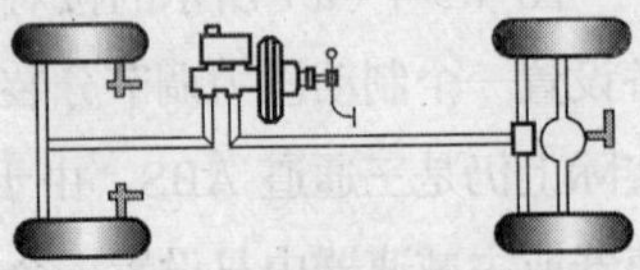

图4-3-6 单通道ABS布置方式

单通道 ABS 一般对两后轮按低选原则一同控制，其主要作用是提高汽车制动时的方向稳定性。在附着系数分离的路面上进行制动时，两后轮的制动力都被限制在处于低附着系数路面上的后轮的附着力水平，制动距离会有所增加。由于前制动轮缸的制动压力未被控制，前轮仍然可能发生制动抱死，所以汽车制动时的转向操作能力得不到保障。但由于单通道 ABS 能够显著地提高汽车制动时的方向稳定性，又具有结构简单、成本低的优点，因此在轻型货车上得到广泛应用。

拓展训练

液压缸设计过程及步骤

已知一组合钻床的快进快退速度为 3.5m/min，工进速度为 20～120mm/min，最大行程为 500mm（其中工进行程为 180mm），最大切向力为 16kN，运动部件自重为 20kN，启动换向时间为 0.05s，采用水平放置的平导轨，静摩擦系数 $f_{静}=0.2$，动摩擦系数为 $f_{动}=0.1$，试设计该钻床滑台液压缸并选用合适的液压泵。

设计一台组合式钻床的液压系统所用的液压缸，并选用合适的液压泵，要求液压系统完成的工作循环是：工件加紧→工作台快进→工进→工作台换向快退→工件松开。

1. 液压缸的主要设计计算

（1）液压缸工作压力的确定。液压缸要承受的负载包括有效工作负载、摩擦阻力和惯性力等。液压缸的工作压力按负载确定。对于不同用途的液压设备，由于工作条件不同，采用的压力范围也不同。该设计是一组合钻床，负载与以下计算可知：

$$F_{进}=F_{静}+F_{惯}=Gf_{静}+ma=Gf_{静}+\frac{G}{B}\times\frac{v_{末_1}-v_{出_1}}{s} \quad (4\text{-}3\text{-}1)$$

$$F_{退}=F_{动}+F_{惯}=Gf_{动}+ma=Gf_{动}+\frac{G}{B}\times\frac{v_{末_2}-v_{出_2}}{s} \quad (4\text{-}3\text{-}2)$$

$$F_{工}=F_{切}+F_{动}=F_{切}+Gf_{动} \quad (4\text{-}3\text{-}3)$$

式中：$f_{进}$ 为快进时的压力；$f_{末_1}$ 为快进时的末速度；$f_{静}$ 为静压力；$v_{出_1}$ 为快进时的出速度；$f_{惯}$ 为惯性力；$f_{末_2}$ 为快退时的末速度；G 为自重力；$v_{出_1}$ 为快退时的出速度；$f_{静}$ 为静摩擦力；s 为启动换向时间；m 为质量；a 为加速度。

根据题意可知：

G=16KN=16×10^3 N　　g=9.8m/s^2　　$v_{末_1}$=3.5m/min=0.0583m/s

$v_{出_1}$=0m/min=0m/s　　$v_{末_1}$=3.5m/min=0.0583m/s

$v_{出_1}$=0m/min=0m/s　　s=0.05s　　$F_{切}$=16KN=16×10^3 N

$f_{静}$=0.2　　$f_{动}$=0.1

$$F_{进}=F_{静}+F_{惯}=Gf_{静}+ma=Gf_{静}+\frac{G}{B}\times\frac{v_{末_1}-v_{出_1}}{s} \tag{4-3-4}$$

$$=16\times10^3\times0.2+\frac{16\times10^3}{9.8}\times\frac{0.0583-0}{0.05}$$

$$=3390\text{N}\approx3.39\text{kN}$$

$$F_{退}=F_{动}+F_{惯}=Gf_{动}+ma=Gf_{动}+\frac{G}{B}\times\frac{v_{末_2}-v_{出_2}}{s}$$

$$=16\times10^3\times0.1+\frac{16\times10^3}{9.8}\times\frac{0.0583-0}{0.05}$$

$$=1790\text{N}\approx1.79\text{kN}$$

静摩擦阻力 $F_{f_j}=f_j\times N=F_{f_s}$=0.2×20=4kN

动摩擦阻力 $F_{f_d}=f_d\times N=F_{f_s}$=0.1×20000=2kN

当钻床工进时负载 $F_{工}=F_{t_{max}}+F_d$=16+2=18kN

由上可知，负载为 18kN，可取 P=3MPa。

（2）液压缸内径和活塞杆直径的确定。液压缸的材料选为 Q235 无缝钢管，活塞杆的材料选为 Q235。

① 液压缸内径。液压缸的内径 D 根据液压缸的总负载力 F 和工作压力 p 来计算，即

$$F=Ap=\frac{\pi D^2}{4}p \tag{4-3-5}$$

$$D=\sqrt{\frac{4F}{\pi p}}=\sqrt{\frac{4\times18000}{3.14\times4000000}}\approx0.1\text{m}=100\text{mm}$$

② 活塞杆直径。因为该组合钻床为快进快退式，所以其活塞杆直径应根据以下公式计算，即

$$D=\sqrt{2}d \tag{4-3-6}$$

所以

$$d=\frac{D}{\sqrt{2}}=\frac{100}{\sqrt{2}}\approx70.71\text{mm}$$

活塞杆直径 d 的强度校核： $\sqrt{\dfrac{4F}{\pi[\sigma]}}=\sqrt{\dfrac{4\times18000}{3.14\times200\times10^6}}$ （4-3-7）

$$\approx0.014\text{m}=14\text{mm}<70.71=d$$

式中，F 为液压缸的负载力；$[\sigma]$为活塞杆材料许用应力，$[\sigma]=\dfrac{\delta_b}{n}=\dfrac{400}{2}$=200MPa[Q235 的抗拉强度 δ_b=375～460MPa，取 400MPa]，n 为安全系数取 n=2，即活塞杆的强度适合。

根据国家标准 GB 2348—80，查得液压缸内径及活塞杆直径的取值为

D=100mm，d=70mm。

（3）缸桶壁厚δ的确定。液压缸的壁厚由液压缸的强度条件来计算。工程机械的液压缸，一般是用无缝钢管材料，大多属于薄壁圆筒结构，其壁厚按薄壁圆筒公式计算，即

$$\delta\geqslant\frac{p_yD}{2[\sigma]} \tag{4-3-8}$$

式中，δ为液压缸壁厚，单位为 m；D 为液压缸内径，单位为 m；p_y 为试验压力，取最大工作压力的 1.5 倍，单位为 MPa；

$[\sigma]$为缸筒材料的许用应力，$[\sigma]=\dfrac{\delta_b}{n}=\dfrac{400}{2}$=200MPa[Q235 的抗拉强度 δ_b=375～460MPa，取 400MPa]，n 为安全系数取 n=2。

$$\delta\geqslant\frac{1.5\times4\times0.1}{2\times200}=1.5\times10^{-3}\text{m}，取\delta=10.5\text{mm}$$

所以液压缸的外径 D_1=121mm。

（4）其他部位尺寸的确定。

导向长度：$H=\dfrac{L}{20}+\dfrac{D}{2}=\dfrac{500}{20}+\dfrac{100}{2}$=75mm（$L$ 为液压缸最大行程）

活塞宽度 B=（0.6～1.6）D=（60～160）mm，取活塞宽度 B=80mm。

导向套滑动面长度 A=（0.6～1.0）d=（42～70）（D>80mm），取 A=60mm。

2. 液压缸的结构设计

液压缸的通用结构分 3 种，分为拉杆型液压缸、焊接型液压缸和法兰型液压缸，各种液压缸的工作场合和工作情况以及特点不一样，故要根据实际情况来选取液压缸的结构类型。

（1）缸体与端盖的连接。缸体与端盖的连接采用外法兰连接，在无缝钢管的缸体上焊上法兰盘，再用螺钉与端盖紧固，这种连接结构简单，加工和装拆都很方便，如图 4-3-7 所示。

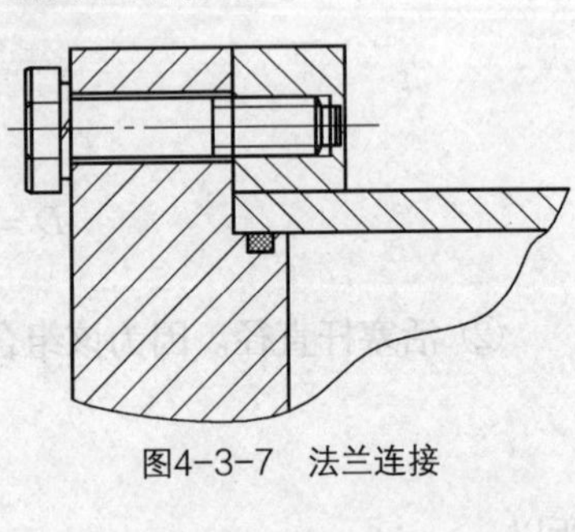

图4-3-7 法兰连接

（2）活塞和活塞杆的连接。活塞和活塞杆的连接采用卡键连接，这种连接方法可以使活塞在活塞杆上浮动，使活塞与缸体不易卡住，如图 4-3-8 所示。

（3）活塞杆头部结构。活塞杆头部直接与工作机械连接，根据负载连接的要求选用外螺纹连接结构，如图 4-3-9 所示。

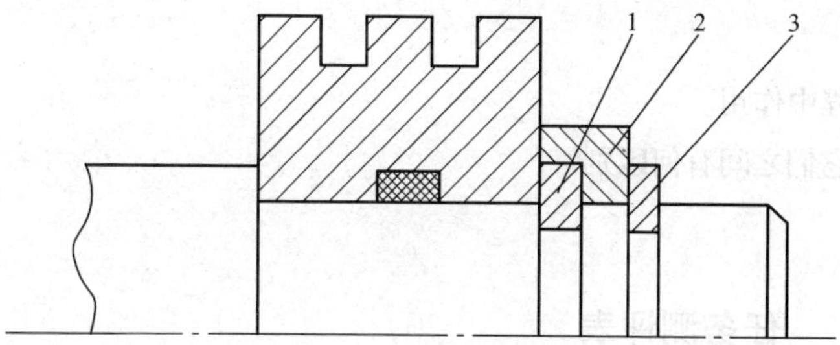

图4-3-8　活塞连接图

1—卡键；2—套环；3—弹簧卡圈

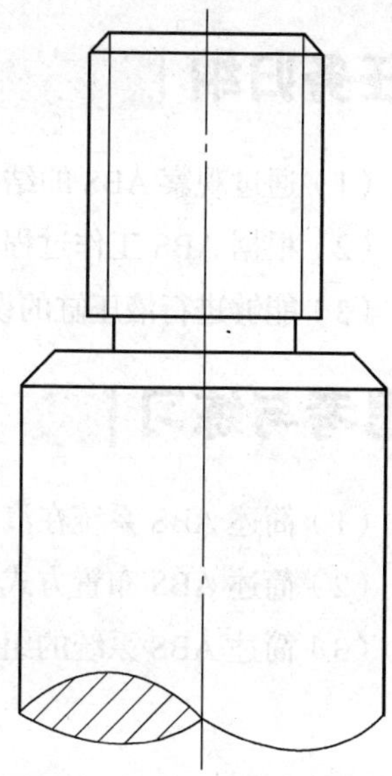

图4-3-9　外螺纹

（4）液压缸的缓冲装置。在质量较大、速度较高（v>12m/min），由于惯性力较大，活塞运动到终端时撞击缸盖，产生冲击和噪声，严重影响加工精度，甚至使液压缸损坏。所以常在大型、高速或高精度液压缸中设置缓冲装置或在系统中设置缓冲回路。

① 环状间隙式节流缓冲装置：它适用于运动惯性不大、运动速度不高的液压系统。

② 三角槽式节流缓冲装置：它是利用被封闭液体的节流产生的液压阻力来缓冲的。

③ 可调节流缓冲装置：它调节针形节流阀的流通面积，就可改变缓冲作用强弱和效果。

本设计中的液压缸运动惯性不大、速度也不高，因此选用圆柱形环状间隙式节流缓冲装置。

（5）液压缸的排气装置。系统在安装或停止工作后常会渗入空气，所以使液压缸产生爬行、振动和前换向精度低，故必须设置排气装置。

液压缸装配图如图 4-3-10 所示。

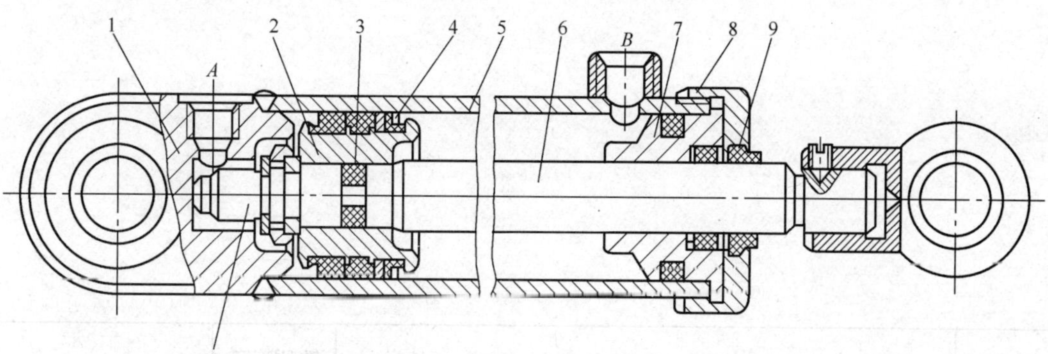

图4-3-10　液压缸装配图

1—缸底；2—套环；3—卡环；4—Y形密封圈；5—缸筒；6—活塞杆；7—导向套；8—缸盖；9—防尘圈

任务归纳

（1）通过观察 ABS 的结构以及对其工作过程分析研究，掌握各种 ABS 的液压回路工作原理。

（2）根据 ABS 工作过程与现象，进行故障判断并制定维修策略。

（3）能够进行液压缸的设计。

思考与练习

（1）简述 ABS 系统在汽车制动过程中作用。

（2）简述 ABS 布置方式有哪些？它们之间有何区别？

（3）简述 ABS 系统的组成？

任务测评表

班级		姓名		日期		自评	互评	备注
（1）你知道 ABS 的发展历史吗？								
（2）你能独立设计一套 ABS 系统吗？								
（3）汽车制动过程中前轮抱死会导致哪些现象？								
（4）汽车制动过程中后轮抱死会导致哪些现象？								
（5）汽车 ABS 系统常见故障及诊断方法有哪些？								
（6）汽车 ABS 拆装过程中应该注意哪些事项？								
个人小结：								
总体评价						教师签字		

Chapter 5

模块五

| 汽车维修常用工具 |

模块描述

汽车修理工具是维修汽车必备的物质条件，它的功用是完成汽车修理机械所不便完成的各种作业。在修理工作中，工具的使用正确与否，对提高工作效率和汽车的修理质量有重要意义。因此，修理人员必须熟悉汽车修理常用工具和工具的维护保养知识。

学习目标

通过本模块的学习，学生能够认识并正确使用发动机常用拆装工具及专用工具，认识并正确使用测量工具，掌握发动机拆装工艺。

任务1 发动机拆装工具

任务描述

发动机大修需要将发动机解体，对存在故障的部件进行修复后，将其装复。本任务通过将桑塔纳 2000GSi 发动机解体后装复，让学生了解汽车拆装工具种类，掌握发动机拆装工具的正确使用以及发动机拆装工艺流程。

任务要求

（1）认识发动机拆装工具。

（2）正确使用发动机拆装工具。

（3）掌握发动机拆装工艺。

技能训练

1. 所需器材

发动机实训台架 2 台，发动机拆装工具 2 套。

2. 操作步骤

（1）发动机外部零部件拆卸如图 5-1-1 所示。

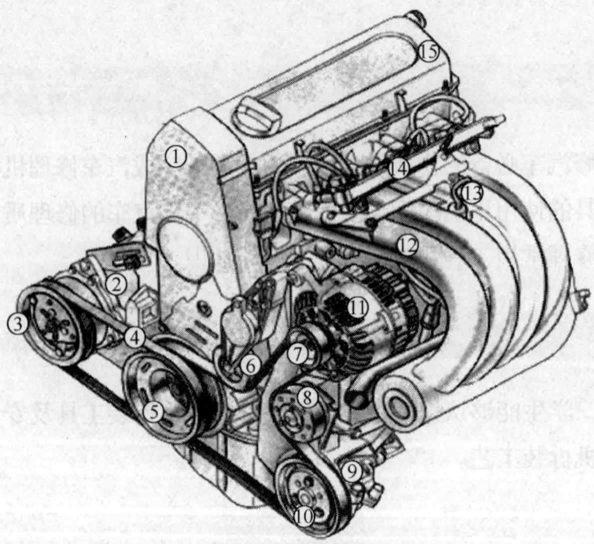

图5-1-1　桑塔纳2000GSi发动机

1—正时齿形带护罩；2—空调压缩机；3—空调压缩机带轮；4—多楔带；5—曲轴带轮
6—张紧轮；7—发电机带轮；8—导向轮；9—动力转向油泵；10—动力转向泵带轮
11—发电机；12—进气支管；13—油尺；14—燃油分配管；15—气缸罩

① 旋松发电机 11 的固定螺钉，拆卸发电机。

② 旋松曲轴带轮 5 的固定螺钉，拆卸曲轴带轮。

③ 抽出油尺 13。

④ 拆卸点火线圈组件及其外部连线。

⑤ 拆卸燃油分配管 14 的各连接油管及其固定螺钉，拆卸燃油分配管和喷油器。

⑥ 旋松进气支管 12 的固定螺钉，拆卸进气支管，取下进气支管垫片。

⑦ 旋松排气支管的固定螺钉，拆卸排气支管，取下排气支管垫片。

⑧ 用专用工具拆卸机油滤清器。

⑨ 拆卸发动机外部各进出水连接管。

（2）配气机构传动组件拆卸。

① 旋松正时齿形带护罩 1（见图 5-1-1）的固定螺钉，拆卸正时齿形带护罩，观察凸轮轴正时齿轮带轮 17（见图 5-1-2）的记号，以备以后正确安装。

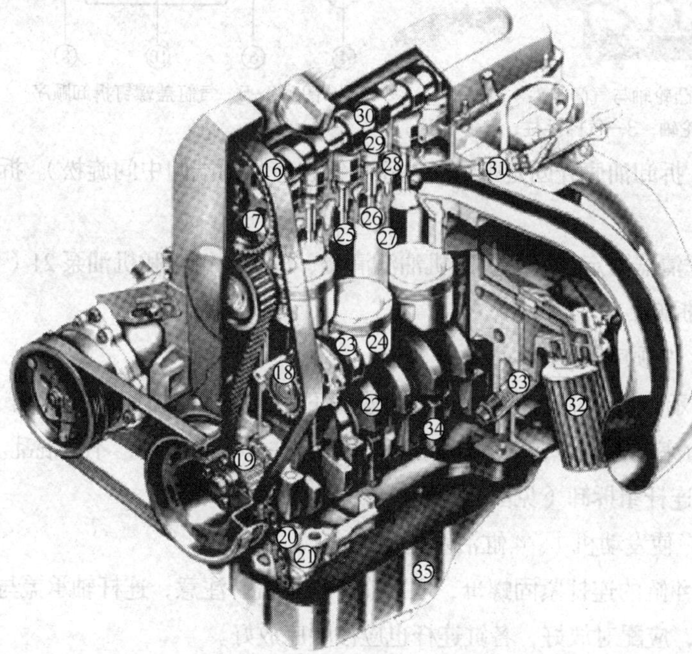

图5-1-2 桑塔纳2000GSi轿车发动机剖视图

16—正时齿形带；17—凸轮轴正时齿形带轮；18—水泵齿形带轮；19—曲轴正时齿形带轮；
20—机油泵链条；21—机油泵；22—曲轴；23—水泵；24—活塞；25—排气门；
26—进气门；27—气缸体；28—气缸盖；29—挺柱；30—凸轮轴；31—喷油器；
32—机油滤清器；33—限压阀；34—连杆；35—油底壳

② 旋松气缸罩盖 15（见图 5-1-1）的固定螺钉，拆卸气缸罩盖。

③ 用专用工具旋转张紧轮 2（见图 5-1-3），拆卸发动机的正时齿形带 4。

④ 拆卸曲轴齿形带轮 5、曲轴链轮、水泵齿轮带轮 3、张紧轮 2 和凸轮轴正时齿形带轮 1，拆下齿形皮带后防护罩。

⑤ 旋松凸轮轴 2 的轴承座盖 1（见图 5-1-4）的固定螺钉，拆卸凸轮轴轴承座盖，取下凸轮轴和气门挺柱 3。

（3）机体组件拆卸。

① 按图 5-1-5 所示数字的顺序从外到内拆下气缸盖的固定螺钉，抬下气缸盖。

② 取下气缸垫，注意气缸垫的安装朝向。

③ 旋松油底壳的放油螺钉，放出油底壳内机油。

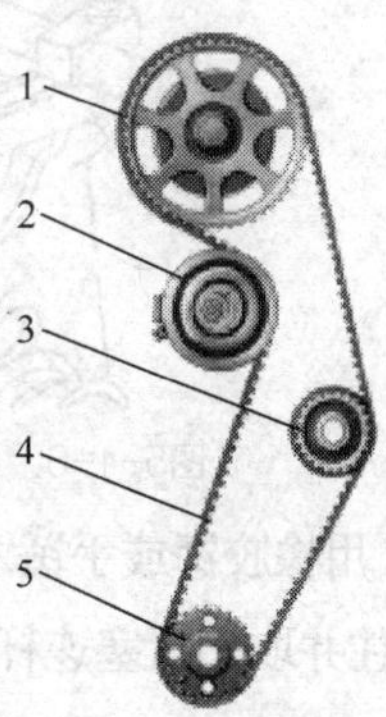

图5-1-3 配气齿轮组件

1—凸轮轴正时齿形带轮；2—张紧轮；
3—水泵齿轮带轮；4—正时齿形带；
5—曲轴齿形带轮

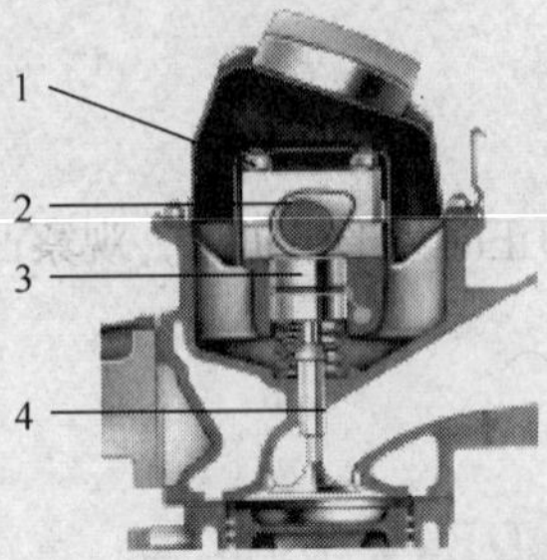

图5-1-4 凸轮轴与气门组件

1—凸轮轴轴承盖；2—凸轮轴；3—气门挺柱；4—气门

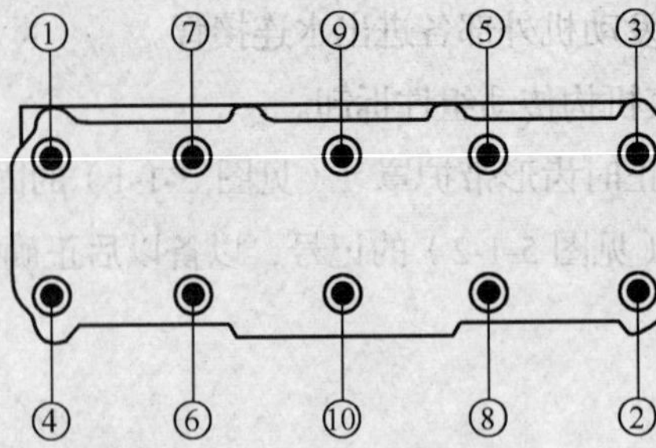

图5-1-5 气缸盖螺钉拆卸顺序

④ 翻转发动机，拆卸油底壳固定螺钉（注意螺钉也应从两端向中间旋松）。拆下油底壳和油底壳密封垫。

⑤ 旋松机油粗滤清器固定螺钉，拆卸机油滤清器、机油泵链轮和机油泵 21（见图 5-1-2）。

（4）气门组件的拆卸。

① 取下挺杆体，按顺序放好。

② 如图 5-1-6 所示，用专用工具将气门弹簧座压下，取下气门锁片，拆出气门弹簧。

③ 取下气门弹簧座、气门弹簧、气门油封和气门，并按顺序放好，不可混乱。

（5）发动机活塞连杆组拆卸（见图 5-1-2）。

① 转动曲轴 22，使发动机 1、4 缸活塞处于下止点。

② 分别拆卸 1、4 缸的连杆紧固螺母，取下连杆轴承盖。注意，连杆轴承盖与连杆体侧面有配对标记（见图 5-1-7），应配对放好，各缸连杆也应按顺序放好。

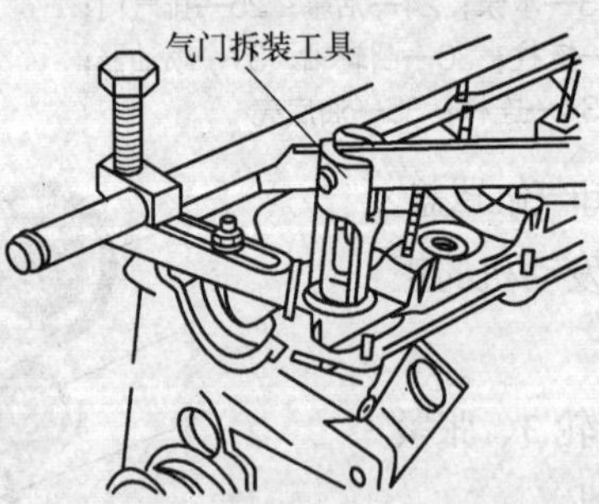

图5-1-6 用专用工具拆卸气门

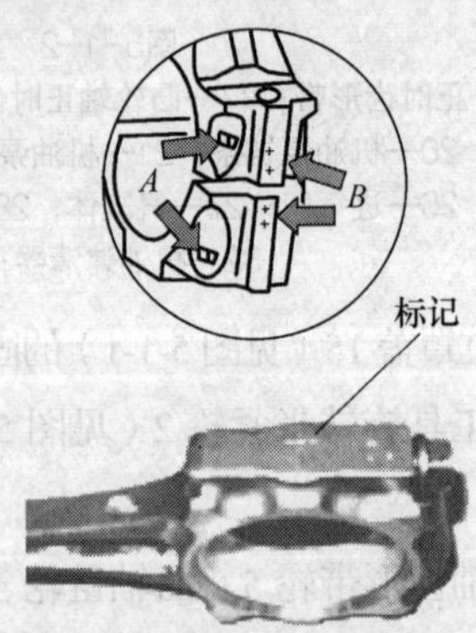

图5-1-7 连杆标记

③ 用橡胶锤或手锤木柄分别推出 1、4 缸的活塞连杆组件，用手在气缸出口接住并取出活塞连杆组件，注意活塞安装方向（见图 5-1-8）。

④ 将连杆轴承盖、连杆螺栓、螺母按原位置装回，不同缸的连杆也不能互相调换。

⑤ 同样方法拆卸 2、3 缸的活塞连杆组。

⑥ 采用专用的活塞环装卸钳拆装各缸活塞环（见图 5-1-9）。

⑦ 采用卡簧嵌拆卸活塞销卡环（见图 5-1-10）。

图5-1-8 活塞标记

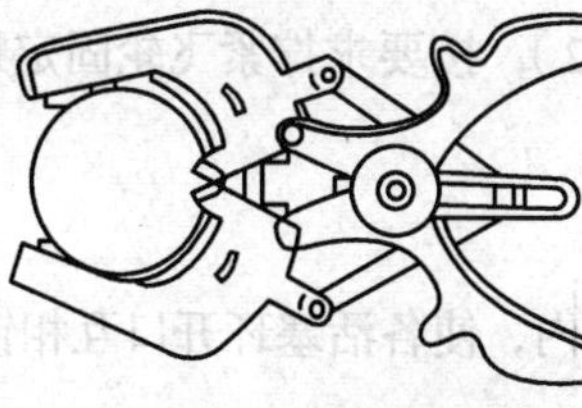

图5-1-9 拆装活塞环

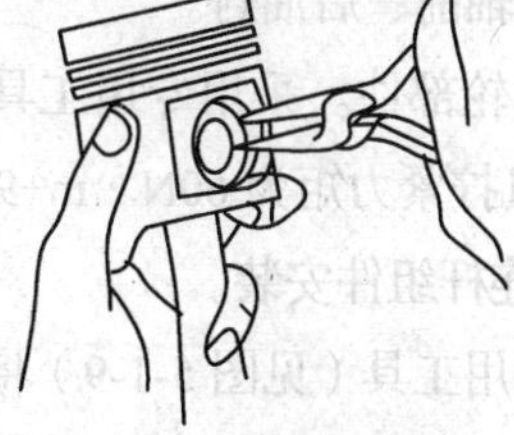

图5-1-10 拆装活塞销卡环

⑧ 在油压机上进行活塞销的拆卸。如无油压机，也可以将活塞连杆组浸入60℃的热水或机油中加热，然后用专用工具进行拆卸。

（6）发动机曲轴飞轮组拆卸。

① 旋松飞轮紧固螺钉，拆卸飞轮（飞轮较重，拆卸时注意安全）。

② 拆卸曲轴前端及后端密封凸缘及油封。

③ 按图 5-1-11 所示螺钉序号从两端到中间旋松曲轴主轴承盖紧固螺钉，取下主轴承盖。

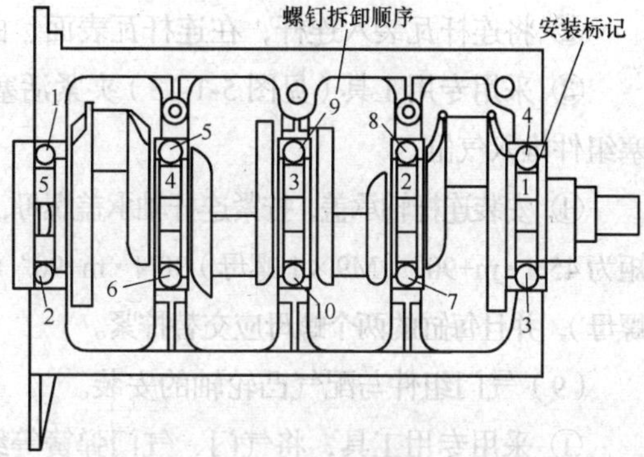

图5-1-11 曲轴主轴承盖螺钉拆卸顺序

注意

各缸主轴承盖有装配标记，不同缸的主轴承盖及轴瓦不能互相调换。

④ 抬下曲轴，再将主轴承盖及垫片按原位装回，并将固定螺钉拧入少许。注意曲轴推力轴承的定位及开口的安装方向。

小贴士

发动机安装时，应注意如下事项。

① 安装前应全面清洗发动机零部件，尤其是相互配合的运动件表面应保持清洁，并涂抹润滑油。

② 安装顺序一般与拆卸顺序相反，由内向外进行。

③ 各配对的零部件不能互相调换，安装方向也应该正确。各零部件相对装配关系应保持正确。

④ 各紧固螺钉应按规定力矩和方法拧紧。

（7）曲轴飞轮组件安装。

① 在发动机机体上安装曲轴主轴瓦和推力轴承，并在轴瓦表面涂抹机油。

② 将曲轴平稳放入主轴瓦上，注意推力轴承不要脱落或阻卡。

③ 将主轴瓦装入主轴承盖中，再把主轴承盖固定于发动机机体上，按图 5-1-12 所示相反顺序和要求力矩（桑塔纳 2000GSi 发动机为 65 N·m+90°）分多次紧固螺钉。装配完毕，用手摇转曲轴，应该感觉轻松自如，无阻卡，否则应检查原因重新安装。

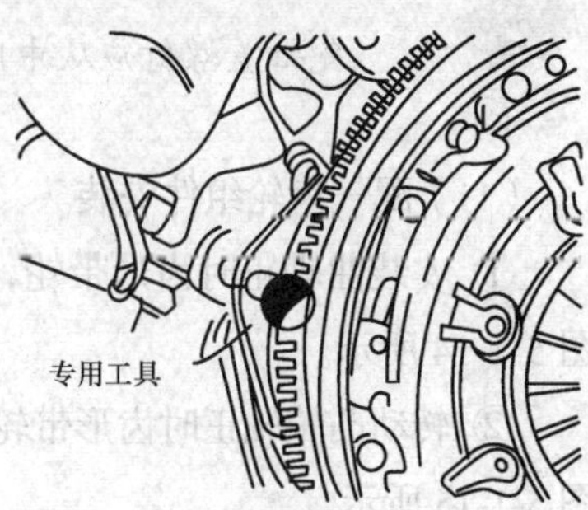

图5-1-12 采用专用工具固定飞轮

④ 安装曲轴前、后油封。

⑤ 安装飞轮部件。采用专用工具固定飞轮（见图 5-12），按要求拧紧飞轮固定螺栓（桑塔纳 2000GSi 发动机拧紧力矩为 60N · m+90°。

（8）活塞连杆组件安装。

① 采用专用工具（见图 5-1-9）将活塞环装入活塞环槽内，使各活塞环开口互相错开 120°。注意，活塞环有标记面朝向活塞顶。

② 将连杆瓦装入连杆，在连杆瓦表面、曲轴连杆轴颈表面、活塞表面、气缸壁表面涂抹机油。

③ 采用专用工具（见图 5-1-13）夹紧活塞环，从气缸顶端装入活塞连杆组件，用锤子木柄将活塞组件推入气缸。

④ 安装连杆轴承盖，拧紧连杆轴承盖螺母，拧紧力矩为 45N · m+90°（M9 × 1 螺母）30N · m+90°（M8 × 1 螺母），并且每缸的两个螺母应交替拧紧。

图5-1-13 活塞环夹紧工具

（9）气门组件与配气凸轮轴的安装。

① 采用专用工具，将气门、气门弹簧等组件装入气缸盖，再装入挺杆体。

② 润滑配气凸轮轴承表面，安装凸轮轴和轴承盖，先交替对角拧紧第 2、4 号轴承盖，拧紧力矩为 20 N · m；后安装 1、3、5 轴承盖，拧紧力矩为 20N · m。

注意：安装凸轮轴时，第一缸的凸轮必须朝上；安装凸轮轴轴承时，要保证孔的上下部分对准。

③ 将半月键安装到凸轮轴上，安装凸轮轴同步带轮，并拧紧到 100N · m。

（10）机体组件安装。

① 安装机油粗滤清器、机油泵链轮和机油泵，装回油底壳密封垫和油底壳。

注意：油底壳紧固螺钉应从中间向两端旋紧。

② 翻转发动机，安装气缸垫（注意气缸垫的安装朝向）和气缸盖，按规定力矩紧固螺钉，如桑塔纳 2000GSi 发动机气缸盖螺钉先初步拧紧，再拧紧到 40N · m，第三次再将螺钉旋紧 180°。

注意：气缸盖螺钉应从中间向两端交叉旋紧，按图 5-1-11 所示的相反顺序拧紧螺钉。

（11）配气齿轮组件安装。

① 安装曲轴正时齿形带轮，并转动使其与机体记号对齐，如图 5-1-14 所示。

② 转动凸轮轴正时齿形带轮，使其记号与缸盖罩记号对齐，如图 5-1-15 所示。

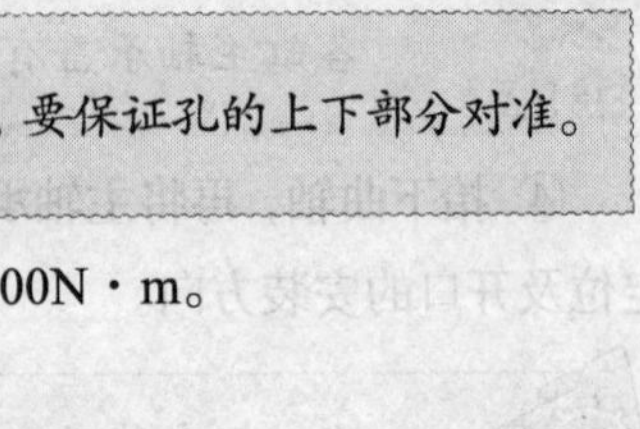

图5-1-14 曲轴正时齿形带轮记号

③ 安装正时齿形带。

④ 转动张紧轮，调整正时齿带的张紧度，可以用拇指和食指捏住凸轮轴齿轮和中间轴中间的齿带刚好可以扭转 90°为宜，如图 5-1-16 所示。

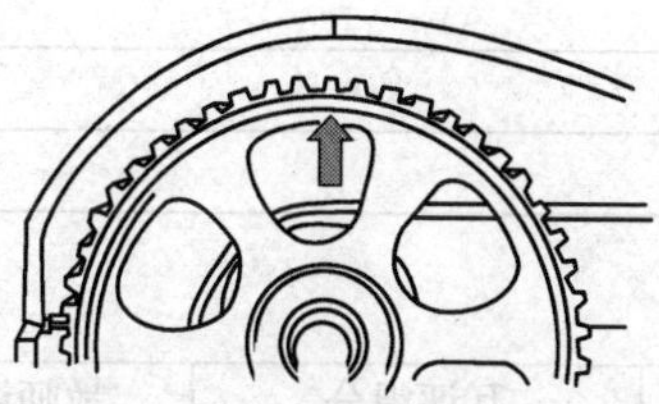

图5-1-15　凸轮轴正时齿形带轮记号

图5-1-16　正时齿带松紧检查与调整

小贴士　配气齿轮组件安装完成后，应小心地转动曲轴至少两圈，以防止活塞撞击气门，如有卡阻现象，应检查并重新安装调整。

⑤ 安装发动机气缸罩垫、气缸罩、正时齿形带护罩，以及进、排气管和空气滤清器等外部零部件。

（12）发动机外部零部件安装。按照与拆卸相反的顺序进行发动机外部零部件（各进出水管，进、排气管，燃油分配管和喷油器、点火线圈组件、曲轴带轮、发电机等）的安装。

3.　拆装时的安全注意事项

（1）学习实验室工作规则，树立安全第一的理念，避免产生人身和设备事故。

（2）按要求穿戴合身的工作服和工作鞋，避免穿光滑底的运动鞋。

（3）保持工作场地的清洁，避免润滑油溅洒在地面上，拆装工具和零部件放在专用盆器里。下班前要全面清理清洁场地和工具，关闭油、水、电开关。

（4）搬运发动机等重物应戴手套，采用专用设备进行。发动机拆装时应放置平稳，以防倾倒伤人。

（5）注意用电、用油安全，禁止在拆装场地抽烟。

（6）正确选用拆装工具，注意各种螺钉的拆装转矩，避免用力过大伤及周围人员或将螺钉拧断。

发动机拆装技能训练考核表如表 5-1-1 所示。

表 5-1-1　技能训练考核表

学生姓名	
项目名称	发动机拆装
步骤 1	
步骤 2	
步骤 3	
步骤 4	
步骤 5	
步骤 6	

续表

学生姓名				
项目名称	发动机拆装			
步骤 7				
步骤 8				
步骤 9				
步骤 10				
步骤 11				
步骤 12				
拆装过程中使用了哪些工具				
规范使用工具	占比	自评得分	互评得分	教师评价得分
考勤	20%			
规范使用工具	20%			
拆装步骤	40%			
清理	20%			
总得分：				

相关知识链接

一、常用拆装工具

1. 普通扳手

普通扳手有呆扳手、梅花扳手、套筒扳手、活动扳手、内六角扳手和扭力扳手等。

（1）呆扳手。呆扳手也叫开口扳手（见图 5-1-17），按其开口的宽度 S 大小有 8～10mm、12～14mm、17～19mm 等规格，通常有成套装备，如 8 件一套、10 件一套等。国外有些呆扳手采用英制单位，适用于英制螺钉拆卸。

使用时应根据螺钉或螺母的尺寸，选择相应开口尺寸的呆扳手。为了防止扳手损坏和滑脱，应使拉力作用在开口较厚的一边，如图 5-1-18 所示，顺时针扳动呆扳手为正确，逆时针使用为错误。

图5-1-17　呆扳手

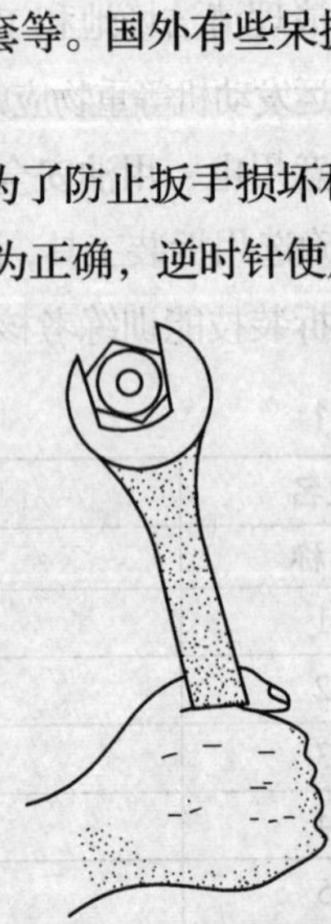
图5-1-18　呆扳手使用

（2）梅花扳手（见图 5-1-19）。梅花扳手两端内孔为正六边形，按其闭口尺寸 *S* 大小有 8～10mm、12～14mm、17～19mm 等规格，通常有成套装备，如 8 件一套、10 件一套等。

使用时根据螺钉或螺母的尺寸，选择相应闭口尺寸的梅花扳手。与开口扳手相比，由于梅花扳手扳动 30° 后，即可换位再套，适于狭窄场合下操作，而且强度高，使用时不易滑脱，应优先选用。

为方便操作，有的板手一头是开口板手，另外一头是梅花板手（见图 5-1-20），被称为两用扳手。

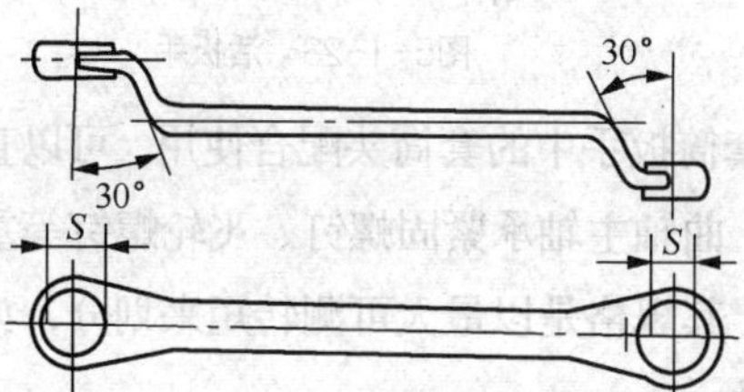

图5-1-19　梅花板手

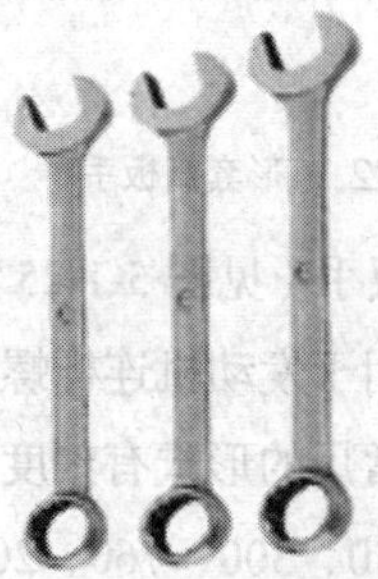

图5-1-20　两用板手

（3）套筒扳手（见图 5-1-21）。套筒扳手的内孔形状与梅花扳手相同，也是正六边形，按其闭口尺寸大小也有 8mm、10mm、12mm、14mm、17mm、19mm 等规格，通常也是成套装备，并且配有手柄、棘轮手柄、快速摇柄、接头和接杆等组成，以方便操作和提高效率。

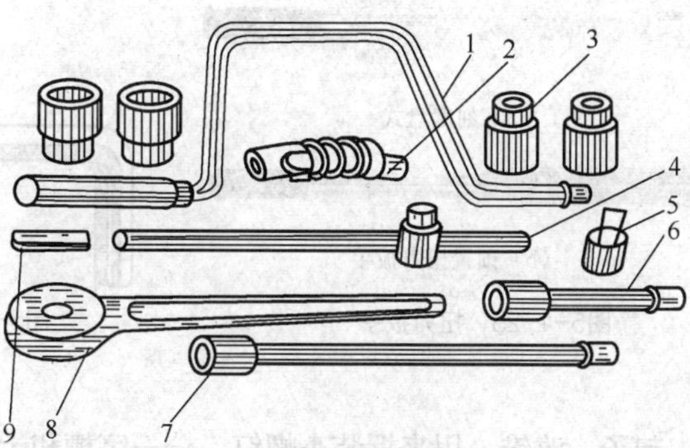

图5-1-21　套筒板手

1—快速摇柄；2—万向接头；3—套筒头；4—滑头手柄；5—旋具接头
6—短接杆；7—长接杆；8—棘轮手柄；9—直接管

套筒扳手适用于拆装位置狭窄或需要一定转矩的螺栓或螺母，比梅花板手更具方便快捷的特点，应优先考虑使用。

还有一些专用的 T 形套筒扳手（见图 5-1-22），更方便拆装，应更加优先考虑选用。

套筒有很多种类，有长套筒、短套筒；有内六角和双内六角之分，有大、中、小 3 种接口。

（4）活扳手（见图 5-1-23）。活扳手也称活动扳手，其开口尺寸能在一定的范围内任意调整，其规格是以最大开口宽度 × 扳手长度（mm）来表示。

活扳手操作起来不太方便，需旋转蜗杆才能使活动扳口张开及缩小，而且容易从螺钉上滑移，应尽量少用，仅在缺少相应其他扳手（如英制板手）时使用。使用时也应注意使拉力作用在开口较厚的一边（见图 5-1-24）。

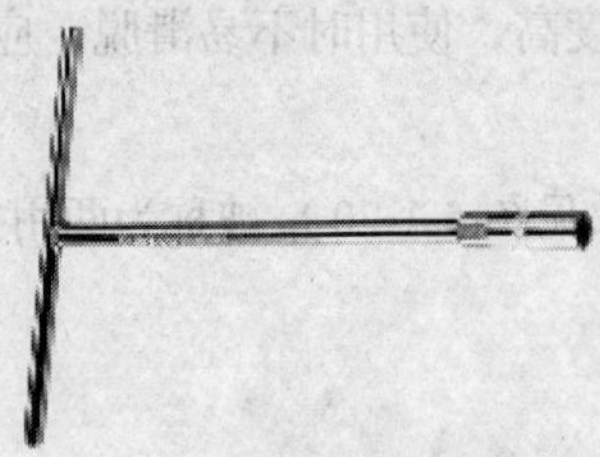

图5-1-22 T形套筒板手

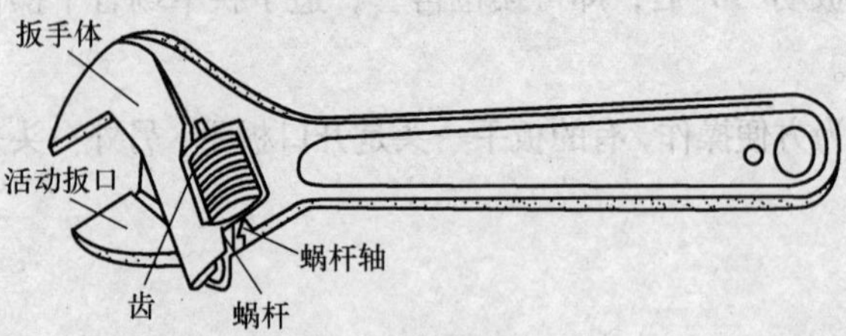

图5-1-23 活扳手

（5）扭力扳手（见图 5-1-25）。扭力扳手与套筒扳手中的套筒头配合使用，可以直接读出所施转矩的大小，适用于发动机连杆螺母、缸盖螺钉、曲轴主轴承紧固螺钉、飞轮螺钉等重要螺钉的紧固上。扭力扳手常用的形式有刻度盘式和预置式，其规格是以最大可测转矩来划分，如预置扭力扳手有 20、100、250、300、760、2000N · m 等几种。

（6）内六角扳手（见图 5-1-26）。内六角扳手用来拆装内六角螺栓（螺塞），以六角形对边尺寸 S 表示，有 3～27mm 尺寸共 13 种。

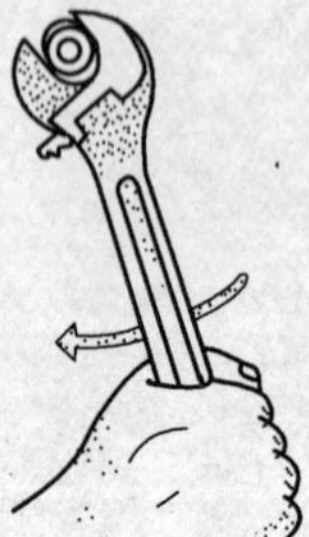

图5-1-24 活扳手使用

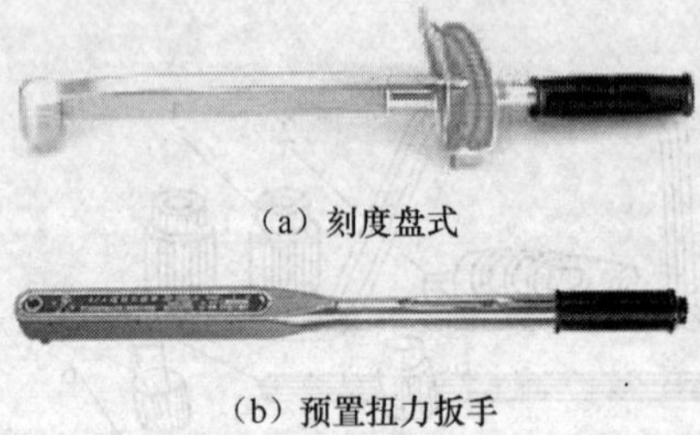

（a）刻度盘式

（b）预置扭力扳手

图5-1-25 扭力扳手

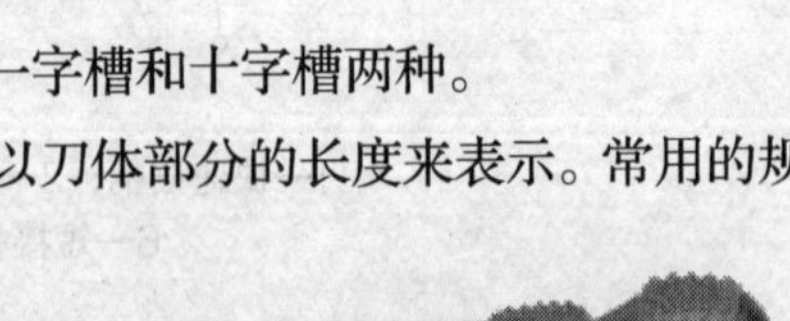

图5-1-26 内六角扳手

2. 螺丝旋具

螺丝旋具又称螺丝刀、起子、改锥，用来拆装小螺钉，分一字槽和十字槽两种。

螺丝旋具由手柄、刀体和刃口组成（见图 5-1-27），其规格以刀体部分的长度来表示。常用的规格有 100mm、150mm、200mm、300mm 等几种。

使用时应根据螺钉沟槽的形状和宽度选用相应的规格。旋松螺钉时，除施加旋转力矩外，还应施加适当的轴向力，以防滑脱损坏零件。

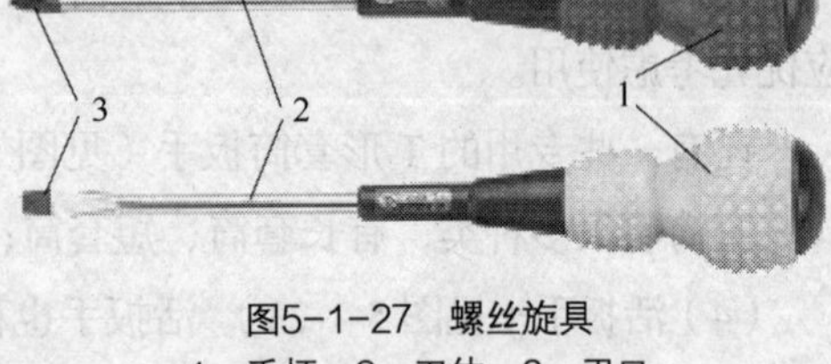

图5-1-27 螺丝旋具

1—手柄；2—刀体；3—刃口

3. 手锤

手锤有多种形式（见图 5-1-28），一端平面略有弧形的是基本工作面，另一端是球面，用来敲击凹凸形状的工件。其规格以锤头质量来表示，以 0.5～0.75kg 最为常用。

使用手锤时，首先要仔细检查锤头和锤把是否楔塞牢固，以防止手锤脱出伤人。握锤应是握住锤把后部，挥锤的方法有手腕挥、小臂挥和大臂挥 3 种。手腕挥锤只有手腕动，锤击力小，但准、快、省力；大臂挥锤是大臂和小臂一起运动，锤击力最大。

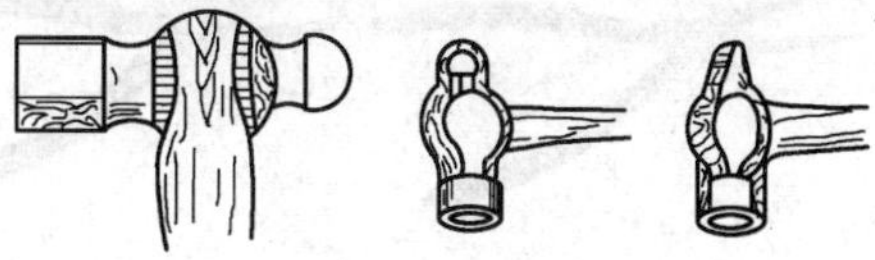

图5-1-28　手锤

4. 手钳

常见的手钳有钢丝钳、尖嘴钳、鲤鱼钳、卡簧钳等。

（1）钢丝钳（见图 5-1-29）。按其钳长分 150mm、175mm、200mm3 种。

钢丝钳主要用于夹持圆柱形零件，也可以代替扳手旋小螺栓、小螺母，钳口后部的刃口可剪切金属丝。

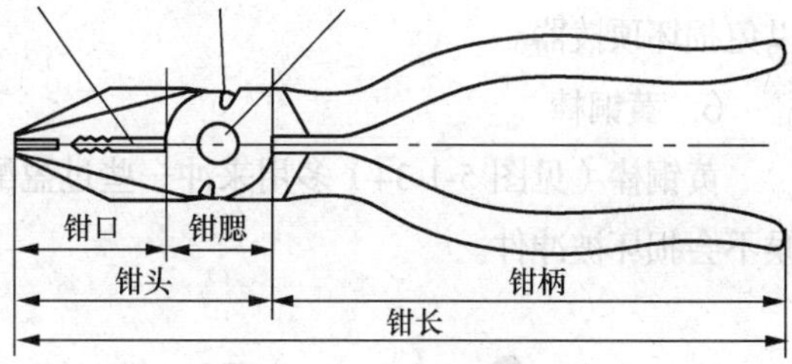

图5-1-29　钢丝钳

（2）鲤鱼钳（见图 5-1-30）。鲤鱼钳的作用与钢丝钳相同，其中部凹口粗长，便于夹持圆柱形零件，由于一片钳体上有两个互相贯通的孔，可以方便地改变钳口大小，以适应夹持不同大小的零件，是汽车维修中使用较多的工具。其规格以钳长来表示，一般有 165mm、200mm 两种。

（3）尖嘴钳（见图 5-1-31）。尖嘴钳因其头部细长而得名，能在较小的空间使用，其刃口也能剪切细小金属丝，使用时不能用力太大，否则钳口头部会变形或断裂。其规格以钳长来表示，汽车拆装常用的是 160mm 规格。

图5-1-30　鲤鱼钳

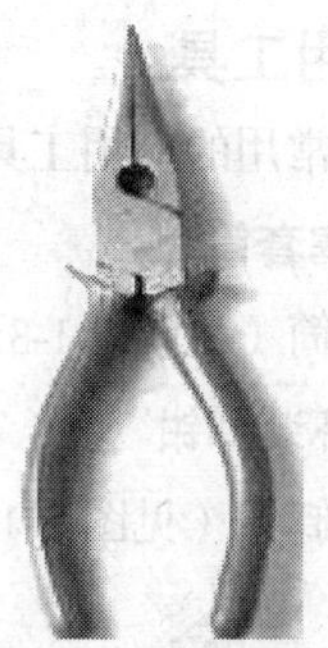

图5-1-31　尖嘴钳

小贴士　使用上述手钳时，应注意不要用手钳代替扳手松紧 M5 以上螺纹连接件，以免损坏螺母或螺栓。

（4）挡圈钳。挡圈钳也称卡簧钳，有多种结构形式（见图 5-1-32），用于拆装发动机中的各种卡簧（挡圈）。使用时根据卡簧（挡圈）结构形式，选择相应的挡圈钳。

5. 顶拔器

顶拔器也叫拉器，用来拆卸配合较紧的轴承、齿轮等零部件，它由拉爪、座架、丝杆和手柄等组成（见图 5-1-33）。

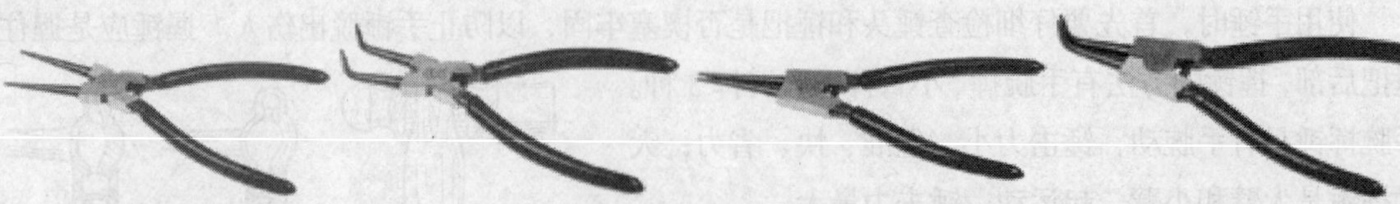

图5-1-32 挡圈钳

顶拔器使用时，根据轴端与被拉工件的距离转动顶拔器的丝杆，至丝杆顶端顶住轴端，拉爪钩住工件的边缘，然后慢慢转动丝杆将工件拉出。顶拔工件时，其中心线应与被拉工件轴线保持同轴，以免损坏顶拔器。

6. 黄铜棒

黄铜棒（见图 5-1-34）多用来冲一些过盈配合件，将其分开。由于黄铜钢、铸铁件软，冲的时候不会损坏被冲件。

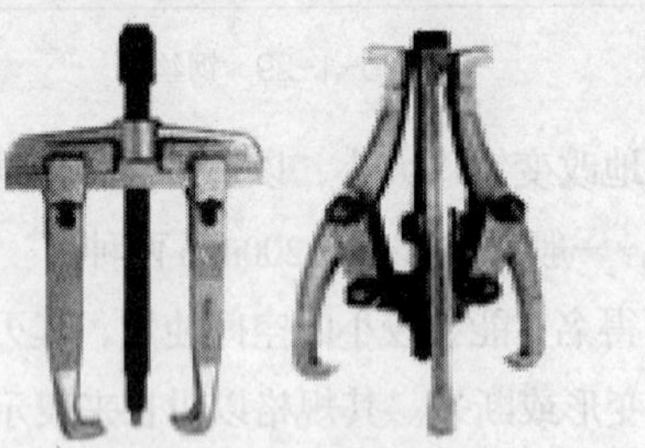

图5-1-33 顶拔器

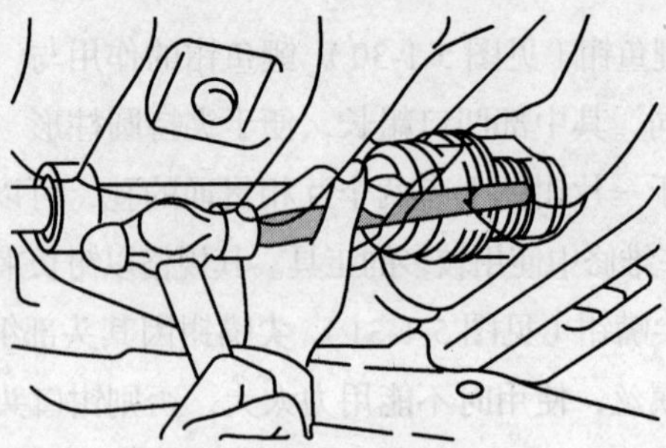

图5-1-34 黄铜棒

二、专用工具

汽车修理常用的专用工具有火花塞套筒、活塞环装卸钳、气门弹簧装卸钳、黄油枪、千斤顶等。

1. 火花塞套筒

火花塞套筒（见图 5-1-35）用于拆装发动机火花塞，一般有 16mm 和 21mm 两种规格。

2. 活塞环装卸钳

活塞环装卸钳（见图 5-1-36）用于装卸发动机活塞环，避免活塞环受力不均匀而拆断。

图5-1-35 火花塞套筒

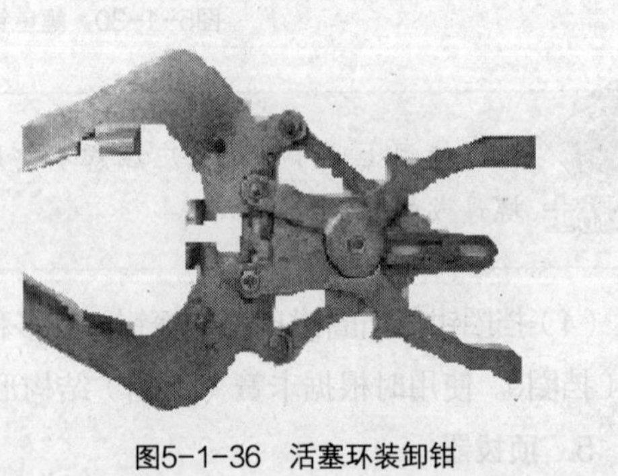

图5-1-36 活塞环装卸钳

使用时，将活塞环装卸钳卡住活塞环开口，轻握手柄，慢慢收缩，活塞环就慢慢张开，将活塞环装入或拆出活塞环槽。

3. 气门弹簧装卸钳

气门弹簧卸钳（见图 5-1-37）用于装卸气门弹簧。使用时，将钳口收缩到最小位置，插入气门弹簧座下，然后旋转手柄。左手掌向前压牢，使钳口贴紧弹簧座，装卸好气门锁（销）片后，反方向旋转气门弹簧装卸手柄，取出装卸钳。

4. 手动黄油枪

手动黄油枪（见图 5-1-38）用于各润滑点加注润滑脂，由油嘴、压油阀、柱塞、进油孔、杆头、杠杆、弹簧、活塞杆等组成。

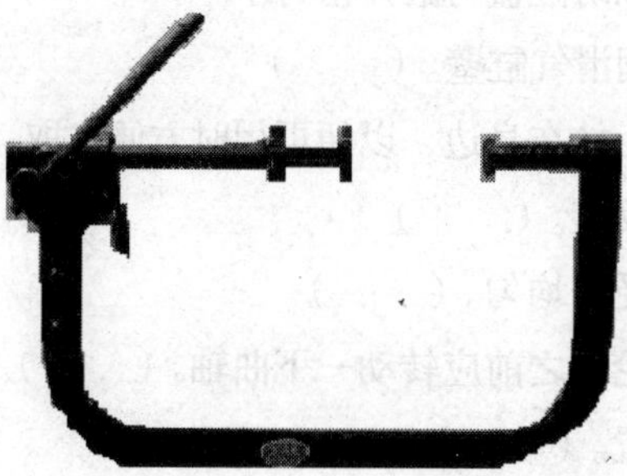

图5-1-37　气门弹簧装卸钳

图5-1-38　手动黄油枪

使用黄油枪时，将润滑脂小团小团地装入贮油筒，排除空气。装入弹簧后，拧紧端盖即可使用。对油嘴加注润滑脂时，应对正油嘴，不得歪斜。若不进油，应停止注油，检查油嘴是否堵塞。

5. 千斤顶

千斤顶（见图 5-1-39）有螺旋千斤项、液压千斤顶和液压举升器 3 种。汽车常用液压千斤顶的举升力为 3t、5t、8t 等。

液压千斤顶用于举升汽车及其他重物，其结构由顶块、螺旋杆、贮油筒、油缸、摇动手柄、压油柱塞、柱塞筒、进出油阀、油阀、螺塞和壳体等组成。

使用千斤顶前，用三角木垫好汽车；在松软路面上使用时，应在千斤顶底下加垫木；举升时，千斤顶应与重物垂直对正；千斤项未支牢前及回落时，禁止在车下工作。

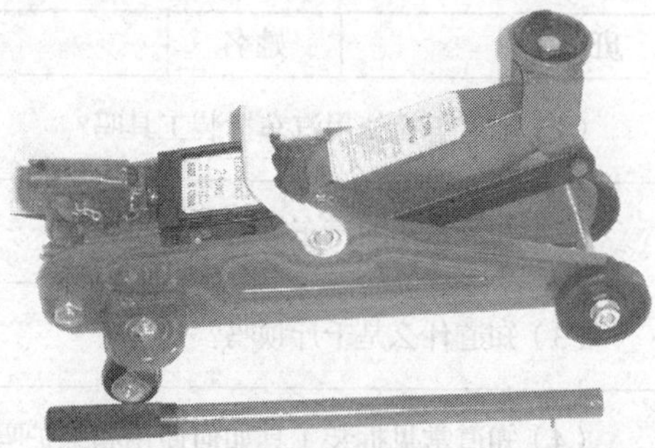

图5-1-39　千斤顶

使用千斤顶时，先把开关拧紧，放好千斤顶，对正被顶部位，压动手柄就将重物顶起。当落下千斤顶时，将开关慢慢旋开，重物就逐渐下降。

思考与练习

判断题

（1）使用开口扳手时，将扳手较厚的一侧置于受力大的一侧，扳动扳手。（　　）

（2）扳动扳手时，可以使用锤子敲击扳手尾端以加大力矩。（ ）

（3）如果扭力扳手的刻度值不清晰，也可以暂时使用。（ ）

（4）活塞环拆下后，应分清楚正反面放置，以防装错。（ ）

（5）拆卸凸轮轴时，不必调整位置可直接拆卸凸轮轴轴承盖螺栓。（ ）

（6）如果正时皮带还要继续使用，拆卸前应做好旋向标记。（ ）

（7）安装活塞环油环时，应先安装上下刮片再安装衬环。（ ）

（8）拆卸曲轴主轴承时应严格按照从中间向两边拆卸的顺序。（ ）

（9）在发动机拆装过程中，应首先选用梅花扳手，如果不能使用再选套筒扳手。（ ）

（10）拧紧气缸盖螺栓时，应尽可能用力拧紧，以防缸盖与缸体密封不严。（ ）

（11）在把活塞安装到气缸里之前，应先用机油润滑气缸壁。（ ）

（12）在拆装过程中为了节省时间应将工具用完后放在身边，以便再用时方便拿取。（ ）

（13）安装活塞时应注意活塞的朝前标记，不能反装。（ ）

（14）拆卸凸轮轴之前应调整其位置，使凸轮轴受力均匀。（ ）

（15）为了避免气门与活塞相撞的可能，拆卸凸轮轴之前应转动一下曲轴。（ ）

（16）拆卸活塞时，应使该缸活塞处于上止点位置。（ ）

（17）安装活塞环时，应将所有活塞环的开口朝向活塞受力较小的一侧。（ ）

（18）拆卸凸轮轴时，应下拆下进气凸轮轴，再拆下排气凸轮轴。（ ）

（19）安装附件之前，应用干净的抹布清洁各附件表面。（ ）

（20）安装发动机螺栓时，重要部件螺栓应拧到规定力矩，附件的固定螺栓拧紧即可。（ ）

任务测评表

班级		姓名		日期		自评	互评	备注
（1）知道怎么使用汽车拆装工具吗？								
（2）知道常用的汽车拆装工具吗？								
（3）知道什么是千斤顶吗？								
（4）知道常见拆装工具如何使用和维护吗？								
（5）在拆装过程中，如何正确使用常见拆装工具？能做到安全文明实训吗？								
个人总结：								
总体评价						教师签名		

任务2　测量工具的使用

任务描述

发动机气缸的直径、圆度、圆柱度和磨损量等数值都要求精确到 0.01mm。本任务通过测量发动机气缸磨损量，了解汽车测量工具种类，掌握发动机测量工具的使用，在测量时正确选用测量工具，对提高测量精度至关重要。

任务要求

（1）正确使用测量工具。

（2）测量发动机气缸磨损量。

（3）确定维修尺寸。

技能训练

1. 所需器材

桑塔纳 AFE 发动机 6 台，量缸表 6 个，外径千分尺 6 个。

2. 操作步骤

（1）检查校对外径千分尺。先选择适宜被测量气缸直径尺寸的外径千分尺，再旋转微分筒使其两个测量面与校正杆端面接触，在听到“咔咔”响声时，查看有无间隙以及微分筒刻线是否对准“0”位；若有误差，应进行校正。

（2）检查校对内径量缸表。用手轻触千分尺芯轴 2～3 次，检查指针灵敏情况；将千分尺芯轴插入测量表杆上端，与表杆内活动杆接触后，大指针旋转 10 个格左右，拧紧锁紧螺母即可。

（3）找准气缸内径标准尺寸。用内径量表在气缸内找到气缸的最小直径，同时按照测出的最小直径转动千分尺的表盘，使其大指针对正“0”位，并记住小指针的尺寸位置，便于下一步计算气缸的磨损量。

将内径量表上调整好的横向活动测杆置于校对好的外径千分尺 2 个测量面之间，转动其微分筒，使千分尺大、小指针位置与刚才的测量位置（即气缸的最小直径位置）一致。

（4）测量。将校对好的内径量表活动测杆插入气缸，在气缸中心线并平行于曲轴轴线的方向，对汽缸的上、中、下 3 个位置，通过前、后摆动表杆进行测量，摆动中的最小值即所需的测量数据；

然后将活动测杆水平旋转 90°，对气缸的上、中、下 3 个位置进行测量并记录数据。

（5）计算磨损量。将测量的数据按照气缸的排列顺序列表整理，分别计算出各气缸的直径、圆度、圆柱度和磨损量等数值。

气缸壁磨损量的测量技能训练考核如表 5-2-1 所示。

表 5-2-1 技能训练考核表

<table>
<tr><td>学生姓名</td><td colspan="4"></td></tr>
<tr><td>项目名称</td><td colspan="4">气缸壁磨损量的测量</td></tr>
<tr><td>步骤 1</td><td colspan="4"></td></tr>
<tr><td>步骤 2</td><td colspan="4"></td></tr>
<tr><td>步骤 3</td><td colspan="4"></td></tr>
<tr><td>步骤 4</td><td colspan="4"></td></tr>
<tr><td>步骤 5</td><td colspan="4"></td></tr>
<tr><td>步骤 6</td><td colspan="4"></td></tr>
<tr><td>步骤 7</td><td colspan="4"></td></tr>
<tr><td>步骤 8</td><td colspan="4"></td></tr>
<tr><td>步骤 9</td><td colspan="4"></td></tr>
<tr><td>步骤 10</td><td colspan="4"></td></tr>
<tr><td>步骤 11</td><td colspan="4"></td></tr>
<tr><td>步骤 12</td><td colspan="4"></td></tr>
<tr><td>拆装过程中使用了哪些工具</td><td colspan="4"></td></tr>
<tr><td rowspan="4">测量结果</td><td>上</td><td colspan="2">中</td><td>下</td></tr>
<tr><td></td><td colspan="2"></td><td></td></tr>
<tr><td></td><td colspan="2"></td><td></td></tr>
<tr><td colspan="4">维修尺寸</td></tr>
<tr><td>规范使用工具</td><td>占比</td><td>自评得分</td><td>互评得分</td><td>教师评价得分</td></tr>
<tr><td>考勤</td><td>20%</td><td></td><td></td><td></td></tr>
<tr><td>规范使用工具</td><td>20%</td><td></td><td></td><td></td></tr>
<tr><td>拆装步骤</td><td>40%</td><td></td><td></td><td></td></tr>
<tr><td>清理</td><td>20%</td><td></td><td></td><td></td></tr>
<tr><td colspan="5">总得分：</td></tr>
</table>

相关知识链接

一、常用量具

1. 千分尺

千分尺又名螺旋测微器，分为普通式和数字式（见图 5-2-1）两种。

（1）普通式千分尺测量读数方法可分为 3 步。

① 读出固定套筒上露出的刻线尺寸，一定要注意不能遗漏应读出的 0.5mm 的刻线值。

② 读出微分筒上的尺寸，要看清微分筒圆周上哪一格与固定套筒的中线基准对齐，将格数乘 0.01mm 即得微分筒上的尺寸。

③ 将上面两个数相加，即为千分尺上测得尺寸。

如图 5-2-2（a）所示，在固定套筒上读出的尺寸为 8mm，微分筒上读出的尺寸为 27（格）× 0.01mm =0.27mm，上两数相加即得被测零件的尺寸为 8.27mm；图 5-2-2（b）所示，在固定套筒上读出的尺寸为 8.5mm，在微分筒上读出的尺寸为 27（格）× 0.01mm =0.27mm，上两数相加即得被测零件的尺寸为 8.77mm。

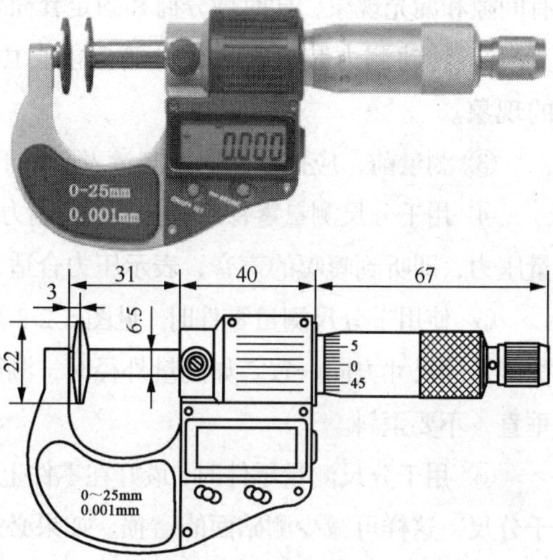

图5-2-1 数字千分尺

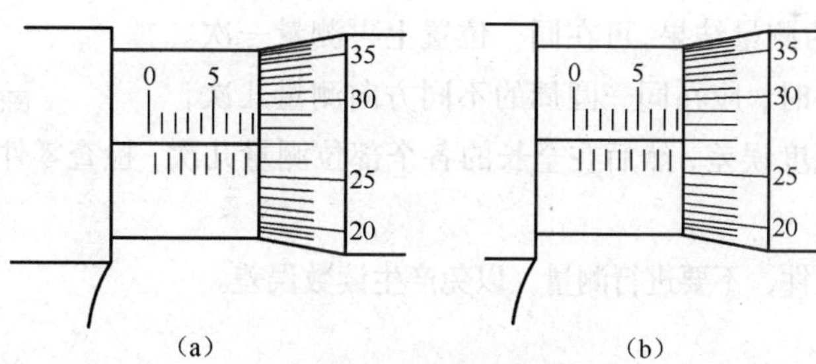

图5-2-2 数字千分尺

（2）千分尺的调整。千分尺在使用过程中，由于磨损，特别是使用不妥当时，会使千分尺的示值误差超差，所以应定期进行检查，进行必要的拆洗或调整，以便保持千分尺的测量精度。

① 校正千分尺的零位。所谓“校对千分尺的零位”，就是把千分尺的两个测砧面揩干净，转动测微螺杆使它们贴合在一起（这是指 0～25mm 的千分尺而言，若测量范围大于 0～25mm 时，应该在两测砧面间放上校对样棒），检查微分筒圆周上的“0”刻线，是否对准固定套筒的中线，微分筒的端面是否正好使固定套筒上的“0”刻线露出来。如果两者位置都是正确的，就认为千分尺的零位是对的，否则就要进行校正，使之对准零位。

② 调整千分尺的间隙。千分尺在使用过程中，由于磨损等原因，会使精密螺纹的配合间隙增大，

从而使示值误差超差，因此必须及时进行调整，以便保持千分尺的精度。

要调整精密螺纹的配合间隙，应先用制动器把测微螺杆锁住，再用专用扳手把测力装置松开，拉出微分筒后再进行调整。

（3）千分尺的使用方法。使用千分尺测量零件尺寸时，必须注意下列几点。

① 使用前，应把千分尺的两个测砧面揩干净，转动测力装置，使两测砧面接触，接触面上应没有间隙和漏光现象，同时微分筒和固定套筒要对准零位。

② 转动测力装置时，微分筒应能自由灵活地沿着固定套筒活动，没有任何轧卡和不灵活的现象。

③ 测量前，应把零件的被测量表面揩干净，以免有脏物存在时影响测量精度。

④ 用千分尺测量零件时，应当手握测力装置的转帽来转动测微螺杆，使测砧表面保持标准的测量压力，即听到嘎嘎的声音，表示压力合适，并可开始读数。

⑤ 使用千分尺测量零件时（见图 5-2-3），要使测微螺杆与零件被测量的尺寸方向一致。如测量外径时，测微螺杆要与零件的轴线垂直，不要歪斜。

⑥ 用千分尺测量零件时，最好在零件上进行读数，放松后取出千分尺，这样可减少测砧面的磨损。如果必须取下读数时，应用制动器锁紧测微螺杆后，再轻轻滑出零件。

⑦ 在读取千分尺上的测量数值时，要特别留心不要读错 0.5mm。

⑧ 为了获得正确的测量结果，可在同一位置上再测量一次。尤其是测量圆柱形零件时，应在同一圆周的不同方向测量几次，检查零件外圆有没有圆度误差，然后在全长的各个部位测量几次，检查零件外圆有没有圆柱度误差等。

图5-2-3 百分表

⑨ 对于超常温的工件，不要进行测量，以免产生读数误差。

2. 百分表

百分表（见图 5-2-3）是美国的 B.C.艾姆斯于 1890 年制成的。百分表的圆表盘上印制有 100 个等分刻度，即每一分度值相当于量杆移动 0.01mm。

（1）百分表的用途。百分表（见图 5-2-4）常用于形状和位置误差以及小位移的长度测量。分度值为 0.01mm，测量范围为 5～3mm、5～5mm、5～10mm。

（2）百分表的组成及原理。百分表的工作原理，是将被测尺寸引起的测杆微小直线移动，经过齿轮传动放大，变为指针在刻度盘上的转动，从而读出被测尺寸的大小。

图5-2-4 百分表在测量变速器轴中的应用
1—百分表；2—变速器轴；3—V形铁

（3）使用方法和注意事项。

① 使用前，应先检查该百分表是否在受控范围，检查测

量杆活动的灵活性，即轻轻推动测量杆时，测量杆在套筒内的移动要灵活，没有任何轧卡现象，每次手松开后，指针能回到原来的刻度位置。

② 使用时，必须把百分表固定在可靠的夹持架上。切不可贪图省事，随便夹在不稳固的地方，否则容易造成测量结果不准确，或摔坏百分表。

③ 测量时，不要使测量杆的行程超过它的测量范围，不要使表头突然撞到工件上，也不要用百分表测量表面粗糙度或有显著凹凸不平的工件。

④ 测量平面时，百分表的测量杆要与平面垂直，测量圆柱形工件时，测量杆要与工件的中心线垂直，否则，将使测量杆活动不灵或测量结果不准确。

⑤ 为方便读数，在测量前一般都让大指针指到刻度盘的零位。

⑥ 用百分表校正或测量零件时，该当使测量杆有一定的初始测力，即在测量头与零件外表接触时，测量杆应有 0.3～1mm 的紧缩量，使指针转过半圈左右，然后转动表圈，使表盘的零位刻线对准指针。

（4）读数。先读小指针转过的刻度线（即毫米整数），再读大指针转过的刻度线（即小数部分），并乘以 0.01，然后两者相加，即得到所测量的数值。

（5）保养。

① 百分表是比较精密的测量工具，要轻拿轻放，不得碰撞或跌落地下。

② 应定期校验百分表精准度和灵敏度。

③ 百分表使用完毕，用棉纱擦拭干净，放入卡尺盒内盖好。

④ 要严厉避免水、油和灰尘渗入表内，测量杆上也不要加油，以免粘有灰尘的油污进入表内，影响表的灵敏性。

3. 量缸表

（1）安装、校对量缸表（见图 5-2-5）。

① 按被测气缸的标准尺寸选择合适的接杆，装上后，暂不拧紧固定螺母。

② 把外径千分尺调到被测气缸的标准尺寸，将装好的量缸表放入千分尺。

③ 稍微旋动接杆，使量缸表指针转动约 2mm，使指针对准刻度零处，扭紧接杆的固定螺母。为使测量正确，重复校零一次。

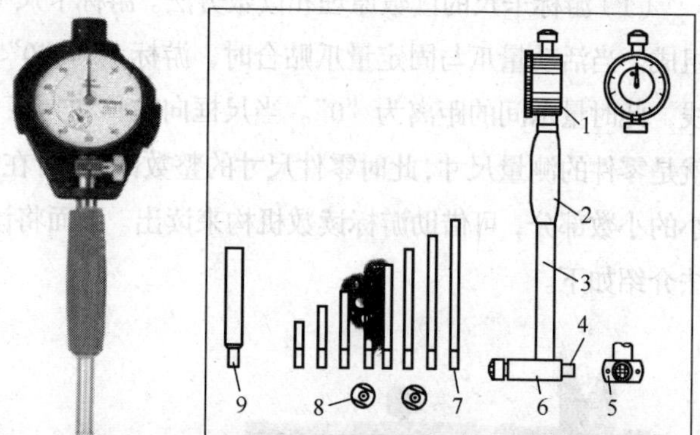

图5-2-5　量缸表结构示意图

1—百分表；2—绝热套；3—表杆；4—支撑架；5—活动测杆；6—表杆座；7—接杆；8—螺母；9—加长接杆

（2）读数方法。

① 百分表表盘刻度为 100，大指针在圆表盘上转动一格为 0.01 mm，转动一圈为 1mm；小指针移动一格为 1 mm。

② 测量时，当表针顺时针方向离开“0”位，表示缸径小于尺寸的缸径，它是标准缸径与表针离开“0”位格数的差；若表针逆时针方向离开“0”位，表示缸径大于标准尺寸的缸径，它是标准

缸径与表针离开“0”位格数之和。

③ 若测量时，小针移动超过 1 mm，则应在实际测量值中加上或减去 1 mm。

（3）测量方法。

① 使用量缸表，一只手拿住隔热套，另一只手托住管子下部靠近本体的地方。

② 将校对后的量缸表活动测杆在平行于曲轴轴线方向和垂直与曲轴轴线方向等两方位，沿气缸轴线方向上、中、下取 3 个位置，共测 6 个数值。

③ 测量时，使量缸表的活动测杆同气缸轴线保持垂直，才能测量准确。当前后摆动量缸表表针指示到最小数字时，即表示活动测杆已垂直于气缸轴线。测量时，当大指针顺时针方向离开“0”位，表示气缸直径小于标准尺寸的缸径；若逆时针方向离开“0”位，表示气缸直径大于标准尺寸的缸径。

气缸磨损量的检测如图 5-2-6 所示。

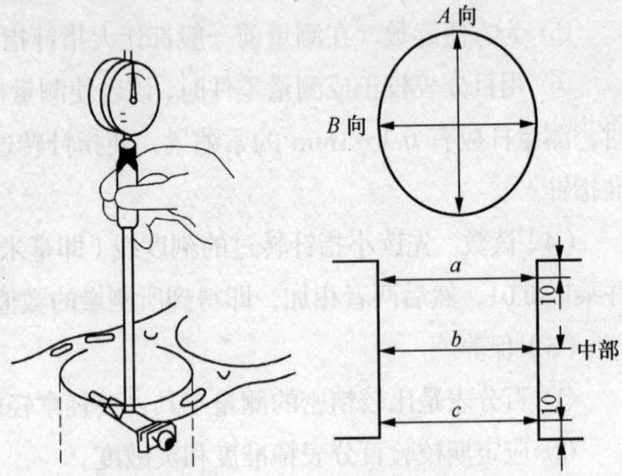

图5-2-6 气缸磨损量的检测

4. 游标卡尺

应用游标读数原理制成的量具有游标卡尺、高度游标卡尺、深度游标卡尺、游标量角尺（如万能量角尺）和齿厚游标卡尺等，用以测量零件的外径、内径、长度、宽度、厚度、高度、深度、角度以及齿轮的齿厚等，应用范围非常广泛。

（1）游标卡尺的读数原理和读数方法。游标卡尺（见图 5-2-7）的读数机构由主尺和游标两部分组成。当活动量爪与固定量爪贴合时，游标上的“0”刻线（简称游标零线）对准主尺上的“0”刻线，此时量爪间的距离为“0”。当尺框向右移动到某一位置时，固定量爪与活动量爪之间的距离，就是零件的测量尺寸，此时零件尺寸的整数部分，可在游标零线左边的主尺刻线上读出来，而比 1mm 小的小数部分，可借助游标读数机构来读出。下面将读数值为 0.1mm 游标卡尺的读数原理和读数方法介绍如下。

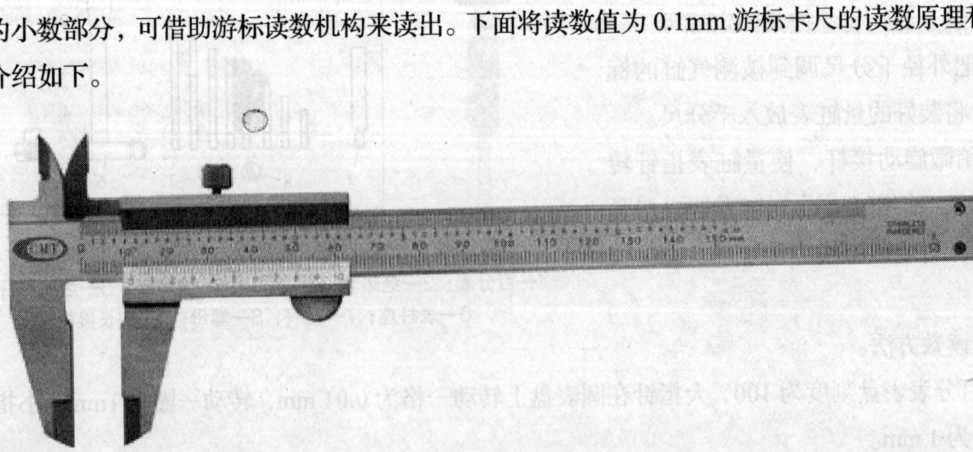

图5-2-7 游标卡尺

如图 5-2-8（a）所示，主尺刻线间距（每格）为 1mm，当游标零线与主尺零线对准（两爪合并）

时，游标上的第 10 刻线正好指向等于主尺上的 9mm，而游标上的其他刻线都不会与主尺上任何一条刻线对准。

游标每格间距=9mm ÷ 10=0.9mm

主尺每格间距与游标每格间距相差=1mm-0.9mm=0.1mm

0.1mm 即为此游标卡尺上游标所读出的最小数值，再也不能读出比 0.1mm 小的数值。

当游标向右移动 0.1mm 时，则游标零线后的第 1 根刻线与主尺刻线对准。当游标向右移动 0.2mm 时，则游标零线后的第 2 根刻线与主尺刻线对准，依此类推。若游标向右移动 0.5mm，如图 3-2-8（b）所示，则游标上的第 5 根刻线与主尺刻线对准。由此可知，游标向右移动不足 1mm 的距离，虽不能直接从主尺读出，但可以由游标的某一根刻线与主尺刻线对准时，该游标刻线的次序数乘其读数值而读出其小数值。例如，图 5-2-8（b）的尺寸即为 5 × 0.1=0.5（mm）。

在游标卡尺上读数时，首先要看游标零线的左边，读出主尺上尺寸的整数是多少毫米，其次是找出游标上第几根刻线与主尺刻线对准，该游标刻线的次序数乘其游标读数值，读出尺寸的小数，整数和小数相加的总值，就是被测零件尺寸的数值。

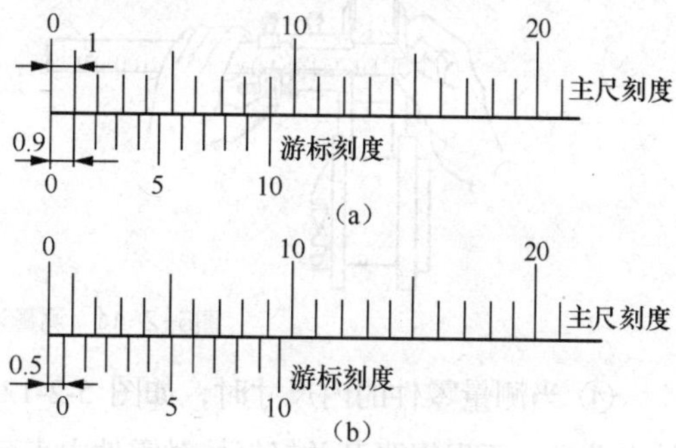

图5-2-8　游标读数原理

（2）游标卡尺的使用方法。使用游标卡尺测量零件尺寸时，必须注意以下几点。

① 测量前应把卡尺揩干净，检查卡尺的两个测量面和测量刃口是否平直无损，把两个量爪紧密贴合时，应无明显的间隙，同时游标和主尺的零位刻线要相互对准。这个过程称为校对游标卡尺的零位。

② 移动尺框时，活动要自如，不应过松或过紧，更不能有晃动现象。用固定螺钉固定尺框时，卡尺的读数不应有所改变。在移动尺框时，不要忘记松开固定螺钉，亦不宜过松以免掉了。

③ 当测量零件的外尺寸时，卡尺两测量面的连线应垂直于被测量表面，不能歪斜。测量时，可以轻轻摇动卡尺，放正垂直位置，图 5-2-9（a）所示。否则，量爪若在如图 5-2-9（b）所示的错误位置上，将使测量结果 a 比实际尺寸 b 要大。

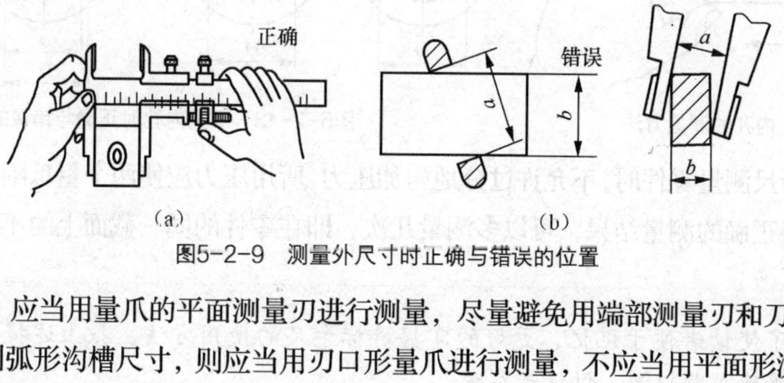

图5-2-9　测量外尺寸时正确与错误的位置

测量沟槽时，应当用量爪的平面测量刃进行测量，尽量避免用端部测量刃和刀口形量爪去测量外尺寸。而对于圆弧形沟槽尺寸，则应当用刃口形量爪进行测量，不应当用平面形测量刃进行测量，如图 5-2-10 所示。

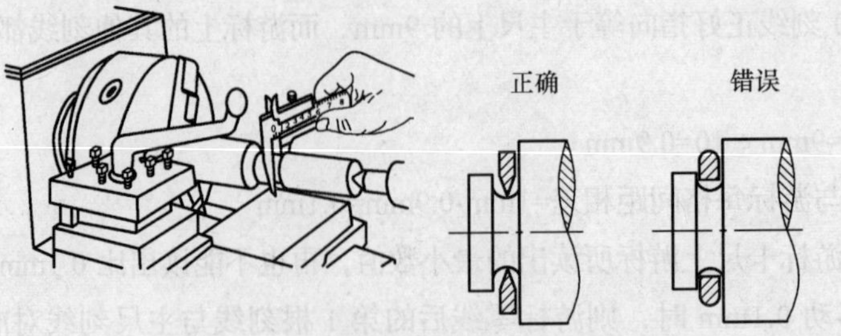

图5-2-10　测量沟槽时正确与错误的位置

测量沟槽宽度时，也要放正游标卡尺的位置，应使卡尺两测量刃的连线垂直于沟槽，不能歪斜。否则，量爪若在如图 5-2-11 所示的错误的位置上，也将使测量结果不准确（可能大也可能小）。

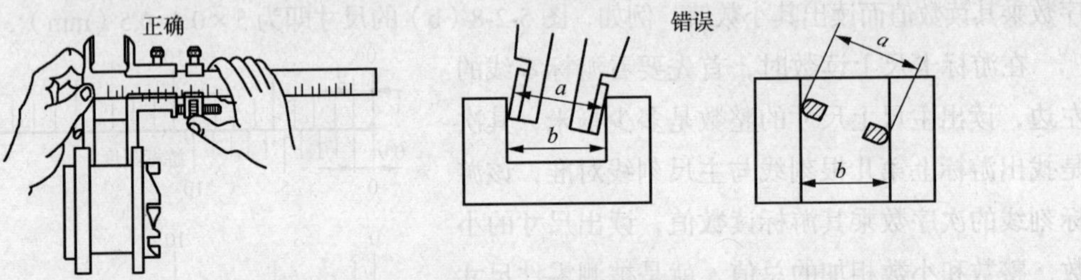

图5-2-11　测量沟槽宽度时正确与错误的位置

④ 当测量零件的内尺寸时，如图 5-2-12 所示，要使量爪分开的距离小于所测内尺寸，进入零件内孔后，再慢慢张开并轻轻接触零件内表面，用固定螺钉固定尺框后，轻轻取出卡尺来读数。

卡尺两测量刃应在孔的直径上，不能偏歪。图 5-2-13 所示为带有刀口形量爪和带有圆柱面形量爪的游标卡尺，在测量内孔时正确的和错误的位置。当量爪在错误位置时，其测量结果将比实际孔径 D 要小。

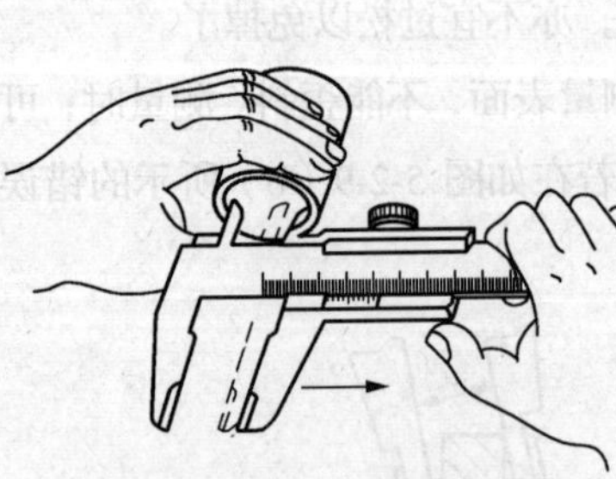

图5-2-12　内孔的测量方法

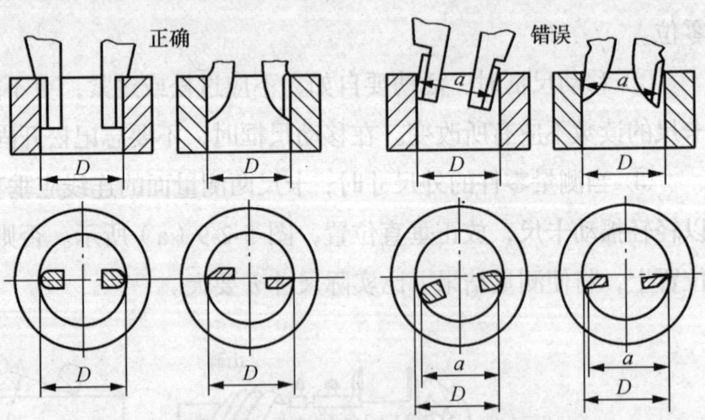

图5-2-13　测量内孔时正确与错误的位置

⑤ 用游标卡尺测量零件时，不允许过分地施加压力，所用压力应使两个量爪刚好接触零件表面。

⑥ 为了获得正确的测量结果，可以多测量几次，即在零件的同一截面上的不同方向进行测量。

小贴士　为了使读者便于记忆，更好的掌握游标卡尺的使用方法，把上述提到的几个主要问题，整理成顺口溜，供读者参考。

> 小贴士
> 量爪贴合无间隙，主尺游标两对零。
> 尺框活动能自如，不松不紧不摇晃。
> 测力松紧细调整，不当卡规用力卡。
> 量轴防歪斜，量孔防偏歪。
> 测量内尺寸，爪厚勿忘加。
> 面对光亮处，读数垂直看。

5. 汽车万用表

在发动机电控系统故障的检测与诊断中，除经常需要检测电压、电阻、电流等参数外，还需要检测转速、闭合角、频宽比（占空比）、频率、压力等。这些参数对于发动机电控系统的故障检测与诊断具有重要意义。但是这些参数用一般数字式万用表无法检测，需用专用仪表，即汽车万用表（见图 5-2-14）。汽车万用表一般应具备下述功能。

（1）测量交、直流电压。考虑到电压的允许变动范围及可能产生的过载，汽车万用表应能测量大于 40V 的电压值，但测量范围也不能过大，否则，读数的精度下降。

（2）测量电阻。汽车万用表应能测量 1MΩ的电阻，测量范围大一些使用起来较方便。

（3）测量电流。汽车万用表应能测量大于 10A 的电流，测量范围再小则使用不方便。

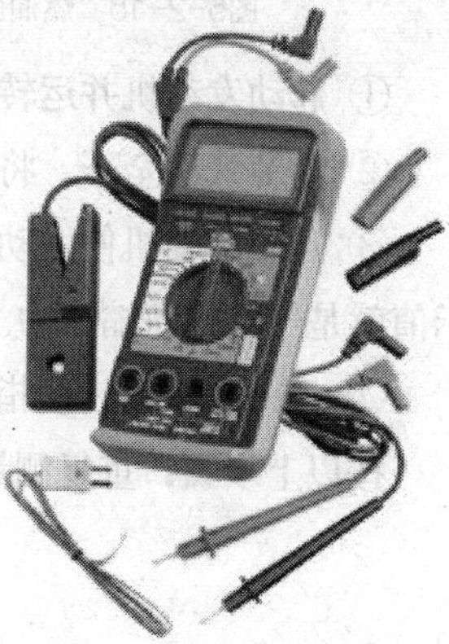

图5-2-14　汽车万用表

（4）记忆最大值和最小值。该功能用于检查某电路的瞬间故障。

（5）模拟条显示。该功能用于观测连续变化的数据。

（6）测量脉冲波形的频宽比和点火线圈一次侧电流的闭合角。该功能用于检测喷油器、怠速稳定控制阀、EGR 电磁阀及点火系统等的工作状况。

（7）测量转速。

（8）输出脉冲信号。该功能用于检测无分电器点火系统的故障。

（9）测量传感器输出的电信号频率。

（10）测量二极管的性能。

（11）测量大电流。配置电流传感器（霍尔式电流传感夹）后，可以测量大电流。

（12）测量温度。配置温度传感器后可以检测冷却水温度、尾气温度和进气温度等。

6. 燃油压力表

（1）用途：检测燃油系统的压力。

（2）使用方法：将燃油压力表（见图 5-2-15）用三通接头接在燃油压力调节器和喷油嘴之间的管路上进行测量（见图 5-2-16）。

7. 气缸压力表

（1）用途：专门用于检查气缸内气体压缩压力大小的仪器（见图 5-2-17）。

（2）使用方法如下。

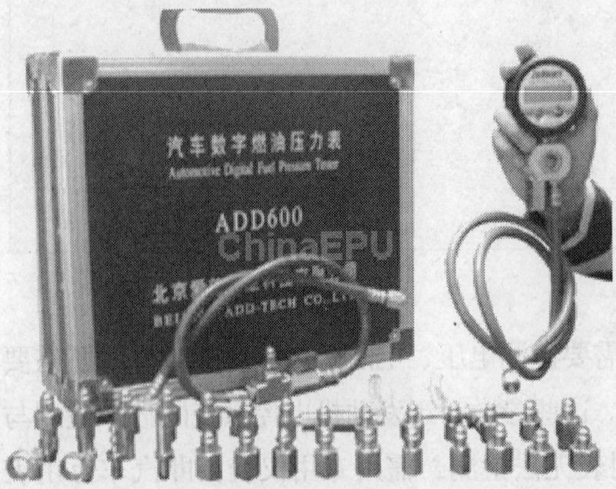

图5-2-15　燃油压力表

图5-2-16　燃油压力表的连接

① 起动发动机并运转到正常工作温度，熄火并等发动机停止运转后，卸下全部火花塞。

② 使节气门全开，将压力表的连接头压紧或拧紧在火花塞孔上。

③ 运转起动机使发动机转动，此时仪表上的指针会逐渐上升，到某一数值即会停止，此时的指示值就是气缸的压缩压力。

④ 按一下按钮，使指针归零。

按以上步骤，重复测量 2～3 次，取平均值以提高测量精度。

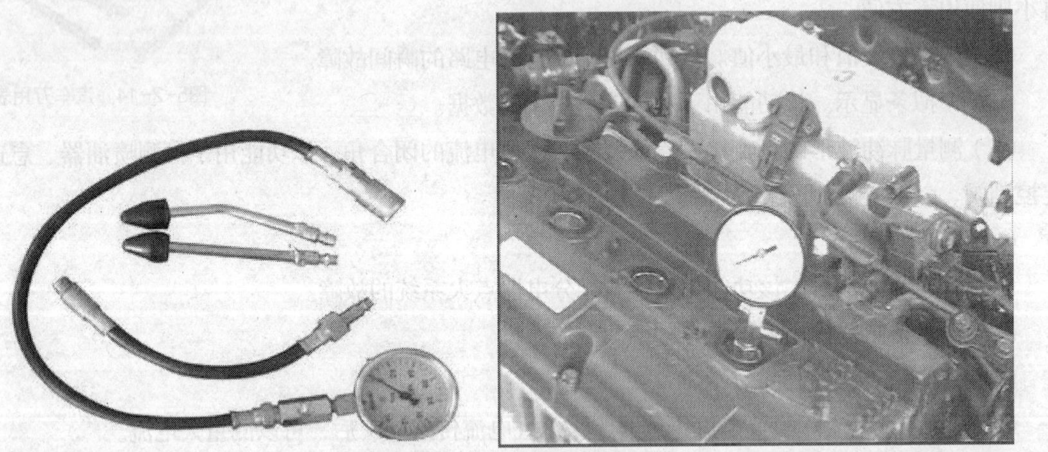

图5-2-17　气缸压力表

如测定值小于规定值，而进气系统正常，则说明气缸与活塞、缸盖存在泄漏，可能的原因为气缸、活塞、气门、活塞环出现磨损、烧蚀等不良情况。

如测定值大于规定值，而进排气系统正常，可能的原因为燃烧室严重积炭。

思考与练习

一、填空题

（1）汽车发动机的两大机构是________和________。

（2）扭力扳手的刻度值的单位是________。

（3）常用的扭力扳手有________和________两种。

（4）拆卸进气歧管固定螺栓的顺序是________。

（5）曲轴与凸轮轴之间的传动方式有________、________和________。

（6）曲柄连杆机构包括的 3 个组件是________、________和________。

二、简答题

（1）汽车发动机主要有哪些外围附件？

（2）简述拆卸正时皮带的步骤。

（3）简述拆卸活塞连杆组的步骤。

（4）7S 的具体内容是什么？

任务测评表

班级		姓名		日期		自评	互评	备注
（1）知道怎么使用汽车测量工具吗？								
（2）知道常用的汽车测量工具吗？								
（3）知道什么是气缸压力表吗？								
（4）知道常见测量工具如何使用和维护吗？								
（5）在拆装过程中，如何正确使用常见测量工具？能做到安全文明实训吗？								
个人总结：								
总体评价						教师签名		

参考文献

[1] 邰茜，吴笑伟．汽车机械基础[M]．北京：北京大学出版社，2008.
[2] 金旭星．汽车机械基础[M]．北京：人民邮电出版社，2009.
[3] 王芳．汽车机械基础[M]．北京：机械工业出版社，2010.
[4] 卢晓春．汽车机械基础[M]．2 版．北京：机械工业出版社，2010.
[5] 冯学敦．汽车机械基础[M]．武汉：华中科技大学出版社，2008.
[6] 王文丽．汽车机械基础[M]．北京：中国铁道出版社，2011.
[7] 李一龙，张德生．机械基础[M]．北京：北京出版社，2008.
[8] 刘国强，杨卫国，李荣兵．工程力学[M]．北京：北京出版社，2008.
[9] 张玉贤．金属工艺学[M]．北京：航空工业出版社，2008.